Inhalt

Praktische Reiseinformationen

Verzeichnis der Stadtpläne

Vorwort

Schlesien ist in Bewegung geraten: eine zunehmend eigenständige Region in der Mitte Europas, die seit dem politischen Umbruch 1989 wieder als Ort der Begegnung, als Mittler zwischen Ost und West auftritt. Das Land sieht seine historische Chance und ist gewillt, sie zu nutzen. Es vertraut darauf, so der weit über Polen hinaus bekannte Filmregisseur Kazimierz Kutz, »seine eigene Glücksmelodie« ins Konzert der europäischen Nationen einbringen zu können.

Schlesien blickt auf eine unruhige, über tausendjährige Geschichte zurück, in der ihm von wechselnden Besitzern – Polen und Böhmen, Habsburgern und Preußen – nie mehr als eine Randlage vergönnt war. Wiederholt wurde es zur Verschiebemasse in den strategischen Zügen der Mächtigen dieses Kontinents. 1945 sorgten diese dafür, daß Schlesien heute die Heimat von Menschen mit sehr unterschiedlichen Schicksalen ist. Da sind die vielen Deutschen, die nach dem Zweiten Weltkrieg vertrieben wurden oder in den Westen gingen, ebenso wie diejenigen, die in Schlesien blieben und heute wieder offen entsprechend ihrer deutschen Identität leben können. Und da sind die polnischen Oberschlesier, die staatlich-politisch immer für Polen votierten und gleichzeitig auf die Eigenständigkeit Schlesiens verwiesen. Schließlich auch jene Polen, deren Familien nach 1945 aus den ehemaligen polnischen Ostgebieten kamen und in Schlesien angesiedelt wurden; sie brauchten lange, um heimisch zu werden, glaubten sie doch, es sei nur eine Frage der Zeit, bis die Deutschen zurückkehren und sie aus den Häusern vertreiben würden.

Seit der Ratifizierung des Vertrags über die völkerrechtliche Anerkennung der polnischen Westgrenze durch Deutschland ist diese Angst kaum mehr begründet. Schlesien ist zur Ruhe gekommen, die Theorien vom urslawischen und daher polnischen Charakter der Region sind verstummt. Gezählt sind die Tage, da sich Deutsche und Polen ihre Kulturleistungen gegenseitig streitig machten und den Kampf um das Deutschtum und das Polentum idealisierten. An die Stelle von Konfrontation tritt Kooperation. Deutsche und polnische Kommunalpolitiker setzen sich gemeinsam für Bürgerbelange in Stadt- und Kreisräten ein. Deutsche Inschriften schmücken die Fassaden an restaurierten Baudenkmälern, polnische Verlage geben Karten heraus, auf denen deutsche Ortsnamen gleichberechtigt neben den polnischen stehen. Die deutsche Kultur, so wird neidlos eingestanden, habe einen bedeutenden Beitrag zur polnischen geleistet. Schriftsteller wie Hauptmann oder Eichendorff werden mit Plaketten und Museen geehrt, und auch die Werke zeitgenössischer Autoren wie Bienek und Piontek sind in allen größeren Buchläden präsent.

Schlesien – ein Ort der Verbindung, des Brückenschlags? Gerade die Randlage, argumentieren die Schlesier, könne der Region heute zum Vorteil gereichen. Über Jahrhunderte hinweg haben sich in diesem geographischen Raum Sprachen und Kulturen vermischt; ein Erbe, dessen sich die neuen Eliten Schlesiens bewußt werden und dem sie sich neugierig, doch mit aller Vorsicht öffnen. So geht das Land den Weg der europäischen Einigung mit gewachsenem historischen Selbstbewußtsein.

Die Gliederung des vorliegenden Kunst-Reiseführers stützt sich auf die aktuellen politisch-administrativen Gegebenheiten (Verwaltungsreform 1999), ohne den historischen Raum Schlesien aus den Augen zu verlieren, der innerhalb der heutigen polnischen Grenzen erfaßt wurde, also ohne jene Gebiete, die nun in der Tschechischen Republik und in Deutschland liegen.

Niederschlesien, dem sich der erste Teil des Buches widmet, erstreckt sich von den Heide- und Waldlandschaften im Westen über die weite Oderniederung bis zu den fruchtbaren Äckern und Feldern im Osten. Im Norden grenzt es an das großpolnische Flachland, im Süden geht es über stark gegliedertes Hügelland in den Sudetenkamm mit Iser- und Riesengebirge über: eine landschaftlich überaus abwechslungsreiche Region, von der es in einem Lied heißt, es fehlte ihr nur das Meer, um vollkommen zu sein. Die Städte und Dörfer, die über das Land verstreut liegen, bieten ein vertrautes Bild. Kein Wunder: waren es doch Thüringer, Bayern und Rheinländer, die ab Beginn des 13. Jahrhunderts vom Piastenfürsten ins Land geholt wurden, um die Wildnis urbar zu machen. Die Siedler brachten ihre Heimat mit, bauten das Neue nach dem Muster des Alten. Bis heute zeigt sich dies in der Anlage vieler Städte: Am Ring (heute Rynek), dem schlesischen Marktplatz, stehen Rathaus und Kirche; an schmalen, oft rechtwinklig angelegten Straßen, reihen sich Häuser, die einst Werkstätten und Schenken beherbergten. Von der deutschen Geschichte Niederschlesiens künden auch die Klöster der Gegenreformation, die (wie Heinrichau, Grüssau, Leubus und Trebnitz) zu den schönsten Europas gehören, sowie die Friedens- und Gnadenkirchen, die das protestantische Schlesien dem katholischen Habsburg abtrotzte.

Der Ring (Rynek) von Breslau, Ausschnitt aus Barthel Weihners Breslauer Stadtplan von 1562

Der zweite Teil des Buches beschreibt das historische *Oberschlesien*, das ›Land an der oberen Oder‹, das sich von der Ebene südlich Breslaus bis zum Vorgebirge der Karpaten erstreckt. Es umfaßt zum einen das sanftgewellte Oppelner Land und die waldreichen Hügel zwischen Rybnik und Bielitz-Biala, wo man jene wenig bekannte landschaftliche Schönheit kennenlernen kann, die schon Joseph von Eichendorff in seinem ›Taugenichts‹ besang. Daneben freilich gibt es das berüchtigte Industriegebiet um Kattowitz, das ›Ruhrgebiet des Ostens‹ mit rauchenden Schloten und rußigen Fabriken.

Die deutschen Namen von Städten und Flüssen, von Straßen und Plätzen, von Kunstdenkmälern und Exponaten werden hier immer zuerst angeführt, die polnischen Namen werden angefügt. Dies entspricht auch der inzwischen von maßgebenden polnischen Politikern geübten Praxis, wenn sie sich in deutscher Sprache über Schlesien äußern. Im deutsch-polnischen Nachbarschaftsvertrag hatten sich die beiden Staaten 1991 darauf geeinigt, in Deutschland die deutschen, in Polen die polnischen Bezeichnungen zu akzeptieren.

Karte des Herzogtums Schlesien aus der ›Topographia Bohemiae, Moraviae et Silesiae‹ von Matthäus Merian, Frankfurt am Main 1650 ▷

Land und Geschichte

NIÆ
Kosmin
Krutoschin
Sulomiritz
Freihan
Odelno
Mielstad
Mielitz
Olobock
Syratz
Brabow
Warta flu
Schildperg
Gosez
Kobelgura
Mesibors
Kampno
Werstad
Welon
Festenberg
Olsi
Bralin
Beraun
Buntzel
Wartenberg
Peterkaw
Bernstad
Pitzen
Prauska
Landsberg
Krepitz
Smorga, Prima
Silesiorũ schola 966
Namstaw
Kontzstad
Creutzberg
Rosenberg
Klobotzko
Geltz
Lublinetz
Ketzerdorf
Olaw
Brinnitz flu
Olstyn
PARS
Brigk
Malpenew flu
Kolischen
Waldowitz
Lewyn
Grotka
Oppeln
Strelitz
Tarnowitz
Schwerlinetz
Krumlau
Narkel
Falckhenberg
Toste
Peiskretzhem
Monsterberg
Krapitz
Odera flu
Kladnitz flu
Bentten
Benschin
Fridland
Oyest
Gleibitz
Neisse
Sosnicowitz
Czeletz
Schlaka
Steina
Zulch
Kosla
Leschnitz
Ilkusch
Weida
Czeigenhals
Gloga
Neustetle
Kostental
Rauden
Mikolay
Kosiglowa
Heltzeplotz
Grebnuk
Liebeneck
Mislowitz
Beraun
Gruckmanstel
Iohanstal
Lubschutz
Paurwitz
Ratibor
Eulstein
Katscor
Kranowitz
Lasla
Sora
Kran
Nouagura
Lipowitz
Igersdorf
Oppa flu
Czanditz
Sathor
Vistula
Strumien
Plessa
Osswentzi
Frendstal
Engelsberg
Herlditz
Troppa
Helischin
Oderberg
Freistein
Bendsche
Benschaw
Gretz
Mora flu
Teschen
Skotzers
Bila
Sola flu
Romerstad
Pautsch
Ostra
Bylitz
Kantt
Hause
Hoff
Oder
Iulneck
Wagstad
Olsa flu
Elsa flu
Vistula fons
Zywietz
Parn
Damstad
Patskow
Fridech
Nistko
Tischein
Oder fons
Iablunka
Eilenberg
Gibe
Sternberg
Olomutz
MORAVIÆ PARS

Geographie und Geologie

Das mit dem Namen Schlesien bezeichnete Territorium ist vor allem Einzugsgebiet der oberen und mittleren Oder (Odra) sowie deren Nebenflüssen. Während die Oder gleichsam die Achse des Landes bildet, stellen die Gebirge im Süden und Südwesten eine natürliche Grenze dar. An seiner Südostseite lehnt sich Schlesien an die westlichen Beskiden an, entlang der Südwestgrenze an den parallel zur Oder verlaufenden, vorwiegend aus Granit und Schiefer bestehenden Gebirgszug der Sudeten.

Der Gebirgszone ist ein Hügelland vorgelagert, ein mit Löß bedeckter, fruchtbarer Landstreifen, der sich von Ruda in Oberschlesien bis zur Oberlausitz hinzieht. Das anschließende Flachland wird nur von zwei sanften Höhenzügen unterbrochen: dem St. Annaberg (Góra Św. Anny) in Oberschlesien und dem Zobten (Ślęża) in Niederschlesien. Insgesamt erstreckt sich Schlesien von Nordwest bis Südost etwa 250 km und ist 100–150 km breit; die Gesamtfläche beträgt 45 000 km^2 und entspricht etwa der Größe der Schweiz.

Durch seine geographische Lage war Schlesien schon immer ein verkehrsreiches Durchgangsland. Die Verbindung zu den Nachbarländern schuf in erster Linie das Landstraßennetz, weniger die Oder, die bis ins 18. Jahrhundert keine nennenswerte Bedeutung als Wasserweg hatte. Eine wichtige Rolle im Mittelalter spielte die sogenannte *Hohe Straße*, eine Ost-West-Verbindung, die vom Unterrhein bis zum Schwarzen Meer und dabei quer durch das schlesische Gebirgsvorland führte. Gleichzeitig liefen alle von Norden kommenden Straßen in Breslau zusammen, wo sie die *Hohe Straße* kreuzten und dann den Pässen nach Böhmen und Mähren zustrebten. Erinnert sei auch an die *Bernsteinstraße*, die zur Römerzeit von der Ostsee durch Schlesien nach Süden führte.

Ökologische Probleme

Schon vor den beiden Weltkriegen war speziell Oberschlesien eines jener verschmutzten Industriezentren, das seinen Bewohnern kaum Lebensqualität bot, vergleichbar dem Ruhrgebiet, der Region um Manchester und Liverpool oder dem belgisch-französischen Grenzgebiet. Danach haben 40 Jahre realer Sozialismus ganz spezifische Schäden hinterlassen. Galt das oberschlesische Industrierevier noch zu Zeiten Edward Giereks in der polnischen Propaganda als wirtschaftliche Lokomotive des Landes, so zeigt sich heute, daß eine Fassade den sich abzeichnenden Ruin verdeckte.

In der Zeit, als man in den Ländern Westeuropas zumindest partielle Veränderungen in den traditionellen Industrierevieren vornahm, um deren Strukturen neuen wirtschaftlichen Anforderungen und ge-

Landschaft im Riesengebirge

sellschaftlichen Bedürfnissen anzupassen, hatte man besonders in Oberschlesien Kohleförderung, Erzbergbau und Hüttenwesen in einem Zustand früher Entwicklung konserviert. Das Revier wurde reif für den ökologischen Kollaps: ein sich selbst zerstörender Moloch mit einem verschlissenen Produktionsapparat, einer starken Verstädterung und chaotischer Infrastruktur. Vergleichbare Verhältnisse, was die Verschmutzung von Luft, Boden und Wasser angeht, findet man außer im Raum Kattowitz auch in einigen Gebieten Niederschlesiens, vor allem im Umkreis der Städte Waldenburg (Wałbrzych) und Lüben (Lubin).

Zehn Jahre nach dem politischen Umschwung nehmen sich die Fortschritte in Sachen Umweltschutz eher bescheiden aus. Immerhin haben Behörden und Umweltgruppen Schadstoffmessungen und wissenschaftliche Analysen intensiviert, in den Medien wird das Problem Ökologie eingehend behandelt. Die Grenzwerte für Schadstoffbelastungen wurden verschärft, Strafen für Umweltsünder erhöht und die Inspektionsteams personell verstärkt. Auch gab es erste Schritte zur umweltpolitischen Zusammenarbeit zwischen Polen und der Tschechischen Republik, denn Polens südlicher Nachbar ist ebenfalls nicht ganz unschuldig an der horrenden Verschmutzung der Oder. Mit Hilfe des *European Monitoring and Evaluation Programme* wurde festgestellt, daß noch Mitte der 90er Jahre mehr als die Hälfte des in Polen gemessenen Schwefeldioxids nicht aus dem eigenen Land stammte.

Seit einigen Jahren gehen die Emissionen aus Industriebetrieben und Kraftwerken kontinuierlich zurück. Dennoch bleibt Polen mit seinem Schadstoffausstoß in Europa an vorderster Stelle. Auch hinsichtlich der Waldschäden steht Polen (neben der Tschechischen Republik) an erster Stelle in Europa. Schlesiens Politiker, Verwaltungsbeamte und Wirtschaftsmanager sind sich darüber einig, daß eine wesentliche Voraussetzung für mehr Umweltschutz eine strukturelle Umgestaltung der Wirtschaft ist: weg von der Kohle-, Stahl- und Eisenproduktion, hin zur Hightech- und Lebensmittelindustrie, zu Handel und Dienstleistung. Bis zum Jahr 2002 soll fast die Hälfte der oberschlesischen Zechen und Stahlhütten geschlossen werden. Mit mehreren europäischen Staaten wurden Kooperationsverträge abgeschlossen, die Polen den Zugang zu moderner Umwelttechnologie eröffnen.

Geschichte und Kunst

Kelten, Germanen und Slawen

Archaische Skulptur auf dem Zobten/ Sobótka

Die archäologischen Funde im schlesischen Raum reichen in die Ältere Steinzeit zurück. Auf Grund der geographischen Bedingungen dieser Region haben sich in der Folge immer wieder neue Bevölkerungsgruppen hier angesiedelt: in der jüngeren Steinzeit bäuerliche Gruppen der bandkeramischen Kultur aus dem mittleren Donaugebiet, in der Kupferzeit Angehörige der Streitaxt- und Glockenbecherkultur sowie der schnurkeramischen Kultur aus dem Gebiet des heutigen Südrußland, um die Mitte des 15. Jahrhunderts v. Chr., also in der Bronzezeit, Gruppen der Hügelgräberkultur und später der Urnenfelderkultur, beide aus dem ungarischen Raum. Vermutlich war der Zobten (Ślęża) im 12. Jahrhundert v. Chr. erstmals Ort einer Kultstätte. Für die mittlere und jüngere Bronzezeit gibt es Bemühungen der Wissenschaft, archäologisch erkennbare Kulturen mit bestimmten ethnischen Gruppen genauer in Verbindung zu bringen, etwa Vergleiche zwischen illyrischen und venetischen Gruppen der adriatischen Küste und der Bevölkerung im Raum Schlesiens zu ziehen. Diese Versuche sind aber ebenso umstritten wie Theorien speziell polnischer Forscher, die die Träger der ›Lausitzer Kultur‹ als Urslawen klassifizieren, die später, nach jahrhundertelanger Unterdrückung durch germanische Stämme, wieder zur Geltung gekommen wären. Nachgewiesen ist der Einfall skythischer Stämme um die Mitte des letzten Jahrtausends v. Chr., die aber nicht wirklich seßhaft wurden.

Die im 4. Jahrhundert v. Chr. aus Böhmen und Mähren eingewanderten keltischen Stämme waren es, die den Zobten als Kultstätte ausbauten. Für das Gebiet um den Zobten wird auch vermutet, daß hier ein *Oppidum*, eine stadtartige keltische Ansiedlung, gelegen hat, eine zweite im Bereich des Kreises Leobschütz (Głubczyce). Die Siedlungsgebiete der Kelten, so nimmt man an, haben vor allem links der Oder gelegen. Diese *Oppida*, überhaupt die Fähigkeit, das Stammesleben in den jeweiligen Siedlungsgebieten zu organisieren, sowie ihre technischen Fertigkeiten waren die vorwärtsweisenden Errungenschaften, die die Kelten nach Schlesien brachten.

Um 100 v. Chr. wurden die Kelten von germanischen Vandalen verdrängt. Archäologisch spricht man von der Oder-Warthe-Gruppe oder der Przeworsker Kultur. Eine der vandalischen Gruppen waren die Naharnavalen, die das Heiligtum auf dem Zobten kontrollierten. Ihnen folgten die Silingen, deren Name ab dem 4. Jahrhundert n. Chr. für alle in Schlesien siedelnden Vandalen galt. Die Germanen entwickelten Handwerk und Handel, wobei zunächst keltische, später auch römische Einflüsse eine Rolle spielten. Zeugnis dieser für den schlesischen Raum wichtigen Zeit des wirtschaftlichen und kulturellen Aufschwungs sind die steinernen Fürstengräber von Sakrau (Zakrzów), 10 km östlich von Breslau. Etwa um 500 scheint das silingische Königtum untergegangen zu sein, vor allem als Folge des Einfalls der Hunnen und der Abwanderung einzelner Stammesgruppen nach Westen.

In Sakrau (Zakrzów) wurden 1886/87 drei vandalische Fürstengräber entdeckt. In den mit Felsstein ausgekleideten Kammern lagen vier Personen, dazu fand man Gold- und Silberschmuck, bronzenes Tafelgeschirr, Keramik, Münzen und sogar Brettspiele. Die Grabbeigaben sind heute auf verschiedene Museen in Schlesien verteilt.

Ab der Mitte des 6. Jahrhunderts wurden die Siedlungsplätze der Silingen von slawischen Stämmen übernommen, die vor allem aus dem Osten und Süden nach Schlesien einwanderten. An diese Zeit erinnern geographische Bezeichnungen wie der ursprüngliche Name der bei Breslau in die Oder mündenden Lohe: Sclenza, Slenze (Ślęża), und auch der des Zobten: Slenz, später Mons Silencii (ebenfalls Ślęża). Diese Bezeichnungen führt man in der Regel auf den Namen der Silingen zurück, der sich dann später auf den des slawischen Stammes der Slensane und von diesem wiederum auf den Namen des Landes (lat. *Silesia*, poln. *Śląsk*) übertrugen. In polnischen wissenschaftlichen Arbeiten wird ein Bezug dieser ursprünglichen Namen zum slawischen *Ślęg* = Nässe hergestellt.

Hinweise über slawische Stammesgebiete in Schlesien lieferte erstmals die Völkertafel des ›Bayerischen Geographen‹ Mitte des 9. Jahrhunderts. Darin werden einzelne *regiones* erwähnt: die der Dedosize im Nordwesten, der Slensane im mittleren Schlesien, der Opolane im Südosten und der Golensize im Süden. In der Bestätigungsurkunde Kaiser Heinrichs IV. für das Bistum Prag von 1086 tauchen dann auch die Boborane (im Flußgebiet des Bober) und die Trebowane (nordwestlich des späteren Breslau) auf. Der ›Bayerische Geograph‹ erwähnt außerdem jeweils eine Anzahl von *civitates* für die einzelnen Stammesgebiete: kleine Siedlungen mit einer Burg als

Mittelpunkt. Zentren der einzelnen Stammesgebiete waren Hauptburgen, in deren Umkreis Märkte und Niederlassungen von Handwerkern entstanden. Die Hauptburg der Dedosize befand sich in Glogau, die der Opolane in Oppeln und die der Golensize im späteren mährischen Grätz. Für die Boborane wird als Standort Bunzlau angenommen, für die Trebowane möglicherweise Liegnitz, für die Slensane Nimptsch und später Breslau. Eine politisch herausragende Stellung gewann mehr und mehr das Gebiet der Slensane, was auch in der Übertragung des Namens auf das ganze Land seine Konsequenz hatte. Das Gebiet der Golensize gehörte wahrscheinlich im 9. Jahrhundert zum Großmährischen Reich. Man nimmt an, daß sich nach und nach politische und gesellschaftliche Gemeinsamkeiten zwischen den slawischen Stämmen Schlesiens entwickelt haben, ohne die ihre im Jahre 1000 erfolgte kirchliche Zusammenfassung im Bistum Breslau wohl nicht von langer Dauer gewesen wäre.

Anfang des 10. Jahrhunderts gerieten weite Teile Schlesiens unter böhmischen Einfluß. Der böhmische Herzog Vratislav I. (894–921) eroberte Mittelschlesien links der Oder und veranlaßte wohl auch die Gründung von Breslau als Grenzfestung, die seinen Namen erhielt (Vratislavia). Sein Sohn Boleslav I. (935–972) war möglicherweise der Namensgeber für Bunzlau (Boleslavia). Er eroberte die Gebiete der Boborane und der Opolane und beherrschte aller Wahrscheinlichkeit nach auch das Dedosize-Gebiet. Aus Böhmen erfolgten erste Versuche der Missionierung Schlesiens, auch fand das Land in dieser Zeit Anschluß an den internationalen Handel.

Der böhmische Einfluß auf Schlesien geriet allerdings immer stärker in Gefahr durch die ostwärts gerichteten Bestrebungen Kaiser Ottos I. Im Jahr 971 schenkte er der bischöflichen Kirche von Meißen den Zehnten von ›Diedesa‹, also des Gebiets der Dedosize, 996 wurde die Oder von der Quelle abwärts als Ostgrenze des Meißener Bistums festgelegt, dem damit ein großes Gebiet Schlesiens unterstellt werden sollte.

Schlesien als Teil des polnischen Staats

Nach 970 wandten sich auch die Machthabenden des zuvor entstandenen polnischen Staates unter Herzog Mieszko I. (reg. um 960 bis 992) Schlesien zu. Mieszko I. hatte 966 den christlichen Glauben angenommen. Als erstes geriet das Gebiet der Dedosize unter polnischen Einfluß, unter Mieszkos Nachfolger Bolesław I. Chrobry (reg. 992–1025) auch das der Opolane und Golensize. Als dann im Jahr 1000 eine selbständige polnische Kirchenprovinz eingerichtet wurde, trug man den neuen Grenzen des polnischen Staates Rechnung: zur Kirchenprovinz Gnesen (Gniezno) kam auch ein Bistum Breslau. Bolesław Chrobry konnte zeitweise seine Macht über Schlesien hinaus auf Böhmen, Mähren, die Niederlausitz und einen Teil der Mark Meißen ausdehnen.

Doch diese Macht hatte nicht lange Bestand. Nach dem Tod von Bolesław nutzte der böhmische Herzog Břetislav I. (reg. 1034–55) innere Streitigkeiten Polens, um Schlesien wieder zu besetzen. In einem Beutezug nach Gnesen in Großpolen eignete er sich sogar die Gebeine des hl. Adalbert an, eines böhmischen Adligen, der 997 im Pruzzenland den Märtyrertod gestorben war, und brachte sie über Schlesien nach Prag. Um 1050 geriet der größte Teil Schlesiens dann wieder unter polnischen Einfluß, aber mit der Maßgabe, daß Tribute an Böhmen zu entrichten waren, was immer wieder zu kriegerischen Auseinandersetzungen führte. Erst der Glatzer Pfingstfriede von 1137 brachte eine sichere Grenze gegenüber Böhmen-Mähren und damit eine gewisse Stabilität für Schlesien.

Weitreichende Folgen hatte die 1138 beim Tod des Herzogs Bolesław III. Krzywousty (reg. 1102–38) testamentarisch festgelegte Senioratsverfassung, durch die dessen vier Söhne jeweils ein Teilgebiet erhielten. Im Fall Schlesiens bedeutete dies den Beginn einer Sonderentwicklung, die schließlich in eine Loslösung von Polen und in das Entstehen neuer Abhängigkeiten mündete.

Władysław II. (reg. 1138–46), der die Herrschaft über das Teilfürstentum Schlesien antrat, gilt als Stammvater einer selbständigen Piastendynastie, die sich aber ihrerseits im Lauf der Zeit wiederum aufspaltete. Die Auseinandersetzungen zwischen Władysław II. und dem einflußreichen Kastellan von Breslau, Peter Wlast (gest. 1153), führten 1146 zu seinem Sturz und seiner Vertreibung aus Schlesien. Kaiser Friedrich I. Barbarossa setzte 1163 durch, daß die drei Söhne von Władysław II. ihr Erbe in Schlesien antreten konnten. Sie wurden zum Tribut gegenüber dem Kaiser verpflichtet, Polens Bolesław IV. Kędzierzawy (reg. 1146–73) hatte vorher die Wiederherstellung der Lehnsabhängigkeit seines Landes vom Römischen Reich anerkannt.

Die 1172 auf Veranlassung des deutschen Kaisers vollzogene Teilung Schlesiens führte zur Entstehung zweier eigenständiger schlesischer Fürstenhäuser. Der älteste Sohn von Władysław II., Bolesław Wysoki (reg. 1163–1201), erhielt mit Breslau, Liegnitz und Oppeln den bedeutsameren Teil und verwaltete anschließend außerdem mit Sagan, Glogau und Crossen das Gebiet des jüngsten Sohnes Konrad, der Geistlicher wurde. Der Anteil des zweitältesten Sohnes Mieszko nahm sich mit Ratibor und Teschen zunächst eher bescheiden aus. Allerdings erhielt er um 1178 auf Veranlassung des neuen polnischen Teilherzog Kazimierz II. Beuthen, Nikolai und Auschwitz. Außerdem gelang es ihm 1201, das Oppelner Land zu besetzen. Der in Breslau inzwischen regierende Fürst Heinrich I. (reg. 1201–38) verzichtete schließlich auf Oppeln und stimmte im Vertrag vom 25. November 1202 auch zu, daß zwischen den Fürstenhäusern in Breslau und Ratibor fortan kein Erbrecht mehr bestehen sollte. Die in Mittel- und Niederschlesien von nun an regierenden Piasten nannten sich auch weiterhin Herzöge von Schlesien, die in Oberschlesien Herzöge von Oppeln. Hier könnten die Ursprünge für die spätere Sonderentwicklung von ›Oberschlesien‹ liegen.

West-östlicher Kulturtransfer: Mit Spaten und Kreuz zivilisierten die Zisterzienser weite Teile Niederschlesiens; 1175 gründeten sie Kloster Leubus, 1203 Trebnitz, 1224 Grüssau, 1246 Kamenz, 1252 Rudy und 1282 Himmelwitz.

Die deutsche Besiedlung

Die 1202 erfolgte Aufhebung der polnischen Senioratsverfassung begründete die staatsrechtliche Unabhängigkeit der beiden schlesischen Herzogtümer von Polen. Der Breslauer Herzog Heinrich I. von Schlesien verstand es, sein Herrschaftsgebiet binnen weniger Jahre über Nieder- und Mittelschlesien hinaus auf Teile Großpolens und des Krakauer Landes auszudehnen.

Schlesien war zu Beginn des 13. Jahrhunderts ein besonders in den Ebenen fruchtbares, aber gleichzeitig dünn besiedeltes Land. Heinrich I., unterstützt von seiner Gemahlin, Hedwig von Andechs-Meran, war bestrebt, durch die Ansiedlung deutscher, anfangs auch wallonischer Bauern die Wirtschaft des Landes zu entwickeln. Auf herzoglichem Boden entstanden zahlreiche Dörfer am Westrand Schlesiens, später auch rund um Breslau, Liegnitz und Frankenstein.

Die Fremden waren willkommen, brachten sie doch technisch fortschrittliches Gerät, mit dem neues, bislang ungenutztes Land gerodet werden konnte. Auch führten sie die in Schlesien unbekannte Dreifelderwirtschaft ein: der stete Wechsel von Sommersaat, Wintersaat und Brache schonte den Boden. Als Gegenleistung für ihre zivilisatorische Leistung wurden den Zugewanderten Sonderrechte gewährt. Anders als die leibeigenen polnischen Bauern waren sie frei, keiner Fronarbeit unterworfen und grundherrlicher Gerichtsbarkeit entzogen. Bei Konflikten war es der Landesherr selbst, der den Schiedsspruch fällte.

Auch wurden geistliche Orden ins Land gerufen, die für ihre zivilisatorischen Leistungen bekannt waren. Ausgedehnte Ländereien gingen an die Zisterzienser aus Leubus und Heinrichau, die Zisterzi-

Die hl. Hedwig veranlaßt ihren Gatten Heinrich I. zur Gründung und zum Bau des Zisterzienserklosters Trebnitz, aus dem Hedwig-Codex, Schlesien um 1353, oberer Teil von fol. 56r

Tod Heinrichs II. in der Schlacht von Liegnitz am 9. April 1241, anonymer Meister um 1430–40, Tempera auf Holz, Detail, Warschau, Nationalmuseum

enserinnen aus Trebnitz, die Augustiner-Chorherren vom Breslauer Sandstift, aus Kamenz und Naumburg/Bober sowie später an die Johanniter (rund um Striegau), die Templer (um Klein-Oels) und den Deutschen Ritterorden (um Reichthal).

Deutsche Bergleute wurden zur besseren Nutzung vorhandener Bodenschätze wie Gold und Silber angesiedelt. Die Bergbauorte Goldberg (1211) und Löwenberg (1217) sind die ältesten nachgewiesenen Siedlungen mit deutschem Stadtrecht. Und auch slawisch gegründete Orte erhielten deutsches Recht, etwa Breslau, Ohlau, Zobten und Neumarkt. Im Oppelner Schlesien, wo die deutsche Besiedlung insgesamt langsamer verlief, kam es zu deutschrechtlichen Stadtgründungen in Alt-Zülz und Kostenthal (beide 1225).

Heinrich II. (reg. 1238–41), der Nachfolger seines Vaters, Heinrichs I., regierte nur drei Jahre, bevor er 1241 in der Schlacht gegen die Mongolen auf dem ›Totenacker von Wahlstatt‹ bei Liegnitz fiel (s. S. 83). Er konnte noch die Einheit des mittel- und niederschlesischen Herrschaftsgebiets bewahren, während unter seinen Nachkommen die Zersplitterung einsetzte. 1248 entstanden durch Erbteilungen die Teilherzogtümer Breslau, Liegnitz und Glogau. In der nächsten Generation schieden Löwenberg und Jauer von Liegnitz, Schweidnitz und Münsterberg von Löwenberg-Jauer, Oels von Glogau. Ähnliches ereignete sich in Oberschlesien, das sich 1281 in die Herzogtümer Oppeln, Ratibor, Cosel-Beuthen und Teschen teilte. In der Folgegeneration zerfiel das Oppelner Herzogtum in Oppeln, Falkenberg und Groß-Strehlitz, Cosel-Beuthen in Cosel, Beuthen und Tost, Teschen in Teschen und Auschwitz.

Die Spaltungen waren nicht selten das Ergebnis kriegerischer Auseinandersetzungen, in die auch Polen und Böhmen eingriffen. Erst die Überwindung der innerpolnischen Teilungen durch den Sieg der kleinpolnischen Piasten, die ein neues Königreich Polen begründeten, schuf Klarheit. Die schlesischen Länder lösten sich nun endgültig von polnischem Einfluß, suchten aber angesichts ihrer Zersplitterung und der damit verbundenen Schwäche die Anlehnung an die böhmische Krone.

Die deutsche Besiedlung während des 13. Jahrhunderts hatte das Land insgesamt verändert. Nicht nur die Bevölkerungszahl war stark angestiegen, auch die Siedlungsformen hatten sich entwickelt. Allen Erkenntnissen nach existierten um 1300 etwa 130 Städte in ganz Schlesien: meistens planmäßige Anlagen mit schachbrettartigem Straßennetz, einem quadratischen bis rechteckigen Marktplatz und einer Mauer samt Toren und Türmen als Stadtbefestigung. In den flachen Regionen fanden sich vorwiegend Straßen- und Straßenangerdörfer, in den Berg- und Vorgebirgsregionen Waldhufendörfer.

Vielfach bildeten eine Stadt und die umliegenden Dörfer eine regelrechte Wirtschaftseinheit, die oft auch eine gemeinsame Gerichtsbarkeit nach sich zog. Ausgestattet mit dem deutschen Stadtrecht, konnten sich die Siedlungen relativ selbständig entwickeln und besondere Selbstverwaltungsorgane bilden. Die deutsche Besiedlung führte auch zu einer Verdichtung des Netzes an Pfarreien, infolgedessen das Bistum Breslau in Diakonate aufgeteilt wurde.

Die Zahl der im späten 12. und 13. Jahrhundert entstandenen Kirchen und Klöster ist beträchtlich. Erhaltengebliebene Spuren romanischer Bauten zeugen von deren reicher Bauplastik: so das Tympanon an der Breslauer Sandkirche und das an der Klosterkirche in Trebnitz, ebenso wie das Portal an der Breslauer Maria-Magdalena-Kirche. Mitte des 13. Jahrhundert entwickelte sich die Gotik, die zunächst von den Zisterziensern, später auch von den Franziskanern und Dominikanern verbreitet wurde.

Die böhmische Periode

1335 lösten sich die letzten politischen Bindungen Schlesiens an Polen.

Mit dem Vertrag von Trentschin 1335 verzichtete der polnische König Kazimierz III. Wielki (reg. 1333–70) endgültig auf die unter böhmische Lehnshoheit oder unmittelbare Landesherrschaft gestellten schlesischen Gebiete. Sein Nachfolger, König Ludwik Węgierski, bekräftigte 1372 diesen Verzicht. Allerdings blieb die Zugehörigkeit des Bistums Breslau zur polnischen Kirchenprovinz Gnesen bestehen (sie wurde erst 1821 auf Betreiben Preußens aufgehoben), weil der Gnesener Erzbischof darauf beharrte und die Kurie auf die beträchtlichen, aus dem ›Peterspfennig‹ ihr zufließenden Einnahmen nicht verzichten wollte. Die Anbindung Schlesiens an Böhmen bedeutete auch die Aufnahme ins Römische Reich und damit Annäherung an Deutschland – allerdings nur indirekt, da die schlesischen Herzöge nicht zu Reichsfürsten wurden.

Trentschin war eigentlich nur noch die vertragliche Besiegelung eines vorher geschaffenen Zustands. Denn nach und nach hatten sich die schlesischen Herzogtümer der böhmischen Krone unterstellt: teils freiwillig wie Oppeln und Breslau (1327), Liegnitz, Brieg, Oels, Sagan und Steinau (1329), teils unter Druck wie Glogau (1331) und Münsterberg (1336), Schweidnitz-Jauer allerdings erst nach dem Tod seines mächtigen Herzogs Bolko II. (reg. 1326–68).

Hauptachse der schlesischen Handelsverbindungen war im 13. und 14. Jahrhundert die *Hohe Straße*; Güter aus Deutschland und Westeuropa gelangten über Görlitz, Breslau, Krakau und Lemberg bis an das Schwarze Meer, im Gegenzug wurden orientalische Waren westwärts gebracht. Breslau entwickelte sich zum dominierenden Handelsplatz in Schlesien, daneben Liegnitz, Schweidnitz und Neiße – nicht selten in Konkurrenz zum ebenfalls prosperierenden Krakau. Die guten Beziehungen Breslaus zu den Ostseeanrainern manifestierten sich in der seit 1387 belegten Zugehörigkeit der Stadt zur Hanse. Zu den wichtigsten Partnerstädten im Norden zählten Thorn und später Danzig.

Nach Süden hin gelang es Breslau, auch – und dies trotz österreichischer Widerstände – Kontakte zu Venedig zu knüpfen. Zu den eigenen Produkten, die Breslau im Rahmen dieses Handels anzubieten hatte, gehörten vor allem Tuche und das berühmte Schweidnitzer Bier. Dieser wirtschaftliche Aufschwung vollzog sich vor dem Hintergrund wachsender politischer Zersplitterung, die ja gerade den Städten mit ihrer Wirtschafts- und Finanzkraft eine Erweiterung ihres Freiheitsspielraums ermöglichte. Teilung, Verpfändung und Verkauf von Besitztümern der Landesherren waren in dieser Zeit keine Seltenheit. Zu den Inhabern fürstlicher Güter und Rechte gehörte fortan auch der König von Böhmen.

Andererseits schwächte sich mit dem Tod Kaiser Karls IV. 1378 und den folgenden Streitereien im Hause der Luxemburger der von Böhmen ursprünglich in Anspruch genommene Schutz. Schlesien wurde zu einem Land, in dem Unfrieden und Raubrittertum immer mehr um sich griffen.

Die Mißstände im Reich wurden in vielen Abhandlungen gegeißelt, laut erscholl der Ruf nach Reformen. Am deutlichsten trugen die Hussiten ihre Kritik vor: Johannes Hus (1370–1415), ein politisch aktiver Theologe, attackierte die Doppelmoral des feudalen Katholizismus, brandmarkte das Wohlleben des Klerus auf Kosten des Volkes und verlangte die Abschaffung jeglicher kirchlichen Hierarchie. Die Forderung, jeder Christ müsse Gottes Gesetz durch praktisches Handeln im Diesseits erfüllen, hatte einen umstürzlerischen Unterton. 1415 wurde Hus als Ketzer verbrannt: Startsignal für einen landesweiten Aufstand, der in Prag begann und in der Breslauer Kreuzzugsbulle seinen Höhepunkt errreichte. Bis 1435 tobten die Kämpfe zwischen Hussiten und kaiserlichen Truppen, zahlreiche schlesische Städte wurden geplündert und verwüstet.

In der Folge hielten die Machtkämpfe unter rivalisierenden Gruppen der einzelnen Fürstenfamilien an, die äußere Einmischung bot weitere Möglichkeiten zur Fraktionierung. Damals verlor Schlesien bestimmte Randterritorien, andere Gebiete kamen in die Hand nichtschlesischer Fürstenhäuser: Auschwitz im Osten (1457) und Sagan im Westen (1472) sind Beispiele dafür.

Die Wirtschaft erlebte im 15. Jahrhundert einen Niedergang, sowohl als Ergebnis der Auseinandersetzungen mit den Hussiten als auch aufgrund der Unsicherheit auf den Handelswegen. Nicht selten wurden die Warenströme um das unruhige Böhmen und das miteinbezogene Schlesien herumgeleitet. Außerdem zeichnete sich infolge der spätmittelalterlichen Agrarkrise ein Rückgang der Besiedlung ab. Indem viele Bauern von schlechteren Böden auf frei werdende bessere abwanderten oder gleich in die Städte gingen, entstanden weite brachliegende Flächen. Nur in der Teichwirtschaft und der Eisengewinnung bzw. -verhüttung zeigten sich neue wirtschaftliche Impulse. So führte die wachsende Nachfrage nach Süßwasserfischen gerade in Oberschlesien zur Schaffung vieler Teichkulturen. Auch kam es zu Beginn des 16. Jahrhunderts zur Gründung neuer Bergbaustädte (Schmiedeberg 1513, Gottesberg 1523, Tarnowitz 1533).

Die Bevölkerungsbewegungen infolge von Krieg, Agrarkrise und Seuchen führten zum gemischten Siedeln von Slawen und Deutschen und damit zu einer Neuverteilung der Sprachgebiete, wobei die jeweiligen Minderheiten sich in ihrer Sprache weitgehend der Mehrheit anpaßten. Auch in dieser Hinsicht wurden Grundlagen für spätere unterschiedliche Entwicklungen von Nieder- und Oberschlesien gelegt.

Kulturelle Blüte

Die künstlerisch bedeutsamen kirchlichen und weltlichen Bauten entstanden zumeist in der Frühphase der böhmischen Periode, als die Gotik ihre Blüte erlebte. In Breslau entstanden z. B. die Kirche St. Maria Magdalena (1342–62) und die Corpus-Christi-Kirche (2. Hälfte 14. Jahrhundert), die Hallenkirchen zum Heiligen Kreuz und zum hl. Bartholomäus (Mitte 14. Jahrhundert) und St. Maria auf dem Sande (1334–1430) – gewaltige Gotteshäuser aus Backstein mit kargem Schmuck. In der Bauplastik machte sich der Einfluß der Künstlerfamilie Parler aus Prag bemerkbar, wie die drei Portale der Stadtpfarrkirche St. Peter und Paul in Striegau beweisen. Ebenfalls unter diesem Einfluß entstanden die berühmten Skulpturen des

Weichen Stils, meist Madonnenfiguren von großer Anmut: Maria als junge Frau, eingehüllt in ein wallendes, kostbares Gewand. Nie wirkt sie stolz und abweisend, sondern stets mild und gütig, als wüßte sie um den schweren Alltag der Menschen. Eine Lichtgestalt, doch voller Melancholie: zögernd präsentiert sie das Jesuskind als göttlichen Befreier.

Seit Beginn des 15. Jahrhunderts wurde eine beachtliche Zahl gotischer Flügelaltäre geschaffen, für die stellvertretend der Altar der früheren Breslauer Kirche St. Barbara (heute im Warschauer Nationalmuseum) genannt werden soll. Wichtigstes gotisches Profanbauwerk Schlesiens ist das Breslauer Rathaus, dessen bekannte Schaufassade allerdings aus einer späteren Zeit (1471–1504) stammt. Nachdem Karl IV. 1348 die Universität in Prag begründet hatte, zogen viele junge Leute, die zuvor den oberitalienischen Universitäten in Padua und Bologna zugeströmt waren, zum Erwerb akademischer Bildung ins nahe gelegene Prag, seit 1364 auch nach Krakau und ab 1409 nach Leipzig. Der erste gewählte Direktor der Leipziger Universität war ein Schlesier: Johann Otto von Münsterberg. Die Studenten kamen in der Regel von einer der etwa 150 Pfarrschulen, die am Ausgang des Mittelalters in Schlesien existierten, vor allem von den sieben höheren Schulen in Breslau, Liegnitz, Glogau und Neiße.

Links: Madonna aus dem Breslauer Dom, im Rahmen ist u. a. Johannes der Täufer und der Stifter dargestellt, um 1410, Breslau, Nationalmuseum
Rechts: Ein herausragendes Beispiel für den Weichen Stil ist besonders die ›Breslauer Schöne Madonna‹, um 1400. Ursprünglich war sie für eine Breslauer Kirche bestimmt und wird St. Elisabeth oder St. Maria Magdalena zugeschieben, seit 1946 wird sie im Warschauer Nationalmuseum aufbewahrt.

Wesentliche Informationsquellen waren damals die Klosterbibliotheken mit ihren Handschriften, mit den Werken italienischer Juristen, deutschen Rechtskompendien, medizinischen Büchern sowie lateinisch-deutschen Wörterbüchern.

Ein bedeutsames Element der kulturellen Entwicklung war auch die Musik. Etwa um 1400 entstand in Sagan eine Handschrift französischer Motetten. Aus der klösterlichen Bibliothek dieser Stadt stammt eine der ersten deutschen Orgeltabulaturen, die um 1425 erarbeitet wurde. Das ›Glogauer Liederbuch‹ von 1470–80, eine Sammlung von 294 Tonsätzen, spiegelt die ganze Breite des damaligen Musikschaffens. Wichtigste Kirchenmusiker dieser Zeit waren Thomas Stoltzer (1480–1526) aus Schweidnitz und Johannes Nucius (1556–1620) aus Görlitz.

Schlesien als Teil der Habsburger Monarchie

Nach dem Tod des kinderlosen Ludwig II. 1526 fielen Böhmen und Ungarn – und damit auch Schlesien – an den Erzherzog Ferdinand von Habsburg, den späteren Kaiser Ferdinand I. Zu diesem Zeitpunkt regierten in Schlesien nur noch drei piastische Fürstenhäuser: die Brieger, die Oppelner und die Teschener Linie. Des weiteren existierten sogenannte Erbfürstentümer, d. h. Territorien, die dem König von Böhmen direkt unterstellt worden waren, insbesondere Breslau, Schweidnitz-Jauer und Glogau. Darüber hinaus hatten außerschlesische Fürstenfamilien Besitz im Land: die Wettiner das Fürstentum Sagan, die Brandenburger Hohenzollern das Fürstentum Crossen, die fränkischen Hohenzollern das Fürstentum Jägerndorf sowie die Podiebrads Münsterberg und Oels. Zusätzlich gab es inzwischen sogenannte Freie Standesherrschaften, d. h. mit landesherrlichen Rechten ausgestattete Territorien im Besitz nichtfürstlicher Familien: Groß Wartenberg, Trachtenberg und Militsch, Beuthen, Carolath und Bielitz.

Das Haus Habsburg, in Kämpfe gegen die Türken verwickelt und damit verstärkt auf finanzielle Mittel angewiesen, versuchte natürlich fortan, entsprechende Forderungen auch in Schlesien durchzusetzen, wobei der Weg über die Eindämmung der Fürsten- und Ständemacht sowie über die Vermehrung des Kronbesitzes führte. Bereits 1527 verlangte man eine einmalige Abgabe von 100 000 Gulden, die 1552 in eine jährlich abzuführende Steuer mündete. Schon vorher, 1546, hatte man eine sogenannte Biersteuer als ständige Abgabe eingeführt. 1570 mußte der Fürstentag sogar eine direkte Türkensteuer von 70000 Gulden jährlich bewilligen. Ferdinand I. bestand auch auf dem Münz-, Berg- und Zollregal. Für die Verwaltung der königlichen Einnahmen wurde 1558 eine eigene, der Wiener Hofkammer direkt unterstellte Schlesische Kammer geschaffen. Ein Beispiel für die unmittelbare Vermehrung des Kronbesitzes war der Rückkauf des Fürstentums Sagan von den Wettinern im Jahr 1549.

Vorerst führte dieser finanzielle Zugriff der Habsburger nicht zu ernsthaften Zusammenstößen zwischen der Krone und den Ständen, denn Schlesien befand sich im 16. Jahrhundert in einem wirtschaftlichen Aufschwung, bei dem zusätzliche Belastungen nicht so sehr ins Gewicht fielen. Der Aufschwung des Bergbaus und der Eisenverhüttung hatte schon im späten 15. Jahrhundert eingesetzt. Gleichzeitig entstanden im Waldenburger und Glatzer Bergland, im Riesen- und Isergebirge immer mehr Glashütten. Die Leinenweberei wiederum, ein im Mittelalter fast ausschließlich in der Stadt betriebenes Gewerbe, drang jetzt auch auf das Land vor, wobei die Produktion zunächst noch vielfach im Auftrag städtischer Weberzünfte erfolgte, mehr und mehr aber vom Adel kontrolliert wurde.

Die Einschränkung städtischen Wirkens zugunsten des Landes und damit des adligen Einflusses war eine wichtige Erscheinung des 16. und 17. Jahrhunderts. Der Erwerb von ländlichem Besitz und das Inanspruchnehmen ursprünglich landesherrlicher Rechte wie Polizeigewalt und Gerichtsbarkeit durch adlige Familien einerseits sowie die verstärkte Einflußnahme der Stände auf die Verfassung des Landes andererseits gab dem Adel die Möglichkeit, die Struktur weiter Gebiete Schlesiens zu verändern. So entstanden ausgedehnte Grundherrschaften, in denen große Eigenwirtschaften des Adels eine be-

Brieg/Brzeg, Zentrales Detail der Fassade am Torbau des Schlosses

deutende Rolle spielten. Weitreichende Konflikte zwischen der Krone und den Ständen traten erst auf, als das Haus Habsburg begann, von einer relativ vorsichtigen Politik gegenüber der reformatorischen Bewegung (unter Ferdinand I. und Maximilian II.) zu einer strengeren Gegenreformation überzugehen.

Adelskultur und Renaissance

Mehr politische und ökonomische Macht des Adels führte auch zum Entstehen einer Adelskultur, die sich in der Errichtung zahlreicher Renaissance-Schlösser manifestierte. Zu den schönsten zählt das Schloß von Brieg (Brzeg), das ab 1544 erbaut wurde. Wie so oft in der schlesischen Kunst gehen auch hier unterschiedliche Einflüsse eine gelungene Symbiose ein: Italienisches verbindet sich mit süddeutschen und böhmischen Elementen. Den Bau leiteten die beiden oberitalienischen Architekten Jakob Pahr und Bernhard Niuron, ebenso wie den des Rathauses, dem zweiten Renaissance-Juwel von Brieg. Auch im Kernland Polen ist ja der Einfluß italienischer Künstler (etwa am Krakauer Wawel) stilbildend gewesen. Das Schloß in Oels (Oleśnica) ist ein weiteres Beispiel dieses Stils. Zu den frühesten Zeugnissen dieser Kunstepoche zählt die Rahmung des Sakristeiportals in der Breslauer Kathedrale St. Johannes des Täufers aus dem Jahr 1517. Zugleich ist Schlesien reich an Beispielen, bei denen gotische Bauwerke durch Renaissance-Elemente erweitert wurden, so etwa die Rathäuser in Breslau, Löwenberg (Lwówek Śląski) und Bunzlau (Bolesławiec).

Reformation und der Kampf um Religionsfreiheit

Schon vor dem Übergang Schlesiens an Habsburg hatten Luthers Lehren an Einfluß gewonnen. Beim Tod Kaiser Ferdinands I. 1564 waren von den Fürsten und Standesherren Schlesiens nur noch die von Loslau, Pleß und Trachtenberg sowie der Bischof von Breslau katholisch. Selbst die Stadt Breslau nutzte das Amt der Landeshauptmannschaft aus, um im Fürstentum die Reformation zu verbreiten.

Durch die Reformation verstärkten sich auch die Bindungen an das deutsche Kernland; führende evangelische Theologen knüpften Kontakte zu Schlesien, während das Land selbst bedeutende Vertreter evangelischen Denkens hervorbrachte. 1526 entstand in Liegnitz die erste evangelisch begründete Universität Europas, die aber schon drei Jahre später wegen materieller Schwierigkeiten und theologischer Zwistigkeiten geschlossen werden mußte.

Als Kaiser Rudolf II. nach seinem Regierungsantritt 1576 versuchte, durch verschiedene Maßnahmen das in der überwiegenden Mehrheit der Bevölkerung evangelische Schlesien wieder der katholischen Lehre zuzuführen, schlossen die schlesischen Stände sogar ein Verteidigungsbündnis mit den böhmischen Ständen ab. In einem dem Kaiser abgerungenen Dokument vom 20. August 1609 wurde festgelegt, daß die verschiedenen Bekenntnisse gleichberechtigt seien, die freie Religionsausübung jedem offenstehen müsse, die Gründung evangelischer Kirchen und Schulen gestattet sei und das Oberamt einem evangelischen schlesischen Fürsten übertragen werden müsse.

Erzherzog Karl, Fürstbischof von Breslau (reg. 1608–24), war eifrig bemüht, die Kräfteverhältnisse wieder im Sinne des katholischen Lagers zu verändern, wobei er von den Jesuiten und anderen Orden tatkräftig unterstützt wurde. Der Kriegszug des evangelischen Grafen Ernst von Mansfeld durch Schlesien nach Ungarn gab dem Kaiser den willkommenen Anlaß, ein Heer nach Schlesien zu schicken und damit auch wieder die kaiserliche Macht zu festigen: Das Oberamt verlor 1629 seinen ständischen Charakter, in den Städten der Erbfürstentümer zwangen die ›Liechtensteiner Dragoner‹ die Bürger zur Wiederannahme des katholischen Glaubens oder zur Emigration, evangelische Grundherren verloren teilweise ihre Besitzungen. Gleichzeitig begann die Einwanderung adliger Familien aus allen Ländern der österreichischen Monarchie. Auch die Jahre 1632–35 sowie 1639–48 waren Zeiten der kriegerischen Auseinandersetzungen, nur unterbrochen durch den Prager Frieden von 1635, in dem sich aber Schlesien mit Ausnahme der Piasten in Liegnitz, Brieg und Wohlau dem Kaiser unterwerfen mußte.

Mit dem Westfälischen Frieden von 1648 trat eine gewisse Beruhigung ein; den evangelischen Fürstentümern Liegnitz, Brieg, Wohlau, Oels sowie der Stadt Breslau wurde Religionsfreiheit zugestanden, und die evangelischen Gläubigen der niederschlesischen Erbfürstentümer erhielten das Recht auf drei Gotteshäuser, sogenannte Friedenskirchen, die in Glogau, Jauer und Schweidnitz errichtet wurden. Andererseits begann jetzt erst recht eine systematische Unterdrückung der evangelischen Konfession. Eine Flüchtlingswelle in die Nachbarländer setzte ein. Als 1675 der letzte Piast gestorben war, erfaßte die Gegenreformation auch die Fürstentümer Liegnitz, Brieg und Wohlau, später auch Oels und Breslau. Wichtigster Ausgangspunkt für die Verbreitung gegenreformatorischen Gedankenguts wurde die 1702 gegründete Breslauer Jesuitenhochschule Leopoldina.

In der Regierungszeit von Kaiser Joseph I. (1705–11) wurde, gerade unter dem Druck des schwedischen Königs Karl XII., die Repression etwas gemildert, mit der Altranstädter Konvention vom 1. September 1707 wurde die Religionsfreiheit in den im Westfälischen Frieden genannten Gebieten Schlesiens wiederhergestellt. Die Erbfürstentümer erhielten das Recht auf sechs weitere Gotteshäuser: die sogenannten Gnadenkirchen in Freystadt, Sagan, Hirschberg, Militsch, Landeshut und Teschen (die einzige evangelische Kirche Oberschlesiens). Politisch allerdings spielte der Protestantismus zu diesem Zeitpunkt keine Rolle mehr: Als einziger evangelischer Fürst war der Herzog von Oels geblieben. Zwei Drittel der Fläche Schlesiens entfielen schon um 1700 auf die unmittelbar der Krone gehörenden Erbfürstentümer.

Bildfelder in volkstümlicher schlesischer Malerei an den Emporenbrüstungen der Friedenskirche von Jauer/Jawor; drei Friedens- und sechs Gnadenkirchen billigte das katholische Habsburg den protestantischen Schlesiern zu. Sie durften nur außerhalb der Stadtmauern errichtet werden, waren deshalb feindlichen Angriffen ungeschützt ausgesetzt. Der Bau mußte binnen eines Jahres abgeschlossen sein, an Baumaterialien waren nur Holz und Lehm erlaubt.

Die Wirren des Dreißigjährigen Kriegs, die kaiserliche Repression gegen die evangelischen Gläubigen sowie die Pest haben Schlesien vor allem durch die daraus resultierende Abwanderung großen Schaden zugefügt. Besonders betroffen waren die Städte, deren Bürger außerdem unter dem Ausbleiben längst fälliger Reformen litten. So wurden beispielsweise die schon 100 Jahre zuvor festgelegten Indikationssummen weiterhin als Grundlage für die Berechnung der von den Städten abzuführenden Steuern verwendet, obwohl die Zahl der steuerpflichtigen Bürger sich inzwischen stark reduziert hatte, und viele Vermögen, auf denen die Indiktionen beruhten, gar nicht mehr existierten. Erst 1724 verbesserte sich die Lage der schlesischen Städte, als die Indiktionssummen neu festgesetzt wurden.

Reformation und Gegenreformation in der Kunst des Barock

Im Schlesien des 17. und 18. Jahrhunderts entschieden einerseits die absolutistische Monarchie sowie der Katholizismus über den Charakter der Kunst. Denn sie war ein wesentliches Mittel zur Gewinnung von Gläubigen und wurde deshalb auf dynamische, emotionelle und auch realistische Weise in den Dienst der Glaubenspropaganda miteinbezogen. Die Pracht und verspielte Heiterkeit der Formen sollte Gottes Herrlichkeit symbolisieren; illusionistische Malerei an Kirchendecken und -kuppeln entgrenzte den Raum, sollte – zumindest optisch – den Weg ins Himmelreich ebnen. So fand auch die Darstellung des hl. Johannes von Nepomuk Verbreitung, noch heute ist seine Skulptur in vielen schlesischen Städten zu sehen.

Die Nepomuksäule in Ratibor/Racibórz; der hl. Nepomuk ist der Märtyrer der Gegenreformation, dessen Figur an vielen Brücken steht. Er wurde von König Wenzels Häschern gefangengenommen, gefoltert und von der Prager Moldaubrücke in die Fluten gestürzt, weil sich der Priester geweigert haben soll, das ihm anvertraute Beichtgeheimnis der vermeintlich untreuen Königin Johanna preiszugeben, wahrscheinlicher ist aber, daß er sich den Zorn des Königs zuzog, als er sich dessen gewaltsamer Einmischung in kirchliche Angelegenheiten widersetzte.

Leubus, Grüssau, Heinrichau, Trebnitz und Kamenz, also die Zisterzienserklöster, spielten unter den Auftraggebern die Hauptrolle, des weiteren die Jesuiten und andere Orden mit starker wirtschaftlicher Basis, und schließlich die in Neiße und Breslau residierenden Breslauer Bischöfe sowie Mitglieder des Breslauer Domkapitels. Diese kirchliche Initiative wurde ergänzt durch aktive Bautätigkeit seitens des alten und neuen katholischen Adels.

Im Vergleich zum offensiven und breitangelegten Vorgehen der Katholiken war die protestantische Seite bescheidener, was natürlich mit den politischen und wirtschaftlichen Bedingungen zusammenhing. An erster Stelle sind dabei die Piasten von Liegnitz, Brieg und Wohlau zu nennen, wobei die Hauptenergie auf den sakralen Bereich gerichtet war, auf den Bau, die Modernisierung und die Ausschmückung von Kirchen.

Vielfach wurden weder Kosten noch Mühen gescheut, anerkannte Künstler Europas nach Schlesien zu rufen. So wurde das Breslauer Schreyvogel-Palais von Johann Lukas von Hildebrandt (1668–1754) entworfen, die Entwürfe für die Ritterakademie in Liegnitz und die Kurfürstenkapelle der Breslauer Kathedrale St. Johannes stammten von Joseph Emanuel Fischer von Erlach (1693–1742), die Fresken der ehemaligen Jesuitenkirche in Breslau schuf Johann Michael Rottmayr (1654–1730). Zu den bekanntesten Künstlern aus Italien zählten Carlo Lurago (um 1618–84), Antonio della Porta (um 1631–1702) und Andrea de Quadri. In ihrem Gefolge kamen zahlreiche Bauhandwerker, Stuckateure und Steinmetzen nach Schlesien.

Erst um die Wende des 17. Jahrhunderts wurde deren Platz allmählich von Künstlern aus anderen Gebieten des Kaiserreichs eingenommen; darunter Matthias Kirchberger aus Bayern (tätig 1681 bis 1702), Peter Dobler aus Wien, Martin Frantz (1679–1742) aus dem damals schwedischen Reval sowie ansässige Baumeister wie Martin Urban (tätig 1683–93) und Christoph Hackner (1663–1741). In Bildhauerei und Schnitzerei hatten im 18. Jahrhundert die aus Böhmen eingewanderten Künstler eine Führungsrolle inne: Johann Georg Urbański (bis 1727 in Breslau nachweisbar), Anton Dorazil (gest. vor 1781) und andere.

Die schlesische Architektur zeichnete sich nach 1640 durch eine massive Formgebung aus: Quaderung der Untergeschosse und eine Fassadengliederung durch horizontale Teilungen; erst um 1660 begann man Pilastergliederungen einzuführen. Die schlesische Plastik, insbesondere die Sakralskulptur, war zunächst bestimmt von italienischen – römischen und venezianischen – Einflüssen; erst mit den

Klosterwerkstätten in Heinrichau und Grüssau im letzten Viertel des 17. Jahrhunderts entwickelte sich eine eigenständige Form der schlesischen Barockplastik. Der Charakter der schlesischen Malerei schließlich war wesentlich bestimmt vom Schaffen Michael Lukas Leopold Willmanns (s. S. 52), der als Illustrator der katholischen Glaubenslehre am eindrucksvollsten den Geist des kämpferischen Katholizismus zum Ausdruck brachte.

Die ganz spezielle Ausprägung der protestantischen Kirchenarchitektur verweist auf die besondere damalige Lage der evangelischen Gläubigen. Angesichts der anhaltenden Repression nach dem Dreißigjährigen Krieg nahmen die Kirchen symbolischen Charakter an; vom Versammlungsort wurden sie mehr und mehr zum ›Haus Gottes‹, zum Asyl der Gemeinde und zum Symbol ihrer künftigen Existenz. Beim Bau von Kirchen litt man unter diskriminierenden Bestimmungen: Verbot des Einsatzes von Stein und Ziegeln, Verbot von Türmen, keine Glocken; vielmehr sollten Holz oder andere preiswerte und leicht zugängliche Baumaterialien nach dem Willen der Machthabenden den niederen Rang der protestantischen Kirchen im Vergleich zur triumphierenden Monumentalarchitektur des Katholizismus demonstrieren.

Michael Willmann, Flucht nach Ägypten, Fresko aus St. Joseph in Grüssau/Krzeszów

Dichterschule und Lautenmusik

Schlesische Dichterschule: Die besten deutschen Barockschriftsteller stammten aus Schlesien.

Trotz und möglicherweise gerade wegen der unsicheren politischen und religiösen Verhältnisse entwickelte sich im Schlesien des 17. Jahrhunderts eine großartige, auch für den gesamten deutschsprachigen Raum bedeutsame Barockdichtung. Zu ihren wichtigsten Vertretern zählten Martin Opitz (1597–1639), Friedrich von Logau (1604–55), Andreas Gryphius (1616–64), Hofmann von Hofmannswaldau (1616–79), Angelus Silesius (eigentlich: Johannes Scheffler, 1624–77) und Daniel Caspar von Lohenstein (1635–83). Eine wesentliche Voraussetzung für die Entstehung einer derartigen Dichtung war die geistige Aufgeschlossenheit der Menschen dieser Zeit und dieses Landes, in dem Katholizismus und lutherische Lehre miteinander stritten und auch der Calvinismus sowie Wiedertäufer und andere Strömungen Anhänger fanden. Mystisches Gedankengut gewann an Einfluß. Auch dürfte die Nachbarschaft zu anderen Nationalitäten diesseits und jenseits der Grenzen eine Rolle gespielt haben, was sich in einem klareren Umgang mit der deutschen Sprache äußerte (Opitz, s. S. 51f.). Schließlich müssen der Wohlstand des Adels und des Großbürgertums zu den Voraussetzungen gezählt werden. Je stärker sich die Gegenreformation und der kaiserliche Absolutismus durchsetzten, desto mehr ging diese geistige Produktivität zurück, während die Jesuiten und deren Schulen die intellektuelle Führung übernahmen: in erster Linie die Leopoldina in Breslau.

Musikgeschichtlich war das Barockzeitalter in Schlesien vor allem eine Epoche der Lautenmusik. Zu den wichtigsten Exponenten der zahlreichen schlesischen Lautenmusiker zählten Esajas Reusner (1636–79), ab 1674 im Dienste des Großen Kurfürsten, Leopold Weiß (1686–1750), der sich großer Wertschätzung seitens Johann Sebastian Bachs erfreute, sowie Ernst Gottlieb Baron (1696–1760), ebenfalls aus Breslau, der 1735 in den Dienst des Kronprinzen Friedrich in Rheinsberg trat und bis zu seinem Tod in Anstellung beim Preußenkönig blieb. Die Hinwendung zur Kammermusik und speziell zu diesem Instrument sowie zum Lied dürfte mit der ausgeprägten Innerlichkeit des Barockzeitalters zusammenhängen.

Unter preußischer Herrschaft

»Ich habe mir vorgenommen, aus Schlesien die blühendste und glücklichste meiner Provinzen zu machen.« Friedrich der Große, Oktober 1741

Im Juli 1741 kam es zum Österreichischen Erbfolgekrieg. Doch schon im Jahr zuvor hatte der junge Preußenkönig Friedrich II. den Tod Kaiser Karls VI. als günstige Gelegenheit erkannt, sein Staatsgebiet nach Südosten auf Schlesien auszudehnen. Das am 16. Dezember 1740 in Schlesien eindringende preußische Heer konnte bis März des folgenden Jahres fast ganz Schlesien besetzen, die österreichischen Truppen wurden am 10. April 1741 bei Mollwitz entscheidend geschlagen. Nachdem auch Bayern, Sachsen und Frankreich in einen Krieg gegen Österreich eingetreten waren, erreichte

Friedrich II. in dem Geheimabkommen von Klein Schnellendorf am 9. Oktober 1741, daß ihm Schlesien bis zur Glatzer Neiße und rechts der Oder nördlich des Flusses Brinitze abgetreten wurde. Aufgrund eines erneuten militärischen Eingreifens Preußens mußte Maria Theresia im Breslauer Präliminarfrieden vom 11. Juni 1742 fast ganz Schlesien abgeben (mit Ausnahme der Grafschaft Glatz, der mährischen Exklave Katscher, der Fürstentümer Troppau-Jägerndorf und Teschen und von Teilen des Bistumslandes). Zum Zweiten Schlesischen Krieg kam es, nachdem Karl Albrecht von Bayern, der Gegenspieler Maria Theresias, zum Kaiser (Karl VII.) gewählt worden war und Preußen deshalb fürchtete, seine neue Beute Schlesien könne wieder verlorengehen. Die preußischen Siege bei Hohenfriedeberg und Kesselsdorf führten schließlich zum Frieden von Dresden (25. Dezember 1745), der die Herrschaft Friedrichs II. in Schlesien bestätigte.

»Wenn ich das Unglück des Krieges wieder gutmache, werde ich zu etwas gut gewesen sein, und damit begnügt sich mein Ehrgeiz.« Friedrich der Große, Dezember 1763

Besonders litt das Land unter dem dritten, dem Siebenjährigen Krieg, den wiederum Friedrich II. 1756 begann, weil er die Annäherung zwischen Österreich und Frankreich als Bedrohung empfand. Diesmal wechselten die militärischen Erfolge; und Preußen gewann erst wieder eindeutig die Oberhand, nachdem der neue russische Zar Peter III. im Januar 1762 auf die Seite Friedrichs II. getreten war. Die allgemeine Kriegsmüdigkeit führte dann die Gegner an den Verhandlungstisch und schließlich zum Frieden von Hubertusburg am 15. Februar 1763. Damit war der größte Teil Schlesiens endgültig preußisch geworden.

Dies bedeutete zunächst einmal die Schaffung einer dem modernen absolutistischen Staat entsprechenden Verwaltung. An deren Spitze wurde ein Provinzialminister berufen, der direkt dem König unterstand. Desgleichen richtete man Kriegs- und Domänenkammern ein, die für die Finanz- und Wirtschaftsverwaltung zuständig waren und Städte sowie Kreise kontrollierten. Als Abgaben mußten wirtschaftlich stärkere Städte die Akzise entrichten, die schwächeren Städte und die Dörfer die Kontribution.

Das Gerichtswesen wurde direkt dem preußischen Justizminister unterstellt, wobei aber die alten Gerichte der Fürstentümer, Standesherrschaften und Magistrate erhalten blieben. Als Berufungsinstanzen richtete man zusätzlich sogenannte Oberamtsregierungen ein. Alle alten ständischen Einrichtungen wurden abgeschafft.

Ein vorrangiges Anliegen Friedrichs II. war die militärische Festigung Schlesiens, wobei er eine ständige Stationierung von 35 000 Mann anstrebte. Für die Rekrutenerfassung wurde das sogenannte Kantonssystem eingeführt. Da die vorhandenen Kasernen für eine derartige Zahl von Soldaten nicht ausreichten, mußten die Bürger in den Städten zusätzlich Quartiere zur Verfügung stellen. Außerdem wurden militärische Anlagen ausgebaut oder neu geschaffen (Cosel, Neiße, Glatz, Schweidnitz, Silberberg).

Um das durch die Kriege wirtschaftlich angeschlagene Schlesien wieder auf die Beine zu bringen, bemühten sich die preußischen Be-

Breslau, Matthias-Stift, kolorierter Stich, 18. Jahrhundert

amten um Zuwanderer aus Mittel- und Westdeutschland, mit denen dann Siedlungen von Eisenhüttenarbeitern und Holzfällern gegründet wurden. Ebenfalls herbeigerufene evangelische Tschechen wandten sich der Landwirtschaft zu. Eine Besonderheit bildeten die Herrnhutersiedlungen Gnadenfrei, Gnadenberg und Gnadenfeld, in denen Handel und Gewerbe betrieben wurden.

Gefördert wurden der Bergbau und das Hüttenwesen; mit dem 1769 eingeführten neuen Bergrecht wurde die Freiheit der Bergleute von der Gutsuntertänigkeit festgestellt und der Bergbau dem staatlichen Oberbergamt untergeordnet. Lag der Schwerpunkt des Bergbaus zunächst in Niederschlesien (Waldenburger Revier), so verlagerte er sich mehr und mehr nach Oberschlesien, insbesondere seit man um 1750 begann, Steinkohle abzubauen und zu verwenden. Stationen der weiteren Entwicklung waren: Einrichtung der Bergdeputation Tarnowitz 1780, Inbetriebnahme der dortigen Friedrichsgrube 1784 und der Friedrichshütte 1786, Beginn des Eisenschmelzens in der Hütte von Malapane 1789, die Gleiwitzer Hütte mit dem ersten Kokshochofen 1796 und die Königshütte 1802. 1809 entstand ebenfalls bei Königshütte die erste Zinkhütte. Alles in allem war die Jahrhundertwende die Geburtsstunde der oberschlesischen Schwerindustrie.

So wichtig die Rolle des Adels bei dieser Industrieentwicklung war, so negativ wirkte sich seine repressive Politik gegenüber der Landbevölkerung aus, die dann auch in verschiedenen Bauernunruhen mündete (1793, 1811). Geradezu exemplarisch verwiesen dann die Weberunruhen 1793 und 1844 auf die Widersprüche moderner Wirtschafts- und speziell Industrieentwicklung.

Für die Kirchen brachte die preußische Herrschaft wesentliche Veränderungen. So mußte sich die katholische Kirche fortan staatliche Einflußnahme gefallen lassen, was aber generell nicht die Einschränkung der Religionsfreiheit nach sich zog. Die evangelische

»Seit Anfang des Monats bin ich nun in diesem zehnfach interessanten Lande, habe schon manchen Teil des Gebirges und der Ebene durchstrichen und finde, daß es ein sonderbar schönes, sinnliches und begreifliches Ganzes macht.« Goethe an Herder 1790

Kirche wiederum erlebte nicht nur die Aufhebung der alten Beschränkungen, sondern erhielt gleichzeitig auch das Recht, neue Kirchen zu errichten, was bis 1752 zum Bau von über 160 provisorischen evangelischen ›Bethäusern‹ führte. Darüber hinaus achtete Friedrich der Große darauf, daß die Bildungsarbeit der katholischen Kirche, wenn auch in anderen Formen, weitergeführt wurde. So machte er die Patres des Jesuitenordens nach dessen Auflösung 1773 zu Mitgliedern des ›Königlichen Schulinstituts‹, auch die Leopoldina blieb bestehen.

Nach Jahrzehnten des Friedens wurde Schlesien 1806 von bayerischen und württembergischen Truppen als Verbündete Napoleons erneut mit Krieg überzogen. Der Friedensvertrag von Tilsit (9. Juli 1807) beließ Schlesien bei Preußen, wobei Frankreich für die Festung Glogau eine längere militärische Besetzung erzwang.

Die Jahre 1807–12 brachten die Stein-Hardenbergschen Reformen, wodurch Schlesien dem übrigen Preußen stärker angeglichen wurde und sich auch die wirtschaftliche sowie soziale Lage verbesserte. Es waren dies vor allem die Bauernbefreiung, die städtische Selbstverwaltung, ein neues Reglement für das Heer, Gewerbefreiheit und die rechtliche Gleichstellung der Juden.

Einschneidende Auswirkungen hatte auch die Säkularisation des beträchtlichen katholischen Kirchenvermögens (1810), wobei ein wesentlicher Teil zum Ausbau der Breslauer Friedrich-Wilhelms-Universität verwendet wurde, die 1811 durch die Umwandlung der Leopoldina und deren Zusammenlegung mit der Universität in Frankfurt/Oder entstanden war.

1812/13 wurde Schlesien zu einem Zentrum der Erhebung gegen Napoleon. Am 22. Januar 1813 übersiedelte die königliche Familie nach Breslau; hier wurde wenig später ein Bündnis mit Rußland geschlossen, und Friedrich Wilhelm III. verkündete am 17. März seinen berühmten Aufruf ›An mein Volk‹. Das preußisch-russische Hauptquartier in Reichenbach war ein Ort wichtiger Verhandlungen, zu denen Österreich als weiterer Bündnispartner hinzukam. Der militärische Erfolg unter Blücher (›Marschall Vorwärts‹) an der Katzbach am 26. August bildete dann den Ausgangspunkt für die Befreiung ganz Deutschlands von der napoleonischen Vorherrschaft.

In der nach dem Krieg erfolgten Neuordnung des preußischen Staates wurde der 1815 preußisch gewordene Teil der Oberlausitz Schlesien angeschlossen, der Kreis Schwiebus dagegen an Brandenburg abgetreten. Gleichzeitig wurde die Provinz Schlesien in die vier Regierungsbezirke Breslau, Liegnitz, Oppeln und Reichenbach aufgeteilt, wobei Reichenbach nur bis 1820 Bestand hatte. Dem Regierungsbezirk Oppeln fügte man auch die bislang niederschlesischen Kreise Neiße, Grottkau und Kreuzburg an. Diese Verwaltungsgliederung blieb im wesentlichen bis zum Ende des Ersten Weltkriegs bestehen.

Preußen setzte außerdem durch, daß die katholische Kirche in ihrer Organisation den politischen Grenzen Rechnung trug, was durch die päpstliche Bulle ›De salute animarum‹ 1821 erfolgte. Damit wurde auch das Bistum Breslau aus der Abhängigkeit von der Kirchenprovinz Gnesen gelöst und direkt der Kurie untergeordnet.

Nach 1815 befand sich die schlesische Wirtschaft für einige Jahrzehnte in einem schwierigen Zustand. Das galt zum Beispiel für die Eisenhütten, die in den Friedenszeiten auf Heeresaufträge verzichten mußten und außerdem der Konkurrenz ausländischer Roheisenproduktion ausgesetzt waren. Das galt auch für die Leinenindustrie, die gegen die billiger arbeitende englische Konkurrenz und deren Maschinen weitgehend auf verlorenem Posten stand. Die Tuchproduktion wiederum verlor durch die russische Einfuhrsperre von 1823 einen wichtigen Absatzmarkt; viele Tuchmacher aus Schlesien wanderten in das aufstrebende Textilzentrum Łódź aus, das als Teil Kongreßpolens der Herrschaft des Zaren unterstand.

Der große industrielle Aufschwung kam dann mit dem Eisenbahnbau, wobei als erste Linie die von Breslau ins oberschlesische Industrierevier fertiggestellt wurde (1842 bis Brieg, 1843 bis Oppeln, 1846 bis Myslowitz). An den Bahnlinien entstanden bevorzugt Industriebetriebe.

Angesichts der neuen Transportmöglichkeiten entwickelte sich auch der Abbau neuer Bodenschätze wie Granit, Sandstein, Ton und Kaolin. Grundlage des Aufschwungs war natürlich die Steinkohle, die noch an Bedeutung gewann. Den größten Zuwachs erlebten die bereits existierenden Industriezentren, so vor allem Breslau, das Waldenburger Gebiet und vor allem das oberschlesische Revier. Die dortige Ansammlung von Gruben, Hütten und anderen Betrieben führte auch zu einer starken Verdichtung der Besiedlung. Exemplarisch sei auf Kattowitz verwiesen, das sich zum Verwaltungszentrum des Reviers entwickelte. Im Zuge der industriellen Entwicklung wurde schließlich auch die Oder zwischen 1891 und 1917 reguliert, in Cosel entstand ein großer Umschlaghafen. Neben den alten Grundherren kämpften sich die Besitzer neuer Industrieanlagen, wie etwa der legendäre Karl Godulla, mehr und mehr nach oben und wurden Verwaltungs-, Bergbau- und Hüttenfachleute. Auch die Arbeiterschaft stammte zum überwiegenden Teil aus Oberschlesien selbst. Die Zahlen der damaligen Bevölkerungsentwicklung sind beeindruckend: Hatte der Regierungsbezirk Oppeln 1819 knapp 562 000 Einwohner, waren es 1910 bereits über 2,2 Millionen. Seit etwa 1850 waren sogar einige Hunderttausend Oberschlesier ins Ruhrgebiet abgewandert.

Diese industrielle Revolution brachte eine Fülle nationaler, politischer, sozialer, sprachlicher und konfessioneller Probleme mit sich. So waren die Bedingungen für die Ablösung der auf Grund und Boden lastenden Pflichten vor allem für die kleineren Bauern sehr hart, was zu verschiedenen Bauernerhebungen führte. In den 40er Jahren entwickelte sich Breslau neben dem Rheinland und Königsberg zu einem Mittelpunkt des politischen Liberalismus in Preußen, die Unzufriedenheit vieler Schlesier mit dem preußischen Absolutismus

Adolph Menzel, Das Eisenwalzwerk (Moderne Cyklopen), (1872–75), Staatliche Museen zu Berlin, Preußischer Kulturbesitz, Nationalgalerie

manifestierte sich in der Revolution von 1848, das Eintreten schlesischer Demokraten für die von der Frankfurter Nationalversammlung verabschiedete Verfassung führte zum Breslauer Maiaufstand vom 6./7. Mai 1849.

Im konfessionellen Bereich hatte es zuvor schon Auseinandersetzungen gegeben um die von König Friedrich Wilhelm III. in die Wege geleitete Union von Lutheranern und Reformierten. Auch die katholische Reformbewegung des Deutschkatholizismus hatte eine ihrer Wurzeln in Schlesien.

In den letzten Jahrzehnten des 19. Jahrhunderts zeigte sich auch mehr und mehr die politische, sprachliche und konfessionelle Sonderentwicklung Oberschlesiens. Stellte in Mittel- und Niederschlesien die evangelische Konfession die Mehrheit (1895 waren im Regierungsbezirk Breslau 57,4% der Bevölkerung evangelisch, im Regierungsbezirk Oppeln nur 9%), zeigte sich Oberschlesien als fast rein katholisches Land (Regierungsbezirk Oppeln 89,7% katholisch, Regierungsbezirk Breslau 40%). Im östlichen Teil der preußischen Provinz Oberschlesien sprach auch der überwiegende Teil der katholischen Bevölkerung einen polnischen Dialekt, der von deutschen Worten und Redewendungen durchmischt war. Die Bevölkerungsexplosion des 19. Jahrhunderts entstand in erster Linie in diesem polnischsprachigen Gebiet. Im Regierungsbezirk Oppeln gaben 1910 53% der Bewohner Polnisch als Muttersprache an.

Diejenigen polnischsprachigen Oberschlesier, die sich politisch und kulturell mit Deutschland verbunden fühlten, orientierten sich parteipolitisch an der katholischen Zentrumspartei. 1903 konnte diese Partei aus dem Regierungsbezirk Oppeln elf Kandidaten in den Reichstag bringen, die Sozialdemokraten dagegen keinen einzigen. Das Zentrum setzte sich auch immer wieder für Reichstagskandidaten mit polnischen Sprachkenntnissen ein.

Schon seit 1848 gab es aber auch Bemühungen, die polnischsprachigen Oberschlesier in gesamtpolnische Bestrebungen miteinzubeziehen: durch Verbreitung von Literatur in polnischer Sprache, durch Gründung polnischer Vereine und die Einführung von polnischer Hochsprache an oberschlesischen Schulen. Profiliertester Vertreter der polnischen Nationaldemokratischen Partei Roman Dmowskis wurde schließlich der Oberschlesier Wojciech Korfanty, der 1903 in den Reichstag einzog und sich dort der polnischen Fraktion anschloß. 1907 hatte diese aus dem Regierungsbezirk Oppeln bereits fünf Abgeordnete, neben sechs des Zentrums und einem der Konservativen.

Preußischer Geist in der Kunst

Der heiter-bewegte Barock der Habsburger wurde von den geradlinigen Formen des preußischen Klassizismus abgelöst.

Mit der umfassenden und straffen Neuorganisation Schlesiens im Geiste Preußens und seiner Staatsbedürfnisse nach 1740/41 wurden österreichische Lässigkeit und wirtschaftliche Ineffektivität wie auch Vielfalt und Individualität durch preußische Strenge, Korrektheit und Einheitlichkeit ersetzt. Ironisch überzogen könnte man sagen, statt kunstvoller und aufwendiger, aber in den Augen der neuen Herren wenig nützlicher barocker Kirchen, Klöster und Paläste wurden jetzt nur noch praktisch-nüchterne Finanzämter, Kasernen und Gefängnisse gebaut. Auf jeden Fall erhielt die Kunst nach der Eroberung Schlesiens durch Friedrich II. insgesamt ein anderes Gepräge. So führte die repressive Fiskalpolitik der preußischen Behörden gegenüber der katholischen Kirche zu einer bedeutenden Verminderung künstlerischer Initiativen. Lediglich im überwiegend katholischen Oberschlesien wurden in der zweiten Hälfte des 18. Jahrhunderts zahlreiche steinerne Kirchen mit entsprechender plastischer Ausgestaltung errichtet. Der gesamte protestantische Kirchenbau in Schlesien erreichte nicht einmal das Ausmaß dieser katholischen Unternehmungen. Ein zunehmend bilderfeindlicher Pietismus im Protestantismus hatte zudem nachteilige Folgen für die Kirchenkunst insgesamt.

Die intensive Industrialisierung und Urbanisierung vieler schlesischer Siedlungsräume in der zweiten Hälfte des 18. Jahrhunderts ließ zusätzlich keine größere Initiative des Bürgertums für die Kunst aufkommen; die Finanzen der Städte wurden in erster Linie in Anspruch genommen durch den Bau von Magazinen, Kasernen und Befestigungsanlagen. Auch infolge der durch die Kriege verursachten Verarmung beschränkten sich die Bürger auf die Modernisierung ihrer Wohnhäuser und öffentlicher Gebäude sowie auf kleine bildhauerische Arbeiten. Namhafte Architekten, Bildhauer und Maler

Breslau/Wrocław, das ehemalige Stadttheater an der ul. Świdnicka wird seit 1945 als Staatliche Oper genutzt. Carl Ferdinand Langhans, der Sohn des Baumeisters Carl Gotthard Langhans, war der Architekt dieses zwischen 1837 und 1841 errichteten klassizistischen Bauwerks.

verließen nach 1750 Schlesien. Gegen Ende des 18. Jahrhunderts kam es dann zum allmählichen Erlöschen des Barock.

Das Rokoko bezog sich im wesentlichen auf die dekorative Kunst, nicht auf die Architektur. Es ging um das Bestreben, für das Innere neue Formen zu finden, welche an die Stelle der schweren, der Außenarchitektur entlehnten Gliederungen treten konnten. Leichte Rahmenprofile ersetzten Pilaster, Bekrönungs- und Deckengesimse.

Der preußische Klassizismus (bis etwa 1840) läßt sich in Breslau an der früheren Hofkirche (1747–50) studieren, heute Kirche der Vorsehung Gottes (s. S. 112), an der Alten Börse am Salzring (1824), dem ehemaligen Stadttheater und an verschiedenen Bürgerhäusern. Zum richtungsweisenden Bauwerk dieser Kunstepoche wurde, ebenfalls in Breslau, das frühere Gräflich-Hatzfeldtsche Palais, später Oberpräsidial-Haus, heute eine Galerie moderner Kunst, mit dem der wichtigste damals in Schlesien tätige Architekt, Carl Gotthard Langhans (1732–1808), seinen Ruf begründete (s. S. 53).

Unter der Leitung von Carl Gotthard Langhans wurden auch die Kirche der Evangelisch-Augsburgischen Gemeinde in Waldenburg (1785–89) und die evangelische Pfarrkirche St. Johannes und Petrus in Groß Wartenberg (1785-89) erbaut. Zu den prägenden Bauwerken dieser Kunstepoche gehörte außerdem das Theater von Glogau (nach 1774) mit der wirkungsvollen Doppelfreitreppe sowie dem großen Mittelrisalit. Es entstand als ›Redoutensaal‹, nach der Art alter Tanzhäuser Süddeutschlands, der dem Bürgertum die

Möglichkeit gab, größere Veranstaltungen abzuhalten, die im Mittelalter im Rathaus stattgefunden hatten. Das Theater existiert heute nur noch als Ruine, doch gibt es Pläne, es in seiner alten Pracht wiederherzustellen.

Zahlreiche Bürgerhäuser wurden diesen Vorbildern nachempfunden: etwa das 1898 leider abgebrochene Breslauer Geburtshaus von Adolph Menzel in der früheren Albrechtstraße (heute ul. Wita Stwosza) mit zwei an den Enden angeordneten Portalen, die von feingezeichneten toskanischen Säulen mit Gebälk umrahmt wurden.

Beispiele für die Plastik des Klassizismus waren das Blücherdenkmal auf dem früheren Salzring in Breslau, das Grabmal des Kommerzienrats Brecher in der dortigen Kirche St. Elisabeth, das ebenfalls Carl Gotthard Langhans zugeschrieben wird, sowie das Grabmal des Generals Gessler in Brieg.

Dem eklektischen Zug der Kunst nach 1830 entsprach es, Formen des Mittelalters wieder aufzunehmen. Karl Friedrich Schinkels (1781–1841) neogotisches, 1838–63 errichtetes Schloß in Kamenz steht für diese Entwicklung; der rote Backsteinbau knüpft in seinen Detailformen an Burgen des Mittelalters an: vier kräftige Ecktürme halten vier Flügel und einen langen rechteckigen Hof zusammen, den ein zweistöckiger Verbindungsgang in zwei Hälften teilt; die ganze Anlage des Schlosses ist ebenso wie sein Äußeres von strenger Regelmäßigkeit. Dieser Eklektizismus entwickelte sich auch unter dem Einfluß der allmählich sich entwickelnden Romantik, die für die Literatur ihren Ausdruck im Werk Joseph von Eichendorffs fand.

Schließlich entstand auch im Schlesien der zweiten Hälfte des Jahrhunderts jener Formenreichtum, wie er für Deutschland und andere europäische Länder gang und gäbe war, wobei man besonders in der Architektur auf bestimmte Grundlösungen, die in den Epochen der Gotik, der Renaissance und des Barock gefunden worden waren, zurückgriff, gleichzeitig aber auch, den neuen Bauaufgaben entsprechend, zu immer neuen Gestaltungen fand. Diese neuen Bauaufgaben ergaben sich aus der Entwicklung von Technik und Industrie, aber auch aus den Erfordernissen und Ansprüchen der verschiedenen, sich herausbildenden Gesellschaftsschichten und deren Repräsentanten, insbesondere aus dem rasanten Aufschwung der Städte und dem damit verbundenen Bedarf an Rathäusern, Verwaltungsgebäuden, Industriebauten, Bahnhöfen, Brücken und sonstigen Verkehrsanlagen.

Der Maler und Graphiker Adolph Menzel (s. S. 54), 1815 in Breslau geboren und einer der bedeutendsten deutschen Realisten des 19. Jahrhunderts, war es, der erstmalig eine Eisenbahn malte, der Großstädte und alltägliche Szenen und Menschen des modernen Lebens ohne Pathos und Idealisierung darstellte. Der Dichter Gerhart Hauptmann, 1862 in Bad Salzbrunn geboren (s. S. 56), gehörte mit seinen Dramen über gesellschaftliche Konflikte und Charaktere zu den Schöpfern des Naturalismus.

Nach dem Ersten Weltkrieg

Das Polnische Nationalkomitee, während des Ersten Weltkriegs in Paris gegründet, strebte einen Staat an, der nicht nur das Gebiet Polens vor den Teilungen, sondern auch Regionen mit mehrheitlich polnischsprachiger Bevölkerung umfassen sollte. Der Versailler Vertrag vom 28. Juni 1919 bestimmte dann die Abtretung von Teilgebieten der niederschlesischen Kreise Militsch, Guhrau, Groß Wartenberg und Namslau an Polen; Regionen, in denen 1910 mehr als die Hälfte der Einwohner Polnisch als Muttersprache angegeben hatten. Der am 10. Januar 1920 in Kraft getretene Vertrag sah auch den Anschluß des Hultschiner Ländchens an die damals neu entstandene Tschechoslowakei vor.

Auf der Pariser Friedenskonferenz einigte man sich außerdem auf eine Volksabstimmung, die unter Aufsicht der westlichen Alliierten im größten Teil Oberschlesiens (ohne die Kreise Grottkau, Neiße, Falkenberg und eines Teils des Kreises Neustadt) stattfinden sollte. Noch bevor englische, französische und italienische Truppen in das Abstimmungsgebiet einrückten, kam es im August 1919 zum ersten polnischen Aufstand.

Die Interalliierte Regierungs- und Plebiszitkommission organisierte ab dem 11. Februar 1920 von Oppeln aus die Verwaltung des Abstimmungsgebiets. Im August desselben Jahres kam es dann im oberschlesischen Industrierevier zum zweiten polnischen Aufstand. Bei der Abstimmung am 20. März 1921 votierten 59,6 % für Deutsch-

Karte des Abstimmungsgebiets von 1921

Grenze Oberschlesiens
Abstimmungsgebiet vom 20.3.1921
Grenze Deutsches Reich 1919
Westgrenze der 1919 von Polen geforderten Gebiete
Linie der Teilung vom 20.10.1921
Gebiet Hultschin

land, 40,4 % für Polen, was die Alliierten bewog, eine Teilung des Abstimmungsgebietes zu beschließen. Da aber die Interalliierte Kommission sich nicht auf eine Teilungsgrenze einigen konnte, wandte sie sich an den Völkerbund. Am 3. Mai 1921 begann der dritte polnische Aufstand, der in die entscheidende Auseinandersetzung zwischen den polnischen Einheiten und dem deutschen ›Selbstschutz Oberschlesien‹ am 21. Mai 1921 am Annaberg mündete. Schließlich beschloß die Kommission der Botschafter der Entente am 20. Oktober 1921 die Abtretung Ostoberschlesiens an Polen; nach der Volkszählung von 1910 waren 66 % der Bevölkerung dieses Gebiets polnischsprachig, 34 % deutschsprachig; bei der Abstimmung hatten 55,8 % für Polen votiert. Um die negativen Folgen der Teilung zu mindern und den Schutz der Minderheiten auf beiden Seiten zu sichern, wurde eine aus 606 Artikeln bestehende ›Genfer Konvention‹ zwischen Polen und Deutschland abgeschlossen, die vom 15. Mai 1922 an 15 Jahre gelten sollte.

Mit der durch Inkrafttreten dieser Konvention vollzogenen Spaltung Oberschlesiens einen Monat später fiel ein wesentlicher Teil des Industriereviers an Polen: 53 von 67 Steinkohlegruben, knapp 90 % der Kohlevorräte, 11 von 16 Zink- und Bleierzgruben, alle Eisenerzgruben, fünf von acht Eisenhüttenwerken. Oppeln wurde nun endgültig Hauptstadt der preußischen Provinz Oberschlesien, d. h. des bei Deutschland verbliebenen Teils des alten Regierungsbezirks Oppeln. Auf polnischer Seite entstand mit Ostoberschlesien und mit dem am 28. Juli 1920 an Polen gefallenen Ostteil des Teschener Schlesien die Wojwodschaft Schlesien mit dem Verwaltungssitz Kattowitz. Der bei der Tschechoslowakei verbliebene Teil von Österreich-Schlesien wurde zusammen mit dem Hultschiner Ländchen das Land Schlesien mit der Hauptstadt Troppau. Die Teilung Oberschlesiens führte zur Abwanderung vieler Deutscher aus Ostoberschlesien. Sie ließ aber auch das alte Industrierevier nach Westen wachsen; Gleiwitz, früher eher am Rand, rückte nun ins Zentrum.

In den späten 20er Jahren führte die Weltwirtschaftskrise auf beiden Seiten der Grenze zu schweren Schäden, viele Gruben und andere Industriebetriebe mußten geschlossen werden. Zu beobachten war aber auch, wie sich Polen und Deutschland in den 20er Jahren bemühten, ›ihren‹ jeweiligen Teil Oberschlesiens an die jeweilige Gesamtwirtschaft anzubinden.

Politisch dominierte bei den Reichstagswahlen im katholischen deutschen Oberschlesien das Zentrum mit 35 bis 40 % der Stimmen, während in Niederschlesien die SPD mit 24 bis 38 % dominierte. In Oberschlesien hingegen lag die SPD immer hinter der KPD. Eine wichtige Rolle spielte auch die Deutschnationale Volkspartei, die bis 1928 in Oberschlesien zwischen 14 und 22 %, in Niederschlesien zwischen 18 und 30 % gewann. Die Nationalsozialisten errangen 1930 in Breslau 24,2 % (1932: 43,2 %), in Liegnitz 20,8 % (1932: 48 %) und in Oberschlesien 9,5 % (1932: 29,3 %). Während die Nationalsozialisten immer stärker bemüht waren, alle slawischen Ursprünge in Schlesien auszulöschen, setzte auf polnischer Seite ein starker Polonisierungsdruck ein.

Am 1. April 1938 wurden die preußischen Provinzen Nieder- und Oberschlesien wiedervereinigt. Zum 15. März 1939 erhielt Schlesien das Hultschiner Ländchen, das man der Tschechoslowakei wieder abgenommen hatte. Nach dem Überfall deutscher Truppen auf Polen am 1. September 1939 erweiterten die Nationalsozialisten die Provinz Schlesien duch Anschluß der polnischen Wojwodschaft Schlesien und von Gebieten, die seit alters zu Polen gehörten. In dem nun existierenden riesigen Industriegebiet wurden zur Förderung der Kriegswirtschaft stillgelegte Fabriken wieder in Betrieb genommen, neue aufgebaut. 1941 wurde dieses ›Schlesien‹ erneut in zwei Provinzen geteilt. Die in Oberschlesien lebenden Polen registrierte man zum Teil als ›wiedereindeutschungsfähig‹ in den Gruppen 3 und 4 der ›Deutschen Volksliste‹. Gleichzeitig wurden dort Deutsche aus Wolhynien und aus der Bukowina angesiedelt, desgleichen deutsche Beamte und Führungskräfte der Wirtschaft aus dem Reichsgebiet, während die dort ansässigen Polen aber von ihrem Hab und Gut verdrängt wurden.

Vom Ende des Zweiten Weltkriegs bis zur politischen Wende

Der Vormarsch sowjetischer Truppen in Schlesien nach dem 19. Januar 1945 zog eine Fluchtwelle der Bevölkerung nach sich. Diese war allerdings in den jeweiligen Landesteilen unterschiedlich stark, entweder weil die nationalsozialistischen Behörden sie anfänglich zu verhindern suchten, oder aber weil, wie in Oberschlesien, viele Menschen ihre Heimat nicht verlassen wollten. Die Menschen flüchteten vor allem in die Lausitz und nach Sachsen. Nach Beendigung der militärischen Auseinandersetzungen kehrten viele zurück.

Schon vor der Potsdamer Konferenz hatte die Sowjetunion die deutschen Ostgebiete der provisorischen Regierung Polens übergeben. Im März 1945 erhielt das oberschlesische Gebiet rechts der Oder eine polnische Verwaltung, im April/Mai das links der Oder. Anfang April nahm auch ein polnischer ›Bevollmächtigter des Bezirks Niederschlesien‹ seine Arbeit auf. Im Potsdamer Abkommen vom 2. August 1945 wurde ganz Schlesien bis auf das kleine Gebiet westlich der Neiße (das sind die heutigen Kreise Hoyerswerda, Weißwasser, Niesky und Görlitz im Bundesland Sachsen) unter polnische Verwaltung gestellt; doch behielten die Alliierten die endgültige Regelung der Grenzfragen einem künftigen Friedensvertrag vor. Danach setzte eine neue Flüchtlingswelle alteingesessener Schlesier nach Westen ein, einige Zehntausend wurden auch zum Arbeitseinsatz in die Sowjetunion deportiert. Die Vertreibung der Deutschen durch polnische Behörden erreichte im Sommer und Frühherbst 1946 ihren Höhepunkt. 1950 lebten in der Wojwodschaft Breslau

Breslau 1945: Kaiser-Wilhelm-Straße, einst einer der schönsten Boulevards Breslaus (heute ul. Powstańców Śląskich)

knapp 100 000 Menschen deutscher Herkunft, die bereits 1939 dort ansässig waren; etwa 20 000 von ihnen sollen als ›Autochthone‹ anerkannt worden sein, vor allen Dingen in Waldenburg, Liegnitz, Schweidnitz und Breslau. Ähnlich war die Situation in jenen westlichen Kreisen Oberschlesiens, die 1921 nicht in das Abstimmungsgebiet einbezogen worden waren: die Mehrheit der alten Bevölkerung hatte man ausgewiesen oder sie war geflüchtet. Im übrigen Westoberschlesien, d. h. in jenem Teil, der vor 1939 deutsch war, wurde die Mehrheit der Gebliebenen als ›Autochthone‹ anerkannt, ca. 750 000 – das entsprach etwa der Hälfte der Bevölkerungszahl von 1939.

Mit der Vertreibung der Deutschen begann auch die Ansiedlung polnischer Bürger. Nach Angaben von 1950 setzte sich zu diesem Zeitpunkt die Bevölkerung der Wojwodschaft Breslau folgendermaßen zusammen: 40 % der Bürger waren Vertriebene aus den ehemaligen polnischen Ostgebieten, etwa 50 % waren aus verschiedenen Gebieten vor allem Mittelpolens gekommen, dazu knapp 10 % ›Einheimische‹. Im Gebiet von Westoberschlesien lebten 1950 55 % Einheimische, 20 % Bürger aus den ehemaligen polnischen Ostgebieten und 25 % Umsiedler aus anderen polnischen Regionen.

Der Wiederaufbau Schlesiens nach den schweren Kriegszerstörungen gestaltete sich schwierig. Die neuangesiedelten Polen mußten ein Land aufbauen, in das sie widerwillig gekommen waren und das nicht ihre Heimat war. Was Kunst- und Kulturdenkmäler betraf, bemühten sich Vertreter der neuen offiziellen Kulturpolitik anfangs nur um den Erhalt bestimmter Objekte. Ausgehend vom polnischen Geschichtsbewußtsein erfolgte vorrangig der Wiederaufbau der Herrschersitze spätmittelalterlicher Fürsten wie etwa der Piastenschlösser in Brieg, Liegnitz, Wohlau und Oppeln, sowie der Sakralbauwerke aus romanischer Zeit. In den Städten standen die Verwaltungszentren im Vordergrund: Breslau, Oppeln und Grünberg, nach der Verwaltungsreform von 1975 auch Waldenburg, Liegnitz und Hirschberg. Vorrang genossen auch Orte, die in Zusammenhang mit slawischen Traditionen stehen, wie etwa Ottmachau und Bolkenhain. Der Wiederaufbau der Marktplätze führte dazu, daß die typisch deutschen Formen des Städtebaus aus dem 13. und 14. Jahrhundert erhalten blieben, mit dem schachbrettartigen Grundriß der Straßen, dem Rathaus als Zentrum und der nicht weit entfernten Stadtpfarrkirche. Viele polnische Stadtplaner verdienen dafür Anerkennung, auch weil sie in diesem Zusammenhang bemüht waren, neue Wohnsiedlungen um die Stadtkerne herum zu gruppieren.

Durch Industriezentren wie besonders Oberschlesien, Waldenburg, Lüben/Glogau und Breslau hat Schlesien innerhalb der polnischen Wirtschaft ein besonderes Gewicht erhalten. Diese Zentren sind es aber auch, die sich heute als große Anhäufung von Problemen erweisen: ökonomisch, ökologisch, sozial.

Politisch stieg der Stellenwert Schlesiens innerhalb Polens in den 70er Jahren, als Edward Gierek zum Ersten Sekretär der Polnischen Vereinigten Arbeiterpartei gewählt wurde und anschließend seine oberschlesische Hausmacht mit nach Warschau brachte. Doch auch 1980/81, als die Gewerkschaft ›Solidarność‹ zur Millionenbewegung anschwoll, und 1988/89, als die Überwindung des sozialistischen Systems einsetzte, gingen von Schlesien wichtige Impulse aus.

Drei deutsch-polnische Vertragswerke bezogen beziehungsweise beziehen sich auf die Grenze an Oder und Neiße und damit auch auf Schlesien: das ›Abkommen zwischen der Regierung der Deutschen Demokratischen Republik und der Republik Polen über die Markierung der deutsch-polnischen Staatsgrenze‹ vom 6. Juli 1950 in Zgorzelec (Görlitzer Abkommen), der ›Vertrag zwischen der Bundesrepublik Deutschland und der Volksrepublik Polen über die Grundlagen der Normalisierung ihrer gegenseitigen Beziehungen‹ vom 7. Dezember 1970, und schließlich der ›Vertrag zwischen der Bundesrepublik Deutschland und der Republik Polen über die Bestätigung der zwischen ihnen bestehenden Grenze‹ vom 14. November 1990. Mit dem jüngsten Vertrag wurde die Anerkennung der Grenze völkerrechtlich vollzogen und so die weitere politisch-ökonomische Entwicklung Schlesiens auf eine neue Grundlage gestellt.

Schlesien heute

Die Zeit um 1990 markierte für Polen einen radikalen Neubeginn. Bei den Parlamentswahlen, bei denen erstmals mehrere Parteien um die Gunst der Wähler konkurrieren durften, siegten die Befürworter eines marktwirtschaftlichen Kurses. Die polnische Regierung machte die Westintegration zum wichtigsten außenpolitischen Ziel, stellte Anträge auf Mitgliedschaft in der Europäischen Union und in der

NATO. Schon im Dezember 1991 unterzeichneten Polen und die Europäische Gemeinschaft ein Assoziierungsabkommen, das am 1. Februar 1994 in Kraft trat. Die Visumpflicht an der deutsch-polnischen Grenze wurde abgeschafft, die einst so fernen Nachbarn rückten einander näher.

Als schmerzhaft empfanden weite Teile der Bevölkerung die eingeleiteten wirtschaftlichen Strukturmaßnahmen. Die von Weltbank und Internationalem Währungsfond empfohlenen Reformen wurden in die Tat umgesetzt, Senkung des Reallohns, Arbeitslosigkeit und soziale Unsicherheit waren die Folge. Es kam zur Schließung unrentabler Staatsbetriebe, profitable wurden an kapitalkräftige Investoren verkauft. Zudem wurde der Staatshaushalt deutlich ›verschlankt‹, die Inflation wurde gebremst und der Złoty, die polnische Landeswährung, stabilisiert. So erwarb sich Polen in Kreisen westlicher Unternehmer und Bankfachleute den Ruf eines zukunftsträchtigen Marktes, mit gutem Investitionsklima und beträchtlichen Wachstumschancen. Als Beispiel mag General Motors stehen, der Polen neben Argentinien, Thailand und China zu einem Investitionsschwerpunkt erkor und Ende 1998 im oberschlesischen Gleiwitz die Opelwerke eröffnete.

Der Weg zur marktwirtschaftlichen Demokratie ist lang und keineswegs unumstritten. In einem Land wie Polen, wo im Verlauf der Geschichte stets nur der straff organisierte Zentralstaat als Garant nationaler Souveränität galt, mußte schon die 1990 verabschiedete Gemeindereform als großer demokratischer Erfolg gelten. Seit diesem Jahr verfügen die Gemeinden über einen eigenen Haushalt, und es gibt erstmalig kommunales Eigentum. 1992 wurde das Recht auf regionale Selbstverwaltung in der sogenannten ›Kleinen Verfassung‹ bestätigt. Ein weiterer wichtiger Schritt zur Dezentralisierung des Landes war die Gebietsreform von 1999. Hatte es zuvor 49 Wojwodschaften gegeben, über die sich der politische Wille Warschaus relativ leicht durchsetzen ließ, wurde die Zahl nun auf 16 reduziert. Diese verfügen über weitaus mehr Kompetenzen als die früheren, wenngleich die Einführung föderalistischer Strukturen wie in Deutschland vorerst nicht geplant ist.

Das deutsch-polnische Verhältnis hat sich zunehmend entspannt. Was vor gar nicht langer Zeit noch ein Tabu war, ist zur Normalität geworden. So dürfen Plaketten und Plastiken an große Deutsche erinnern, man denke etwa an das Schillerdenkmal und die Holteitafel in Breslau. In Museen werden Schriftsteller geehrt, die man in Polen vor 1990 kaum einer Erwähnung wert befunden hat, wie Gerhart und Carl Hauptmann in Oberschreiberhau (Szklarska Poręba) oder Joseph von Eichendorff in Lubowitz (Lubowice).

»Warum sollten es heute Polen und Deutsche nicht schaffen, gemeinsam das Land zu einer europäischen Musterregion aufzubauen?« Ekkehard Kuhn, 1986

Die polnischen Schlesier haben sich in den vergangenen Jahren für das deutsche Kulturerbe geöffnet und begreifen es als Bereicherung ihres Landes. Angestrebt ist der Anschluß an die Ideenwelt Westeuropas, ohne dabei die eigene Identität verleugnen zu müssen. Das aufwendig restaurierte Moltke-Gut in Kreisau ist seit 1998 eine internationale Jugendbegegnungsstätte, im Schloß von Lomnitz organisiert der schlesische Kulturverein Vorträge und Lesungen, bei denen sowohl polnische als auch deutsche Autoren präsent sind. Mehrere Anwesen, die zur Zeit noch restauriert werden, sollen gleichfalls bildungspolitischen Zwecken dienen, so das Kloster Leubus an der Oder und Haus Wiesenstein in Agnetendorf.

Offen diskutiert wird auch die Frage der ›Vertreibung‹ deutscher Staatsbürger nach 1945. Was daran erstaunlich ist: Das Wort ›Vertreibung‹ wird in Polen nicht in Anführungsstriche gesetzt. Bei einer vom Historischen Museum Breslau mitorganisierten Ausstellung wurden 1995 zum ersten Mal die an den Deutschen begangenen Grausamkeiten im Nachkriegspolen thematisiert. Offen sprach man über körperliche Mißhandlungen und Hinrichtungen, denen im Gefangenenlager Lamsdorf (Łambinowice) Tausende von Zivilisten zum Opfer gefallen sind. Noch im gleichen Jahr wurde für sie in Lamsdorf ein Gedenkstein errichtet. Eine Übersicht über die in polnischen Zeitungen geführten Debatten zum Thema ›Vertreibung‹ liefert der Band ›Przeprosić za wypędzenie‹ (Für die Vertreibung um Entschuldigung bitten?), erschienen 1997 im Krakauer Verlag Znak (Zeichen).

»Wir kämpfen darum, in Europa zu sein. In einem Europa, wo die Grenzen keine Bedeutung mehr haben werden. Da braucht es keine Grenzänderung.« Heinrich Kroll, Vertreter der deutschen Minderheit im polnischen Sejm ab 1991

Mit der Anerkennung einer deutschen Minderheit durch den polnischen Staat 1989 wurden die Voraussetzungen dafür geschaffen, daß die deutsche Sprache und Kultur in Schlesien wieder gepflegt werden können. Vorbei sind die Zeiten, da offizielle polnische Stellen behaupteten, es gebe keine Deutschen in Oberschlesien. Und vorbei sind auch die Zeiten, da bundesdeutsche Vertriebenenverbände mit Phantasiezahlen über die deutsche Minderheit operierten. Die krasse Diskrepanz zwischen den auf deutscher und auf polnischer Seite veröffentlichten Zahlen ging nicht zuletzt auf die Tatsache zurück, daß die Menschen, um die gestritten wurde, sich der schematischen Einteilung in zwei Kategorien entzogen. Verschwiegen wurde in dem Streit auch die alte Erfahrung, daß das Bekenntnis eines Menschen zu einem bestimmten Staat und einer bestimmten Nation durchaus wechseln kann.

Es ging und geht in dieser Frage vor allem um die Oberschlesier. Während nach 1945 in weiten Teilen Niederschlesiens ein nahezu vollständiger Bevölkerungsaustausch stattgefunden hat, wurde die Bevölkerung in Oberschlesien, soweit sie über mehrere Generationen ansässig gewesen war, von den Aussiedlungsmaßnahmen mehr oder weniger ausgenommen.

Die Oberschlesier waren mit dem Herzen nie ganz bei Deutschland und noch weniger bei Polen. Man verstand Deutsch und Polnisch, sprach jedoch einen Dialekt, der von beidem etwas hatte. Der Lokalpatriotismus der Oberschlesier stand dem der Bayern kaum nach und gründete sich auf ihr an Bodenschätzen reiches Land und auf die Tradition harter Arbeit vor allem unter Tage.

Die polnischen Regierungen setzten nach 1945 alles daran, die in Jalta und Potsdam abgesteckten Grenzen mit einer ethnisch geschlossenen Bevölkerung aufzufüllen. Erst nach 1989 wurden die Probleme der nationalen Minderheiten erstmals zum Gegenstand demokratischer Politik gemacht, wobei es nicht nur um die in Polen lebenden Deutschen ging, sondern auch um die Litauer und Weißrussen, die Ukrainer, Tschechen und Slowaken, die Juden, Griechen und Mazedonier.

Deutsche Oberschlesier in den Wojwodschaften Oppeln und Kattowitz genießen heute das Recht, sich in gesellschaftlich-kulturellen Vereinigungen zu organisieren. Sie können sich als Vertreter der deutschen Minderheit in den polnischen Senat wählen lassen, ihr Einfluß ist vor allem im Oppelner Raum groß.

Für die polnisch orientierten Oberschlesier und auch für diejenigen Polen, deren Familien nach 1945 aus den ehemaligen polnischen Ostgebieten vertrieben und in Schlesien angesiedelt wurden, war es nicht leicht, mit dem neuen Selbstbewußtsein der deutschen Minderheit klarzukommen. Plötzlich sollte es sie wieder geben, jene Deutschen, deren Existenz man in der offiziellen Propaganda 40 Jahre lang geleugnet hatte. Neue Ängste wurden wach, als Funktionäre der Vertriebenenverbände durchs Oppelner Land reisten und ihre ›Europäisierungs‹-Konzepte anpriesen. Und tatsächlich ist zu erwarten, daß in der Europäischen Union freies Niederlassungsrecht für alle Bürger gelten wird, weshalb schon bald kapitalkräftige deutsche Bürger schlesischen Grund und Boden werden kaufen können.

Polen wie Deutsche stehen besonders heute vor der Aufgabe, Schlesien als europäische Grenzregion in seiner historischen und gesellschaftlichen Gesamtheit unvoreingenommen zur Kenntnis zu nehmen, ohne daß der eine dem anderen die jeweils beweisbaren Kulturleistungen streitig macht. Ein Gang durch die schlesische Kunstgeschichte muß jeden aufrichtigen Betrachter dazu bringen, ein für allemal von einer Idealisierung des Kampfes um das Deutschtum oder das Polentum abzurücken. Die Anerkennung dieser Vielfalt wiederum muß unter Beachtung der polnischen Staatsräson erfolgen.

Daten zur Geschichte

Kelten, Germanen und Slawen

4. Jh. v. Chr.	Die Kelten ziehen nach Schlesien.
200–100 v. Chr.	Germanische Besiedlung durch die Lugier, Wandalen sowie die ›Oder-Warthe Gruppe‹
6. Jh. n. Chr.	Slawische Stämme lassen sich in Schlesien nieder.
um 900	Gründung der Grenzburg Vratislavia (Breslau) durch den böhmischen Herzog Vratislav I.

Schlesien als Teil des polnischen Staates

um 990	Eroberung Schlesiens durch Herzog Mieszko I. von Polen
1000	Gründung des Bistums Breslau als Teil der polnischen Kirchenprovinz
11. Jh.	Böhmisch-polnische Auseinandersetzungen um Schlesien
1137	›Glatzer Pfingstfriede‹ zwischen Polen und Böhmen
1138	Schlesien wird eingebunden in die polnische Senioratsverfassung.
1202	Aufhebung der Senioratsverfassung, die Bindung an Polen lockert sich.

Die deutsche Besiedlung

1201–38	Heinrich I. von Schlesien fördert die verstärkte Einwanderung deutscher Siedler; zahlreiche Kirchen und Klöster werden gestiftet.

Die Mongolen erscheinen nach der Schlacht bei Wahlstatt mit dem aufgespießten Haupt Heinrichs II. vor der Burg Liegnitz, anonymer Meister um 1430 bis 1440, Tempera auf Holz, Detail, Warschau, Nationalmuseum

1241 Schlacht gegen die Mongolen bei Wahlstatt

ab 1242 Zahlreiche Dörfer und Städte werden nach deutschem Recht gegründet.

ab 1270 Schlesien befindet sich abermals im Spannungsfeld zwischen Polen und Böhmen.

Die böhmische Periode

1335 König Kazimierz III. von Polen verzichtet im Vertrag von Trentschin auf die unter böhmische Lehnshoheit gestellten Gebiete Schlesiens.

1387 Breslau wird Mitglied der Hanse.

ab 1421 Schlesien gerät unter den Einfluß der Hussitenkriege und später des Streits um die böhmische Krone.

Schlesien als Teil der Habsburger Monarchie

1526 Erzherzog Ferdinand von Österreich wird König von Böhmen; die Reformation gewinnt an Einfluß, in Liegnitz wird die erste evangelische Universität Europas begründet.

1576 Kaiser Rudolf II. ergreift Maßnahmen gegen die Reformation.

1618–48 Dreißigjähriger Krieg

1648 Westfälischer Frieden: Religionsfreiheit für die evangelischen Fürstentümer Liegnitz, Brieg, Wohlau, Oels sowie für die Stadt Breslau; Gewährung dreier ›Friedenskirchen‹ in Glogau, Jauer und Schweidnitz; gleichwohl Fortdauer der systematischen Unterdrückung der evangelischen Konfession.

1702 Leopoldina als Jesuitenhochschule in Breslau

1. Sept. 1707 In der Altranstädter Konvention wird die Religionsfreiheit wiederhergestellt; Gewährung von sechs ›Gnadenkirchen‹ in Freystadt, Sagan, Militsch, Hirschberg, Landeshut und Teschen an die evangelischen Gläubigen.

1740–42 Erster Schlesischer Krieg

Unter preußischer Herrschaft

9. Okt. 1741 Geheimabkommen zwischen Preußen und Österreich: Schlesien bis zur Glatzer Neiße und rechts der Oder nördlich der Brinitze an Preußen

1741	Fast ganz Schlesien wird preußisch, ausgenommen Teschen und Troppau-Jägerndorf.
11. Juni 1742	Breslauer Präliminarfrieden
28. Juli 1742	Berliner Friedensvertrag
1744	Zweiter Schlesischer Krieg
25. Dez. 1745	Frieden von Dresden
1756	Dritter ›Siebenjähriger‹ Schlesischer Krieg
15. Feb. 1763	Frieden von Hubertusburg, Teilungsgrenze bestätigt, fast ganz Schlesien bleibt preußisch.
1795	Dritte Teilung Polens: das polnische Gebiet bis zur Pilica fällt an Schlesien und damit an Preußen.
1807	Wiederabtreten dieses Gebiets, Teil der Oberlausitz östlich der Spree zu Schlesien
1807–12	Stein-Hardenbergsche Reformen
1810	Säkularisation
1825	Oberlausitz westlich der Spree ebenfalls zu Schlesien, Gebietsaustausch mit Provinz Brandenburg
6./7. Mai 1849	Breslauer Maiaufstand

Rathaus Breslau, um 1900

Nach dem Ersten Weltkrieg

28. Juni 1919	Versailler Vertrag (tritt am 10. 1. 1920 in Kraft), Teile der Kreise Guhrau, Militsch, Groß Wartenberg und Namslau an Polen, Hultschiner Ländchen an die Tschechoslowakei
August 1919	Erster polnischer Aufstand
August 1920	Zweiter polnischer Aufstand
20. März 1921	Volksabstimmung

3. Mai 1921 Dritter polnischer Aufstand

20. Okt. 1921 Beschluß der Konferenz der Pariser Botschafter der Entente zur Teilung Oberschlesiens. Der östliche Teil (die Kreise Kattowitz, Königshütte, Pleß, Teile der Kreise Beuthen, Groß Strehlitz, Hindenburg, Lublinitz, Ratibor, Rybnik, Tarnowitz und Tost) wird an Polen abgetreten.

15. Juni 1922 Inkrafttreten der Genfer Konvention: Die Teilung Oberschlesiens wird vollzogen.

2. Okt. 1938 Polen zwingt die Tschechoslowakei zur Abtretung des Teschener Olsa-Gebiets.

15. März 1939 Das Hultschiner Ländchen wird an Schlesien angeschlossen.

Schlesische Tagesz

AMTLICHES BLATT DER NSDAP UND ALLER

Heute neu

Neue polnische Unverschämtheit:

„Danzig oder den Krieg!“

Schlesische Tageszeitung vom 10.8.1939

31. Aug. 1939 Anschlag auf den Sender Gleiwitz

1. Sept. 1939 Deutscher Überfall auf Polen, Beginn des Zweiten Weltkriegs; Bildung eines deutschen Regierungsbezirks Kattowitz unter Einfluß der vormals polnischen Wojwodschaft Oberschlesien sowie Teilen der Wojwodschaften Krakau und Kielce.

1. April 1941 Erneut Provinz Oberschlesien

Vom Ende des Zweiten Weltkriegs bis zur politischen Wende

17. Juli 1945 Konferenz in Potsdam, ›Westverschiebung‹ des polnischen Staates und Vertreibung der Deutschen jenseits der Oder-Neiße-Linie.

1946 Rückgabe des Hultschiner Ländchens und des Olsa-Gebietes an die Tschechoslowakei

Mitte 1950 Oder-Neiße-Grenze von DDR anerkannt; Verwaltungsneugliederung: Wojwodschaften Grünberg, Breslau, Oppeln, Schlesien-Dambrowa

Dezember 1970 Unterzeichnung des westdeutsch-polnischen Normalisierungsvertrags.

1975 Neue Verwaltungsgliederung: Wojwodschaften Liegnitz, Hirschberg, Waldenburg, Kattowitz, Grünberg, Lissa, Kalisz, Tschenstochau, Bielitz

1978 Kardinal Karol Wojtyła wird Papst Johannes Paul II.

1979	Erste Papstreise nach Polen
1980	Streikwelle, Gründung der Gewerkschaft ›Solidarność‹ (Solidarität)
12. Dez. 1981	General Jaruzelski verhängt das Kriegsrecht über Polen, viele Oppositionelle werden verhaftet.
22. Juli 1983	Nach dem zweiten Papstbesuch in Polen Aufhebung des Kriegsrechts
24. Aug. 1989	Mazowiecki wird erster nichtkommunistischer Ministerpräsident Polens seit über 40 Jahren.

Schlesien heute

Dezember 1989	Einführung des Mehrparteiensystems, Recht auf Privateigentum
1989/90	Erstmals werden deutsche Vereinigungen in Oberschlesien offiziell registriert.
Juni 1990	Kommunalwahlen in Polen, Vertreter der deutschen Minderheit in Kommunalräten
14. Nov. 1990	Im deutsch-polnischen Grenzvertrag wird die Oder-Neiße-Linie als Grenze zwischen den beiden Staaten anerkannt.
17. Juni 1991	Vertrag zwischen der Bundesrepublik Deutschland und der Republik Polen über gute Nachbarschaft und freundschaftliche Zusammenarbeit
27. Okt. 1991	Erste freie Parlamentswahlen in Polen
17. Sept. 1993	Ein Jahr nach Auflösung des Warschauer Pakts verlassen die letzten russischen Truppen Polen.
2. Feb. 1994	Partnerschaftsvertrag mit der NATO
8. April 1994	Antrag Polens auf Aufnahme in die EU
Mai 1997	Der Papst besucht Polen und auch Breslau.
Juli/Aug. 1997	Das Hochwasser der Oder führt zu verheerenden Überschwemmungen, 46 Tote sind zu beklagen.
16. Dez. 1997	Polen tritt offiziell der NATO bei.
April 1998	Die Beitrittsverhandlungen Polens mit der EU werden aufgenommen.
Juli 1998	Bei einer neuen Flutwelle im Glatzer Land wird vor allem die Stadt Bad Reinerz (Duszniki Zdrój) in Mitleidenschaft gezogen. Das polnische Parlament weist eine Entschließung des deutschen Bundestags zurück, derzufolge die Aufnahme Polens in die EU an die »Lösung noch offener, bilateraler Fragen« geknüpft wird. Gemeint ist das freie Niederlassungsrecht von Deutschen in Polen.
1999	Durch die Verwaltungsreform reduziert sich die Zahl der Wojwodschaften von 49 auf 16. Breslau, Oppeln und Kattowitz sind die Hauptstädte der Wojwodschaften auf dem Gebiet Schlesiens.

Galerie bedeutender Persönlichkeiten

Die hl. Hedwig, die Schutzheilige Schlesiens, steht vor einem Thron, in der Rechten hält sie ein Madonnenbild. Rechts und links von ihr knien die Stifter und Auftraggeber der Buchmalerei: Ludwig I. von Liegnitz und Agnes von Glogau; Hedwig-Codex, Schlesien, um 1353, fol. 12v

Hl. Hedwig/Św. Jadwiga (Andechs 1174–1243 Trebnitz)
Die hl. Hedwig gilt bis heute als Schutzpatronin Schlesiens, der 16. Oktober ist der Tag der Hedwigsverehrung. Hedwig wurde 1174 im bayrischen Andechs als adelige Tochter geboren. Mit zwölf Jahren heiratete sie Herzog Heinrich I. von Schlesien. Auf ihren Wunsch ließ ihr Mann 1202 das erste Frauenkloster in Schlesien (Trebnitz) errichten, kurz darauf folgte eine weitere Klostergründung in Leubus. Im Schutz der Kirchen ließen sich deutsche Siedler nieder, die gegenüber ihren polnischen Mitbürgern mit besonderen Privilegien ausgestattet wurden. Nach dem Tod ihres Mannes widmete sie sich der Armenpflege. Sie starb mit 64 Jahren kurz nach dem Tod ihres Sohnes 1241 in der Schlacht von Liegnitz. Ihr Grab befindet sich in der Klosterkirche von Trebnitz. 1267 wurde sie heiliggesprochen.

Jakob Böhme (Alt Seidenberg 1575–1624 Görlitz)
Der *Philosophus teutonicus* war bedeutendster Vertreter der deutschen Mystik. Gott verstand er als die sich stetig erneuernde, höchste Einheit der Gegensätze, des Guten wie des Bösen. In allem Lebendigen sei Gott präsent und nicht nur privilegierter Besitz der Religions- und Gesetzeshüter, sondern Teil jedes ringenden Menschen, der »seine Kirche in sich hat«. Böhme erkannte die Widersprüche als Kern aller Realität und war bemüht, sie in einem mystischen Zurückfinden zum göttlichen Ursprung des Menschen aufzulösen; zugleich nahm er Züge des von der Renaissance geprägten Menschenbildes auf. Als einer der ersten deutschen Philosophen schrieb er in deutscher Sprache und fand Anhänger in allen Schichten. Aus bäuerlichen Verhältnissen stammend, bildete er sich autodidaktisch zum Philosophen aus. Sein Broterwerb war die Schuhmacherei (Schusterphilosoph), zeitweise der Handel mit Garn. Mehrmals wurde ihm durch die lutherische Kirche ein Schreibverbot auferlegt.

Martin Opitz (Bunzlau 1597–1639 Danzig)
Im Rahmen seines Studiums (Jura und Philosophie) befaßte sich Martin Opitz mit der deutschen und polnischen Philosophie- und Literaturgeschichte. 1622 wurde er Gymnasialprofessor in Weißenburg, und arbeitete von 1626–32 als Sekretär der protestantischen Piastenherzöge von Liegnitz und Brieg, ab 1637 als königlich polnischer Hofhistoriograph und persönlicher Sekretär von König Władysław IV.

Die Bedeutung von Martin Opitz besteht in erster Linie in seiner Arbeit als Theoretiker der deutschen Sprache. Schon in seiner lateinischen Jugendschrift ›Aristarchus oder über die Verachtung der deutschen Sprache‹ (1617) hatte er Reichtum und Schönheit der deutschen Sprache gepriesen und von einem Verfall der deutschen Dichtkunst gesprochen. Als einer der ersten unternahm Opitz den Versuch,

Martin Opitz, Schabkunstblatt von Johann Jakob Haid (1704–64)

Der ›deutsche Vergil‹ bannte das Chaos des 30jährigen Krieges in strenge Reimformen.

Aufgaben, Wesen und Ursprünge der Poesie zu umreißen. Sein ›Buch von der teutschen Poeterey‹, das er auch mit praktischen Anleitungen und Regeln versah, war vor allem für den Unterricht an Universitäten und Gymnasien gedacht.

»Du siehst, wohin du siehst, nur Eitelkeit auf Erden. / Was dieser heute baut, reißt jener morgen ein; / wo jetzund Städte stehn, wird eine Wiese sein, / auf der ein Schäferskind wird spielen mit den Herden.«
Andreas Gryphius, ›Es ist alles eitel‹

Andreas Gryphius (Glogau 1616–1664 Glogau)
Andreas Gryphius (eigentlich Greif) wird vielfach als der neben Grimmelshausen bedeutendste deutsche Dichter des 17. Jahrhunderts bezeichnet. Er verlor seine Eltern schon früh an den Folgen der Pest. Mit erst 20 Jahren schrieb er sein berühmtes Sonett ›Tränen des Vaterlands anno 1636‹, in dem er die Schrecken des Dreißigjährigen Krieges geißelt. Er unternahm Reisen nach Holland, Frankreich sowie Italien und stellte in Sonetten und Oden die Frage nach der Rechtfertigung des unermeßlichen Elends durch den ›Gott der Liebe‹, ebenso veranschaulichte er die Gewißheit von der Endlichkeit und Eitelkeit alles Irdischen.1638 ging Gryphius zum Studium an die Universität Leiden, die damals als bedeutendste protestantische Universität der Welt galt. 1647 kehrte er nach Schlesien zurück und wurde drei Jahre später Syndikus der protestantischen Stände im Fürstentum Glogau.

»Mensch, werde wesentlich! / Denn wenn die Welt vergeht, / so fällt der Zufall weg; / das Wesen das besteht.«
Angelus Silesius, ›Zufall und Wesen‹

Angelus Silesius (Breslau 1624–1677 Breslau)
Johann Scheffler, berühmt geworden als ›Schlesischer Bote‹ (Angelus Silesius), war der Sohn eines Gutsbesitzers, der Polen wegen seines evangelischen Glaubens verlassen hatte. 1643–48 studierte er in Straßburg, Leiden und Padua Medizin, Staatsrecht und Philosophie. In der Kritik am orthodoxen Lutheranertum und ausgehend von der Beschäftigung mit der katholischen Mystik des Mittelalters trat Scheffler 1653 zum katholischen Glauben über. 1661 wurde er Franziskaner und zum Priester geweiht, 1664–66 war er Hofmarschall des katholischen Fürstbischofs in Breslau. Scheffler gilt als die dichterisch begabteste Persönlichkeit der Gegenreformation in Schlesien. Sein Hauptwerk ›Der Cherubinische Wandersmann‹, eine Sammlung von Sinnsprüchen, faßt Gott und Seele als mystische Einheit. Angelus Silesius liegt in St. Matthias in Breslau begraben.

Michael Willmann (Königsberg 1630–1706 Leubus)
Schlesiens größter Maler des Barock, Michael Lukas Leopold Willmann, hielt sich 1650–53 in den Niederlanden auf, wo er unter anderem von Rembrandts Werken beeinflußt wurde. 1653–55 weilte er in Prag, dann in Breslau und Berlin, 1660 ließ er sich auf Dauer in Leubus nieder. Willmann richtete dort eine Werkstatt ein, in der Künstler wie Neuherz, Eybelwieser und Bentum gefördert wurden. Er arbeitete insbesondere für die schlesischen Klöster von Leubus, Grüssau und Heinrichau, aber auch für Kirchen anderer Orte. Willmanns Kunst bestand in der Fähigkeit, Martyrien besonders ausdrucksvoll darzustellen, die menschliche Psyche gestalterisch zu erhellen und biblische Szenen gefühlvoll zu illustrieren. Seine Arbeit prägte den Hoch- und Spätbarock Schlesiens sowie Böhmens.

Carl Gotthard Langhans (Landeshut 1732–1808 Grünheide)
Langhans studierte Architektur und vervollkommnete seine Studien durch Reisen nach Italien, Holland, England und Frankreich. Ab 1775 arbeitete er als Oberbaurat in Schlesien. Hauptwerke aus dieser Zeit sind das Palais Hatzfeld in Breslau, evangelische Kirchen in Waldenburg und Groß Wartenberg. 1786 wurde er nach Berlin berufen, um hier als Direktor des Oberhofbauamtes zu arbeiten. Sein Meisterwerk ist das Brandenburgische Tor (1788–91), ein Höhepunkt der klassizistischen Baukunst, gestaltet im Geist der Aufklärung nach dem Vorbild der Athener Propyläen. Auch als Innenarchitekt machte sich Langhans einen Namen.

Sein Sohn **Carl Ferdinand Langhans** (Breslau 1782–1869 Berlin) gilt als bedeutender Theaterarchitekt um die Mitte des 19. Jahrhunderts. Zu seinen wichtigsten Arbeiten im Übergang vom Klassizismus zum Historismus gehören der Neubau des Opernhauses in Berlin (1843/44) sowie Theater in Breslau (1837–41), Liegnitz (1839), Stettin (1846), Dessau (1855/56) und Leipzig (1864–67).

Büste von Carl Gotthard Langhans, unbekannter Künstler

Friedrich Daniel Ernst Schleiermacher (Breslau 1768–1834 Berlin)
Schleiermacher war nach Studien in Halle/Saale und Berlin 1790 Hauslehrer und Prediger, 1810 wurde er Professor an der Berliner Universität und Mitglied der Akademie der Wissenschaften.

Schleiermachers Theologie ist geprägt vom Widerstand gegen theologische Orthodoxie und Rationalismus. In seiner Schrift ›Reden über die Religion an die Gebildeten unter ihren Verächtern‹ (1799) plädiert er für eine persönliche, reale Erfahrung von Religion als ›unentbehrliches Drittes‹ neben Denken und Handeln. Religion sei nicht lehrbar, wohl aber ihre Ausdrucksformen und Hemmnisse ihr gegenüber. Sie ziele wesentlich auf eine Geistesgemeinschaft einer möglichst wenig institutionalisierten Kirche, in der jedes Mitglied seine eigene religiöse Erfahrung einbringen kann. Die Schrift ›Der christliche Glaube, nach den Grundsätzen der evangelischen Kirche im Zusammenhang dargestellt‹ ist Schleiermachers theologisches Hauptwerk.

Hermann Fürst von Pückler-Muskau
(Muskau 1785–1871 Schloß Branitz bei Cottbus)
Pückler-Muskau wurde ›Exzentriker‹ und ›Enfant terrible der Aristokratie‹ genannt, er war ein Pionier der Reiseliteratur und mit seinen Darstellungen fremder Länder und Sitten einer der meistgelesenen Autoren seiner Zeit. Seine beliebtesten Werke sind: ›Fürst Pückler reist nach England‹ und ›Reisebriefe aus Irland‹.

Er gehörte nach dem Jurastudium der Garde du Corps in Dresden an. 1813 trat er als Major in russische Dienste und avancierte zum Adjutant beim Herzog von Sachsen-Weimar. Nach den Freiheitskriegen zog er sich ins Privatleben zurück und machte sich einen Namen durch die Ausführung bedeutender Parkanlagen in Muskau und Branitz. 1834 erschien seine Schrift ›Andeutungen über Landschaftsgärtnerei‹, in der er seine Theorie der Garten- und Parkgestal-

Bildnis Fürst von Pückler-Muskau von Moritz Daffinger, 1840

tung ›verbunden mit der Beschreibung ihrer praktischen Anwendung in Muskau‹ darlegte.

Joseph von Eichendorff, kolorierter Holzstich 1888 (Ausschnitt)

»O Täler weit, o Höhen, / O schöner, grüner Wald, / Du meiner Lust und Wehen / Andächt'ger Aufenthalt! / Da draußen, stets betrogen, / Saust die geschäft'ge Welt, / Schlag noch einmal den Bogen / Um mich, du grünes Zelt!« Joseph von Eichendorff, im Wald bei Lubowitz 1815

Joseph Freiherr von Eichendorff
(Schloß Lubowitz bei Ratibor 1788–1857 Neiße)
Eichendorff besuchte das Matthias-Gymnasium in Breslau und studierte Jura und Philosophie in Halle/Saale und Heidelberg. 1808–10 veröffentlichte er unter dem Pseudonym Florens seine ersten Gedichte. Ab 1816 arbeitete er im preußischen Staatsdienst in Breslau, Berlin, Danzig und Königsberg, bevor er sich schließlich 1855 nach Neiße (Nysa) zurückzog.

Die Hauptmerkmale von Eichendorffs Naturgedichten sind ihre auf Einfachheit beruhende sprachliche Meisterschaft, ihr Sinn für Rhythmus und Melodik, für Musikalität und Kraft der Bilder. Viele der teils wehmütigen, teils heiteren Gedichte wurden vertont, unter anderem von Schubert, Mendelssohn-Bartholdy und Schumann. Zu seinen Prosawerken zählen der Roman ›Ahnung und Gegenwart‹ sowie die Novellen ›Das Marmorbild‹ und ›Aus dem Leben eines Taugenichts‹. Ein kleines Museum neben dem Pfarrhaus von Lubowitz erinnert an den Dichter der Spätromantik; in der Neißer Kirche St. Jakobus und St. Agnes ist eine Kapelle mit seinen Versen geschmückt.

Karl von Holtei (Breslau 1798–1880 Breslau)
Zu seinem 200. Geburtstag wurde an seinem einstigen Wohnort, dem ›Gasthaus zu den drei Bergen‹ in der Breslauer Büttnerstraße (ul. Rzeźnicza), eine Gedenkplakette in deutscher und polnischer Sprache für den »schlesischen Dichter, Schauspieler und Dramaturgen« angebracht. Der Sohn eines österreichischen Rittmeisters debütierte 1819 nach Abbruch eines Jurastudiums als Schauspieler am Stadttheater Breslau. Ab 1825 arbeitete er als Direktionssekretär, Bühnendichter und Spielleiter an den Theatern in Königsstadt und Darmstadt sowie als Theaterdirektor in Riga. Zwischenzeitlich führte Holtei ein Wanderleben als Shakespeare-Rezitator. 1876, obwohl Protestant, trat er in Breslau ins Kloster der Barmherzigen Brüder ein. Mit seiner Vorliebe für volkstümliche Wirkungen und seiner Aufgeschlossenheit für alle Stilformen und -richtungen gilt er als Schöpfer des deutschen Liedspiels auf der Grundlage des französischen Vaudevilles. Zu seinen bekanntesten Werken zählt das Lustspiel ›Die Berliner in Wien‹ (1825).

Adolph Menzel, Foto, um 1865

Adolph Menzel (Breslau 1815–1905 Berlin)
Der Maler, Zeichner und Graphiker Adolph Menzel zählt zu den bedeutendsten deutschen Realisten des 19. Jahrhunderts. Die ersten großen Leistungen des Autodidakten Menzel waren Lithographien zu Goethes ›Künstlers Erdenwallen‹ sowie Illustrationen zu Kuglers ›Geschichte Friedrichs des Großen‹. Respektlos stellte er die Gesellschaft am Hofe in ›Ballsouper‹ (1878) dar, die ›Aufbahrung der Märzgefallenen‹ (1848) bezeugt seine Sympathie für die Revolutionäre. Aus dem Gemälde ›Eisenwalzwerk‹ (1872–75) spricht sein

Respekt für die Arbeiter; es ist eine der ersten größeren Darstellungen vom Innern eines Industriewerks. Menzel besaß einen präzisen künstlerischen Blick, ohne zu gesellschaftskritischen Einsichten vorzustoßen. Er zeigte die Arbeiter als ebenbürtige Partner der Maschinen, aber nicht als Abhängige und Ausgebeutete.

Gustav Freytag (Kreuzburg 1816–1895 Wiesbaden)
Nach dem Studium der Germanistik und Philosophie, der Promotion und Habilitation arbeitete Gustav Freytag von 1839–44 an der Breslauer Universität als Privatdozent. Nach 1848 gab er zusammen mit Julian Schmidt die Zeitschrift ›Die Grenzboten‹ heraus, die sich zu einem der einflußreichsten Publikationsorgane des deutschen Bürgertums entwickelte. Zu den wichtigsten Werken des Schriftstellers, Dramatikers und Literaturwissenschaftlers zählen der Romanzyklus ›Die Ahnen‹ (1872–1881) und der Kaufmannsroman ›Soll und Haben‹ (1855). Bekannt wurde auch sein kulturgeschichtliches Werk ›Bilder aus der deutschen Vergangenheit‹ (1859–76).

Gustav Freytag, der das radikaldemokratische Denken der Jungdeutschen ebenso ablehnte wie die romantisierende Flucht aus der damaligen Gegenwart, sah seine wichtigste literarische und auch politische Aufgabe in der Stärkung des bürgerlichen Selbstwertgefühls und der bürgerlichen Tugenden. 1867–70 gehörte Freytag zu den Vertretern der Nationalliberalen im Norddeutschen Reichstag.

Ferdinand Lassalle (Breslau 1825–1864 bei Genf)
Lassalle war der Sohn eines wohlhabenden jüdischen Kaufmanns in Breslau. 1843–46 studierte er Philologie, Geschichte und Philosophie. 1859 publizierte er das Drama ›Franz von Sickingen‹. Lassalles Ausführungen zu den Problemen der Arbeiterschaft (1862) brachten ihn in Kontakt zu den deutschen Arbeitervereinen, für die er in seinem berühmten ›Offenen Antwortschreiben‹ eine Art sozialistisches Programm formulierte. Zu seinen inhaltlichen Maximen zählte das ›eherne Lohngesetz‹, der Zusammenschluß der Arbeiter zu ›Produktivassoziationen‹ und die Forderung nach Beseitigung des preußischen Dreiklassenwahlrechts. Bei der Gründung des ›Allgemeinen Deutschen Arbeitervereins‹ 1863 wurde Lassalle zum Präsidenten gewählt. Er starb nach einem Pistolenduell. Sein Grab befindet sich auf dem jüdischen Friedhof in Breslau, die Inschrift wurde 1947 von Vertretern der Polnischen Sozialistischen Arbeiterpartei angebracht.

Ferdinand Lassalle, kolorierter Lichtdruck, nach einem Foto von etwa 1862

Paul Ehrlich (Strehlen 1854–1915 Homburg)
Der Serologe und Arzneimittelforscher aus Strehlen gilt als Begründer der Chemotherapie. Er arbeitete zunächst in Berlin mit Robert Koch zusammen und war dann ab 1899 Direktor des Instituts für experimentelle Therapie in Frankfurt/Main. 1908 erhielt er den Nobelpreis für Medizin. 1909 entdeckte er das Salvarsan, ein chemisches Mittel gegen die Syphilis. Nach Paul Ehrlich ist der angesehenste Preis für Mediziner in Deutschland benannt.

Gerhart Hauptmann, Radierung von Emil Orlik, 1920

Gerhart Hauptmann (Bad Salzbrunn 1862–1946 Agnetendorf)
Hauptmann, der als Sohn eines wohlhabenden Hotelbesitzers in Bad Salzbrunn aufwuchs, suchte stets den Kontakt zur »unteren Welt«, eignete sich die farbige, lebendige Sprache der einfachen Leute an und machte den schlesischen Dialekt in seinen Werken weltberühmt. In seinem frühen dramatischen Werk entwickelte Hauptmann den Naturalismus mit Dramen über gesellschaftliche Konflikte. Die Novelle ›Bahnwärter Thiel‹ (1888), in der bereits alle späteren Grundmotive von der Zerrissenheit der Welt anklingen, gehört dabei zu seinen künstlerisch reifsten Leistungen. Sein berühmtestes Werk ist zweifellos das Drama ›Die Weber‹ (1892) über den sozialen Aufruhr der schlesischen Heimarbeiter gegen die Einführung moderner Maschinen. In seinen späteren Arbeiten wurde der Einfluß der Neoromantik spürbar.

1912 wurde Hauptmann mit dem Literaturnobelpreis ausgezeichnet. Am Vorabend des Ersten Weltkriegs äußerte er in einem Brief an Ludwig von Hofmann: »Wir werden bald ein Volk von Bajonetten und Kanonen sein, das losgeht wie eine Höllenmaschine, wenn man draufdrückt.« Um so mehr mußte seine Haltung zu Kriegsbeginn befremden, als er Haßgesänge und militaristische Lyrik veröffentlichte. Alfred Kerr, der Hauptmann mit seinen positiven Rezensionen berühmt gemacht hatte, wandte sich vom Autor ab und widmete ihm fortan bissige Kommentare. Besonders scharf ging er mit ihm nach 1933 zu Gericht.

Als »ungemein regsamen literarischen Vagabunden auf allen Gebieten« hat man ihn tituliert, aber auch als einen, der »plump kopiert, was die Literaturgeschichte hergibt.«

Otto Julius Bierbaum (Grünberg 1865–1910 Kötschenbroda)
Bierbaum studierte Philosophie, Jura und Sinologie in Zürich, Leipzig, München und Berlin. Von 1891 bis 1894 war er Herausgeber des ›Modernen Musenalmanachs‹, Mitarbeiter der naturalistischen Zeitschrift ›Die freie Bühne‹, 1894 Gründer der Zeitschrift ›Pan‹ und seit 1899 Mitherausgeber der Zeitschrift ›Die Insel‹.

Großen Erfolg erntete Otto Julius Bierbaum mit seinen Überbrettl-Liedern (›Irrgarten der Liebe‹, 1901). Er liebte das Populäre und Burschikose, scharf war sein Spott über den sogenannten redlichen Bürger wie über die Bohème (›Stilpe. Ein Roman aus der Froschperspektive‹, 1897); grotesk überzeichnet und indiskret war sein Zeitroman ›Prinz Kuckuck. Leben, Taten, Meinungen und Höllenfahrt eines Wollüstlings‹ (1907).

Alfred Kerr (Breslau 1867–1948 Hamburg)
Alfred Kerr galt vor 1920 als einflußreichster Theaterkritiker Berlins, der das dortige literarische Leben maßgeblich inspirierte. Kerr, eigentlich Alfred Kempner, studierte Philosophie und Germanistik in Breslau und Berlin. Zwischen 1895 und 1900 erschienen jeden Sonntag in der Breslauer Zeitung seine ›Briefe aus der Reichshauptstadt‹. Darin hielt Kerr mit spitzer Feder fest, wie eine Provinzstadt zur Metropole des Deutschen Reiches aufpoliert wurde. In der Folgezeit arbeitete er als Theaterkritiker beim ›Tag‹ in Berlin, ab 1920 beim ›Berliner Tageblatt‹. Weltreisen führten ihn in vier Kontinente. 1933 emigrierte er über die Schweiz nach Paris, 1935 nach London.

Kerrs Gedichte stehen in der Tradition von Heinrich Heine; außerdem war er bemüht, die Theater- und Literaturkritik zu einer eigenen Kunstform zu entwickeln. Berühmt sind auch seine impressionistisch-farbigen Reisebilder.

Otto Mueller (Liebau 1874–1930 Breslau)
Den Maler Otto Mueller verband eine enge Freundschaft mit Gerhart Hauptmann, mit dem er, nach einer Ausbildung als Lithograph in Breslau und Studien an der Akademie in Dresden, die Schweiz und Italien besuchte. 1910 beteiligte er sich an der Ausstellung der Berliner Neuen Sezession und schloß sich der 1905 in Dresden gegründeten Künstlergruppe ›Die Brücke‹ an. In den Jahren 1919 bis 1930 wirkte er als Professor an der Kunstakademie in Breslau.

In seiner Malerei bevorzugte Mueller weibliche Akte, die er meistens zart, schlank, immer ein wenig melancholisch darstellte. Seine gedämpfte Farbskala enthielt vor allem erdige Töne, immer mit einer expressiven Umrißzeichnung. Nach 1918 malte er vorwiegend Zigeuner, ›Paradies-Kinder‹, die er auf seinen Reisen nach Ungarn, Rumänien und Jugoslawien kennengelernt hatte.

Otto Mueller

Max Born (Breslau 1882–1970 Göttingen)
Born gehört zu den größten Physikern unseres Jahrhunderts, er gilt als Wegbereiter der modernen theoretischen Physik. Born tat sich hervor durch Arbeiten über die Relativitäts- sowie die Kristallgittertheorie; sein spezielles Interesse galt der Entwicklung einer Theorie atomarer Vorgänge. 1954 erhielt er den Nobelpreis für seine statistische Interpretation der Quantenmechanik, die den Grundstein legte für die Quantentheorie. Born war Mitverfasser des Physikerappells gegen den Mißbrauch der Kernphysik für Rüstungszwecke 1957.

Ludwig Meidner (Bernstadt 1884–1966 Darmstadt)
Der Maler Ludwig Meidner gilt als visionärer Protagonist des Expressionismus. Nach dem Studium an der Breslauer Akademie (1903–05) übersiedelte er nach Berlin und schloß sich dort der Künstlergruppe um die expressionistische Zeitschrift ›Die Aktion‹ an. 1912 initiierte er die Gruppe ›Die Pathetiker‹. In den Jahren vor dem Ersten Weltkrieg galten seine Bilder visionär-apokalyptischen Themen: Darstellungen eines drohenden Weltuntergangs, schwankende Häuser, aufgerissenes Erdreich, Explosionen, ratlose, verängstigte, aufgebrachte Menschen. 1916 eingezogen, wandte sich Meidner nach 1918 wieder der Malerei zu, seine Bilder verloren aber zunehmend den apokalyptischen Charakter. In seinem Spätwerk dominieren vor allem religiöse Themen.

Ludwig Meidner, Selbstbildnis, 1920, Rohrfeder und Tusche

Max Herrmann-Neiße (Neiße 1886-1941 London)
Max Herrmann arbeitete zunächst in seiner Heimatstadt (deren Namen er später übernahm) als Journalist und freier Schriftsteller. 1917

»Aus Fernen hallt der Wächter schriller Pfiff – Die Nacht schwimmt reglos wie ein Totenschiff.« Max Herrmann-Neiße, ›Sonntagnacht auf meiner Gasse‹

ging er nach Berlin, um dort vor allem als Theater- und Kabarettkritiker tätig zu sein. 1933 emigrierte er schließlich nach London.

In seinen Gedichten, Novellen, Komödien und Romanen rief Max Herrmann-Neiße zur Überwindung der menschlichen Einsamkeit auf, er verteidigte die Unterdrückten und plädierte für menschliche Verbrüderung. Seine sozial geprägte Lyrik fügte sich ein in den Expressionismus, wie in dem 1913 erschienenen Band ›Porträt des Provinztheaters‹, in dem er die Rückständigkeit Schlesiens am Beispiel seiner Geburtsstadt anprangert. Später findet er für seine Heimat mildere Töne, sensible Naturschilderungen aus Schlesien kontrastieren mit Bildern der Großstadt Berlin.

Georg Heym (Hirschberg 1887–1912 Berlin)
Neben Trakl und Stadler war Georg Heym der bedeutendste Lyriker des Frühexpressionismus. Heym, Sohn eines Militäranwalts aus einer Beamten- und Pfarrersfamilie, studierte Jura in Würzburg, Berlin und Jena und legte 1911 das juristische Staatsexamen ab. Bereits ein Jahr zuvor war er in Berlin Mitglied des ›Neopathetischen Cabaretts‹ geworden. Als sprachgewandter Lyriker, der sich vorwiegend der traditionellen Form des Sonetts bediente, entwarf er apokalyptische Visionen von den bevorstehenden Kulturkatastrophen in Vorahnung auf den Ersten Weltkrieg, geißelte die Einsamkeit in den Steinwüsten der neuen Großstädte und gab der Verlorenheit der Menschen Ausdruck. Das wohl berühmteste seiner Gedichte ›Der Gott der Stadt‹ erschien im Lyrikband ›Der ewige Tag‹ (1911).

Arnold Zweig

Arnold Zweig (Glogau 1887–1968 Berlin)
Arnold Zweigs Roman ›Streit um den Sergeanten Grischa‹, 1927 erschienen, gehört zu den Marksteinen der Antikriegsliteratur, eine pointierte Darstellung von Gesellschaft und Militärapparat im kaiserlichen Deutschland. Zweig hatte sich angesichts des Ersten Weltkriegs und dessen Folgen zum Zeitkritiker und Humanisten entwickelt, der am Beispiel von Einzelschicksalen den Konflikt zwischen Staat und Individuum analysierte.

Zweig hatte Philosophie, neue Sprachen, Geschichte, Germanistik, Psychologie und Kunstgeschichte studiert. 1915–18 war er als Soldat in Verdun und Serbien, später als Schreiber der Presseabteilung des Oberkommandos Ost in Kowno. Nach dem Ersten Weltkrieg wurde er freier Schriftsteller in Starnberg und Berlin und emigriert 1933 nach Palästina. Nach seiner Rückkehr wurde er 1948 in Berlin Mitglied des SED-Kulturrats, 1950–53 Präsident der Deutschen Akademie der Künste Berlin (Ost), 1957 als Nachfolger Brechts Präsident des PEN-Zentrums Ost und West.

Franz Jung (Neiße 1888–1963 Stuttgart)
Unmittelbar nach seinem Politikstudium in Leipzig, Jena und Breslau wurde er eingezogen, um als Soldat im Ersten Weltkrieg zu dienen. Wegen Desertion war er bis 1917 in Haft, drei Jahre später trat

er in die Kommunistische Arbeiter-Partei Deutschands ein. Nationales Aufsehen erregte er 1920, als er zusammen mit Genossen das Schiff ›Senator Schröder‹ auf hoher See kaperte, um die Aufnahme der KAPD in die Kommunistische Internationale zu erzwingen. Als Wirtschaftskorrespondent berichtete er 1921–23 von den revolutionären Umwälzungen in Moskau. 1936 flüchtete er über die Tschechoslowakei, Österreich und die Schweiz in die USA. Nach 1945 lebte er abwechselnd in Frankreich und Österreich.

Zu seinen Hauptwerken zählen der avantgardistische Roman ›Die Eroberung der Maschinen‹ (1923) sowie ›Gequältes Volk: Ein oberschlesischer Industrieroman‹ (1927). Sein unstetes Leben hat er in der Autobiographie ›Der Weg nach unten‹ (1961) verarbeitet.

»Landstreicher und Gelegenheitsarbeiter, der anarchistische Wanderprediger, der ganze Zinnober vom Literaturzigeuner, Spartakus, Desertion im Felde, und das alles mit Gefängnissen und Holzwolle im Kastenbett der Irrenhäuser, Abenteuer über Abenteuer – und alles Quatsch.«
Franz Jung ›Das Erbe‹

Klabund (Crossen 1890–1928 Davos)
Das Pseudonym, das sich der Dichter Alfred Henschke als Jugendlicher zulegte, war Programm: halb ›Klabautermann‹, halb ›Vagabund‹. Er zog von Ort zu Ort und durch stürmische Zeiten: Expressionismus, Weltkrieg und Revolution waren die wichtigsten Stationen seiner Reise. Er veröffentlichte Gedichte in seiner Zeitschrift ›Pan‹ und machte sich damit nicht nur Freunde. Denn der ›deutsche Villon‹ verstieg sich zu hitzigen Attacken auf bürgerliche Spießermoral, provozierte mit frechen Politversen, Ironismen und Klamauk. Aber es gibt auch sensible und besinnliche Bilder, Übertragungen aus dem Japanischen, Chinesischen und Persischen. In Breslau arbeitete er als unbequemer Dramaturg am Lobetheater. Der ruhelose Dichter war schon früh von tödlicher Krankheit gezeichnet, im ›Roman eines jungen Mannes‹ (1924) führt er den Leser nach Davos, jenen vom ›Zauberberg‹ bekannten schweizerischen Kurort, an dem er 1928 verstarb. Er ruht auf dem Friedhof seiner Geburtsstadt.

Klabund, Foto 1920

Edith Stein (Breslau 1891–1942 Auschwitz)
Edith Stein, die Tochter eines jüdischen Kaufmanns aus Breslau war Schülerin und später Assistentin von Edmund Husserl, sie konvertierte 1922 zum Katholizismus und arbeitete als Lehrerin am Dominikanerkloster in Speyer. Ihr Versuch, sich zu habilitieren, scheiterte: zunächst weil sie Frau, dann weil sie Jüdin war. 1932 wurde sie Dozentin am Institut für wissenschaftliche Pädagogik in Münster, doch schon 1933 vom öffentlichen Dienst suspendiert. Noch im gleichen Jahr entsagte sie dem weltlichen Leben und trat in den Karmeliterorden ein, zuerst in Köln, ab 1938 in Echt/Limburg. Nach einer Kritik der holländischen Bischöfe an der Judenverfolgung wurde sie nach Auschwitz deportiert und dort ermordet.

Seit der Feier ihres hundertsten Geburtstags arbeitet in Polen eine sehr aktive Edith-Stein-Gesellschaft mit Hauptsitz in Breslau. Eine Gedenktafel an der ul. Nowowiejska 38, einem Haus auf der Dominsel, erinnert in drei Sprachen, Deutsch, Polnisch und Hebräisch, an ihre Breslauer Lebensjahre.

Edith Stein (Teresia Benedicta a Cruce) war eine der ersten Laientheologinnen. Am 11. Oktober 1998, 56 Jahre nach ihrem Tod in Auschwitz, wurde sie von Papst Johannes Paul II. heiliggesprochen.

Max Tau, Kreidezeichnung von Oskar Kreibisch (1916–84)

Wie er selbst später schrieb, wuchs er auf, »wo die Hochöfen rauchten, die Eisenhammer erklangen und die Fremden sagten, sie könnten es vor Kohlestaub nicht aushalten. Ich war dort geboren und gehörte einfach dorthin.« Max Tau

Max Tau (Beuthen 1897–1976 Oslo)
Max Tau, der Sohn einer deutsch-jüdischen Tuchmacherfamilie, studierte Philologie in Hamburg, Berlin und Kiel, war dann Lektor in Trier sowie Berlin und emigrierte 1938 nach Norwegen, von dort 1942 nach Schweden. Ab 1945 arbeitete er als Cheflektor in Oslo, 1950 erhielt er den Friedenspreis des Deutschen Buchhandels.

In seiner Arbeit war er bemüht, deutsche, besonders schlesische, ebenso skandinavische und tschechische Autoren zu fördern. Seine eigenen Schriften stehen im Dienste einer theologisch begründeten Verbrüderung der Menschen und Völker. Zu seinen wichtigsten Werken zählen der Roman ›Glaube an den Menschen‹ (deutsch 1948), der Essay ›Albert Schweizer und der Friede‹ (1955) und die Erinnerungen ›Das Land, das ich verlassen mußte‹ (1961).

Norbert Elias (Breslau 1897–1990 Amsterdam)
Einer breiten Öffentlichkeit wurde der Soziologe Norbert Elias erst 1976 bekannt, als sein 1939 im Exil verfaßtes Hauptwerk ›Über den Prozeß der Zivilisation‹ als Taschenbuch erschien. Dem Juden Elias, dessen Mutter in Auschwitz ermordet wurde, war eine normale akademische Karriere verwehrt. 1933, nach Assistenz bei dem Frankfurter Soziologen Karl Mannheim, floh er ins Exil, zunächst nach Paris, dann nach England. 1954 übernahm er in Leicester einen Lehrstuhl, in den 60er Jahren folgten Gastprofessuren in Deutschland.

Norbert Elias interessierte sich sehr stark für Probleme, die auf den ersten Blick banal und harmlos erscheinen, letztendlich aber viel aussagen über den tiefen Wandel menschlicher Verhaltensweisen im Lauf der Jahrhunderte. Für den Freidenker Elias war die soziale Wirklichkeit ein historisch gewachsenes Geflecht wechselseitiger Beziehungen. Dabei setzte er stets darauf, das Glück im Hier und Heute zu suchen, nicht in einem eingebildeten Jenseits.

Günther Anders (Breslau 1902–1992 Wien)
Hinter dem Pseudonym Günther Anders verbirgt sich der Name Günther Stern. Er emigrierte 1933 nach Paris, dort schrieb er seine ›Pathologie de la Liberté‹, in der er die These vertrat, der Mensch sei existentiell »zur Freiheit verurteilt«. Der drei Jahre jüngere Sartre las den Traktat, übernahm einige zentrale Gedanken und machte unter seinem Namen die Formel von dem »zur Freiheit verurteilten Menschen« in aller Welt berühmt. Weitere Stationen seiner Reise durchs Exil waren New York und Los Angeles. Nach der Rückkehr aus den USA 1950 zog Anders nach Wien, wo er als Rundfunkautor arbeitet. Er reiste nach Breslau und Auschwitz und schrieb darüber das Buch ›Besuch im Hades‹ (1958). Hans Mayer hat ihn einen ›Frühdenker‹ genannt: stets war er dem Zeitgeist voraus, besonders in Fragen der Kulturkritik. Zu den in Deutschland (mit Verspätung) heftig diskutierten Werken gehörten sein Essay über ›Unmoral im Atomzeitalter‹ (1959) und die Abhandlung ›Die Antiquiertheit des Menschen‹. Mit seinen Schriften machte er sich nicht viele Freunde. Denn er verletz-

te das, was den Menschen seiner Zeit heilig war: Günther Anders schrieb an gegen die »schleichende Apokalypse«, den Glauben an ökonomisches Wachstum und die Freiheit, sich entmündigen zu lassen. Er war ein fundamentaler Kritiker menschlicher Verblendung, Pessimist und Realist zugleich.

Helmuth James Graf von Moltke
(Kreisau 1907–1945 Berlin-Plötzensee)
Der Name dieses Mannes verbindet sich eng mit dem des Kreisauer Kreises, einer nach dem Gut von Moltkes in Niederschlesien benannten, 1942 entstandenen Bewegung des Widerstands gegen das nationalsozialistische Regime. Zu den Mitgliedern des Kreises, dessen Treffen meistens auf dem Gut stattfanden, zählten Persönlichkeiten verschiedener Herkunft und politischer Auffassung. Ziel war die Beseitigung des Nationalsozialismus, insbesondere dessen Führungsgruppe, wobei die Meinungen über Art und Weise des Vorgehens unterschiedlich blieben. Die Bemühungen des Kreisauer Kreises konzentrierten sich gleichzeitig auf die Schaffung einer neuen rechtsstaatlichen sowie wirtschaftlichen und gesellschaftlichen Ordnung. Die Verhaftung und spätere Hinrichtung Moltkes sowie der Fehlschlag des Umsturzversuchs vom 20. Juli 1944 machten die Arbeit der Gruppe zunichte.

Helmuth James Graf von Moltke, Foto 1928/29 in Wien

Moltke studierte in Breslau, Berlin und Wien, 1929 kehrte er nach Kreisau zurück und übernahm die Gutsverwaltung. Nach dem Tod des Vaters 1939 erbte er Kreisau, im gleichen Jahr wurde er als Spezialist für internationales Recht für das Berliner Oberkommando der Wehrmacht abgestellt. Dort arbeitete er bis zu seiner Verhaftung im Januar 1944. Am 23. Januar 1945 wurde er in Berlin-Plötzensee hingerichtet.

Arno Schmidt (Hamburg 1914–1979 Bargfeld)
Das Riesengebirge bezeichnete Arno Schmidt als »völlig unimpressiv-liebliche Mittelgebirgsregion« und den schlesischen Dialekt beschimpfte er gar als »widerlich«, ein »Gemauschele, mit seinen Spielzeugdiminutiven, dem schaumig-weichlichen Gizischle kombiniert mit kindlich-werwölfigem Abergläuble…«.

Arno Schmidt war ein Schlesier wider Willen: »25 Jahre lang hatte ich Grund zu einem absonderlichen Ärger. Ich war zwar in Hamburg geboren; aber von stockschlesischen Eltern, denen das norddeutsche Wesen ein Greuel und Platt eine Barbarenspache däuchte, und die dafür gern von ›schlesischen Bergen‹ faselten.«

Nach dem Tod des Vaters zog Arno Schmidt mit der Mutter von Hamburg ins schlesische Lauban, von wo er zur Görlitzer Oberrealschule und Höheren Handelsschule pendelte. Das Astronomie-Studium in Breslau brach er 1933 ab, ging statt dessen bei einer großen Bekleidungfabrik in Greiffenberg in die Lehre. Erst nach dem Krieg machte er sich einen Namen als Schriftsteller und lebte in Bargfeld bei Celle. Antinationalistisch und antireligiös präsentierte er sich im ›Leviathan‹ (1949); in ›Zettels Traum‹ (1970) bildete er auf 1334 Seiten 24 Stunden minuziös in eigenwilliger Rechtschreibung ab.

Tadeusz Różewicz (Radomsko 1921)
Różewicz kämpfte während des Zweiten Weltkriegs als Mitglied eines Partisanenverbands der Heimatarmee (Armia Krajowa). Nach

›Polnischer Celan‹: Dank der Übersetzungen von Karl Dedecius wurde der Lyriker Tadeusz Różewicz auch in Deutschland bekannt.

1945 studierte er Kunstgeschichte in Krakau und debütierte als Lyriker. Różewicz, der mit mehreren Literaturpreisen ausgezeichnet wurde, lebt heute als Lyriker, Dramatiker und Erzähler in Breslau.

Schon mit seinen ersten Gedichtbänden erregte er Aufsehen: ›Unruhe‹, 1947, ›Roter Handschuh‹, 1948. In diesen Gedichten kommt Różewicz' Position zum Ausdruck, wonach man Literatur völlig verneinen müsse, da sie eine Lüge sei, die das Wüten der Menschen verhülle. Dahinter stand die Erfahrung des Krieges, den Różewicz als integralen Bestandteil der modernen Zivilisation ansieht. Różewicz betrachtet sich als »Davongekommenen«, als Bewohner des »größten Friedhofs in der Geschichte der Menschheit.« Er blieb ein radikaler Einzelkämpfer, wollte kein Parteidichter sein. In seinen späteren Werken prangert er vor allem den Verfall humanistischer Werte an.

Heinz Piontek (Kreuzburg 1925)
Wie sein Schriftstellerkollege Bienek stammt Piontek aus Oberschlesien. In seiner künstlerischen Entwicklung gelangte Piontek, der seit 1948 in München lebt, von bildreicher Naturlyrik (›Die Furt‹, 1952) zu Romanen und Erzählungen, in denen er sich mit den Problemen der modernen technisierten Welt auseinandersetzte (›Kastanien aus dem Feuer‹, 1963). Piontek schrieb Hörspiele und Essays und ist außerdem als Übersetzer tätig. 1976 wurde er mit dem Georg-Büchner-Preis ausgezeichnet.

Fritz Stern (Breslau 1926)
Fritz Stern emigrierte mit seinen jüdischen Eltern 1938 in die Vereinigten Staaten. 1947 nahm er die amerikanische Staatsbürgerschaft an. Er gilt als einer der bedeutendsten zeitgenössischen amerikanischen Historiker. Sein Lebensthema wurden die Juden in Deutschland, die jüdische Deutsche gewesen waren – oder es doch hatten sein wollen. Früh führte ihn der Weg nach Deutschland zurück, wo er erstmals 1954 und dann mehrfach Gastprofessor an verschiedenen Universitäten war. Der Stiftungsrat für den Friedenspreis des Börsenvereins des Deutschen Buchhandels hat den Historiker Fritz Stern 1999 zum Träger des Friedenspreises des Deutschen Buchhandels gewählt.

Horst Bienek, Zeichnung von Oskar Kreibisch, 1982

Horst Bienek (Gleiwitz 1930–1990 München)
Vierzig Jahre, nachdem Horst Bienek seine Heimatstadt Gleiwitz (Gliwice) verlassen hatte, reiste er zum ersten Mal wieder dorthin. In seinem 1988 erschienenen Buch ›Reise in die Kindheit. Wiedersehen mit Schlesien‹ hat er seine Eindrücke notiert. Vor allem durch seine sogenannten Gleiwitzer Romane hat er seiner Heimat Oberschlesien ein Denkmal gesetzt: ›Die erste Polka‹ (1975), ›Septemberlicht‹ (1977), ›Zeit ohne Glocken‹ (1979) und ›Erde und Feuer‹ (1982).

Bienek wurde als jüngstes von sechs Kindern eines Lokomotivführers und einer Klavierlehrerin geboren. 1945 wurde die Familie nach Deutschland vertrieben. Er studierte in Ostberlin an der Theaterschule beim Berliner Ensemble. 1951 wurde er durch die Stasi verhaftet und durch ein sowjetisches Militärgericht zu 25 Jahren Zwangsarbeit verurteilt; einen Teil der Strafe verbüßte er im Arbeitslager von Workuta im Ural. 1955 kam er dank einer Amnestie frei und lebte ab 1962 in München. Seine Hafterfahrungen hat er vor allem in dem berühmten Roman ›Die Zelle‹ (1969) verarbeitet.

Janosch (Hindenburg 1931)
Der Kinderbuchautor und -illustrator heißt mit bürgerlichem Namen Horst Eckert und wurde nach eigener Auskunft »in einem Nest in der Gegend der polnischen Grenze« geboren, präziser: in einem Vorort der Industriestadt Hindenburg (Zabrze). Seit seiner ersten, 1960 erschienenen ›Geschichte von Valek dem Pferd‹ hat er mehr als 150 Bücher veröffentlicht, die in 30 Sprachen übersetzt, zum Teil verfilmt sowie auf Sprach- und Musikkassetten aufgenommen wurden, oft auch Pate standen für eine Produktpalette, die von Spielzeug bis zu Gebrauchsgegenständen reicht. Auch seine heiter-ironischen Aquarelle und hintergründigen Romane erfreuen sich großer Beliebtheit.

Alfons Nossol (Brożec 1932)
Bischof Alfons Nossol ist wohl die wichtigste Integrationsfigur in Oberschlesien. »Wir sind dazu bestimmt und befähigt, für das ganze Land ein Modell echter deutsch-polnischer Versöhnung auszuarbeiten«, so schrieb er 1991 in einem Hirtenbrief zur Fastenzeit. Nossol, der deutsch so gut wie polnisch spricht, tritt besonders seit seiner Einführung als Bischof von Oppeln 1977 für die Bewahrung der kulturellen Eigenständigkeit der oberschlesischen Region ein.

Nossol studierte Theologie in Neiße, Oppeln und an der Katholischen Universität in Lublin. Er gehört zu den Mitgliedern des Episkopat-Ausschusses für Ökumenismus und des päpstlichen Ausschusses für den Dialog mit den Lutheranern und den Orthodoxen. Nossol hat etwa 200 Publikationen vorgelegt, darunter das in Deutsch erschienene Buch: ›Der Mensch braucht Theologie. Ansätze einer lebensnahen Glaubensreflexion‹.

Jerzy Grotowski (Rzeszów 1933–1999 Pontedera)
Jerzy Grotowski schuf 1959 das Theaterlaboratorium in Opole, das er sechs Jahre später nach Breslau verlegte. Rückblickend gilt er als einer der wichtigsten Theaterreformer der 60er und 70er Jahre. Sein Ensemble wurde zu Gastspielen in aller Welt eingeladen und hat dabei manchen Kritiker in Erstaunen versetzt. Grotowskis Konzeption war die des ›Armen Theaters‹, immer standen nichtverbale Aspekte im Vordergrund. Nie hat sein Theater politisch belehren wollen. Ziel des Autors war es, menschliche Kommunikationsformen zu erforschen und existentielle Grenzsituationen aufzuspüren. Die Verhängung des Kriegsrechts nahm Grotowski zum Anlaß, das Land zu verlassen. Das Theaterlabor wurde 1984 aufgelöst, von da an arbeitete er in Pontedera, einem Dorf in der Nähe von Florenz.

»Seit dem Krieg ist die individuelle Struktur und die geistige Andersartigkeit der Oberschlesier nicht akzeptiert worden … Sicherlich sind sie nicht schlechter und nicht besser als anderswo, aber häufig haben sie zu spüren bekommen, daß sie Bürger zweiter Klasse sind. In dieser Hinsicht haben sich die alten Zeiten wiederholt.« Alfons Nossol, Juni 1988 in einem Zeitungsinterview

»Grotowski ist einzigartig. Warum? Weil niemand in der Welt, meines Wissens, niemand seit Stanislawskij, die Natur des Schauspielers, sein Phänomen, seine Bedeutung, die Natur und das Wissen um seine geistig-physisch-emotionalen Prozesse so tief und so vollständig erfaßt hat wie Grotowski. Er nennt sein Theater Laboratorium. Das ist es. Es ist ein Theater der Forschung.« Peter Brook, 1969

Bild der Stadt Teschen aus der ›Topographia Bohemiae, Moraviae et Silesiae‹ von Matthäus Merian, Frankfurt am Main 1650 ▷

Reisen in Schlesien

B
C

Tiefland zwischen Oder und Neiße

Es ist ein stilles, weites Land, das jenseits der deutsch-polnischen Grenze beginnt. Kiefernwälder wechseln sich ab mit Mooren und verschilften Tümpeln, bilden die niederschlesische Heide, die sich in einem großen Rechteck zwischen Sagan (Żagań) und Görlitz (Zgorzelec), Glogau (Głogów) und Liegnitz (Legnica) spannt. Weiter östlich geht der karge Sandboden in fruchtbaren Löß über, auf dem dunkle Eichen- und Buchenwälder wachsen. Im Mittelalter wurden weite Flächen gerodet, um Raum zu schaffen für Getreideäcker, Weizenfluren und Obstgärten, die bis heute das Landschaftsbild bestimmen.

Von Grünberg/Zielona Góra nach Lugknitz/Łęknica

Grünberg/Zielona Góra

Grünberg/ Zielona Góra ☆

Besonders sehenswert: Altstadt Ziegelberg

Die schlesische Weinstadt macht ihrem Namen alle Ehre. Mitten im Ort erhebt sich ein grüner, dicht mit Rebstöcken bewachsener Hügel. Die Altstadt weist zwar nicht viele architektonische Sehenswürdigkeiten auf, blieb aber im Krieg nahezu unzerstört und konnte sich deshalb ihr historisches Bild weitgehend bewahren.

Bei der Gebietsreform von 1999 blieb das Gebiet um Grünberg (Zielona Góra) aus der Wojwodschaft Dolny Śląsk (Niederschlesien) ausgegrenzt. Grünberg ist nun Mittelpunkt des Lebuser Landes (Ziemia Lubuska), anknüpfend an den Namen des Bistums Lebus, das vor der deutschen Besiedlung im 13. Jahrhundert unter der slawischen Bevölkerung Missionsarbeit leistete. Erstmals urkundlich erwähnt wurde Grünberg 1323, als es das Crossener Stadtrecht erhielt. Ab 1331 dem Herzogtum Glogau zugehörig, fiel es nacheinander an Böhmen, Habsburg und Preußen. Schon früh wußte man die günstigen klimatischen Bedingungen und den Sonnenreichtum der Region für den Weinbau zu nutzen; ein erster Hinweis darauf stammt von 1314. Im 15. Jahrhundert hat man Traminer Reben aus Tirol angepflanzt, 1826 entstand die erste deutsche Sektkellerei. Heute allerdings hat der Obstanbau die Weinkultur weitgehend verdrängt.

Nach dem Zweiten Weltkrieg wurde Grünberg ein Schwerpunkt staatlicher Wirtschaftsförderung in Polen. Man baute die bestehenden Industriezweige (Textil-, Maschinen- und Lebensmittelindustrie) aus und fügte neue (Elektroindustrie, Lokomotiven- und Güterwagenbau) hinzu. Die Verkehrslage ist ausgesprochen günstig: Grünberg liegt unweit der West-Ost-Verbindung Berlin–Warschau und direkt an der Nordsüdtrasse Stettin–Breslau–Prag. Die Stadt zählt heute über 100 000 Einwohner und gehört in den Bereichen Kultur und Wissenschaft zu den wichtigen Zentren des westlichen Polens.

◁ Leubus/Lubiąż, Blick über die Oder auf das Kloster

Grünberg/Zielona Góra, Fassade eines Hauses am Ring

Stadtrundgang

Rings um den rechteckigen **Marktplatz** (Stary Rynek) stehen Bürgerhäuser, die vom verflossenen Wohlstand der Weinhändler künden. In der Mitte des Platzes erhebt sich das imposante **Rathaus** (1, Ratusz) mit einem schlanken, 56 m hohen Turm und seiner dreifach gestaffelten Barockhaube. Das heutige Bauwerk geht auf das Jahr 1590 zurück, es erfuhr einen weitgehenden Wiederaufbau nach dem Brand von 1651 und einen Neubau des Turmes 1670. Südlich und nördlich des Marktplatzes finden sich Reste der mittelalterlichen Stadtbefestigung, darunter im Süden, wo man auf die ul. Kopernika stößt, auch der sogenannte **Hungerturm** (2, Wieża Głodowa), der einst als Wachturm und Gefängnis diente.

An der Nordwestecke des Marktplatzes erhebt sich die katholische **Pfarrkirche Muttergottes von Tschenstochau** (3, Kościół Farny Matki Boskiej Częstochowskiej). Früher war dies die evangelische Kirche ›Zum Garten Christi‹, ein typischer Fachwerkbau über kreuzförmigem Grundriß mit klassizistischer Fassade, entstanden 1746/47 aufgrund des Toleranzedikts Friedrichs des Großen. Der Turm wurde 1821–23 errichtet. Die dreigeschossige hölzerne Galerie im Innern, auch der Hauptaltar und die Kanzel weisen Stilelemente des Rokoko auf. Hinter der Kirche stand früher die Synagoge, heute ist hier die **Philharmonie** (4, Filharmonia) untergebracht, eingerahmt von alten Bäumen.

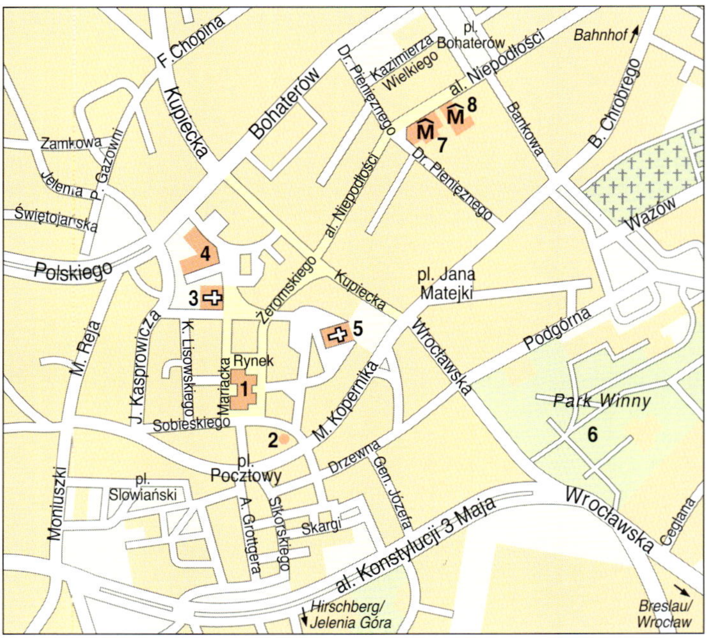

Grünberg/Zielona Góra

1 Rathaus
2 Hungerturm
3 Pfarrkirche Muttergottes von Tschenstochau
4 Philharmonie
5 Pfarrkirche St. Hedwig
6 Ziegelberg
7 Museum des Lebuser Landes
8 Galerie BWA

Grünberg/Zielona Góra, Pfarrkirche St. Hedwig

Die katholische **Pfarrkirche St. Hedwig** (5, Kościół Farny Św. Jadwigi) liegt in einem verschwiegenen Winkel östlich des Rings. Sie wurde in den Jahren 1372–94 erbaut und nach Bränden 1582 und 1651 wiederhergestellt. Das Bauwerk ist als spätgotische Hallenkirche gestaltet, der Turm stammt von 1832. Noch weiter östlich erhebt sich der **Ziegelberg**, der heute den Namen **Weinpark** (6, Park Winny) trägt. An den steilen Hängen wachsen Reben, aus denen der weiße, leicht säuerliche Grünberger gewonnen wird. Ein großes Palmenhaus birgt das schönste Café der Stadt und bietet einen weiten Blick über die Umgebung.

Winobranie: An die jahrhundertealte Weintradition von Grünberg erinnert ein großes Fest, das alljährlich in der dritten Septemberwoche steigt. Auf die Weinlese folgen Tanz und Gesang – und der Grünberger darf in Strömen fließen!

Auch Museen und Galerien lohnen den Besuch. Im **Museum des Lebuser Landes** (7, Muzeum Ziemi Lubuskiej) werden Stadtentwicklung und Weinkultur dokumentiert, daneben gibt es bizarre Skulpturen von Marian Kruczek (1927–83). Die staatliche **Galerie BWA** (8) im Betonbau nebenan organisiert kontroverse Ausstellungen zeitgenössischer Kunst; interessant ist vor allem die im September alle zwei Jahre (ungerade Jahreszahl) stattfindende Biennale.

In **Ochla**, 7 km südlich von Grünberg, wird in einem 13 ha großen *Freilichtmuseum* (Zielonogórski Park Etnograficzny) schlesische ländliche Architektur illustriert; Holzgehöfte und Windmühlen vermitteln einen Einblick in ehemalige Alltagskultur.

Der Name der Stadt **Neusalz** (Nowa Sól) geht zurück auf das Jahr 1563, als Kaiser Ferdinand I. hier das Kammergut ›zum Neuen Saltze‹ errichten ließ mit einem Siedewerk, in dem geläutertes Meersalz von den französischen und spanischen Küsten verarbeitet wurde, eingeführt auf den Binnenschiffahrtswegen über Hamburg und Stettin. Der Siedebetrieb wurde bis 1710 aufrechterhalten, als Schweden die Salzzufuhr aus Stettin stoppte. Inzwischen hatte sich Neusalz auch zum größten Schiffahrtsumschlagplatz an der schlesischen Oder entwickelt. 1743 erhielt es das Stadtrecht. Die industrielle Entwicklung im 19. Jahrhundert führte insbesondere zur Gründung von Gießereien und Emailwerken. 1897 wurde ein vergrößerter und modernisierter Hafen in Betrieb genommen. Nach 1945 hat man die vorhandenen Industriezweige ausgebaut, den Hafen aber weitgehend vernachlässigt.

Das ältestes Bauwerk der Stadt ist die Anfang des 16. Jahrhunderts errichtete heutige Kirche *Mariä Himmelfahrt* (Kościół Wniebowzięcia Matki Boskiej), das frühere Bethaus der Brüdergemeinde. Die ehemalige evangelische Dreifaltigkeitskirche, ein Backsteinbau der Neoromanik von 1835/36, trägt heute den Namen *St. Antonius* (Kościół Św. Antoniego) und dient den katholischen Gläubigen.

In **Freystadt** (Kożuchów), 11 km südwestlich von Neusalz, ist die doppelte Stadtmauer aus dem Mittelalter fast vollständig erhalten geblieben. Von den Ende des 15. Jahrhunderts erbauten Basteien steht noch der *Crossener Torturm* (Brama Krośnieńska). Dagegen haben am Ring (Rynek) nur wenige Bürgerhäuser den Krieg überstanden, vom *Rathaus* (1848) blieb der klassizistische Turm und auch von der evangelischen *Gnadenkirche* (1709) einzig der Kirchturm. Das *Schloß* (Zamek), eine mehrfach umgebaute Burg der Glogauer Herzöge aus dem 14. Jahrhundert, erinnert kaum noch an früheren Glanz und dient als Kulturhaus. Es bleiben die im 16. Jahrhundert vollendete *Pfarrkirche* (Kościół Farny) nordwestlich des Rings, eine dreischiffige Hallenkirche mit achteckigem Turm, und die im 14. Jahrhundert errichtete *Heilig-Geist-Kirche* (Kościół Św. Ducha) an der Saganer Straße (ul. Żagańska) mit einem zweijochigen Chor aus Feldsteinen.

Die Kleinstadt **Beuthen an der Oder** (Bytom Odrzański) liegt 12 km südöstlich von Neusalz (Nowa Sól) an der Straße nach Glogau (Głogów). Der Grundherr Georg von Schönaich (1557–1619), Besitzer des Schlosses Carolath auf der gegenüberliegenden Oderseite, hat viel zur Entwicklung der Stadt beigetragen. Er ließ einen Damm bauen und die erste Brücke über den Strom errichten, gründete 1601 das Schönaicheum, eine Hochschule mit zwölf Lehrstühlen, in dem evangelische und reformierte Theologie gelehrt wurde (1628 auf kaiserlichen Befehl geschlossen). Auch der Bau eines *Rathauses* (Ratusz) in den Jahren 1602–09 ging auf seine Initiative zurück. Nach dem Brand von 1694 mußte es neu errichtet werden; in dieser Gestalt ist es bis heute erhalten. Eindrucksvoll ist der Turm mit der durchbrochenen Barockhaube und dem aufgesetzten Kreuz. Die klassizistischen und barocken Fassaden der *Bürgerhäuser* am Markt (Rynek) wurden nach einem großen Brand 1967 schrittweise restauriert. Die mit einem schönen Renaissance-Portal ausgestattete katholische Kirche *St. Stephan* (Kościół Św. Stefana) entstand 1584–86. Das frühere evangelische Bethaus, dem 1861 ein Turm angefügt wurde, wird heute als Magazin genutzt.

Glogau/Głogów

Die 70 000 Einwohner zählende Stadt wurde im Zweiten Weltkrieg fast vollständig zerstört, alle historisch bedeutenden Kirchen und Profanbauten brannten aus. Erst in den späten 90er Jahren wurden Häuser und Gassen des alten Stadtkerns wieder aufgebaut, doch nicht originalgetreu wie in Warschau, sondern in einem historisierenden, eklektizistischen Stil – vergleichbar etwa der Rekonstruktion Kolbergs. Mittelalterlich anmutende Giebelhäuser säumen die steingepflasterten Straßen, an den Fassaden wurden Türmchen, Erker und Balkone angebracht. Ihre Buntheit und Verspieltheit kontrastiert mit der Tristesse der ›lebendigen Ruinen‹, jener verwüsteten Gebäude am Marktplatz, deren Restaurierung noch einige Jahre in Anspruch nehmen wird.

Glogau hat eine lange Geschichte. 1010 sprach Thietmar von Merseburg von der ›urbs glogua‹ als wichtigem slawischen Stützpunkt. 1253 erhielt Glogau vom Piastenherzog Konrad Stadtrecht, damit es »durch seine Freiheit eine große Zahl von Menschen anlocke und durch seine Stärke den Herbeiströmenden Sicherheit

Glogau/Głogów ☆

Besonders sehenswert: Altstadt mit Rathaus Jesuitenkirche

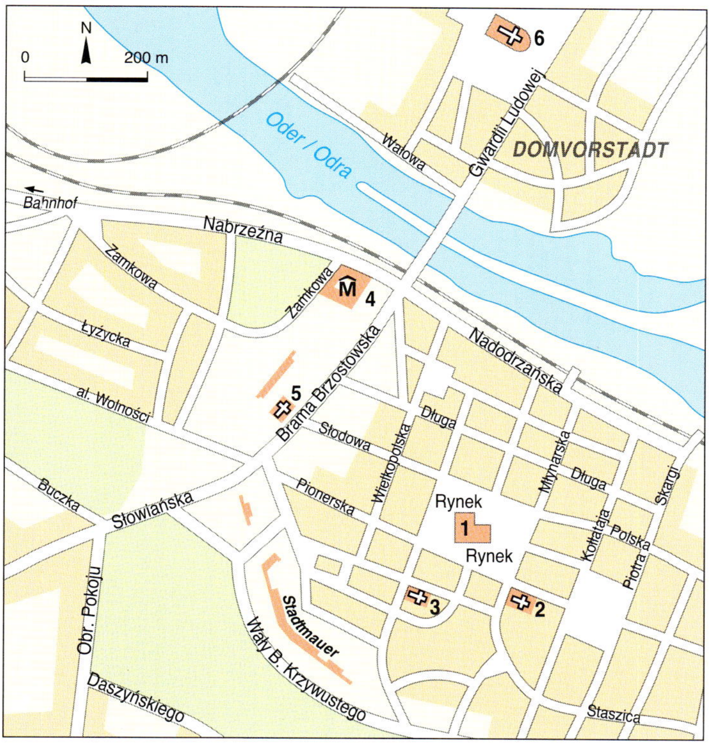

Glogau/Głogów

1 Rathaus
2 Jesuitenkirche
3 Pfarrkirche St. Nikolaus
4 Schloß mit Museum für Archäologie und Geschichte
5 St. Peter und Paul
6 Dom

gewähre«. 1630–32 zur Festung ausgebaut, erlitt die Stadt im Dreißigjährigen Krieg starke Zerstörungen. Nach 1742 wurde Glogau auf Veranlassung Friedrichs des Großen erneut zur Festungs- und Garnisonsstadt, bis 1809 auch Verwaltungssitz für Niederschlesien.

Stadtrundgang

Bester Startpunkt zur Erkundung der Stadt ist der Ring (Rynek) mit seinem Glanzstück, dem jüngst wieder aufgebauten **Rathaus** (1, Ratusz). Original erhalten sind nur drei Säle im Erdgeschoß mit gotischen Netzgewölben. An der Ostseite steht das **Theater** (Teatr), das nach seinem Wiederaufbau den Namen des 1616 in Glogau geborenen Andreas Gryphius tragen soll.

Im Südosten des Rings finden wir die barocke, vorzüglich restaurierte **Jesuitenkirche** (2, Kościół Jezuitów) und das frühere Jesuitenkolleg. Die Kirche wurde in den Jahren 1696–1715 unter Leitung des Graubündner Architekten Giulio Simonetti (1659–1729), später des fürstbischöflichen Baumeisters Johann Blasius Peintner (gest. 1732) errichtet, das Kolleg 1730 fertiggestellt. Südlich des Rings steht die Ruine der **Pfarrkirche St. Nikolaus** (3, Kościół Św. Mikołaja), ein im Jahr 1311 erstmals belegter Backsteinbau.

Bunt bemalte neue Giebelhäuser und der alte Rathausturm: Glogau/Głogów ist ein Ort der Kontraste.

Vollständig wieder aufgebaut wurde das **Schloß** (4, Zamek) an der Oderbrücke nordwestlich des Markts. In der heutigen Gestalt geht es zurück auf den barocken Neubau aus den Jahren 1562–69, bei dem lediglich der heute noch existierende ältere Bergfried erhalten blieb. Seit 1978 ist im Schloß das **Museum für Archäologie und Geschichte** (Muzeum Archeologiczne i Historyczne) untergebracht. Hier erfährt man alles über die Entwicklung Glogaus von der Frühgeschichte bis zur Gegenwart. Unweit des Schlosses wurden Reste der romanischen Kirche **St. Peter und Paul** (5, Kościół Św. Piotra i Pawła) gesichert, Glogaus älteste Kirche aus dem Jahr 1258.

Der **Dom** (6, Katedra) steht am Nordufer der Oder und ist über eine schmiedeeiserne Brücke erreichbar. Die gotische dreischiffige Hallenkirche entstand im 15. Jahrhundert unter Übernahme romanischer Bauelemente, bei dem Brand 1945 blieb nur der 1842 errichtete Turm unzerstört. Bis zum Zweiten Weltkrieg befanden sich im Dom die Grabfigur der Herzogin Mechthilde (gest. 1318), der Grabstein der Herzogin Margarethe von Cili (gest. 1480) und eine von Lucas Cranach (1472–1553) gemalte Madonna mit Kind.

Weithin sichtbar ist auch der Turm der Kirche *St. Johannes des Täufers* (Kościół Św. Jana Chrzciciela) im 15 km westlich gelegenen **Groß Kauer** (Kurów Wielki), eines der schönsten Gotteshäuser in der Umgebung von Glogau. Sie wurde 1477 aus Findlingen erbaut. In der Vorhalle befindet sich eine Sammlung mittelalterlicher Grabsteine. Wichtigste Kunstwerke der Innenausstattung sind Altarbilder, die zu einem gotischen Triptychon des 15. Jahrhunderts gehören, die Renaissance-Kanzel von 1625, ein Taufbecken von 1607, schließlich an einem Seitenaltar eine ›Madonna mit Traube‹, die an den Weinbau des Mittelalters rund um Grünberg (Zielona Góra) erinnert.

Das doppeltürmige *Rathaus* (Ratusz) von **Sprottau** (Szprotawa) ist in Schlesien einmalig. Mit seinem wuchtigen Renaissanceturm mit Umgang und doppelt durchbrochener Haube stammt es aus den Jahren 1536–92, der elegantere Barockturm wurde 1730–32 angefügt. Auch die katholische *Stadtpfarrkirche* (Kościół Parafialny) wirkt gewaltig. Ihr ältester Teil wurde einschiffig aus Feldsteinen errichtet, 1416–24 hat man sie zur dreischiffigen Hallenkirche erweitert. Die evangelische *Kirche Zur Burg Christi* (Kościół), errichtet 1747, existiert nur noch als konservatorisch gesicherte Ruine.

Sagan (Żagań), 28 km südwestlich von Freystadt (Kożuchów), erhielt 1260 das Stadtrecht und war ein wichtiger Handelsort. Als der kaiserliche Feldhauptmann Albrecht von Wallenstein 1628 mit dem Fürstentum Sagan belehnt wurde, berief er sogleich die Jesuiten dorthin, um eine Schule zu errichten und die Gegenreformation zu befördern. Noch im gleichen Jahr beauftragte er den italienischen Baumeister Vincentio Boccacci, ein riesiges *Schloß* (Zamek) zu errichten, das allerdings erst in den Jahren 1670–85 unter Fürst Wenzel Eusebius von Lobkowitz von Antonio della Porta (um 1631–1702)

Wallenstein, der bedeutendste Feldherr des Dreißigjährigen Krieges, ließ in Sagan ein Schloß erbauen.

vollendet wurde. Es handelt sich um eine dreiflüglige Anlage, wobei die Gänge an der Hofseite ursprünglich offen waren. Mit seiner massiven architektonischen Gliederung sowie den geschlossenen, blockartigen Fassaden wirkt es fast wie eine Festung – eine der wenigen schlesischen Residenzen im frühbarocken Stil italienisch-böhmischer Prägung. Bei der Modernisierung 1845-55 entstand auf der Gartenseite eine Rampe, unter der sich eine Orangerie befindet. Die aufgrund des Brandes von 1945 notwendigen Restaurierungsarbeiten wurden 1970 abgeschlossen, wobei die Fassaden nicht den originalen Farbton erhielten. Im Schloß sind heute Kulturinstitutionen der Stadt untergebracht.

Sehenswert ist die im 14. Jahrhundert zusammen mit der benachbarten Augustinerabtei entstandene katholische *Stadtpfarrkirche St. Maria* (Kościół Parafialny Najświętszej Marii Panny). Die dreischiffige gotische Hallenkirche wurde nach Bränden mehrfach umgestaltet: mit einem spätgotischen Treppengiebel auf der Westseite, dem Backsteinturm von 1604 und einer Renaissance-Vorhalle. Die barocke Innenausstattung schuf Martin Frantz in den Jahren 1732–38, mit Ausnahme des Hauptaltars (1695), der dem ›Meister von Leubus‹ zugeschrieben wird. Der architektonische Aufbau des Altars füllt wie eine riesige Kulisse fast den gesamten Chor. Vor den Säulen stehen auf einer Art Podium die Figuren der Kirchenväter, die sich mit ihren Gesten sowohl den Gläubigen als auch dem Altarbild, das eine Verkündigung zeigt, zuwenden: ein wichtiges Beispiel der expressiven schlesischen Plastik dieser Zeit. Das Klostergebäude, bis 1945 Pfarrhaus und Amtsgericht, dient heute als Herberge.

Ein ›Ort der Harmonie‹: Fürst Pücklers Park wird in deutsch-polnischer Zusammenarbeit wiederhergestellt und soll auf die UNESCO-Liste des Weltkulturerbes gesetzt werden.

»Euer ist jetzt das Geld und die Macht«, schrieb Fürst Hermann von Pückler-Muskau (s. S. 53) über die Bürgerlichen, »laßt dem armen, ausgedienten Adel seine Poesie, das einzige, was ihm übrig bleibt.« Seine Residenz in **Lugknitz** (Łęknica) sollte ein poetisches Refugium werden, ein Ort, in dem natürliches Wachsen und Vergehen virtuos inszeniert wurde. Der urspünglich 598 ha große Park liegt in einer Auenlandschaft beiderseits der Neiße, die heute die Grenze zwischen Deutschland und Polen markiert. Pückler-Muskau hatte den Besitz 1811 übernommen und sich sogleich an die ersten Verschönerungsarbeiten gemacht. Von Schinkel stammte der Plan, Altes und Neues Schloß durch eine Galerie über die Neiße hinweg zu verbinden, aber erst seinen Garteninspektoren Jacob Heinrich Rehder und Eduard Petzold verdankt er die Realisierung seiner Vorstellungen, die er in den ›Andeutungen über Landschaftsgärtnerei‹ entwickelte. Vom Schloßpark aus erschlossen Wege die gestaltete Parklandschaft wobei »jeder Gegenstand der entfernten Landschaft, der irgendein Interesse gewähren kann, sozusagen in unsere Beziehungen hineingezogen, alle äußeren Strahlen in diesem Focus vereinigt … werden«.

Der kleinere, deutsche Teil des Parks bei der Stadt Bad Muskau wurde schon 1955 unter Denkmalschutz gestellt, dort befinden sich Orangerie und Altes Schloß. Seit der politischen Wende 1990 arbeiten Denkmalpfleger aus Deutschland und Polen gemeinsam, um den

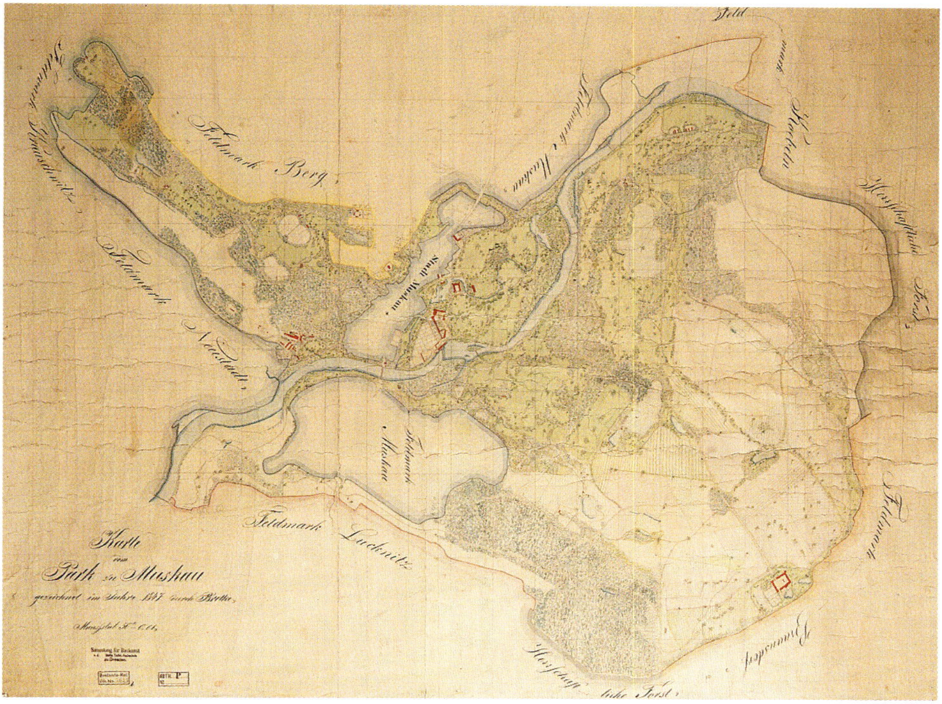

›Karte vom Park zu Muskau – gezeichnet im Jahre 1847 durch Broke‹; Feder, farbig laviert auf Papier, auf Leinwand aufgezogen

Park in seinem alten Glanz wiederherzustellen. Ein 1991 auf polnischer Seite wieder aufgestellter Gedenkstein für Fürst Pückler mit seinem rekonstruierten Medaillon steht an der ursprünglichen Stelle, genau dort, wo man über eine Sichtachse hinüberblickt zum Neuen Schloß, das nach umfassender Renovierung als europäische Begegnungsstätte dienen wird. Eine Brücke, die beim Rückzug der Deutschen 1945 gesprengt wurde, soll beim Eintritt Polens in die EU die beiden Parkteile wieder miteinander verbinden.

Görlitz-Ost/Zgorzelec und Bunzlau/Bolesławiec

Seit die Stadt 1945 auf der Basis des Potsdamer Abkommens geteilt wurde, ist **Görlitz-Ost** (Zgorzelec) eine selbständige polnische Stadt. Doch die Grenze zwischen Ost und West ist seit der Wende von 1990 durchlässig geworden. In kommunalpolitischen Angelegenheiten ist man um Zusammenarbeit bemüht, auch viele Kulturveranstaltungen

Vom Neißeufer bietet sich ein schöner Blick auf die Peterskirche im Westteil der Stadt Görlitz-Ost.

werden gemeinsam organisiert. So gibt es bereits ein ›Europera‹ genanntes Orchester, in dem Musiker aus Deutschland und Polen gemeinsam spielen.

Das Zollamt an der Neiße-Brücke ist heute der meistbenutzte Übergang auf dem Weg von Deutschland nach Schlesien und umgekehrt. Die Stadt ist in ihrem Ostteil 1945 fast unzerstört geblieben, die vielen *Jugendstilhäuser* nördlich des Stadtparks werden schrittweise renoviert. An einem Haus in der Prager Straße 10 (ul. Dzierżynskiego) erinnert eine Gedenktafel daran, daß hier von 1590–1610 der Philosoph Jakob Böhme wohnte. Die ehemalige *Oberlausitzer Gedenkhalle*, 1902 als Miniaturausgabe des Berliner Reichtags erbaut, ist heute städtisches Kulturhaus (Dom Kultury). 1950 wurde in diesem Gebäude das Abkommen zwischen Polen und der DDR zur Unverletzlichkeit der Oder-Neiße-Grenze unterzeichnet.

Bunzlau/Bolesławiec, die Stadt des guten Tons

Besonders sehenswert: Keramikmuseum Bürgerhäuser am Ring

Die 40 000 Einwohner zählende Stadt **Bunzlau** (Bolesławiec) am rechten Ufer des Bober (Bóbr) ist seit dem 14. Jahrhundert als Zentrum der Keramikverarbeitung bekannt, was sie besonders den reichen Tonlagern der Gegend verdankt. Die Besonderheit der Töpferware aus Bunzlau besteht in der Eignung des hier verwendeten Tons für hohe Brenntemperaturen, was die Gefäße besonders hart, haltbar und feuerfest macht; er ermöglicht auch die typische braune Lehmglasur. Schon im 17. Jahrhundert war das Bunzlauer Braungeschirr weltberühmt. Im 19. Jahrhundert wurden die reichen Tonlager in der Umgebung auch zur Grundlage für industrielle Keramikfertigung, die bis heute weitergeführt wird. Hinzu kommen Sandsteinbearbeitung, chemische Betriebe, Eisen- und Textilindustrie.

Im *Keramikmuseum* (Muzeum Ceramiki) wird die wirtschaftsgeschichtliche Entwicklung der Stadt dokumentiert. Dort ist altes Bunzlauer Braungeschirr und Buntkeramik zu sehen sowie Beispiele der Produktion aus der Zeit nach dem Zweiten Weltkrieg.

Beliebte Mitbringsel aus Bunzlau/Bolesławiec: Wasserkrüge und Milchtöpfe mit Pfauenaugenmuster

Die Stadtanlage zeigt den alten, typischen ovalen Grundriß mit schachbrettartigem Straßensystem. Bis heute ist die Altstadt umgeben von Resten der mittelalterlichen Wehrmauer und Grünanlagen. In der Mitte des Rings (Rynek) steht das 1525–35 erbaute *Renaissance-Rathaus* (Ratusz). Im längeren Flügel des Gebäudes befinden sich der Ratskeller mit einem prächtigen Gewölbe sowie zwei Sitzungssäle im gotischen Stil. Der zweite Flügel diente der Ratswaage. Am Ring hat man einzelne Bürgerhäuser mit prunkvollen Renaissance- und Barockportalen restauriert, Neubauten wurden dem Stil der traditionellen Häuser angepaßt. Die spätgotische katholische *Stadtpfarrkirche* (Kościół Parafialny Św. Marii) wurde 1482–93 errichtet, mit dreischiffigem, vierjochigem Langhaus und einer neogotischen Turmspitze aus dem 19. Jahrhundert. Die Kirche brannte während des Dreißigjährigen Kriegs aus, wobei nur im Chor das gotische Deckengewölbe erhalten blieb. Vor der Kirche stehen sechs barocke Statuen, eine stellt Maria mit dem Jesuskind dar.

Das *Kutusow-Museum* (Muzeum Kutusowa) an der gleichnamigen Straße südlich des Rings, 1945 eingerichtet, erinnert an den russischen Generalfeldmarschall, der im Frühjahr 1813 während des Feldzugs gegen Napoleon in diesem Haus verstarb. Desgleichen der Kutusow-Obelisk in den Grünanlagen davor, der 1819 zunächst auf dem Markt aufgestellt, dann aber 1893 hier hin versetzt wurde. Karl Friedrich Schinkel erarbeitete den Entwurf im Auftrag König Friedrich Wilhelms III. Da Marschall Kutusow auch in der Sowjetunion wohlgelitten war, durfte das preußische Denkmal mit deutschem Schriftzug selbst nach 1945 stehenbleiben.

Die frühere evangelische *Stadtpfarrkirche*, ein Bauwerk des Spätbarock von 1752–56, dient heute den katholischen Gläubigen. Das ehemalige Arsenal von 1822 wurde 1857 zum *Stadttheater* umgebaut. Ältester und längster Viadukt in Schlesien ist am nördlichen Stadtrand die *Brücke* über das Tal des Bober (Bóbr), erbaut 1844–46 für die Bahnlinie Görlitz-Liegnitz (Zgorzelec-Legnica).

Von Haynau/Chojnów nach Neumarkt/Środa Śląska

Die nördlich der *Hohen Straße* gelegene Kleinstadt **Haynau** (Chojnów) war im Mittelalter durch die Weberzunft geprägt. Noch heute steht als Teil der mittelalterlichen Befestigung die Ende des 14. Jahrhunderts errichtete *Weberbastei* (Wieża Tkaczów) mit einer Renaissance-Attika aus dem 16. Jahrhundert. Am Ostrand des langgestreckten Marktplatzes, einem der größten in Schlesien, erhebt sich die gotische katholische *Pfarrkirche Unserer Lieben Frau* (Kościół Farny Najświętszej Marii Panny), 1535–1945 im Dienst der evangeli-

Im Renaissanceschloß ein Museum mit einem Sammelsurium von historischen Dokumenten, Hieb- und Feuerwaffen, alten Kacheln und schlesischem Kunsthandwerk.

schen Gläubigen. Die ältesten Teile der dreischiffigen Basilika stammen aus der ersten Hälfte des 14. Jahrhundert, das Sterngewölbe im Mittelschiff ist von 1468, die Kapelle des Wolf von Buswoy (1543) zeigt sich im Renaissancestil. An der Westseite des Marktes steht ein Teilgebäude des alten *Renaissanceschlosses*, das 1546/47 anstelle der 1503 abgebrannten gotischen Burg errichtet wurde. In dem Gebäude ist heute das *Regionalmuseum* (Muzeum Regionalne) untergebracht. Über dem Portal sind die Büsten des Herzogs Friedrich III. und seiner Gemahlin Katharina von Mecklenburg angebracht, wahrscheinlich nach einem Entwurf von Franz Pahr, unter dessen Leitung auch das Schloß in Brieg (Brzeg) erbaut wurde.

Die 80 000 Einwohner zählende Stadt **Lüben** (Lubin) am Ostrand der niederschlesischen Heide ist seit 1957 Zentrum des niederschlesischen Kupferreviers. Kehrseite des wirtschaftlichen Aufschwungs ist die Umweltverschmutzung, die hier ein ähnliches Maß wie in Waldenburg und im oberschlesischen Industrierevier erreicht hat.

Nach den schweren Kriegszerstörungen wurde am Ring (Rynek) nur das *Rathaus* (Ratusz) in den Formen von 1768 wiederhergestellt. Nahebei blieb der *Glogauer Torturm* (Brama Głogówska) als Rest der mittelalterlichen Stadtbefestigung erhalten. Auch die *Stadtpfarrkirche St. Maria* (Kościół Parafialny Najświętszej Marii Panny) mußte nach dem Zweiten Weltkrieg wieder aufgebaut werden. Von der Innenausstattung blieb nur die Kanzel im Stil der Spätrenaissance mit den Figuren der Propheten und der Evangelisten. Zwei gotische Schnitzaltäre stehen in der Kathedrale St. Johannes und dem Nationalmuseum von Breslau. Die Kirche *St. Hedwig* (Kościół Św. Jadwigi), 1358 als Schloßkapelle errichtet, diente bis 1908 als katholische Pfarrkirche. Nach 1945 wurde sie wiederaufgebaut und für Kunstausstellungen hergerichtet. Erhalten blieb der Fachwerkbau der ehemaligen *evangelischen Kirche* vom Ende des 17. Jahrhunderts mit einer sehenswerten Innenausmalung.

Liegnitz/Legnica

Liegnitz/Legnica ☆

Besonders sehenswert:
Marktplatz
Kirche
Rathaus
Heringsbuden
Haus zum Wachtelkorb

Mit etwa 100 000 Einwohnern ist Liegnitz die nach Breslau und Waldenburg drittgrößte Stadt Niederschlesiens. Nähert man sich ihr, möchte man sie am liebsten weiträumig umfahren: Fabrikschlote ragen in den grauen Himmel, monotone Vorortsilos beherbergen die in den Kupferhütten beschäftigten Arbeiter. Und doch ist ein Abstecher in die Altstadt, die den Besuchern eine Vielzahl von Kulturdenkmälern bietet, empfehlenswert: Bauwerke aus der Zeit der Romanik und Gotik bis zum Jugendstil des 19. Jahrhunderts.

Vermutlich stand in Liegnitz schon im 10. Jahrhundert die Hauptburg der Trebowane, eines jener Stämme also, die Schlesien damals besiedelten. Die Burg war Sitz einer Kastellanei, die beim Mongolenüberfall zerstört wurde. Danach wurde die Stadt mit einem Netz rechtwinklig zueinander verlaufender Straßen neu angelegt. Schon

1248 wurde sie Zentrum eines selbständigen Herzogtums, die Piasten residierten hier über 400 Jahre. 1675 fiel Liegnitz an Habsburg, 1742 an Preußen, ab 1816 war es Sitz des Regierungspräsidenten.

Handel und Handwerk blühten in Liegnitz. Die Stadt lag an der Straße von Görlitz nach Breslau, profitierte aber auch von dem in Nordsüdrichtung verlaufenden Handelsweg Glogau–Jauer. Gemüseanbau wurde rund um Liegnitz groß geschrieben, daneben nahm ab Ende des 18. Jahrhunderts die Industrie einen starken Aufschwung: Textilien, Metallerzeugnisse, Möbel, Lederwaren und Papier; nach dem Zweiten Weltkrieg kam die Kupferindustrie hinzu.

Stadtrundgang

Den Friedrichsplatz (pl. Słowiański) flankiert an seiner Ostseite das **Neue Rathaus** (1, Ratusz). Es wurde 1902–06 im Stil der Neorenaissance erbaut und besticht mit seinen Erkern und volutengeschmückten Giebeln. Daneben steht in der Petristraße (ul. Św. Piotra i Pawła) ein dreigeschossiges **Schulgebäude** (2) aus dem 16. Jahrhundert.

Der langgestreckte Marktplatz (Rynek) wird von den 80 m hohen Türmen der ehemaligen evangelischen Oberkirche, heute **Pfarrkirche St. Peter und Paul** (3, Kościół Farny Św. Piotra i Pawła) be-

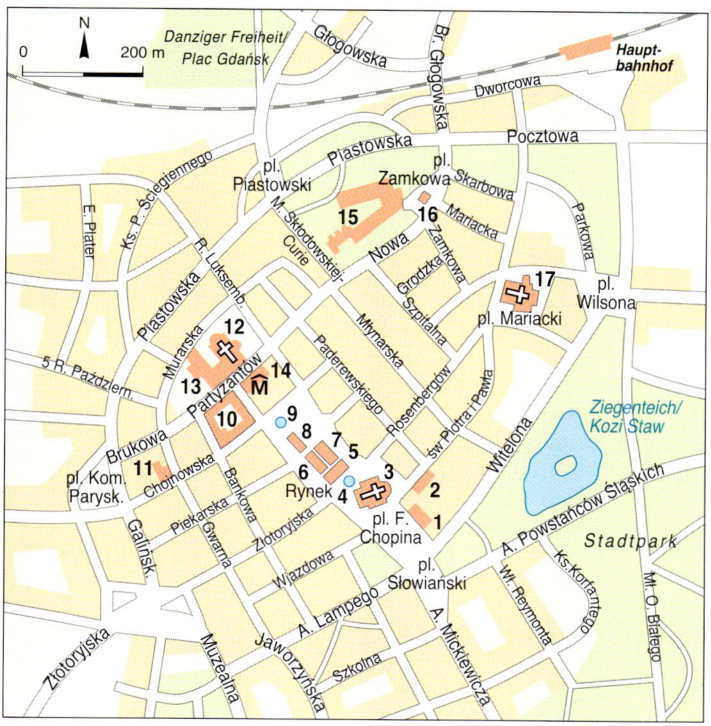

Liegnitz/Legnica

1 Neues Rathaus
2 Schulgebäude
3 Pfarrkirche St. Peter und Paul
4 Neptunbrunnen
5 Altes Rathaus
6 Theater
7 Heringsbuden
8 Haus zum Wachtelkorb
9 Fischweib-Brunnen
10 Ritterakademie
11 Haynauer Torturm
12 Pfarrkirche St. Johannes des Täufers
13 Jesuitenkolleg
14 Kupfermuseum
15 Schloß
16 Glogauer Torturm
17 Kirche der Allerheiligsten Jungfrau Maria

Liegnitz/Legnica, St. Peter und Paul sowie Rathaus

herrscht, die zu den schönsten Gotteshäusern Schlesiens zählt. Sie wurde um 1327 als gotische Hallenkirche begonnen und bis 1378 als Basilika vollendet; im 15. Jahrhundert hat man einen Kranz von Kapellen angefügt. Das heutige neogotische Erscheinungsbild geht auf die durchgreifende Restaurierung im 19. Jahrhundert zurück. An den Außenfassaden finden sich Grabsteine mit deutschen und lateinischen Inschriften. Ein Meisterwerk gotischer Steinmetzarbeit ist das Hauptportal an der Westseite, das eine lächelnde Madonna zeigt. Hinter ihr prangt in verschnörkelten Lettern Luthers Ausspruch von 1521, daß er seine ketzerischen Thesen nicht widerrufen werde: »Hier stehe ich, ich kann nicht anderz, Gott helfe mir Amen.« Ein weiteres Kleinod gotischer Kunst ziert das Tympanon des Nordportals: eine ausdrucksstarke Darstellung der Anbetung der Heiligen Drei Könige. Als wertvollste Kunstwerke im Kircheninnern gelten ein romanischer, bronzener Taufkessel vom Ende des 13. Jahrhunderts, die reich geschmückte Kanzel von 1588, der große Barockaltar von 1767 sowie die Sarkophage des hl. Wenzel I. von Liegnitz (gest. 1364) und seiner Gemahlin Anna (gest. 1367).

Vom 1731 erbauten **Neptunbrunnen** (4, Fontanna Nepomucena) blickt man zur weit ausladenden Freitreppe des **Alten Rathauses** (5,

Stary Ratusz), das heute dem Dramatischen Theater (Teatr Dramatyczny) zur Verfügung steht. Es entstand 1737–41 unter der Leitung des Liegnitzer Baumeisters Franz Michael Scheerhofer (gest. 1741).

An das Alte Rathaus grenzt das **Theater** (6, Teatr). Es ist Teil des südlichen Häuserblocks und wurde 1842 unter der Leitung von Carl Ferdinand Langhans nach dem Vorbild des Palazzo Strozzi in Florenz erbaut. Die Giebelhäuser an der Rückseite des Theaters nannte man früher **Heringsbuden** (7, Kramy Śledziowe): acht schmale Renaissancehäuser mit jeweils nur zwei Fensterachsen, zwei davon mit Sgraffitoschmuck. Im Erdgeschoß der Häuser befindet sich jeweils ein Laubengang.

Liegnitz/Legnica, Fassade des Hauses zum Wachtelkorb

Das **Haus zum Wachtelkorb** (8, Dom Pod Przepiórczym Koszem) im Zentrum des Rings hat man in den 60er Jahren wieder aufgebaut: ein Bürgerhaus aus der Renaissance mit Runderker und Sgraffiti, die berühmte Äsopsche Fabeln illustrieren. Vom alten **Fischweib-Brunnen** (9) aus dem Jahr 1412 schaut man hinüber zu einem Barockgebäude an der Nordwestecke des Rings, der früheren **Ritterakademie** (10, Akademia Rycerska). Ursprünglich war dies eine berühmte Internatsschule, nach 1708 eine Bildungsstätte für junge schlesische und polnische Adlige beider Konfessionen. In der heutigen Form entstand das Gebäude in den Jahren 1726–35 nach einem Entwurf von Joseph Emanuel Fischer von Erlach. Das Tympanon über dem Hauptportal zeigt Waffen und wissenschaftliche Instrumente, die Figuren auf der Attika personifizieren Kaisergunst, Akademie, Adelsstand und Fleiß. Der vierflüglige Bau ist um einen Innenhof herum angelegt; das dreiachsige Portal führt in eine breite Diele, von da aus gelangt man über eine Paradetreppe in die oberen Etagen.

Der **Haynauer Torturm** (11, Brama Chojnowska) an der Ecke Haynauer Straße/Steubenstraße (ul. Chojnowska/Gwarna) ist einer der erhaltenen Bestandteile der mittelalterlichen Stadtbefestigung, die 1860 niedergelegt wurde.

Die frühere Jesuitenkirche, heute **Pfarrkirche St. Johannes des Täufers** (12, Kościół Farny Św. Jana Chrzciciela) am Kohlmarkt (ul. Partyzantów) gehört zu den wichtigsten Werken der europäischen Barockarchitektur. Sie entstand in den Jahren 1714–27 anstelle der älteren gotischen Grabkirche der Liegnitzer Piasten, wobei deren Chor miteinbezogen wurde. Aufgrund der großen Ähnlichkeit mit der St.-Nikolaus-Kirche auf der Prager Kleinseite wird der Entwurf Christoph Dientzenhofer (1655–1722) zugeschrieben. Die einschiffige Kirche, über deren Kapellen die Emporen angeordnet sind, ist überdacht von einem hölzernen Tonnengewölbe, das 1804 nach dem Einsturz des massiven Gewölbes errichtet wurde.

Im Innern des gotischen Chors wurde in den Jahren 1677/78 unter Leitung des Baumeisters Carlo Rossi (gest. 1688?) das Piasten-Mausoleum errichtet, für das der schlesische Dichter Daniel Caspar von Lohenstein das künstlerische Programm entworfen hatte. Zwischen den gotischen Strebepfeilern befinden sich Nischen, die zur Aufbewahrung der Särge dienen und die durch Arkaden mit dem

Innern verbunden sind. Die Wände sind durch Pilaster gegliedert, die Malereien dazwischen stellen Szenen aus dem Leben der schlesischen Piasten dar. In Arkadenhöhe sieht man lebensgroße Figuren in betont modischen Kostümen: Fürst Christian, der letzte schlesische Piast, Fürstin Luise sowie deren Sohn Georg Wilhelm und Tochter Charlotte.

An die Kirche schließt sich das frühere **Jesuitenkolleg** (13) an, in dem heute wieder ein Franziskanerkloster untergebracht ist. Das Bauwerk entstand 1700–06 nach einem Entwurf des Baumeisters Johann Georg Knoll (gest. 1704). Bemerkenswert ist das Treppenhaus mit prächtigen Stuckaturen und Skulpturen. Ein Brand zerstörte 1966 zum Teil das Kloster und die Spitze des westlichen Turms. In den Jahren 1975–78 wurden die Gebäude wiederhergestellt.

Gegenüber der Kirche (ul. Partyzantów 1) finden wir im früheren, 1728 erbauten Palais der Äbte von Leubus (Lubiąż) das **Kupfermuseum** (14, Muzeum Miedzi). Nicht nur die Entwicklung des Kupferabbaus, sondern auch Kunst und Kunsthandwerk aus der Region werden hier vorgestellt. Das Barockportal ist geschmückt mit den Figuren der hl. Hedwig und Johannes des Täufers und unterhalb des Tympanons mit dem Wappen des Klosters von Leubus. Im Innern kann man ein prächtiges Treppenhaus bewundern.

Im **Schloß** (15, Zamek), das 1816–1945 als Sitz des preußischen Regierungspräsidenten diente, sind heute verschiedene Behörden und ein Archiv untergebracht. Herzog Friedrich II. von Liegnitz ließ das Schloß Anfang des 16. Jahrhunderts bauen. Aus dieser Zeit stammt auch das Renaissance-Portal am Haupteingang (1533), über dem das Wappen und die Brustbilder des Herzogs und seiner Gemahlin Sophie von Ansbach-Hohenzollern angebracht sind. Im Innern sind Renaissance-Grabmale und barocke Plastiken sowie schöne Mosaikfenster aus dem frühen 20. Jahrhundert zu besichtigen.

Liegnitz/Legnica, Schloß

An der Ostseite des Schlosses erhebt sich der **Glogauer Torturm** (16, Brama Głogowska) aus dem 14. Jahrhundert als Teil der mittelalterlichen Stadtbefestigung mit einer neogotischen Durchfahrt aus dem 19. Jahrhundert. Nach den Zerstörungen im Zweiten Weltkrieg wurde das Schloß in den 60er Jahren wieder aufgebaut, wobei man neogotische Zinnen und Türmchen wegließ, die 1835 hinzugefügt worden waren. Überreste der mittelalterlichen Burg sind die Untergeschosse des runden Hedwigsturms und des achteckigen Petersturms. Im Zuge des Wiederaufbaus in den 60er Jahren hat man auch Reste einer romanischen Kapelle aus dem 13. Jahrhundert freigelegt und in einem Pavillon im Schloßhof ausgestellt.

Die älteste Kirche von Liegnitz ist die **Kirche der Allerheiligsten Jungfrau Maria** (17, Kościół Najświętszej Marii Panny). Das Gotteshaus aus dem 14. Jahrhundert, von Schinkel neogotisch modernisiert, steht heute den Gläubigen der religiösen Minderheiten zur Verfügung, so der orthodoxen, der nationalpolnischen und der evangelisch-augsburgischen Gemeinde.

Wahlstatt/Legnickie Pole

Wahlstatt/ Legnickie Pole ☆

Besonders sehenswert: Klosterkirche St. Hedwig

›Totenacker von Wahlstatt‹: So hieß die weite, von Hügeln flankierte Ebene neun Kilometer südöstlich von Liegnitz, auf der sich am 9. April 1241 Herzog Heinrich II. mit einem 10 000 Mann starken Heer deutsch-polnischer Ritter und Bauern dem mongolischen Reiterheer entgegenstellte. Heinrich II. fiel bei den Kämpfen und wurde enthauptet. An dem Ort, wo Hedwig, seine Mutter, den Leichnam fand, wurde eine kleine Kirche errichtet. In dieser befindet sich heute das **Museum der Liegnitzer Schlacht** (Muzeum Bitwy Legnickiej).

Die barocke Klosteranlage der Benediktiner mit ihrem Herzstück, der zweitürmigen **Klosterkirche St. Hedwig** (Kościół Farny Św. Jadwigi), entstand 1723–31. Im Auftrag des Benediktinerabts Othmar Zinke wurde sie nach einem Entwurf von Kilian Ignaz Dientzenhofer (1689/90–1751) errichtet. Auffallend ist die starke Betonung der vertikalen Gliederung der Fassade; die Helme der Türme sind als Herzogshüte gestaltet, über dem Segmentgiebel des Portals steht die Figur der hl. Hedwig von Karl Joseph Hiernle (gest. 1748) aus Prag.

Eine Synthese von Lang- und Zentralraum bestimmt die architektonische Gliederung des Innern; der elliptischen Form der Joche passen sich die konkav geschwungenen Wände und Wandpfeiler an. Ein kompliziert gestaltetes Gewölbe überspannt den Raum. Die Fresken (1733) sind ein Werk des berühmten Malers Cosmas Damian Asam (1686–1739): im Mittelfeld der Deckenmalereien sieht man die Szene der Kreuzauffindung durch die Kaiserin Helena, über dem Chor die Verklärung des hl. Benedikt und des Benediktinerordens sowie der Muttergottes und über der Orgelempore die Szene, wie die Leiche des Fürsten Heinrichs II. aufgefunden wird (Abb. S. 84).

Wahlstatt/Legnickie Pole, Grundriß der Klosterkirche

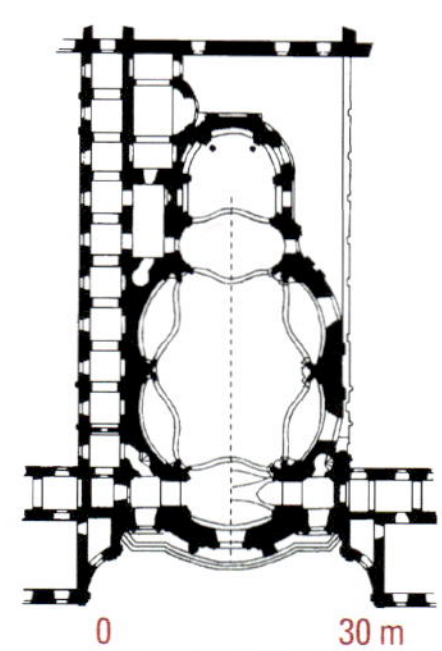

Leubus/Lubiąż

Etwa 49 km nordwestlich von Breslau, hoch über dem rechten Oderufer, liegt das älteste und größte **Zisterzienserkloster** Schlesiens (Klasztor Cystersów), entstanden 1681–1720. Seiner Größe wegen wird es ›schlesisches Escorial‹ genannt, schon von weitem sind die beiden charakteristischen Türme zu sehen, die aus der 220 m langen Fassade aufragen.

1175 wurden hier Mönche aus Pforta an der Saale angesiedelt, worauf sich Leubus rasch zu einem wirtschaftlichen, kulturellen und geistig-religiösen Zentrum entwickelte. Von hier aus wurden die Klöster Mogila bei Krakau (1218), Heinrichau (1227) und Kamenz (1247) gegründet. Im 14. Jahrhundert zählten die Mönche zu den reichsten Großgrundbesitzern Schlesiens: auf 2100 Quadratkilometer belief sich ihr Eigentum im 14. Jahrhundert. Der erste Rückschlag erfolgte während der Hussitenkriege (1432), schwere Schäden entstanden auch im Dreißigjährigen Krieg. In der zweiten Hälfte des 17. Jahrhunderts erlebte es einen neuen wirtschaftlichen Aufschwung, der aber mit dem Machtantritt Preußens in Schlesien endete. Hohe Steuern und wirtschaftliche Reglementierung leiteten den endgültigen Niedergang des Stifts ein, der mit der Säkularisation 1810 besiegelt wurde. Archiv, Bibliothek und Kunstschätze wurden staatlichen Sammlungen in Breslau einverleibt. Das Kloster diente in der Folgezeit anfangs als Gestüt, dann als Heilanstalt. Die Nationalsozialisten richteten in ihm eine Rüstungsfabrik ein, die sowjetischen Truppen ein Lazarett. Gegenwärtig wird der gesamte Baukomplex aus Mitteln der deutsch-polnischen Stiftung renoviert; Fürstensaal und Willmann-Fresken können bereits wieder besichtigt werden.

Das Zentrum der Anlage bildet die *Klosterkirche* (1307–40), deren gotische Strenge durch barocken Glanz überstrahlt wird. Auch die beiden Türme, die die 225 m lange Klosterfront auflockern, stammen aus der Zeit des Barock. Michael Willmann (s. S. 52), der jahrelang in Leubus lebte, schuf hier zahlreiche Fresken. Der ›Triumph der Tugenden‹ im Plafond des *Sommerrefektoriums* des Abts (Abb. S. 86) ist das erste große und auch am besten erhaltene Fresko des Künstlers. 1972–74 gelangte es wieder zum Vorschein, als man eine darüber gelegte Holzdecke beseitigte.

Der 1734–38 errichtete *Fürstensaal* liegt im Nordflügel des Klosters und reicht über zwei Stockwerke. Die Gemälde, auch das riesige Deckengemälde, stammen von Christian Philipp Bentum (gest. um 1750), die Skulpturen vom Breslauer Bildhauer Franz Joseph Mangoldt (tätig 1725/53), die Stuckarbeiten von Albert Ignaz Provisore (gest. 1743). Sie alle singen ein Loblied auf die Taten der Habsburger. So ist der Saal geschmückt mit lebensgroßen Statuen der Kaiser Leopold I., Joseph I. und Karl VI., die von allegorischen Darstellungen der vier Kardinaltugenden (Prudentia, Justitia, Temperantia und Fortitudo) umgeben werden, sowie mit Büsten anderer habsburgischer Kaiser. Über dem Wandgesims unterhalb der Decke findet

Leubus/Lubiąż ☆☆

Besonders sehenswert: Zisterzienserkloster

»Des Morges segelten wir bei Leubus vorüber. Prachtvoller Anblick des Klosters, das ein ungeheures, vollkommenes Quarree von 365 Fenstern bildet. Es liegt ganz an der Oder auf einer Anhöhe und wird von den dazugehörigen Hofgebäuden wie von einem Kranze umgeben.«
Aus dem Tagebuch Joseph von Eichendorffs von 1809

◁ Wahlstatt/Legnickie Pole, Blick zur Decke der Klosterkirche mit dem Fresko von Cosmas Damian Asam man weitere vielfigurige Allegorien von Ruhm, Krieg, Frieden und Glauben, in den Ecken Verkörperungen der vier Erdteile.

Christian Philipp Bentum war es auch, der 1737 die malerische Ausgestaltung der *Klosterbibliothek* besorgte. Wurde im Fürstensaal der reine Glauben glorifiziert, so hier das durch Gott vermittelte Wissen. Im Zentrum des Gewölbes prangt der Name Jahve als Quelle der Weis-

Leubus/Lubiąż, Sommerrefektorium des Abts mit dem Fresko von Michael Willmann

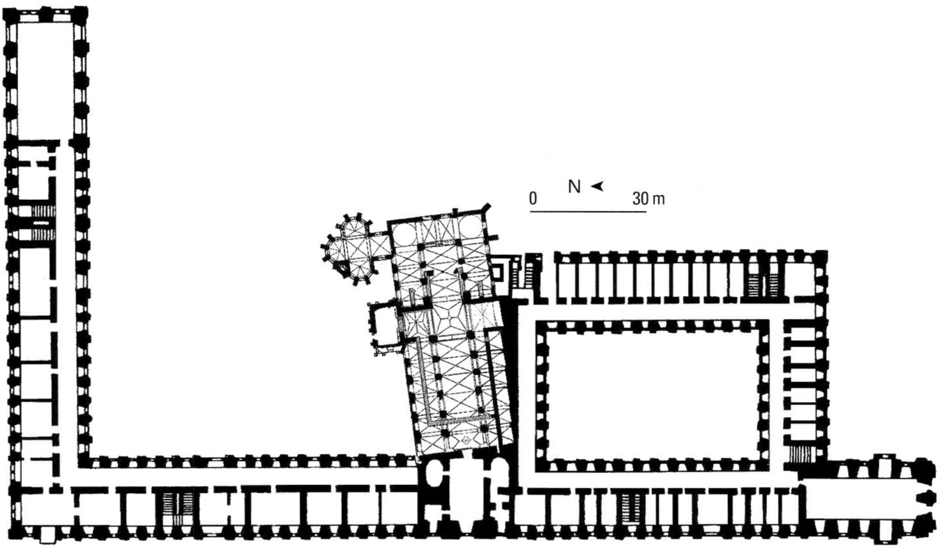

Leubus/Lubiąż, Grundriß der Klosteranlage

heit und Inspiration, über den Fenstern finden sich Bildnisse berühmter Gelehrter und Personifizierungen verschiedener Wissensgebiete.

Neumarkt (Środa Śląska), 32 km westlich Breslau, ist eine der ersten Städte Schlesiens, die nach deutschem Recht gegründet wurden. Das früheste Zeugnis stammt aus dem Jahr 1223, Teile der einst 1700 m langen Stadtmauer sind noch erhalten. Das *Renaissance-Rathaus* (Ratusz) am Ring wurde teilweise restauriert, mit ihm der Roland, das Symbol städtischer Markt- und Handelsfreiheit. Die *Hohe Straße*, führte direkt an ihm vorbei. Durch Verbreiterung der Straße entstand ein Platz, der sich über eine Länge von 335 m erstreckt.

Die *Pfarrkirche St. Andreas* (Kościół Farny Św. Andrzeja) am Westende des Rings gilt als Wahrzeichen der Stadt. Aus der ersten Hälfte des 13. Jahrhunderts stammt das spätromanische, basilikale, sechsjochige Langhaus; der gotische, dreijochige Chor ist Ergebnis eines Neubaus von 1388; der freistehende, mit Rundzinnen bekrönte Glockenturm mit quadratischem Grundriß entstand Mitte des 14. Jahrhunderts. An der Außenmauer des Chors befinden sich alte Grabplatten, deren deutsche Inschriften teilweise noch lesbar sind. Die Innenausstattung der Kirche ist vorwiegend barock.

Die älteste städtische Einrichtung außerhalb der vormaligen Stadtmauern an der Straße nach Liegnitz war ein Spital, das angeblich auf eine Stiftung der hl. Hedwig zurückging. Zeugnisse belegen, daß der Baubeginn auf 1220 zu datieren ist. Erhalten geblieben ist die einschiffige Kirche *St. Maria* (Kościół Św. Marii), deren romanischer Chor 1983 wieder errichtet wurde.

Breslau und Umgebung

In Breslau leben heute wieder mehr Einwohner als vor dem Zweiten Weltkrieg. Seine Bevölkerung wurde 1945 ausgewechselt: Die Deutschen gingen in den Westen, die Polen kamen aus dem Osten. Lag der polnische Bevölkerungsanteil vor dem Krieg bei etwa 2%, so sind es heute die Deutschen, die mit 0,1% eine vernachlässigenswerte statistische Größe bilden. Breslau ist mit 700 000 Einwohnern die polnische Hauptstadt Niederschlesiens und nach Krakau und Warschau wichtigste Kulturstadt des Landes.

Wer nach Breslau kommt, wird gefangen genommen vom kulturellen Reichtum dieser Stadt, seinen historischen Plätzen und Kirchen, aber auch von seinen Museen und modernen Galerien sowie seinem anregenden Nachtleben. Die Stadt verfügt über Unterkünfte in allen Preislagen, eignet sich deshalb bestens als Ausgangspunkt für Ausflüge in die nähere und weitere Umgebung. Kurzausflüge führen nach Trebnitz und Trachenberg, Ohlau und Oels. Im Norden kann man die Moränenkette der Trebnitz-Obernigker Hügellandschaft durchqueren, die mit dichtem Wald bewachsen ist und sich teilweise über 200 m erhebt; südlich von Breslau erstreckt sich flaches, fruchtbares Ackerland, aus dem der 718 m hohe Zobten inselartig aufragt.

Breslau/Wrocław

Seit die Stadt in den letzten Jahren aufwendig restauriert wurde, kann man sich wieder in die Atmosphäre früherer Zeiten zurückversetzen. Der Ring ist mit Kopfstein aus schlesischem Granit gepflastert, die Bürgerpaläste erstrahlen in warmen, pastellfarbenen Tönen. Der Marktplatz ist das Herz der Stadt, Treffpunkt zum Flanieren, Sehen- und Gesehenwerden. An den vielen jungen Leuten, die sich hier tummeln, kann man ablesen, daß die Universität nicht weit ist; mehr als 30 000 Studenten sind an der traditionsreichen Alma Mater eingeschrieben. Und wer des bunten, geschäftigen Treibens müde wird, spaziert zur Dominsel hinüber, wo seit Jahrhunderten eine Atmosphäre klösterlicher Ruhe und Abgeschiedenheit herrscht. Der Weg dorthin ist ein Gang durch die Geschichte. Man begegnet Backsteinkirchen, deren strenge Gotik mit den üppig verzierten Barockbauten kontrastiert, klassizistischen Palästen aus preußischer Zeit und Häusern aus der Belle Epoque, die von verflossenem wirtschaftlichen Wohlstand künden.

Breslau/Wrocław ☆☆

Besonders sehenswert:
Rathaus mit Historischem Museum
St. Elisabeth
St. Maria Magdalena
Universität
St. Maria auf dem Sande
Kirche zum Heiligen Kreuz und zum hl. Bartholomäus
Kathedrale St. Johannes des Täufers (Dom)

Der Stadtplan von Breslau befindet sich in der hinteren Umschlaginnenklappe

Geschichte

Der Name der Stadt ist wahrscheinlich auf den böhmischen Herzog Vratislav I. (894–921) zurückzuführen. Dieser ließ auf der heutigen Dominsel eine Grenzburg errichten, die den Namen Vratislavia er-

◁ Breslau/Wrocław, Blick auf das Rathaus

hielt. Hierher kamen Kaufleute und Händler, bald auch Missionare. 990 fiel die Grenzburg unter die Herrschaft der Piasten, zehn Jahre später wurde Breslau Sitz eines Bistums unter dem Erzbischof von Gnesen. Die in jener Zeit neu errichtete und bis zum 12. Jahrhundert existierende Burg auf der Dominsel war eine mächtige Anlage mit Wällen, Palisaden und Wassergräben. Wo heute die Kathedrale steht, wurde vermutlich zwischen 1051 und 1069 der sogenannte Hieronymusdom als Holzbauwerk errichtet. Um 1100 war Breslau im wahrsten Sinne des Wortes Hauptstadt von Schlesien.

Die Stadt konnte ihre Rolle als Sitz der staatlichen und kirchlichen Obrigkeit festigen, während Schlesien insgesamt immer wieder zwischen Polen und Böhmen umkämpft war. In dieser Zeit wirkte der Magnat Peter Wlast, der das Prämonstratenserstift St. Vinzenz auf dem Elbing rechts der Oder gründete und die Verlegung des Augustiner-Chorherrenstifts St. Maria vom Zobtenberg auf die Sandinsel veranlaßte. Spuren der damaligen aufwendigen romanischen Bauten sind das Tympanon an St. Maria auf dem Sande, das Portal der Kirche St. Maria Magdalena sowie die kleine Kirche St. Ägidius.

Ab etwa 1200 trennten sich die Herzöge der Piasten als eigenständige Herrscherlinie mehr und mehr von Polen. Breslau wandelte sich von einem an der Oder gelegenen Durchgangsort zu einem Zentrum des Handels. Dieser Aufschwung wurde allerdings unterbrochen durch den Einfall der Mongolen im Jahr 1241. Schon ein Jahr später wurde Breslau am linken Oderufer neu gegründet. Auf den Wiederaufbau jener Zeit geht die bis heute existierende Gitterform des Straßennetzes in der Innenstadt mit dem Großen Ring und dem Salzmarkt zurück. Gerade hier entwickelte sich ein Kaufmannsviertel, während das herzogliche Gebiet am Oderufer den kirchlichen Stiftungen wie etwa dem Kreuzherrenstift St. Matthias (1247) vorbehalten blieb. 1244 begann man mit dem Bau der gotischen Kathedrale St. Johannes des Täufers (des Doms), kurz darauf dem der Kirchen St. Elisabeth und St. Adalbert. Im Jahr 1261 erhielt Breslau das Magdeburger Stadtrecht.

Nach dem Tod Herzog Heinrichs VI. fiel Breslau 1335 als erstes schlesisches Erbfürstentum an die böhmische Krone. Während der Handel erblühte, konzentrierte sich das städtische Geschehen mehr und mehr auf das Rathaus und die angebauten Hallen und Kaufhäuser, insgesamt auf den Großen Ring, den Salzring und den Neumarkt. 1337 erhielt die Stadt das Salzmonopol, von 1387 bis 1474 war sie Mitglied der Hanse.

»Im Osten an der Oder liegt Breslau, eine Stadt des Ziegelbaues, nicht minder schön als mächtig; ihr Bistum hieß einst das 'goldene'.«
Papst Pius II., 1460

Der wirtschaftliche Aufschwung manifestierte sich in einer Fülle bemerkenswerter kirchlicher und weltlicher Bauten. Wahrzeichen der Stadt wurde das 1471–1504 erbaute Rathaus, das Paradestück schlesischer Gotik. Rings um den Marktplatz wurden prächtige Kaufmannshäuser errichtet, die von gewaltigen Backsteinkirchen überragt wurden. Diese bestimmen das Stadtbild bis zum heutigen Tag; so die Kirche zum Heiligen Kreuz und St. Vinzenz, St. Maria Magdalena und St. Elisabeth, die Kathedrale St. Johannes und St.

Maria auf dem Sande, dazu St. Barbara, St. Dorothea und die Corpus-Christi-Kirche.

Nach dem Tod König Ludwigs II. von Böhmen und Ungarn 1526 traten die Habsburger sein Erbe an. Nachfolgenden Krisen zum Trotz blühten Breslaus Wirtschaft und Handel, wenigstens im 16. Jahrhundert, auch im Habsburger Reich. Wohlhabende Patrizier betätigten sich als Mäzene, förderten Wissenschaft und Kunst; allen voran die Fugger, die ihren Reichtum der Leinenweberei, Eisenverhüttung und Glasbläserei verdankten. Der geistige Aufbruch der Renaissance ist noch heute an vielen Gebäuden ablesbar. Die Kathedrale St. Johannes erhielt ein neues Portal mit lebensgroßen, realistisch gestalteten Heiligenfiguren; die Fassaden von Rathaus und St. Elisabeth wurden mit Bauplastik geschmückt, die Türme mit aufstrebenden Helmen verziert. Schönstes Beispiel der in Breslau besonders beliebten niederländischen Renaissance ist das siebengeschossige ›Greifenhaus‹ (1587) von Friedrich Groß (gest. 1589), dessen Giebel von bizarren Tierreliefs eingefaßt ist.

Die glanzvolle Zeit wurde allerdings von drei Pestepidemien unterbrochen, die viele Bewohner in den Tod rissen (1542, 1568 und 1585). Als noch verhängnisvoller erwies sich Breslaus Verwicklung in die religiösen Auseinandersetzungen des Dreißigjährigen Krieges 1618–48. Weite schlesische Landstriche wurden verwüstet, die Stadt verlor ihre wichtigsten Absatzmärkte.

Die Gegenreformation ging alsbald zur geistig-geistlichen Offensive über. 1638 kamen die Jesuiten in die Stadt und gründeten eine Schule, aus der die Breslauer Universität mit einem der schönsten europäischen Festräume hervorging, der Aula Leopoldina (1736). In der Fol-

Oben: Häuser am Ring mit St. Elisabeth im Hintergrund; unten das Haus ›Zu den sieben Kurfürsten‹

Adolph Menzel zu seinem Bild ›Die Huldigung der Schlesischen Stände im Breslauer Rathaus vor Friedrich dem Großen am 7. November 1741‹, 1855, Nationalgalerie Berlin: »Die Örtlichkeit ist der Fürstensaal auf dem Rathhause zu Breslau ... Die Stände waren in gedachtem Saale erschienen, ihrem neuen Herrn, Friedrich dem II. König von Preussen, den Eid der Treue zu schwören.«

ge entstanden Klosterbauten der Augustiner, Kapuziner und Johanniter, der Klarissinnen und der Barmherzigen Brüder. Emsiger katholischer Bautätigkeit verdanken sich die schönsten Barockbauten, so die Matthiaskirche und das Ursulinenkloster, das Sandstift (heute Universitätsbibliothek) und das Matthiasstift (heute Ossoliński-Bibliothek).

Am 10. August 1741 wurde Breslau durch preußische Truppen besetzt, am 7. November huldigten die Schlesischen Stände im Breslauer Rathaus König Friedrich dem Großen. Das war das Ende von Stadtrepublik und Rat, die durch einen vom König eingesetzten Stadtdirektor und ein Rathausregiment ersetzt wurden. In Wirtschaft und Handel mußte sich Breslau fortan der bald übermächtigen Konkurrenz durch Leipzig erwehren, lediglich der Osthandel über Krakau blieb seine Domäne. Zugleich begann der Ausbau Breslaus zu einer modernen Haupt- und Residenzstadt mit klassizistischem Gepräge. Die interessantesten Bauten jener Zeit verdankt die Stadt Karl Gotthard Langhans (s. S. 53). Von seinem Hatzfeld-Palais, heute Galerie für zeitgenössische Kunst, blieb das mächtige Portal erhalten. Charakteristisch für diese Epoche sind auch das ehemalige Fürstbischöfliche Palais auf der Dominsel, das Spätgen-Palais (heute Archäologisches Museum), das ehemalige Stadttheater (Abb. S. 36) und die Alte Börse.

Der Aufstand von 1830 und das polnische Streben nach nationaler Unabhängigkeit fanden in Breslau durchaus Verständnis. Ähnlich wie Krakau war die Oderstadt sogar eines der Zentren der nationalpolnischen Bewegung. Dem entsprach die Entfaltung polnischer Kultur an der Universität, und in verschiedenen Verlagen der Stadt erschienen Bücher in polnischer Sprache.

Während der Osthandel im 19. Jahrhundert mehr und mehr an Bedeutung verlor, wurde der schlesische Binnenhandel für Breslau zu einer neuen Basis des Wohlstands. Die Industrie gewann zunehmend an Vielfalt: Mühlen und Brauereien, chemische Betriebe und metallverarbeitende Fabriken, schließlich auch Kleider-, Papier- und Möbelfabriken. Zu Beginn des 20. Jahrhunderts besaß Breslau die größte Binnenwerft Deutschlands. Die Einwohnerzahl stieg auf 400 000 an.

Architektonische Zeugen der in Breslau angebrochenen Moderne sind die Kaiserbrücke (Most Grunwaldzki), 1910 im Beisein von Kaiser Wilhelm II. eingeweiht, die 1911 eröffnete Königliche Kunst- und Gewerbeakademie, Max Bergs (1870–1947) Jahrhunderthalle von 1911–13 sowie das ehemalige Kaufhaus ›Petersdorff‹ (1927/28) an der Ecke Ohlauer Straße/Schuhbrücke (ul. Oławska/Szewska) von Erich Mendelsohn (1887–1953). Besonders der Name Max Berg ist mit der modernen Architektur in Breslau auf vielfältige Weise verbunden. Vor dem Hintergrund eines allgemeinen ›Hochhausfiebers‹ in Deutschland um 1920 entwarf er Projekte von schwindelerregenden Hochhäusern am Ring, der die Genehmigungen aber verweigert wurden.

Zu Beginn des Zweiten Weltkriegs lebten 630 000 Menschen in Breslau. Bis zum Herbst 1944 blieben ihnen Bombenangriffe erspart.

Max Berg mit Ludwig Moshamer, Hochhaus am Ring, vom Blücherplatz aus gesehen, 1920

Das ehemalige Kaufhaus ›Petersdorff‹ (1927/28) an der Ecke Ohlauer Straße/Schuhbrücke (ul. Oławska/ ul. Szewska) von Erich Mendelsohn

Am 15. Februar 1945, als die Stadt von allen Seiten durch sowjetische Truppen eingekreist war, wurde sie zur Festung erklärt. Gauleiter Hanke erließ den Befehl, Breslau bis zum letzten Blutstropfen zu verteidigen. Ganze Häuserzeilen wurden niedergelegt, um den Abwehrkampf besser organisieren zu können. Im Stadtteil Scheitnig wurde noch rasch ein Flughafen gebaut, damit die Parteiführer ausfliegen könnten. Als Einheiten der Roten Armee nach mehrmonatiger Belagerung am 6. Mai 1945 einrückten, waren 70 % der historischen Bausubstanz Breslaus zerstört.

Schon 1947 lebten in Breslau fast 190 000 polnische und kaum noch deutsche Bürger. Viele der neuen Einwohner waren aus den polnischen Ostgebieten gekommen, die heute zur Ukraine gehören. Der Wiederaufbau schritt nur langsam voran, denn zuerst galt es, die Industrieanlagen zu rekonstruieren und das Grundbedürfnis nach Wohnraum zu befriedigen. Als im Dezember 1948 der Weltfriedenskongress in Breslau stattfand, war die Stadt noch eine Trümmerwüste. Vor diesem Hintergrund malte Picasso seine berühmte Friedenstaube – Symbol der herbeigesehnten neuen Zeit. Diese freilich ließ auf sich warten, Unsicherheit bestimmte das Leben der Bewohner. Erst seit die Regierung der Bundesrepublik sich 1990 bereit erklärte, die deutsch-polnische Grenze völkerrechtlich anzuerkennen, stehen die Zeichen endgültig auf Entspannung, Breslaus Bürger haben nicht mehr das Gefühl, in einem ›Provisorium‹ zu leben. Auch werden sie Zeugen, wie ihre Stadt, nicht zuletzt dank maßgeblicher Unterstützung der *Stiftung für deutsch-polnische Zusammenarbeit*, in neuem Glanz erstrahlt. Der Breslauer Ring zählt gegenwärtig zu den schönsten Marktplätzen in Europa, und es dürfen wieder historische Inschriften in deutscher Sprache an Häusern und Skulpturen erscheinen.

Stadtrundgang

Breslaus **Rathaus** (1, Ratusz) ist eines der wichtigsten gotischen Bauten in Ostmitteleuropa und zugleich das unverwechselbare Wahrzeichen der Stadt. Zwar wird in der Stadtchronik schon für 1261 ein Ratsturm erwähnt, doch erst 66 Jahre später begann man mit dem Anbau einer Tuchhalle an der Ostseite, der später weitere Kaufhallen angegliedert wurden. Das eigentliche Rathaus mit seinen Festsälen und Amtsstuben entstand erst ab 1471, wobei sich die Ausgestaltung bis in die zweite Hälfte des 16. Jahrhunderts hinzog. Der weithin sichtbare, 66 m hohe Turm mit Renaissancehelm wurde erst 1588–95 vollendet.

Besonders die Ost- und Südfassade des Rathauses sind durch reichen architektonischen und bildhauerischen Schmuck geprägt. Den Mittelgiebel der östlichen Fassade mit seinen Fialen und dem kunstvollen Maßwerk, etwa um 1500 entstanden, hat man ein »Bravourstück des Mittelalters« genannt. Darunter prangt das große runde Zifferblatt der *astronomischen Uhr* aus dem Jahr 1580. Den Kapellenerker tragen die Gestalten der hl. Hedwig, der hl. Dorothea und Johannes des Täufers; überall in den Ecken der Fenster kauern – wie kleine Kobolde – Tier- und Menschengestalten aus Stein. Die künstlerische Gestaltung des Erkers im Südosten ist ein Werk des Görlitzer Bildhauers Briccius Gauske (1476–88 nachweisbar), die Kragsteine zeigen das Haupt Johannes des Täufers und das der Jungfrau Maria.

Vogteigiebel und Mittelerker dominieren die Südfassade, deren reiche, plastische Ausgestaltung aus der zweiten Hälfte des 15. Jahrhunderts stammt. Die Hohlkehlen der Gesimse enthalten kleine Skulpturen, die eine Art ›steinerne Chronik‹ bilden. Geschildert werden der Einzug der Bauern in die Stadt und der sich anschließende Markttag, das abendliche Festgelage und Pöbeleien mit den Bewohnern. Unter dem Mittelerker führt ein Portal in den *Schweidnitzer Keller* hinab, Breslaus traditionsreichstes Gasthaus. Es ist nach dem Schweidnitzer Bier benannt, das hier über 700 Jahre ausgeschenkt wurde.

Vor der Westseite des Rathauses steht seit 1956 das **Denkmal** (2) des aus Lemberg (Lwów) hierher überführten polnischen Komödiendichters **Aleksander Fredro** (1798–1876) nahe jenem Platz, den vorher ein Standbild Friedrich Wilhelm III. eingenommen hatte. Hier war im März 1945 der Breslauer Bürgermeister Spielhagen standrechtlich erschossen worden, weil er sich gegen die sinnlosen Durchhalteparolen der Nationalsozialisten gewandt hatte.

Die Westfassade des Rathauses ist vergleichsweise schlicht gehalten. Das Stadtwappen über dem Eingangsportal, 1536 angebracht, zeigt den Kopf von Johannes dem Täufer auf einer Silberschale, den böhmischen Löwen mit der Krone, den schlesischen Adler, das ›W‹ für ›Wratislawa‹ und die Büste Johannes des Evangelisten. Von hier gelangt man in das Innere des **Rathauses**, das als **Historisches Museum** (Muzeum Historyczne) zugänglich ist.

Skulptur am Rathaus

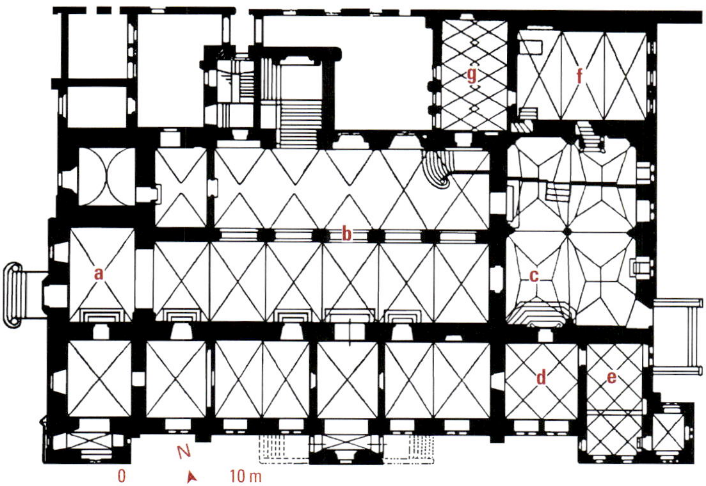

Grundriß Rathaus: Der Grundriß stellt sowohl das Erdgeschoß als auch das Obergeschoß dar, somit stehen die eingesetzen Buchstaben einmal für den Raum im EG als auch für den entsprechenden im OG.

Rathaus EG
a Vorhalle
b Bürgerhalle
c Gerichtssaal
d Grüner Raum
e Bürgermeisterstube
f Ratsstube
g Kanzlei des Stadtschreibers

Rathaus OG
b Remter
c Fürstensaal
d Ratsältestenstube
e Schatzkammer

Der Remter im Rathaus von Breslau

In der *Vorhalle* (a) finden sich Spuren von Renaissance-Malereien, die während der Restaurierung vor dem Zweiten Weltkrieg zum Vorschein kamen. Die sich anschließende zweischiffige, durch fünf spitzbogige Arkaden geteilte *Bürgerhalle* (b) gehört zu den ältesten Teilen des Gebäudes – heute eine Galerie der berühmten Breslauer (Büsten aus schlesischem Marmor von Carl Gotthard Langhans, Adolph Menzel, Ferdinand Lassalle, Max Born, Edith Stein u. a.). An ihrem Ende öffnet sich die Tür zum *Gerichtssaal* (c), durch die man südwärts in den *Grünen Raum* (d) und die *Bürgermeisterstube* (e) gelangt. Nordwärts kommt man in die *Ratsstube* (f), deren Wände einst Renaissance-Tafelwerk mit Intarsien sowie Gemälde von Michael Willmann schmückten. Beides wurde während des Zweiten Weltkrieges ausgelagert und gilt seither als vermißt. Von der Ratsstube führt ein Steinportal von 1428 in die *Kanzlei des Stadtschreibers* (g), die ein spätgotisches Gewölbe mit farbig gefaßten Schlußsteinen besitzt.

Über eine Marmortreppe erreicht man das Obergeschoß mit einem aus drei Schiffen bestehenden *Remter* (b), dem größten Saal im Haus. In seiner Schönheit und Eleganz erinnert er an die Zeit höchster Selbständigkeit Breslaus, als man sogar versuchte, im Krieg zwischen den Königen Böhmens und Ungarns, Wladislaus und Matthias Corvinus, eine eigenständige Außenpolitik zu betreiben. Die prächtigen Schlußsteine der Kreuzrippengewölbe im Remter zeigen christliche Motive, Pflanzen- und Tiergebilde, Porträts bekannter Bürger sowie die Wappen Schlesiens und Böhmens und die Adler der polnischen Piasten. Auffallend ist der mit reichem Schnitzwerk geschmückte Mittelerker an der Südseite.

»In Mitteldeutschland gibt es nichts Anmutig-Reicheres, als das edle, frohe, wundersame Rathaus am Ring. Unten der Schweidnitzer Keller. Zwischendurch bei kurzem Aufenthalt ist man hinabgegangen, mehr als einmal, zu den Holzbänken, zu dem Friebe-Bier, zu den Marktleuten, zu den Sumpfhühnern, zu verkommenden Studenten.« Alfred Kerr

Vom Südschiff des Remters gelangt man in die *Ratsältestenstube* (d) mit Tafelwerk aus Esche, in die Intarsien aus Eichenholz eingelegt sind. Von dort führt eine Treppe in die *Schatzkammer* (e), in der eine Sammlung von Münzstempeln an die städtische Finanzhoheit erinnert. Der *Fürstensaal* (c) schließlich besticht durch ein Kreuzrippengewölbe, das auf einer einzigen Mittelsäule ruht.

Der nahezu viereckige, 212 x 175 m große **Ring** (Rynek) ist der geographische und gesellschaftliche Mittelpunkt der Stadt. Seine vier ›Seiten‹ hatten traditionell bestimmte Namen: im Westen die *Sieben-Kurfürsten-Seite*, im Norden die *Naschmarkt-Seite*, im Osten die *Grüne-Röhr-Seite* und schließlich im Süden die *Goldene-Becher-Seite*. Bei der Restaurierung der Fassaden der vorwiegend barocken Giebelhäuser orientierte man sich an einem Modell, das der Stadtbaurat Rudolf Stein in den 20er Jahren angefertigt hatte.

Besonders qualitätvoll sind die Fassaden an der Westseite gearbeitet, wenngleich gerade hier die einheitliche Giebelfront leider schon seit 1930/31 zerstört ist, als man an der Ecke zum Salzring (pl. Solny) die Eisenbetonkonstruktion der Sparkasse errichtete. Am schönsten präsentiert sich das Haus *Zu den sieben Kurfürsten*, das der Westseite ihren Namen verleiht. Seine Fassade ist mit Sgraffitomalereien bedeckt, über den Fenstern prangt in verschnörkelten Lettern ein Spruch in deutscher Sprache: »Deme Gott und die höchste Obrigkeit wol viel, schadet kein Neyder noch Verleumder«, das heißt: »Dem Erfolgreichen kann Mißgunst nichts anhaben.« Das Haus *Zur Blauen Sonne* (Nr. 7) war Residenz der deutschen Familie Boner aus Krakau, daneben, im Haus *Zur Goldenen Sonne* (Nr. 6), nächtigten die Herrscher aus Böhmen und Habsburg während ihrer Besuche in Breslau. Es ist das Bauwerk mit dem schönsten Rokokosaal der Stadt, heute befindet sich darin Polens einziges **Museum der Medaillenkunst** (3, Muzeum Sztuki Medalierskiej), reich bestückt mit Orden, Münzen und Plaketten. Schlichter präsentiert sich das hellgrüne, im 18. Jahrhundert erbaute Haus *Zum goldenen Adler* (Nr. 4). Den Abschluß der Seite bildet das berühmte *Greifenhaus* (Nr. 2) – mit sieben Stockwerken das höchste in der Reihe.

Häuser am Ring, besonders das Haus ›Zu den sieben Kurfürsten‹ (Nr. 8), Abb. S. 91

Die Nordseite des Rings verdankt ihren Namen den Süßwarenhändlern, die hier Honig, Spezereien und Lebkuchen feilboten. Das berühmteste Haus dieser Seite heißt *Zum Goldenen Hirsch* und barg die älteste Apotheke Breslaus; sie stammt vermutlich aus dem 13. Jahrhundert, nach 1990 mußte sie einem Restaurant weichen.

Die *Grüne-Röhr-Seite* im Osten trug ihren Namen nach einem in früheren Zeiten hier existierenden Rohrbrunnen, der von einem kleinen Holzhäuschen umgeben war. Hier, an der Ecke zur Ohlauer Straße (ul. Oławska), hat man das 1904 abgetragene Haus *Zur Goldenen Krone* mit einer Renaissance-Attika nach 1945 aufgebaut. In der Mitte der Ostseite, am *Hintermarkt* (ul. Kurzy Targ), steht das frühere Breslauer *Großkaufhaus Barasch*, in dem sich auch heute wieder ein Einkaufszentrum befindet.

Die Südseite wurde nach dem Haus Nr. 22 benannt, in dessen Giebel bis 1945 ein *Goldener Becher* eingelassen war. Auffallend ist besonders die Fassade des Hauses Nr. 18 mit der *Rathausapotheke* (Apteka pod Ratuszem) im Erdgeschoß. Im Nebenhaus *Zum alten Galgen* (Nr. 19) beherbergt die schönste erhalten gebliebene Halle eines Bürgerhauses aus der Frührenaissance heute ein Restaurant.

Auch der *Salzmarkt*, ehemals Blücherplatz (pl. Solny), der von der Südwestecke des Rings abzweigt, wurde in den letzten Jahren restauriert. Neben kleinen, bunt gestrichenen Giebelhäusern prangt die **Alte Börse** (4, Stara Giełda), die Carl Ferdinand Langhans, Sohn des berühmten klassizistischen Architekten Carl Gotthard Langhans, 1824 für die christlichen Kaufleute Breslaus entwarf. Die jüdischen Bankiers und Händler trafen sich im prächtigen, grün-goldenen *Oppenheimer Haus* gegenüber (Nr. 4).

Malerisch präsentiert sich die Nordwestecke des Rings. Zwei schmale Häuser, *Hänsel und Gretel* (Jaś i Małgosia) genannt, sind durch einen barocken Torbogen miteinander verbunden. Hinter ihnen erhebt sich die mächtige Kirche **St. Elisabeth** (5, Kościół Św. Elżbiety) mit helmbekröntem Turm und einem im rot-grünen Schachbrettmuster verzierten Satteldach. In die backsteinernen Außenwände sind Epitaphien Breslauer Bürger eingelassen – Meisterwerke gotischer Steinmetzarbeit. Auch das Innere präsentiert einen reichen Skulpturenschmuck. Mehrere hundert Grabmale von der Gotik bis zum Barock verteilen sich auf die drei Kirchenschiffe und die Kapellen.

Die Baugeschichte der Kirche geht auf die Jahre 1242–48 zurück, als hier Herzog Heinrich III. ein Gotteshaus stiftete. Die heutige Gestalt entspricht dem hauptsächlich zwischen 1341 und 1362 errichteten, aber erst Ende des 15. Jahrhunderts vollendeten gotischen Bauwerk. Nach 1945 wurde das Gotteshaus als katholische Garnisonskirche genutzt. Zwei Brände in den Jahren 1975 und 1976 haben der Kirche unermeßlichen Schaden zugefügt; der Turm wurde zerstört, das Dach und das Kirchenschiff brannten aus, wertvolle Kunstschätze wie die Orgel von Michael Engler (1688–1760) von 1750/51 sowie die reiche Ausstattung der Kapellen gingen verloren. Erst 1998 wurden die Renovierungsarbeiten abgeschlossen.

Lohnenswert ist auch ein Blick in die Fachwerkpassage hinter der Kirche. Wo einst Metzger Fleisch feilboten, reihen sich heute Galerien und Bars. Eine bronzene Skulpturengruppe mit Ziege, Gans und Schwein erinnert an die frühere Bestimmung der Gasse – eine späte Huldigung an das hier geschlachtete Vieh.

Der *Hintermarkt* (ul. Kurzy Targ), eine kurze, von der Ostseite des Rings abzeigende Straße, führt geradewegs zur Kirche **St. Maria**

Magdalena (6, Kościół Św. Marii Magdaleny). Berühmt ist sie vor allem wegen des romanischen *Portals* an der Südseite, das 1546 eingebaut wurde. Ursprünglich stammte es vom Vinzenzkloster auf dem Elbing nördlich der Breslauer Dominsel, das man 1529 abgerissen hatte. Die eingestellten Gewändesäulen, die Kapitelle und die vierläufigen Archivolten der Bogenlaibung sind mit figürlichem Schmuck und reichen Pflanzenornamenten versehen, an den Eckpfeilern findet sich das Motiv eines archaischen Höllenrachens. Außer diesem romanischen sind drei weitere Portale der Kirche erhalten geblieben: das gotische Hauptportal an der Westseite, das barocke im Norden und das Renaissance-Portal an der Südseite.

Wertvollster Bestandteil der lichtdurchfluteten Kirche ist das *Grabmal* des Breslauer Syndicus und Kaiserlichen Rats Adam Caspar von Arzat, 1678/79 von Matthias Rauchmiller (um 1648–86) ausgeführt nach einer Idee des schlesischen Dichters Daniel Caspar von Lohenstein, der zu diesem Anlaß ein Gedicht schrieb, das sowohl dem Verstorbenen als auch dem Schöpfer des Grabmals huldigt. Durch dieses 1945 leider stark beschädigte Grabmal wurde der Typus des architektonisch aufgebauten Wandmonuments in die schlesische Bildhauerkunst eingeführt, das – von allegorischen Figuren umgeben – einen Rahmen für das Bildnis des Verstorbenen bildet. Es sind dies die Gloria (Ruhm) mit dem Wappen, die Fama (Gerücht) mit dem Tuch und die Spes (Hoffnung). Blickfang des Hauptschiffs ist eine *Renaissance-Kanzel* aus dem Jahr 1579, die von anmutigen Engeln getragen wird; zu den Kostbarkeiten der Innenausstattung gehören außerdem das Taufbecken, die schmiedeeiserne Wendeltreppe zur Sakristei sowie das Denkmal des letzten katholischen Pfarrers Oswald Winkler.

Die Baugeschichte der Kirche reicht ins Jahr 1230 zurück, als sich hier deutsche Siedler ein Gotteshaus schufen, das 1342–62 im Stil einer gotischen Basilika umgestaltet wurde. Im Mittelalter war sie vor allem die Kirche der Handwerkerzünfte, während St. Elisabeth den Patrizierfamilien vorbehalten blieb. Seit 1972 wird das nach dem Zweiten Weltkrieg wieder aufgebaute Gotteshaus als Kathedrale der kleinen Gemeinde der Polnisch-Katholischen Kirche, auch bekannt als Altkatholiken, genutzt.

Über die *Schmiedebrücke* (ul. Kuźnicza), die mit mehreren Antiquariaten sowie einem **Mineralienmuseum** (7, Muzeum Mineralogiczne) aufwartet, gelangt man zum Universitätsplatz, der von Gebäuden des *Collegium Maximum* flankiert wird. In seiner Mitte erhebt sich der **Fechterbrunnen** (8, Fontanna z Rzeźbą Szermierza), ein Werk von Hugo Lederer (1811–1940) aus dem Jahr 1904.

1702 erhob Kaiser Leopold I. die Jesuitenschule Breslaus – seit 1638 im Matthiasstift (heute Ossoliński-Bibliothek) – in den Rang einer Hochschule. Mit dem Bau der eigentlichen **Universität** (9, Uniwersytet) begann man dann 1728, wobei der ursprüngliche Entwurf, dessen Autor nicht bekannt ist, nicht vollständig realisiert wurde. So hat man von den vorgesehenen drei Türmen nur den westlichen, den sogenannten *Mathematischen Turm* ausgeführt. 1733 waren der

Fechterbrunnen

In der Breslauer Universität lehrte ab 1830 August Heinrich Hoffmann von Fallersleben, Verfasser des Deutschlandliedes, als Professor für deutsche Literatur; wegen seiner ›Unpolitischen Lieder‹ wurde er 1842 seines Amtes enthoben.

westliche Abschnitt des Bauwerks mit Auditorium Comicum, Auditorium Academicum (Aula Leopoldina) und Oratorium Marianum fertiggestellt, 1734 auch der Verbindungsflügel zur Kirche. Interessant ist die unterschiedliche Gestaltung der *Nord- und Südfassade* der Universität: Während die Oderseite mit ihrem klaren, streng symmetrischen Aufbau auf Fernwirkung angelegt ist, ist die dem verwin-

Die Aula Leopoldina ist einer der schönsten Festsäle Europas. Dank seiner hervorragenden Akustik finden hier während des Festivals ›Wratislavia Cantans‹ Kammerkonzerte statt.

kelten Universitätsplatz zugewandte Seite ganz auf ›Nahoptik‹ eingestellt. Zahlreiche Figuren erregen Aufmerksamkeit, so die von Franz Joseph Mangoldt geschaffenen Skulpturen auf dem Mathematischen Turm, die die vier ursprünglichen Fakultäten symbolisieren. Die barocken Allegorien über dem *Hauptportal*, die die vier Kardinaltugenden Gerechtigkeit, Tapferkeit, Mäßigung und Weisheit darstellen, wurden 1735 von Johann Albrecht Siegwitz (1724–56 tätig) geschaffen. Durch dieses Portal führt der Zugang zum monumentalen *Treppenhaus* der Universität, das 1734–35 von Felix Anton Scheffler (1701–60) mit Ansichten der schlesischen Fürstentümer ausgeschmückt wurde.

Breslaus Prunkstück barocker Innenausstattung ist die *Aula Leopoldina* (1731/32). Schöpfer der Skulpturen ist Franz Joseph Mangoldt, der Fresken Johann Christoph Handke (1694–1774), der Stuckarbeiten Albert Ignaz Provisore. An der Ostseite der Aula befindet sich die Musikempore, im Westen das Podium mit den Promotionsbänken und den Logen für Rektor und andere Persönlichkeiten.

Hauptmotiv des Programms der Aula Leopoldina ist das Thema ›patrimonium scientiae‹, das den Monarchen als Schirmherr und Förderer von Kunst und Wissenschaft zeigt: auf dem Podium die Plastiken der Kaiser Leopold I., Joseph I., Karl VI. Die Fresken über dem Podium stellen Christus dar, von Heiligen umgeben. Die Malereien über dem Mittelteil des Barocksaals zeigen die Verherrlichung der göttlichen Weisheit als Quelle des Wissens sowie Personifizierungen der Wissenschaften und der Kunst. In den Fensternischen findet man Bildnisse bedeutender Wissenschaftler und Künstler, Porträts von Herrschern (Ferdinand I., Ferdinand III., Franz von Lothringen), Würdenträgern der Kirche (Papst Urban VIII.), Rektoren und Beamten.

Die Kriegsschäden an der Universität wurden 1946/47 beseitigt. Zuletzt wurde das Gebäude 1998 restauriert, darunter auch die 170 m lange, sich in den Fluten der Oder spiegelnde Nordfassade.

Direkt an die Universität schließt sich die **Kirche des Namen Jesu** (10, Kościół Imienia Jezusa) an, die 1689–98 im Auftrag der Jesuiten erbaut wurde. Es handelt sich um eine einschiffige Kirche mit Seitenkapellen, über denen sich Emporen befinden. Der massive, kubische Bau mit kurvenförmig geschwungenen Giebeln wird von einem Dachreiter gekrönt.

Die architektonische Innenausstattung der Kirche stammt aus den Jahren 1722–33; der jesuitische Architekt und Maler Christoph Tausch (1673–1731) schuf auch den Entwurf für die Fresken, die die Verherrlichung des Namens Jesu durch die Heiligen und die ganze Menschheit darstellen. Franz Josef Mangoldt gestaltete die Kanzel (1727) und die Franz-Xaver-Kapelle (1731–33), Albrecht Siegwitz die Skulpturen des Hauptaltars (1724–26) sowie die Figuren des hl. Ignazius von Loyola und Franz Xaver (1726), Albert Ignaz Provisore führte die Stuckarbeiten aus.

Ebenfalls am Universitätsplatz steht das **ehemalige Josephskonvikt** (11), heute Sitz des *Anthropologischen Instituts der Polnischen Akademie der Wissenschaften* (Polska Akademia Nauk Zakład Antropologii). Das barocke, schloßähnliche Bauwerk wurde in den Jahren 1734–55 nach Plänen von Joseph Frisch (gest. 1745) gebaut. In einem der Hörsäle hielt am 8. Februar 1813 der aus Norwegen stammende Philosophieprofessor Henrik Steffens

(1773–1845) seine berühmte Rede an die Studenten, in der er sie aufforderte, sich als Freiwillige für den Kampf gegen Napoleon zu melden.

An der Stelle, wo die Schuhbrücke (ul. Szewska) auf das Oderufer trifft, steht das **ehemalige Matthiasstift** (12), das zugleich den Breslauer Prälaten als Sommerresidenz diente. Das Bauwerk, das der Hofarchitekt des Prager Erzbischofs Jean-Baptiste Mathey (um 1630–95) 1676 entwarf, hat den Charakter eines Palastes, was sich vor allem am Belvedere zur Oderseite hin zeigt.

Nach der Säkularisation 1810 wurde das Stift als staatliches Matthiasgymnasium fortgeführt, das als katholische Bildungsstätte in Schlesien großes Ansehen genoß und vor allem von den Kindern des schlesischen Adels besucht wurde. 1802–04 gehörten Joseph Freiherr von Eichendorff und sein Bruder Wilhelm zu den Schülern. Seit 1950 beherbergt es die *Bibliothek des Ossoliński-Instituts der früheren Lemberger Universität* (Biblioteka Zakładu Narodowego Imienia Ossolińskich).

Die Kirche **St. Matthias der Jesuitenpatres** (13, Kościół Św. Macieja Jezuitów) an der Ecke Schuhbrücke/Ursulinenstraße (ul. Szewska/ul. Uniwersytecka) wird erstmals 1220 als Burgkapelle erwähnt, das heutige Bauwerk stammt aus dem 13. und 14. Jahrhundert. Es ist wie die Kreuzkirche der Dominsel auf dem Grundriß eines Kreuzes errichtet. Die **Nepomuksäule** (Kolumna Nepomuka) vor der Kirche ist ein Werk von Johann Georg Urbański, dessen Wirken in Breslau bis 1727 nachweisbar ist.

Am *plac Biskupa Nankiera* findet man das **Ursulinenkloster**, das zusammen mit den **Ursulinenkirchen der hl. Klara und hl. Hedwig** (14, Kościół Urszulanek Św. Klary i Św. Jadwigi) eine architektonische Einheit bildet. Herzogin Anna stiftete 1257 an dieser Stelle ein Klarissinnenkloster für Prager Nonnen, das 1693–99 barock umgestaltet wurde. Im Zuge der Säkularisation löste man das Klarissinnenkloster auf, später konnten es die Ursulinen übernehmen mit der Maßgabe, dort eine höhere Schule zu betreiben. Noch heute werden hier junge Frauen von Nonnen unterrichtet. Wichtigstes Kunstwerk der gesamten Anlage ist das Piastenmausoleum mit den Grabmalen der Herzogin Anna (gest. 1265), Herzog Heinrichs V. (gest. 1296) und Herzog Heinrichs VI. (gest. 1335).

Optisch sehr eindrucksvoll ist die Symbiose von Gotik und Barock am Beispiel der Kirche **St. Vinzenz** (15, Kościół Św. Wincentego) und des benachbarten Klosters, das die Philologische Abteilung der Breslauer Universität beherbergt. Die erste Kirche an dieser Stelle entstand 1241 als Stiftung Heinrichs II. für die aus Prag gekommenen Franziskaner, doch stammt das heutige Bauwerk aus dem 14. Jahrhundert, wobei der Innenraum 1662–74 barockisiert wurde. In den Jahren 1723–27 wurde an der Südseite der Kirche als Stiftung Ferdinand Hochbergs die *Kapelle der Schmerzensmutter* angefügt, ein Juwel des Breslauer Barock, geschaffen vom Stadtbaumeister Christoph Hackner.

Alltägliches begegnet dem Besucher in der **Markthalle** (16, Hala Targowa) an der Sandstraße (ul. Piaskowa). 1908 wurde die Halle unter Leitung von Richard Plüddemann (1846–1910) errichtet, außen zeigt sie sich in typisch Breslauer Backsteinarchitektur, innen als moderner Stahlbetonbau.

Der Weg über die *Sandbrücke* (Most Piaskowy) führt zunächst zur **Universitätsbibliothek** (17, Biblioteka Uniwersytetu), dem früheren Sandstift. Dessen Tradition geht zurück auf die Jahre 1149/50, als auf Initiative des Magnaten Peter Wlast das Augustiner-Chorherrenstift St. Maria vom Zobtenberg hierher auf die *Sandinsel* verlegt wurde. Der Barockbau entstand in den Jahren 1709–30 unter Leitung des Breslauer Baumeisters Georg Kalkbrenner.

Nach der Säkularisation wurde hier 1811 die neugegründete Staats- und Universitätsbibliothek eingerichtet. Mit der Sammlung der aufgelösten Universität in Frankfurt/Oder, dem Bestand der Jesuitenhochschule und anderen Sammlungen aus Bibliotheken säkularisierter Klöster ergab sich ein Gesamtbestand, der vor dem Zweiten Weltkrieg über eine halbe Million Bände umfaßte. Vieles davon wurde vernichtet, als das Gebäude 1945 – mißbraucht als letzter Gefechtsstand des Festungskommandanten – völlig ausbrannte. 1959 war der Wiederaufbau abgeschlossen. Die jetzige Universitätsbibliothek verfügt über 2,5 Mio. Bücher, darunter Spezialsammlungen wie etwa 150 000 spezifisch schlesische Werke (vielfach in deutscher Sprache), 26 000 Handschriften, 310 000 alte Drucke, 10 000 Atlanten und Karten und 40 000 Graphiken.

Sehr schön wiederhergestellt ist das Innere der angrenzenden, 1945 völlig ausgebrannten Kirche **St. Maria auf dem Sande** (18, Kościół Najświętszej Marii Panny na Piasku), das durch seine Klarheit und Symmetrie besticht. Das dreischiffige, sechsjochige Bauwerk (1334–1430) mit seinen hohen, schlanken, oktogonalen Pfeilern, dem Springgewölbe – ein vom Rippendreistrahl abgeleitetes Gewölbe mit alternierender (springender) Anordnung der Rippenansätze – in den Seitenschiffen und den sich unmittelbar an die Schiffe anschließenden drei Chören ist ein wichtiges Glied in der Entwicklung

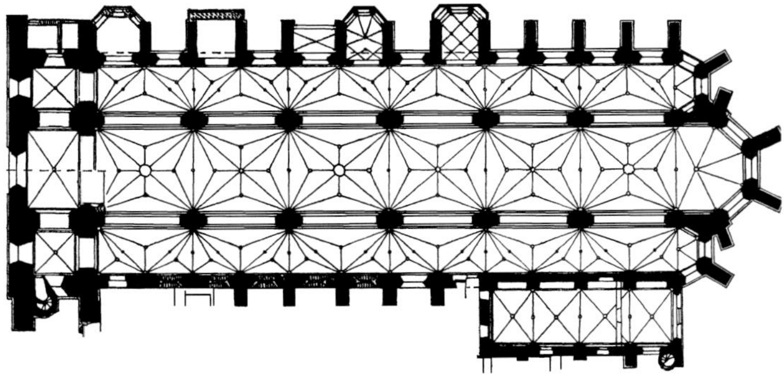

Grundriß der Kirche St. Maria auf dem Sande

Blick in den Innenraum von St. Maria auf dem Sande

des sakralen Hallenbaus in Schlesien. Über dem Sakristeieingang befindet sich ein romanisches Tympanon: das Relief zeigt die Maria mit dem Kind sowie die knienden Gestalten der Kirchenstifterin, Peter Wlasts Witwe Maria mit einem Modell der ältesten Sandkirche, und ihres Sohnes Swentoslaus. Zur Innenausstattung gehören auch mehrere, sehr schöne gotische Flügelaltäre sowie ein Taufbecken von 1300 mit Szenen aus dem Leben Christi und einer Darstellung der hl. Hedwig. Die farbigen Glasfenster sind eine Arbeit der Warschauer Künstlerin Teresa Reklewska aus dem Jahr 1966.

Schräg gegenüber steht die barocke, frühere Kirche der Augustinerchorfrauen St. Anna, heute **Orthodoxe Kirche der Hll. Cyrill, Method und Anna** (19, Cerkiew Św. Cyryla, Metodego i Anny), erbaut in den Jahren 1687–90. Sie blickt auf eine interessante Ge-

»Eine stille, in sich abgeschlossene Welt. Die breite, gerade Domstraße führt von der Dombrücke an der Kreuzkirche mit ihrem schlanken, nadelspitzen gotischen Turm vorbei zum Hauptportal des Doms. Ich wählte gern den Weg über die Dominsel. Ich fühlte mich dort wie in einer Welt der Stille und des Friedens und wie in längst vergangene Jahrhunderte zurückversetzt.«
Edith Stein

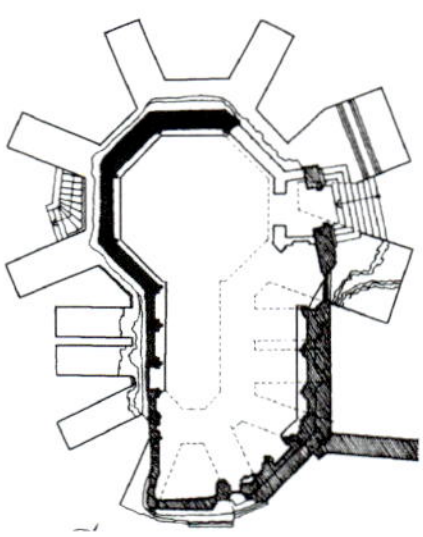

Grundriß der kleinen Kirche St. Martin

Der Codex Manesse zeigt Heinrich IV. in einem Triumphzug, begleitet von Musikanten, als Sieger eines Turniers.

schichte zurück: Nach 1919 diente sie polnischen Katholiken, zwei Jahre später wurde sie den Altkatholiken übergeben, seit 1977 steht sie den in Breslau ansässigen Orthodoxen zur Verfügung, deren Konfession 1963 in Polen wieder zugelassen wurde.

Auf derselben Straßenseite befindet sich die frühere **St.-Anna-Kapelle** (20, Kaplica Św. Anny), ein 1375–85 errichteter spätgotischer Bau. Nach der Säkularisation diente er als katholisches Bürgerspital St. Anna, später wurde er zum Sitz der Salesianerinnen.

Die **Dominsel** (Ostrów Tumski) ist die Keimzelle Breslaus, die frühmittelalterliche Wiege der Stadt. Eine schmiedeeiserne Brücke, flankiert von Skulpturen der hl. Hedwig, Schlesiens Patronin, und Johannes des Täufers, Breslaus Schutzheiligen, führt über die träge dahinfließende Oder. Seit im 19. Jahrhundert der nördliche Flußarm zugeschüttet wurde, ist die Dominsel zwar mit dem Festland verbunden, doch noch immer fühlt man sich hier wie auf einer Insel, dem geschäftigen Treiben der Stadt entrückt.

Gleich zum Auftakt ragt die Kirche **St. Peter und Paul** (21, Kościół Św. Piotra i Pawła) auf, die man von dem benachbarten Kloster aus betreten kann. Das spätgotische Bauwerk entstand 1404–54, sehenswert ist das Sterngewölbe, das auf einer einzigen Mittelsäule ruht. Dahinter liegt die kleine Kirche **St. Martin** (22, Kościół Św. Marcina) mit einem 1968 errichteten **Denkmal zu Ehren von Papst Johannes XXIII.** (23, Pomnik Papieża Jana XXIII). Auf einer steinernen Gedenktafel neben der Treppe zum Kirchenportal, 1983 angebracht im Auftrag der ›Gesellschaft der Freunde Breslaus‹, steht zu lesen: »In der Zeit zwischen dem 1. März 1921 und dem 17. September 1939 war die St.-Martins-Kirche ein Ort polnischer Gottesverehrung und ständiger Begegnung der Polen Breslaus und Niederschlesiens.« Diese Tafel besagt, daß die Kirche in dieser Zeit den katholischen, im deutschen Breslau und Niederschlesien lebenden Polen zur Verfügung stand.

Die Baugeschichte der Kirche geht zurück auf das Jahr 1149, als Peter Wlast hier eine herzogliche Burgkapelle, damals Martinikapelle, stiftete. Das heutige Gotteshaus entstand (mit vielen nachfolgenden Restaurierungen und Veränderungen) in den Jahren 1284–87. 1368 wurde es dem Patronat des Domkapitels unterstellt.

Die hochaufragende **Kirche zum Heiligen Kreuz und zum hl. Bartholomäus** (24, Kościół Św. Krzyża i Św. Bartłomieja), 1228 von Herzog Heinrich IV. von Breslau gestiftet und 1341 fertiggestellt, ist Breslaus älteste gotische Hallenkirche. In dem relativ kurzen Langhaus finden sich erstmalig die flachen schlesischen Pfeiler sowie in den Seitenschiffen die Springgewölbe, die auf die Lage zweier Fenster in einem weitgespannten Joch hin ausgerichtet sind. Höchst eigenwillig stellt sich die Querhaus- und Choranlage mit drei abschließenden Polygonen dar, ebenso die Existenz einer Unterkirche, die heute von den griechisch-katholischen Gläubigen der Stadt genutzt wird. Im Altarraum der (oberen) Kreuzkirche befand sich bis 1945 das 1290 aufgestellte Grabmal Herzog Heinrichs IV., das heute im Nationalmuseum neben der Tumba Herzog Heinrichs II. aufbewahrt wird.

Skulpturen am Hauptportal der Kathedrale

Das Tympanon an der Nordwand (1350) zeigt Gottvater, den Gekreuzigten in den Armen haltend, an den Seiten Herzog Heinrich IV. und seine Gemahlin Mechthild. Die barocke **Nepomuksäule** (25, Kolumna Nepomucena) vor der Kirche ist ein gemeinsames Werk von Christoph Tausch und Johann Georg Urbański aus dem Jahr 1732. Ausdrucksstarke Reliefs am Sockel zeigen den Sturz des Heiligen von der Prager Moldaubrücke.

Am **ehemaligen Fürstbischöflichen Palais** (26, Pałac Biskupi, erbaut 1795) vorbei gelangt man zum **Dom**, der **Kathedrale St. Johannes des Täufers** (27, Katedra Św. Jana Chrzciciela), die die Domgasse abschließt: 96 m ragen die überschlanken, dem gotischen Vorbild nachempfundenen Türme in den Himmel. Erst 1992 wurden die im Zweiten Weltkrieg zerstörten Spitzen wieder angebracht. Bereits vor dem Mongoleneinfall stand hier eine Kathedrale, 1155 begonnen. Das jetzige Bauwerk, errichtet zwischen 1244 und 1341, zeigt den Typus einer frühgotischen, dreischiffigen Basilika. Die Vorhalle wurde mehrfach umgebaut; zum Teil finden sich hier noch romanische Spolien, auch gotische Figuren, wie etwa die beiden Skulpturen der hl. Hedwig.

Am Quergang hinter dem Chor sind drei Kapellen angebaut, die zu den künstlerischen Meisterleistungen in Breslau zählen. Die *Elisabethkapelle* (a) gab der Breslauer Bischof Kardinal Friedrich von Hessen in Auftrag; sie sollte als Sanktuarium seiner Vorfahrin, der hl. Elisabeth von Thüringen und zugleich als seine Grabkapelle dienen. Von 1682 bis 1700 schufen hier italienische Künstler einen Raum voller Dynamik: von Giacomo Scianzi (tätig um 1680–1700) stammt die Kuppel mit illusionistischen Malereien, die sich über einem ovalförmigen Grundriß wölbt. Ercole Ferrata (1610–86) gestaltete die Figur der hl. Elisabeth am Hauptaltar; ihr gegenüber kniet in ewiger Anbetung Friedrich von Hessen, geschaffen von Domenico Guidi (1625–1701).

Die benachbarte *Marienkapelle* (b) ist eine Stiftung des Przeczlaw von Pogarell, der 1341–76 Bischof von Breslau war. Unter einem gotischen Gewölbe steht der hohe Marmorsarkophag, auf dem die Gestalt des Stifters ruht. An der rechten Wand ist eine Grabplatte für

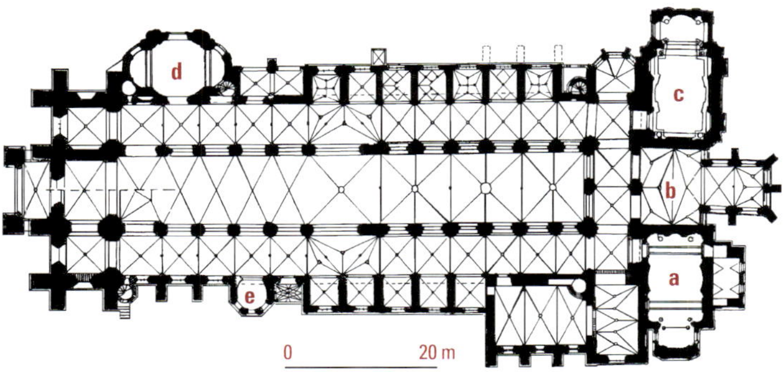

Grundriß der Kathedrale St. Johannes des Täufers

a Elisabethkapelle
b Marienkapelle
c Kurfürstenkapelle
d Totenkapelle
e Sakramentskapelle

Kathedrale St. Johannes des Täufers, Blick zu Decke der Elisabethkapelle

Bischof Johann IV. Roth angebracht, 1496 in der Werkstatt des Eisengießers Peter Vischer (um 1460–1529) in Nürnberg hergestellt. In den Boden hat man eine Grabplatte aus Messing für Bischof Rudolph von Rüdesheim (gest. 1482) eingelassen.

Die daran anschließende *Kurfürstenkapelle* (c) ist eine Stiftung des Breslauer Bischofs Franz Ludwig von Pfalz-Neuburg, erbaut nach dem Entwurf des Wiener Hofarchitekten Johann Bernhard Fischer von Erlach. Die Schlichtheit des Bischofgrabs kontrastiert mit den Bildern Johann Franz de Backers (tätig 1693/4–1749) mit dem ›Opfer des Melchisedech‹ und einem ›Letzten Abendmahl‹ sowie den 1723 entstandenen, opulenten Kuppelfresken von Carlo Carlone (1686–1775): dargestellt wird die Auseinandersetzung zwischen Katholizismus und Protestantismus als Kampf zwischen Gut und Böse; der Erzengel Michael stößt Luzifer in die Hölle, der wahre Glaube triumphiert über die Ketzerei.

Am Ende des Quergangs ist ein *Grabmal* zu entdecken, das erst 1991 in hellen Stein gemeißelt wurde. Unter der Losung ›Veritati et caritati‹ steht die Gestalt des letzten deutschen Erzbischofs von Schlesien Adolf Bertram (1859–1945), der erst 46 Jahre nach seinem

Tod am gewünschten Ort beerdigt werden konnte. Bertram stand 1914–45 an der Spitze der Erzdiözese Breslau und nahm in dieser Zeit als Vorsitzender der deutschen Bischofskonferenz den ersten Platz in der deutschen katholischen Kirchenhierarchie ein.

Neben der Kathedrale an der *Göppertstraße* (ul. Kanonia) steht die spätromanische, 1213–18 erbaute Kirche **St. Ägidius** (28, Kościół Św. Idziego), das älteste erhaltene Bauwerk von Breslau. Die Kirche ist durch einen malerischen Schwibbogen (wegen des dargestellten Pinienzapfens früher auch ›Klößeltor‹ genannt) verbunden mit dem alten Backsteinbau des früheren Hauses des Domkapitels. In einem Seitenflügel befindet sich das **Diözesanmuseum** (29, Muzeum Archidiecezjalnego) mit reichen Beständen aus dem Kathedralbesitz: Bücher, Handschriften und liturgisches Gerät. Aus der Kathedrale stammen die Sandsteinfigur Johannes des Täufers von 1170 sowie die silberdurchwirkten Seitenaltäre des ursprünglich fünfflügligen Hochaltars von 1573–1609.

Im Schatten des östlich angrenzenden neogotischen Backsteinbaus (mit *Päpstlicher Theologischer Fakultät* und *Katholischem Priesterseminar*) liegt der große **Botanische Garten** (Ogród Botaniczny) mit einem sehenswerten **Naturhistorischen Museum** (30, Muzeum Przyrodnicze).

Über die *Lessingbrücke* (Most Pokoju) gelangt man auf die linke Oderseite. Blickfang ist hier ein gewaltiges, 1883–86 errichtetes Bauwerk im Stil der Neorenaissance. Wo einst die preußische Provinzregierung tagte, befindet sich heute das **Nationalmuseum** (31, Muzeum Narodowe). Die Bronzestandbilder zu beiden Seiten der Freitreppe zeigen Albrecht Dürer und Michelangelo, geschaffen hat sie Karl August Haertl (1831–94); weiter links steht die dem Jugendstil ver-

Detail aus einem Polyptychon von 1492 mit dem Tod der Maria von einem anonymen Meister, Breslau, Nationalmuseum

pflichtete ›Allegorie des Fischfangs‹ des Bildhauers Christian Behrens (1852–1905). Im Nationalmuseum wird eine reiche Sammlung mittelalterlicher Kunst aus Schlesien präsentiert, darunter zahlreiche geschnitzte Altäre, Tafelbilder und Skulpturen; sowie zahlreiche Beispiele internationaler und polnischer Kunst, z. B. von Marcello Bacciarelli, Jan Matejko und Stanisław Wyspiański, dazu Kunsthandwerk und Graphik.

An der malerischen Gondelbucht vorbei gelangt man zum **Panorama von Racławice** (32, Panorama Racławicka), einem Museum, in dem nur ein einziges Gemälde ausgestellt ist: Es ist 114 m lang und 15 m hoch und entstand 1894 in Erinnerung an die Schlacht von Racławice 100 Jahre zuvor. Damals hatten die Polen unter Tadeusz Kościuszko einen letzten Sieg gegen die Russen errungen, bevor ihr Land endgültig von der politischen Karte Europas getilgt wurde. Im sozialistischen Polen durfte das von Jan Styka und Wojciech Kossak geschaffene Gemälde nicht ausgestellt werden. Nur wenn die ganze Nation zusammmenhält, wird der Gegner bezwungen werden: diese klare, politsche Botschaft paßte nicht zur proklamierten, nationenübergreifenden polnisch-sowjetischen Freundschaft. Erst 1985, zur Zeit von Glasnost und Perestrojka, wurde es in einer eigens errichteten Rotunde ausgestellt.

Eine dunkle Rampe führt in Spiralen ins obere Stockwerk, wo man einen runden, nur gedämpft erleuchteten Kuppelraum betritt. Suggestiv wird der Besucher in die Schlacht einbezogen: Die Aussichtsplattform ist durch einen Lehmgraben von dem ringsum verlaufenden Gemälde abgetrennt; verdorrte Bäume, umgestürzte Planwagen und andere für das Kriegsgeschehen typische Requisiten schaffen die Illusion von Räumlichkeit. Man sieht aufmarschierende Soldaten, axtschwingende Bauern und junge Frauen, die die Gefallenen beweinen. Schnittige Kosaken durchbohren ihren Gegner mit Lanzen, dutzendweise sterben junge Männer im Kanonenfeuer. Schließlich schält sich der Sieger heraus: Gegen die ungestüme Kraft

Detail aus dem Panorama von Racławice

der polnischen Bauernwehr hilft keine noch so ausgeklügelte Taktik, der verwundete russische General wird abgeführt.

Durchquert man die südlich angrenzende Grünanlage, gelangt man zum ehemaligen Hauptpostamt an der Ecke Feldstraße/Ohlauer Ufer (ul. Krasińskiego/al. J. Słowackiego), heute ein **Museum für Post- und Fernmeldewesen** (33, Muzeum Poczty i Telekomunikacji). Schräg gegenüber, im ehemaligen Kloster der Bernhardiner (1463–66), befindet sich das **Architekturmuseum** (34, Muzeum Architektury). In mehreren Sälen, die sich rings um einen Kreuzgang gruppieren, werden Maßwerkfenster, Kapitelle und Skulpturen gezeigt, die 1945 aus der Trümmerwüste Breslaus geborgen wurden. In der luftigen Kirche findet man eine aufschlußreiche Ausstellung zur Geschichte der Stadt, anhand von Modellen kann man die Entwicklung vom mittelalterlichen bis zum heutigen Breslau studieren.

Die benachbarte Kirche **St. Adalbert** (35, Kościół Św. Wojciecha) symbolisiert Breslauer Kirchengeschichte, denn hier wurde im Jahr 1112 der erste steinerne Kirchenbau der Stadt errichtet. Nach dem Mongoleneinfall begann man mit dem Bau der existierenden Kirche, deren Chor 1330 durch Bischof Nanker geweiht und dessen Turm 1359 vollendet wurde. Die Kirche in ihrer heutigen Gestalt wurde in den letzten Jahrzehnten des 15. Jahrhunderts fertiggestellt. Die schöne Giebelfront an der Westseite mit dem Kreuz an der Spitze erinnert an Bauten des Deutschen Ritterordens etwa in Frauenburg am Frischen Haff oder Kulm (Chełmno). Das sehr schöne Innere zeigt heute wieder die typischen weißen Wandflächen, von denen sich die ziegelroten Gewölberippen absetzen. Kunsthistorischer Schatz der Kirche ist die barocke *Kapelle des hl. Czeslaus* (Kaplica Św. Czesława) mit einem marmornen Sarkophag, der die Gebeine des Heiligen birgt.

Die an St. Adalbert vorbeiführende Katharinenstraße (ul. Św. Katarzyny) trägt ihren Namen nach der hier samt zugehörigem Kloster wiederhergestellten Kirche **St. Katharina** (36, Kościół Św. Katarzyny). Das Gotteshaus, eine Stiftung Herzog Heinrichs V., wurde in den Jahren 1302–14 erbaut; 1721 mußte es nach mehreren Bränden wieder errichtet werden; seit 1843 dient es den Altlutheranern. Im Kloster befinden sich Diensträume der staatlichen Denkmalpfleger sowie ein Unternehmer.

Am Verkehrsknotenpunkt *plac Dominikański*, dem alten Christophoriplatz, steht die alte Kirche **St. Christophorus** (37, Kościół Św. Krzysztofa), erbaut in der ersten Hälfte des 15. Jahrhunderts. Der Renaissancehelm des Turms wurde 1575 aufgesetzt, die Spätrenaissance-Empore im Innern stammt von 1610. Seit 1523 war die Kirche evangelisch; die jeweiligen Prediger hatten außerdem die Verpflichtung, den dort ansässigen polnischen Kürschnern und Pelzhändlern in ihrer Sprache zu predigen. Eine Verpflichtung, die bis zum Anfang des 19. Jahrhunderts bestand. Die Polen ihrerseits trugen durch verschiedene Stiftungen zum Erhalt des Gotteshauses bei. Seit 1956 gehört es wieder zur evangelischen Pfarrei Breslaus. An der Nordseite des Langhauses befindet sich das lebensgroße Standbild des hl. Christophorus von 1462, desgleichen eine Grabplatte des Breslauer Baumeisters Christoph Hackner.

Das ehemalige Stadttheater an der ul. Świdnicka wird seit 1945 als **Staatliche Oper** (38, Państwowa Opera, Abb. S. 36) genutzt. Carl Ferdinand Langhans, der Sohn des Baumeisters Carl Gotthard Langhans, war der Architekt dieses zwischen 1837 und 1841 errichteten klassizistischen Bauwerks. Den Zweiten Weltkrieg hat die Oper mit nur geringfügigen Schäden überstanden. Auf dem Spielplan für die Wiedereröffnung am 8. September 1945 stand die polnische Nationaloper ›Halka‹ von Stanisław Moniuszko.

Hinter der Oper erhebt sich die gewaltige Kirche **St. Dorothea** (39, Kościół Św. Doroty). Sie wurde 1352 unter der architektonischen Leitung eines Sohns von Peter Parler erbaut, der auch maßgebend am Veitsdom in Prag mitgewirkt hatte. Mit 83 m ist die gotische Halle die längste aller Kirchen in Breslau, im Innern besticht sie durch ihre Größe und Helligkeit. 1524 fand hier jene Disputation statt, mit der die Reformation ihren Durchbruch in Breslau erzielte; später wurde das Gotteshaus den Franziskanern übergeben. Ihr wertvollstes Stück ist das Wandgrabmal des Barons von Spätgen, eines der wenigen schlesischen Grabmale des Rokoko, geschaffen 1752/53 von Franz Joseph Mangoldt. In seinem Aufbau mit dem hohen Obelisken, der Ruhm und Unsterblichkeit symbolisiert, und den allegorischen Figuren der Göttlichen Weisheit und des menschlichen Verstandes hat es noch spätbarocken Charakter.

Im ehemaligen Spätgen-Palais, dem heutigen Museum für Archäologie und Völkerkunde, hatte Friedrich Wilhelm III. 1813 die Stiftungsurkunde zum ›Eisernen Kreuz‹ und den Aufruf ›An mein Volk‹ unterzeichnet.

Von hier sind es nur ein paar Schritte zur gleichfalls backsteinernen **Corpus-Christi-Kirche** (40, Kościół Bożego Ciała), die 1273 für die ehemalige Johanniterkommende erbaut wurde. In ihrer heutigen Gestalt mit dem charakteristischen, hochaufstrebenden Giebel, der eine reiche Gliederung aus Formsteinen aufweist, und der kleinen Vorhalle stammt sie im wesentlichen aus den ersten Jahrzehnten des 15. Jahrhunderts. Nach kurzem protestantischen Intermezzo (1540–48) gelangte sie 1692 wieder in den Dienst der Katholiken.

Folgt man der ul. Kazimierza Wielkiego nordwestwärts, kommt das frühere Spätgen-Palais in den Blick, heute Sitz des **Museums für Archäologie und Völkerkunde** (41, Muzeum Archeologiczne i Etnograficzne) mit Exponaten aus Niederschlesien. Das Palais entstand 1719 als Residenz für den Kanzler des Breslauer Bischofs, Baron Heinrich Gottfried von Spätgen. 1750–53 wurde das Palais zu einer Residenz Friedrichs II. ausgebaut, die dann später noch einmal durch zwei den Paradehof umgebende Flügel erweitert wurde.

Grundriß der Kirche der Vorsehung Gottes

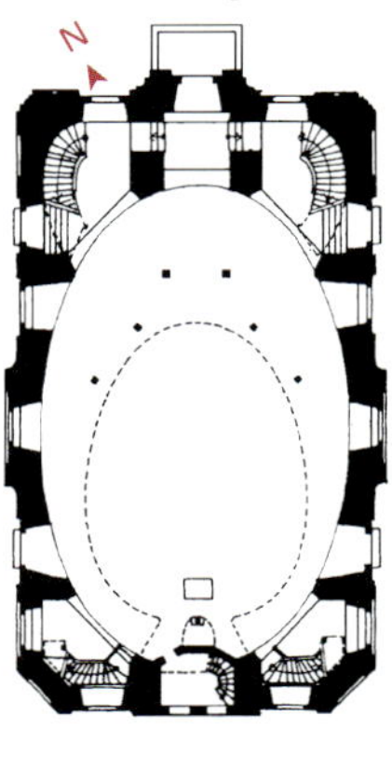

Im Schatten des Palais steht die frühere Hofkirche, heute **Kirche der Vorsehung Gottes** (42, Kościół Opatrzności Bożej), 1747–50 nach Entwürfen von Jonas Friedrich Arnold erbaut. Die architektonische Gestalt der Kirche wird dadurch bestimmt, daß in den von außen rechteckigen Baukörper ein ovaler Raum eingeschrieben wurde, der von zwei Emporen nahezu vollständig umfaßt wird. Bemerkenswert ist auch einer der ersten Kanzelaltäre in Schlesien. Die spätbarocke Kirche dient heute der evangelisch-augsburgischen Gemeinde von Breslau und Umgebung.

Die Kirche **St. Antonius** (43, Kościół Św. Antoniego) in der gleichnamigen ul. Św. Antoniego steht, ähnlich wie die Kirche des Namens Jesu an der Universität, als Symbol der habsburgischen Gegenreformation. Die barocke mit Emporen versehene Hallenkirche wurde im wesentlichen 1694 von dem Architekten Matthäus Biener fertiggestellt. Beeindruckend zeigt sich insbesondere die Fassade mit dem geschwungenen Giebel.

Wer sich die Mühe macht, den Hinterhof in der Wallstraße (ul. Pawła Włodkowica) Nr. 5–9 aufzusuchen, wird die **Synagoge Zum Weißen Storch** (44, Synagoga Pod Białym Bocianem) in einem beklagenswerten Zustand vorfinden. Das jüdische Gotteshaus wurde 1827–29 nach Plänen von Carl Ferdinand Langhans errichtet. Trotz des Verfalls ist das dreigeschossige klassizistische Bauwerk noch heute von beeindruckender kompositorischer Klarheit. Das rechteckige, west-östlich ausgerichtete Gebäude zeigt an den West- und Ostseiten jeweils eine klar gegliederte Fassade. Drei Mittelfelder werden durch riesige kannelierte, korinthische Pilaster gegliedert sowie durch einen dreieckigen Ziergiebel verbunden. An der westlichen Fassade setzt ein schmaler Vorbau an, durch den man den Hauptraum sowie die Emporen betrat. Licht fällt durch lange Rundbogenfenster sowie eine kleine Laterne über der Mitte des Innenraums ein. Einige orientalisierende Motive wie Palmetten und Papyrusblätter an den Pilasterkapitellen sollten nach Langhans Wunsch den jüdischen Charakter des Gebäudes untersteichen, obwohl es sonst von außen seine Funktion als Kultbau kaum zu erkennen gibt.

Die letzten umfangreichen Restaurierungssarbeiten an der Synagoge erfolgten im Jahr 1929. Bis Ende 1941 fanden hier noch Gottesdienste statt. Anschließend wurde das Bauwerk von den Nationalsozialisten als Sammellager für die Juden benutzt, die in die Vernichtungslager abtransportiert werden sollten. Von 1945–69 war die Synagoge das Gotteshaus der polnischsprachigen jüdischen Gemeinde. Doch mit der antisemitischen Kampagne der polnischen Regierung im Jahr 1968 wurden die letzten Breslauer Juden außer Landes getrieben. Heute finden sich in ganz Breslau nicht einmal zehn gläubige Männer, die zur Abhaltung eines jüdischen Gottesdienstes erforderlich sind.

Die frühere Kirche **St. Barbara** an der Nicolaistraße (ul. Św. Mikołaja) ist seit 1963 **Kathedrale der Polnischen Orthodoxen Kirche** (45, Katedra Polskiego Autokefalicznego Koscióła Prawosławnego). Das gotische Bauwerk, anfangs Filialkirche von St. Elisabeth, entstand in den Jahren 1381–94. 1874 wurde die Kirche den evangelischen Gläubigen zur Nutzung übergeben. An den Außenmauern sind einige alte Epitaphien erhalten geblieben. Bemerkenswert ist vor allem das sogenannte Pesttor mit der Jahreszahl 1632 und dem noch schwach lesbaren Spruch: »Dein Endt, O Mensch, ist vor der

Tür. Thu Buß, weil du noch lebst allhier.« 1632 wurde Breslau von einer verheerenden Pest betroffen, während die Stadt gleichzeitig von Wallensteinschen Soldaten belagert wurde. Trotz der vielen Pestopfer wies der Stadtrat eine Kapitulation zurück. 1918 hat man die Tür erneuert und aus Anlaß des Reformationsjubiläums (1917) ein Relief Luthers nach einem Bild von Cranach aus dem Jahr 1521 angebracht.

Preiswerte Gästezimmer im mittelalterlichen Arsenal!

Letztes Zeugnis mittelalterlicher Wehrbauten in Breslau ist das **Arsenal** (46, Arsenał Miejski) am Burgfeld (heute ul. A. Cieszyńskiego). Das Ziegelbauwerk in der Art eines Speichers mit kleinen Fenstern wurde 1459 fertiggestellt, als Breslau dem böhmischen König Georg Podiebrad trotzte; es lehnt sich direkt an den nordwestlichen Abschnitt der städtischen Befestigungsmauern an. Später hat man es zum preußischen Zeughaus umgestaltet. Seit Ende der 70er Jahre beherbergt es das große **Waffenmuseum** (Muzeum Historyczne Oddział Arsenał) mit zahlreichen Uniformen, Helmen, Säbeln, Revolvern und Gewehren; eine Ausstellung illustriert die Geschichte Lembergs, der Heimatstadt vieler heutiger Breslauer.

Jüdischer Friedhof

Daß Breslau einmal eine deutsche Stadt war, spürt man nirgends deutlicher als auf dem **Jüdischen Friedhof** (47, Cmentarz Żydowski) an der ul. Ślężna 37–39 (früher Lohestraße), 2 km südlich des Stadtzentrums. Auf über 15 000 Grabsteinen findet man deutsche Namen, darunter immer wieder Cohn und Bloch, Friedländer und Schlesinger, Stein und Mendelssohn. Der 1856 angelegte Friedhof, in dem seit 1942 kein Jude mehr beigesetzt wurde, gilt als ›Museum der Grabmalkunst‹. Die weitaus meisten Grabstätten, die in der zweiten Hälfte des 19. Jahrhunderts, in der Zeit des vorherrschenden Eklektizismus, entstanden, weisen antike, mittelalterliche, barocke und klassizistische Elemente auf: Obelisken, Säulen, Prunkhimmel, Sarkophage, Bögen und frei stehende Portale beziehen sich auf fast alle Epochen. Leider sind nur wenige der vielen Schmuckelemente wie schmiedeeiserne Gitter und Umfriedungen, Türen, Laternen und Blumengebinde erhalten geblieben. Berühmtestes Grabmal ist das von Ferdinand Lassalle (s. S. 55), dem Gründer des Allgemeinen deutschen Arbeitervereins. Aufschlußreich ist die kleine Ausstellung am Friedhofseingang, die anhand von Fotografien und Dokumenten über die Geschichte der Breslauer Juden Auskunft gibt.

Grundriß der Jahrhunderthalle

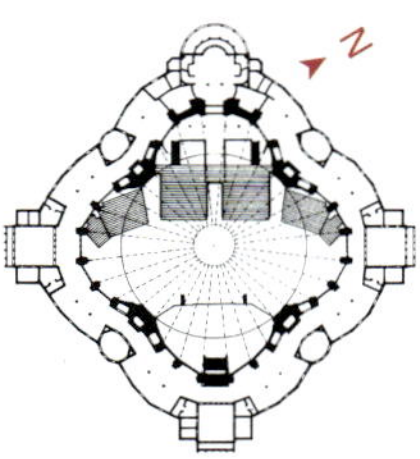

Ein Stück Architekturgeschichte der Zeit vor dem Ersten Weltkrieg stellt die von dem Architekten und visionären Stadtplaner Max Berg entworfene **Jahrhunderthalle** (48, Hala Ludowa) dar, die von der Innenstadt ostwärts über Kaiserbrücke (Most Grunwaldzki) und Paßbrücke (Most Zwierzyniecki) zu erreichen ist. 1911–13 errichtet, war sie damals weltweit die größte, freitragende Kuppelkonstruktion aus Stahlbeton. Wie es heißt, habe Kaiser Wilhelm II. der Standfestigkeit der 65 m weit gespannten Kuppel mißtraut und sei deshalb nur unter schweren Bedenken zur Einweihung gekommen. Zur Eröffnung erklang das eigens für dieses Ereignis komponierte Konzert op. 127 von Max Reger.

Im Westen Breslaus von Krieblowitz/ Krobielowice nach Trebnitz/Trzebnica

Die Geschichte des Dorfes **Krieblowitz** (Krobielowice), 26 km südwestlich von Breslau, ist eng mit dem Namen Gebhard Leberecht von Blücher verknüpft. Blücher war der erfolgreichste Heerführer Preußens in den Befreiungskriegen. Im August 1813 brachte er Napoleon an der Katzbach eine empfindliche Niederlage bei, zwei Monate später wurden die Franzosen in der Völkerschlacht von Leipzig entscheidend geschlagen. Auch an der Niederlage Napoleons bei Waterloo 1815 war Blücher beteiligt. Zum Dank für seine Verdienste erhielt er vom preußischen König das Schloß Krieblowitz samt elf weiterer Dörfer in der Umgebung. In dem *Renaissanceschloß*, das zu einer vierflügligen Anlage erweitert wurde, verbrachte er seine letzten Tage; im Mausoleum, einem Rundturm auf quadratischem Sockel, liegt er begraben. 1992 hat ein Blücher-Nachkomme von den Cook-Inseln das Schloß samt See und Park erworben und ein feudales Hotel mit Restaurant eröffnet.

Deutsch Lissa (Leśnica), das seit 1928 eingemeindet ist, liegt 15 km westlich von Breslau. Der Zusatz ›Deutsch‹ wurde 1873 eingeführt, um den Ort von Lissa, der heutigen Stadt Leszno südlich von Posen, zu unterscheiden. Am Abend nach der Schlacht bei Leuthen am 5. Dezember 1757 überraschte Friedrich der Große die feindlichen Offiziere im Schloß von Deutsch Lissa durch seine Geistesgegenwart. Adolph Menzel hat dieses Ereignis in seinem Gemälde ›Bon Soir, Messieurs!‹ dargestellt. Fünfzig Jahre später, in den Napoleonischen Kriegen, diente es wiederholt als französisches Hauptquartier. Das ursprünglich im Renaissancestil gestaltete sowie mit Graben und Wall umgebene Schloß wurde später barock umgestaltet. 1945 brannte es aus. Seit der Wiederherstellung dient es als Kulturzentrum und Sitz der Breslauer Künstlervereinigung.

Adolph Menzels Bild ›Bon Soir, Messieurs!‹, 1858, wird heute in der Kunsthalle Hamburg aufbewahrt

Wohnwitz/ Wojnowice ☆

Besonders sehenswert: Wasserschloß

Nur auf Feldwegen erreichbar ist das schöne *Wasserschloß* (Zamek, Abb. S. 116) von **Wohnwitz** (Wojnowice). Es liegt 20 km nordwestlich von Breslau jenseits der Durchgangsstraße und auch der Bahnlinie von Breslau nach Westen. Das Bauwerk wurde nach 1513 im Auftrag von Nikolaus Schebitz, später Landeshauptmann des Fürstentums Breslau, errichtet. Es handelt sich um eine Vierflügelanlage, wobei der Nordflügel drei- und die anderen zweigeschossig sind. Die hohen Satteldächer schließen mit Staffelgiebeln; Portal und Fenster, die Arkadenhalle im Hauptflügel und die Loggia im Brunnenhof sind reich im Renaissancestil verziert. Auch die Wassergräben blieben teilweise erhalten.

Dank Restaurierungsarbeiten sind das Schloß und die Kirche von **Mondschütz** (Mojecice) in gutem Zustand. Das vor 1620 errichtete, von einem breiten Graben umgebene *Renaissanceschloß* (Zamek) wird auch weiterhin bewohnt. Die im 15. Jahrhundert aus Findlin-

Wohnwitz/Wojnowice, Wasserschloß

gen errichtete *Kirche* wurde in der Spätrenaissance ausgemalt. Ab 1530 diente sie evangelischen Gläubigen als Gotteshaus, heute ist sie katholisch. Sehenswert ist ein Taufbecken aus Sandstein mit schön geschnitztem Holzdeckel. An einer Außenwand der Kirche finden sich steinerne Grabplatten mit deutschen Inschriften.

Das Städtchen **Wohlau** (Wołów) mit seinen 12 000 Einwohnern macht auf den Besucher einen angenehmen Eindruck. Die Fassaden der Bürgerhäuser am Ring und in den abgehenden Straßen sind gepflegt, die alten gußeisernen Straßenlaternen intakt, die wichtigsten Baudenkmäler in zumeist gutem Zustand.

Das *Rathaus* (Ratusz) am Ring, ein Renaissancebau von 1654, wurde nach dem Krieg originalgetreu wieder aufgebaut. Eine doppelte Freitreppe führt ins Innere, darüber hängt das Stadtwappen mit der Jahreszahl 1692. Vor dem Rathaus steht die Nepomuksäule von 1723. Beseitigt wurden auch die Kriegsschäden am *Schloß*. Das ursprüngliche Bauwerk stammt aus dem Jahr 1579, wurde dann aber nach den Zerstörungen im Dreißigjährigen Krieg in den Jahren 1653–72 im Renaissancestil umgebaut. Heute ist es Sitz der Stadtbehörden. Bis zur Säkularisation 1810 war die barocke katholische *Pfarrkirche* (Kościół Farny), entstanden in den Jahren vor 1724, Klosterkirche der Karmeliter. In weniger gutem Zustand präsentiert sich die Kirche *St. Laurentius* (Św. Wawrzyńca), ein gotischer Hallenbau aus der Zeit um 1400. Mit Ausnahme der Gegenreformationszeit (1682–1707) wurde sie ab 1522 von evangelischen Gläubigen genutzt.

Noch immer sehr eindrucksvoll wirkt das *Schloß* (Zamek) in **Groß Peterwitz** (Piotrkowice), obwohl es seit dem Zweiten Weltkrieg nicht mehr genutzt wurde. In der jetzigen Form entstand das bedeutende Bauwerk um 1693 infolge des Umbaus des vormaligen Renaissance-Schlosses. Der barocke Charakter kommt in der reichen, plastischen Gliederung durch Pilaster zum Ausdruck, ein Werk des Stuckateurs Giovanni Simonetti (1652–1716). Diese reiche Gestaltung mildert auch die strenge architektonische Aufteilung. Die Pilasterordnung betont allerdings auch die relative Höhe des blockhaften Baukörpers: über einem hohen Sockelgeschoß liegen drei weitere Geschosse und das Dachgeschoß, die Front wird in der Breite aber nur durch acht Achsen gegliedert.

Aus **Trachenberg** (Żmigród), einem Mitte des 13. Jahrhunderts am Fluß Bartsch (Barycza) angelegten Städtchen, stammte Sophie Gräfin von Hatzfeld. Ihr Name hat durch die Beziehung zu Ferdinand Lassalle (s. S. 55), dem Gründer des Allgemeinen Deutschen Arbeitervereins (1863), und durch den ›Hatzfeld-Prozeß‹ Eingang in die Geschichtsbücher gefunden. Vom *Barockschloß* der Fürsten von Hatzfeld, an dessen Gestaltung zwischen 1683 und 1765 drei bedeutende Baumeister beteiligt waren (Carlo Rossi, Christoph Hackner und Carl Gotthard Langhans), blieben leider nur die Außenmauern erhalten. Die Schloßruine liegt in einem Park nördlich der Stadt, direkt daneben steht ein massiver, rechteckiger ›Wohnturm‹, dessen Kern aus dem 13. Jahrhundert stammt und der um 1560 zu einem festen Wohnhaus von fünf Stockwerken ausgebaut wurde. Das oberste Geschoß diente Verteidigungszwecken.

Wie Trebnitz liegt auch **Prausnitz** (Prusice) an der alten Handelsstraße von Breslau nach Posen. In seiner mehr als 700jährigen Geschichte ist es kaum über den mittelalterlichen Befestigungsring hinausgewachsen und heute eine eher unbedeutende Kleinstadt mit nicht einmal 1000 Einwohnern. Von stolzeren Zeiten kündet das Renaissance-*Rathaus* (Ratusz) mit mächtigem Turm und anmutigen Giebeln. Ein bedeutsames Denkmal barocker Kunst findet sich in der katholischen *Pfarrkirche* (Kościół Farny): die Grabkapelle des 1658 in kaiserlichen Diensten verstorbenen Feldmarschalls Melchior Graf von Hatzfeld, die 1663/64 an das Schiff der gotischen Pfarrkirche angebaut wurde. Gewölbe und Wände sind geschmückt mit Dekorationen, die für norditalienische Stuckateure typisch sind: Blumengirlanden, Kartuschen, Lorbeerblätter, Fanfaren und Putten. Das Grabmal selbst, mit der Figur des Marschalls, 1659–63 von Achilles Kern (1607–91) aus Forchtenberg am Kocher gestaltet, ist eine Replik des Kenotaphs, das sich in der Kirche von Laudenbach bei Mergentheim befindet, dem damaligen Sitz des Geschlechts; dort ist sein Herz bestattet, hier in Prausnitz sein Leichnam. Auf dem Grabmal aus Alabaster sind die Heldentaten des Marschalls dargestellt, er selbst erscheint in einer Rüstung, versehen mit der Offiziersschärpe und dem Orden des Goldenen Vlieses.

Trebnitz/Trzebnica

Trebnitz/ Trzebnica ☆☆

Besonders sehenswert: Klosterkirche

In einer Chronik aus dem 13. Jahrhundert heißt es über Hedwig: »Wenn sie ihrem Mann auch nach dem Gesetz unterworfen war, so wurde sie ihm doch Führerin auf der Bahn der Tugend und Frömmigkeit.«

Das Städtchen ist einer der wichtigsten Wallfahrtsorte Schlesiens. Es liegt in einem flachen Tal 24 km nördlich von Breslau, umgeben von Feldern und Obstgärten. Der Name des Ortes geht zurück auf das polnische Wort ›trzebic‹ (roden, durchforsten). Zahlreiche vorgeschichtliche Funde weisen auf eine frühe Besiedlung hin. Die Geschichte des Ortes steht aber vor allem in Zusammenhang mit dem Leben und Wirken der hl. Hedwig (s. S. 51), die bis heute in Polen, besonders in Schlesien, verehrt wird. Herzog Heinrich I., verheiratet mit Hedwig, stiftete auf ihre Veranlassung hin in Trebnitz 1203 das erste Frauenkloster Schlesiens, in das Zisterzienserinnen aus Bamberg einzogen. Hedwig gründete in der Folge mehrere Kirchen und Klöster, sie starb 1243. Die Kirche dankte ihr für die tatkräftige Unterstützung durch ihre Heiligsprechung 1267. Noch heute pilgern alljährlich Tausende zu ihrem Grab und erhoffen sich Befreiung von ihren Sorgen und Nöten.

Die in den Jahren 1203–40 errichtete **Klosterkirche** (Kościół Klasztorny), dem hl. Bartholomäus geweiht, ist eine dreischiffige Basilika und der älteste romanische Backsteinbau Schlesiens. Krypta und Hochchor wurden 1214 beziehungsweise 1219 geweiht, Dach und Glockenturm 1224 fertiggestellt. An der Westfront der Kirche errichtete man 1785 unter Leitung des Architekten Gottlieb Daehne einen neuen Turm, der den Blick auf das künstlerisch wertvollste Werk der Kirche verstellte: ein *Tympanonrelief*, das um 1230 fertiggestellt und 1935 freigelegt wurde. Es zeigt den Laute spielenden König David, vor ihm auf einem Thron Königin Bathseba mit einer hinter ihr stehenden Begleiterin. Das Tympanon, das von französischer Kunst inspiriert scheint, ist möglicherweise ein Dokument für Verbindungen zu Burgund, wo Hedwigs Bruder Otto als Pfalzgraf residierte. Ein zweites Tympanon in der nördlichen Stirnwand des Querschiffs zeigt die von Engeln umringte Gottesmutter.

In der zweiten Hälfte des 17. Jahrhunderts erfuhr die Klosterkirche eine tiefgreifende Barockisierung im Innern, an der hauptsäch-

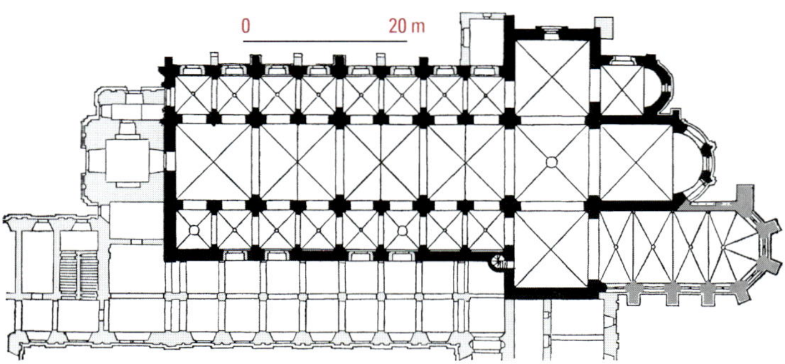

Grundriß der Klosterkirche von Trebnitz/Trzebnica

Klosterkirche Trebnitz/Trzebnica, Blick auf das Grabmal der hl. Hedwig und den Hochaltar

lich der Bildhauer Franz Joseph Mangoldt und der Maler Christian Philipp Bentum beteiligt waren. Mangoldt gestaltete den Hochaltar, die Kanzel und die beiden Figuren der hl. Hedwig sowie ihrer Nichte, der hl. Elisabeth, zu beiden Seiten des Hochaltars. Man sieht Hedwig mit einem Kirchenmodell, das an die Klostergründung erinnert. In der rechten Hand hält sie eine Marienstatuette, von der es heißt, sie habe sie zu Lebzeiten ständig bei sich getragen. Mit ihrer linken Hand reicht sie einem Bettler ein Stück Brot, so wird daran erinnert, wie sehr sie sich stets um die Armen des Landes gekümmert hatte. Im Presbyterium befindet sich das Doppelgrab für den Stifter Heinrich I. und den Großmeister des Deutschen Ordens Konrad von Feuchtwangen.

Glanzstück der Kirche ist das von einem unbekannten Meister 1680 geschaffene *Grabmal der hl. Hedwig* in der nach ihr benannten Kapelle. Ihre Figur liegt unter einem von Säulen abgestützten Baldachin, an ihrer Seite halten Nonnen die Totenwache. Die Wirkung des Grabmals beruht vor allem auf dem Gegensatz zwischen dem schwarzen Marmor des Schreins und dem weißen Marmor der Frauenfiguren. Sparsam eingesetztes Gold verleiht dem Kunstwerk Farbe und Glanz. Daneben gibt es in der St.-Johannes-Kapelle ein weiteres Grabmal der hl. Hedwig. Es stammt aus dem 16. Jahrhundert und zeigt die Heilige im byzantinischen Gewand. Ursprünglich stand es in der Hedwigkapelle, wurde aber in der Barockzeit als zu schlicht empfunden und deshalb an diesen eher abgelegenen Ort ›verbannt‹.

Angeschlossen an die Kirche ist eine monumentale **Klosteranlage**, die 1993 mit Mitteln der Stiftung für deutsch-polnische Zusammenarbeit restauriert wurde. Der Barockbau ist in den Jahren 1679–1725 entstanden, die 115 m lange Westfassade wird von massiven Eckpavillons eingefaßt. Wie schon vor dem Zweiten Weltkrieg dient das Kloster auch seit 1945 wieder als Krankenhaus. Im Nordflügel befindet sich ein Kloster der Borromäerinnen.

Im Vergleich zur Barockpracht der Klosterkirche verblaßt die ehemals evangelische, 1854 erbaute Kirche **St. Peter und Paul** (Kościół Św. Piotr i Pawła) ebenso wie das erhaltene **Rathaus** aus dem 19. Jahrhundert. Doch es gibt noch ein weiteres Juwel in Trebnitz, ein kleines, schönes Beispiel einfacher Volkskunst. Im Buchenwald 2 km südöstlich des Ortes, erreichbar über einen Kreuzweg, verbirgt sich die 1496 erstmals erwähnte Einsiedelei, heute **Kirche der 14 Trebnitzer Zünfte** (Kościół pod Wezwaniem Czternastu Wspomozycieli). Ihr Innenraum ist mit naiv-volkstümlichen Heiligendarstellungen in bunter Farbigkeit ausgeschmückt. Vor der Kirche steht ein Grabmal, das dem Erbauer Hubert Jantke (1858–1925) gewidmet ist und die Beweinung Christi zeigt: zu Füßen des Gekreuzigten kniet eine alte, von stillem Schmerz gezeichnete Maria, die übrigen Trauergäste erscheinen als müde, geknechtete Handwerker und Bauern.

Militsch/Milicz und seine Seenplatte

Militsch/Milicz

Besonders sehenswert: Gnadenkirche mit Rokokokanzel

Militsch, 60 km nördlich von Breslau, erinnert an die Geschichte des schlesischen Protestantismus. Denn hier steht eine jener **Gnadenkirchen** (Kościół Św. Andrzeja), die den evangelischen Christen in Schlesien mit der sogenannten Altranstädter Konvention 1707 vom Kaiser in Wien zugestanden worden war. Das in den Jahren 1709–14 am Rande der Altstadt in Fachwerk errichtete Gotteshaus besitzt eine schöne, im Rokokostil geschnitzte Kanzel und einen wertvollen Taufstein. Mit den drei Emporen konnte und kann sie eine große Zahl von Besuchern aufnehmen. Wie viele ehemals protestantische

Militsch//Milicz,
Gnadenkirche

Kirchen Schlesiens wird auch diese Gnadenkirche heute von katholischen Gläubigen genutzt.

Am Südrand von Militsch findet sich das 1799 errichtete **Schloß** (Zamek), dessen Park zur damaligen Zeit der erste und einzige englische Garten in Schlesien war. Die Einfahrt zum Schloß erfolgte durch das 1814 zur Erinnerung an die Befreiungskriege errichtete Friedenstor, das leider nicht mehr existiert. Dagegen blieb das zur Stadt hin gerichtete Schloßtor mit einem alten Akzisehäuschen am Schloßgraben erhalten.

Die Stadt ist umgeben von einer reizvollen Landschaft, der sogenannten **Militscher Seenplatte** (Stawy Milickie), bestehend aus Sümpfen, Seen und großen Erlenbrüchen, auch aus Kanälen, Gräben und Karpfenteichen. Im Zuge der Siedlungspolitik Friedrichs des Großen entwickelte man in diesem Gebiet, wo die Menschen vorher im wesentlichen nur Fischfang betrieben, auch Ackerbau und Viehzucht, hinzu kam eine wohldurchdachte Forst-, Jagd- und Teichwirtschaft. Die großen Gewässer im Osten sind heute ein Vogelschutzgebiet. In dem über 5000 ha großen ornithologischen Reservat leben Haubentaucher und Seeschwalben, Schwarzstörche, Kraniche und Kormorane.

Ein Tip für Naturliebhaber: Im sumpfigen Tal des Bartsch/Barycz leben viele seltene Vögel.

Im Osten Breslaus von Festenberg/ Twardagóra nach Ohlau/Oława

Zwei Handwerksarten prägten lange das Gesicht des 6000 Einwohner zählenden Städtchens **Festenberg** (Twardagóra) 19 km nördlich von Oels (Oleśnica). Zunächst waren es die Tuchmacher, von denen es Anfang des 19. Jahrhunderts noch etwa 300 gab. Als diese aufgrund von Wassermangel in den Jahren 1850–80 in die Lausitz und vor allem in das neue Textilzentrum Lodsch (Łódź) zogen, stellte man sich in der Stadt auf die Tischlerei um. 1910 wurde Festenberg die ›Stadt der Tischler‹ genannt. Nach und nach wurde die Möbelfertigung auch industriell betrieben.

Das *Rathaus* (Ratusz) von Festenberg entstand um 1902. Im 1966 restaurierten barocken *Schloß* (Zamek) ist heute eine Wirtschaftsfachschule untergebracht. Die neogotische, frühere evangelische *Kirche zum Kripplein Christi* (Kościół Farny) stammt aus den Jahren 1874–77, als anstelle der dortigen Holzkirche ein Steinbau errichtet wurde.

Das 1730–40 im Auftrag des Grafen Heinrich I. Leopold von Reichenbach errichtete *Schloß* (Zamek) von **Goschütz** (Goszcz) 4 km nördlich von Festenberg, eine symmetrische Barockanlage mit Wirtschaftsgebäuden, Gutshof und Park, nach einem Brand 1749 wieder aufgebaut, repräsentiert die Übergangsphase zwischen österreichischem Barock und preußischem Rokoko. Das Bauwerk befindet sich seit einem Brand 1947 allerdings in einem traurigen Zustand; nur die fast unbeschädigt stehengebliebenen Außenwände und einige Steinskulpturen auf dem Mittelrisalit erinnern an die alte Herrlichkeit. Renoviert wurde bisher nur die in baulicher Verbindung mit dem Schloßkomplex stehende, 1749 geweihte *evangelische Kirche*.

Die 7000 Einwohner zählende Kleinstadt **Groß Wartenberg**/Syców liegt nordöstlich von Oels (Oleśnica) an der Straße nach Lodsch (Łódź) und Warschau (Warszawa). Dank ihres Standorts im schlesischen Grenzgebiet vermittelte sie lange Zeit den Handel zu Polen. Gleichzeitig war sie ein Zentrum der Leinenweberei: nach 1837 befand sich hier der größte Flachsmarkt Schlesiens.

Nur zwei Kirchen blieben nach dem Zweiten Weltkrieg erhalten. Die katholische *Pfarrkirche St. Peter und Paul* (Kościół Św. Piotra i Pawła) ist ein Backsteinbau aus dem 15. Jahrhundert. Nach einem Brand wurde sie 1905/06 grundlegend restauriert. Sie birgt im Innern eine spätgotische Sakramentsnische, einen Taufstein mit Motiven im Stil der Spätrenaissance sowie mehrere Epitaphien. Die evangelische *Pfarrkirche St. Johannes und Petrus* (Kościół Św. Jana i Piotra) entstand in den Jahren 1785–89 nach einem Entwurf von Carl Gotthard Langhans und wird bis heute von evangelischen Christen genutzt. – Im *Park* des früheren Schlosses, nach einem

Brand abgetragen, finden sich noch einige barocke Standbilder. Von der historischen Stadtmauer hat nur ein kleiner Abschnitt mit Torturm die Zeiten überdauert. Auch das Rathaus aus dem 19. Jahrhundert wurde nach einem Brand abgetragen.

Oels/Oleśnica

Oels/Oleśnica

Besonders sehenswert:
Schloß
St. Johannes

Oels liegt 28 km östlich von Breslau und ist mit 35 000 Einwohnern und mehreren Industriebetrieben die größte Stadt Niederschlesiens rechts der Oder. Erstmals wurde Oels 1189 erwähnt, 1255 verlieh ihm Herzog Heinrich III. (reg. 1248–66) das Stadtrecht. Ab 1312 war es fünf Jahrhunderte lang Residenz des gleichnamigen Fürstentums. Als Hort des schlesischen Protestantismus war es außerdem eine Bastion gegen die anderen, bis 1740 von Habsburg abhängigen schlesischen Fürsten.

Das **Schloß** (Zamek, Abb. S. 124) liegt inmitten eines großen, leider nicht sehr gepflegten Parks und zählt zu den besterhaltenen profanen Bauwerken der Renaissance in ganz Schlesien. Es geht in seiner Anlage auf eine gotische Burg zurück. Herzog Johann initiierte ihren Ausbau 1548, als Mentor der wichtigsten Umgestaltungen gilt jedoch Herzog Karl II. (reg. 1565–1617), der den Steinmetzmeister Kaspar Khune (tätig 1559–72) und den Baumeister Hans Lucas (1569–1649) mit den wichtigsten Arbeiten betraute. Das Standbild Karls II. über der Einfahrt zum Innenhof des Schlosses verweist auf seine Verdienste.

Die Flügel des Gebäudekomplexes umschließen einen unregelmäßigen, viereckigen Hof und sind mit Satteldächern gedeckt, deren hohe, dreieckige Giebel mit abfallenden Voluten geschmückt sind und von Gesimsen gegliedert werden. Die Arkaden an den Wänden zum Hof erinnern an das Schloß auf dem Krakauer Wawel. Das große Portal mit den zwei Löwen, dem Wappen und den Sternmusterverzierungen ist ein Paradestück der Steinmetzkunst damaliger Zeit. 1970–75 wurde es restauriert und beherbergt heute ein **Archäologisches Museum** (Muzeum Archeologiczne) sowie Schrifttafeln und graphische Darstellungen zur Stadtgeschichte.

Ein Kreuzgang verbindet das Schloß mit der spätgotischen Kirche **St. Johannes** (Kościół Św. Jana), die nach einem Einsturz 1905 in alter Form bis 1909 wieder aufgebaut wurde. In der Kirche befinden sich die Grabmale der Oelser Fürsten, besonders das Renaissance-Epitaph Herzog Georg I. (gest. 1553), und die sandsteinerne Grabtumba von Herzog Johann und seiner Gemahlin Christina von Szydłowiecka, dazu ein kostbares Taufbecken aus dem 15. Jahrhundert sowie eine prächtige Kanzel aus dem Jahr 1605. Bis 1469 war die Schloßkirche als dreischiffige spätgotische Basilika mit Sternengewölbe im Mittelschiff- und Kreuzgewölbe in den Seitenschiffen fertiggestellt, Anfang des 16. Jahrhunderts kamen die Vorhalle, die Kapellen und eine zweite Sakristei hinzu. An der Ostseite des

Oels/Oleśnica, Blick auf das Schloß und den Park

Schlosses, am Rande des *plac Targowy/Zielony Rynek* (Marktplatz/Grüner Markt) steht ein Kriegerdenkmal, dessen deutsche Inschriften aber ausgemeißelt wurden.

Zu den nach 1945 wiederhergestellten Bauwerken gehört das mächtige **Rathaus** (Ratusz) am Ring, dessen Turm von 1824 im Krieg nur wenig beschädigt worden war. Das ursprüngliche Rathausgebäude an dieser Stelle entstand schon 1450, fiel aber zwei großen Bränden 1822/23 zum Opfer.

Nicht weit entfernt, Richtung Westen, findet sich in der Wendenstraße (ul. Łużycka) die kleine gotische **Salvatorkirche** (heute Kościół Zielonoświątkowy). Im 15. Jahrhundert errichtet, diente das Bauwerk zeitweise als Synagoge und als Arsenal. Seit der Erneuerung 1695 wird die Kirche von evangelischen Christen genutzt.

Die barocke, einschiffige **Dreifaltigkeitskirche** (Kościół Św. Trójcy) stammt aus dem Jahr 1744, ihr Turm wurde 1776 noch einmal erhöht. Nach einem Brand 1959 hat man den Innenraum der Kirche in volkstümlicher, dem Barock nachempfundener Weise neu ausgemalt. Die Dreifaltigkeitskirche war den Oelser Katholiken aufgrund der sogenannten Josephinischen Kuratie von 1727 zugestanden worden.

Am Nordwestrand der Altstadt liegt die **frühere Propsteikirche**, heute Kirche Mariä Himmelfahrt und Pfarrkirche der russisch-orthodoxen Gläubigen (Kościół Parafialny P. W. Wniebowzięcia Matki Boskiej). Sie befindet sich in einem ruinösen Zustand, weist aber eine interessante Baugeschichte auf. Nach 1341, wie eine Altarstiftung vermuten läßt, errichteten die Augustiner-Chorherren, die zu diesem Zeitpunkt schon ein Hospital betrieben, die einschiffige Kirche St. Georg (von der Straße gesehen rechts). Später bauten Benediktinermönche aus Prag ihre der hl. Maria geweihte dreischiffige Kirche direkt an das schon bestehende Bauwerk. Nach dem Neubau von St. Georg 1609 faßte man beide Kirchenräume zusammen, die bislang trennende Wand wurde durch Pfeiler ersetzt. Außerdem erhielt St. Maria eine Renaissance-Vorhalle. Der obere Teil des quadratischen Turms wurde 1799 nach einem Entwurf von Carl Gotthard Langhans im neogotischen Stil aufgesetzt.

Die nach 1320 anstelle der früheren Befestigung durch Wälle und Gräben errichtete Stadtmauer hatte ursprünglich vier Durchlässe, von denen nur der **Breslauer Torturm** (Brama Wrocławska) im Westen der Stadt erhalten geblieben ist.

Das Städtchen **Ohlau** (Oława) liegt 27 km südöstlich von Breslau. Der Ring wird vom *Rathaus* (Ratusz) beherrscht, das im 14. Jahrhundert erbaut und 1823 durch Karl Friedrich Schinkel neu gestaltet wurde. An dem mit einer Barockhaube geschmückten Turm findet sich das Uhrenensemble *Der Tod von Ohlau*, gestiftet von der letzten Piastenherzogin Luise von Anhalt. Direkt vor dem Rathaus steht ein alter steinerner Pranger.

›Der Tod von Ohlau‹: Neben dem Zifferblatt der Rathausuhr steht Saturn, der Gott der Zeit. Dargestellt als König in römischer Tunika, hebt er zu jeder vollen Stunde sein Zepter. Ihm zur Seite wartet der Tod, der mit jedem Glockenschlag seine Sense zückt.

Die *Stadtpfarrkirche St. Blasius* (Kościół Farny Św. Błażeja) im Südwesten des Rings diente von 1634 bis 1945 den evangelischen Christen der Stadt, seither wird sie von den Katholiken genutzt. Das heutige Bauwerk, eine dreischiffige Hallenkirche, entstand nach 1587, dabei blieb der frühgotische Chor von 1300 erhalten. Sehenswert sind die holzgeschnitzte Kanzel vom Ende des 16. Jahrhunderts, die Barockorgel und das Epitaph für Georg Ernst.

Das im Krieg niedergebrannte barocke *Schloß* (Zamek) wurde bereits in den 50er Jahren restauriert. Heute beherbergt es eine Bibliothek und andere kulturelle Einrichtungen der Stadtverwaltung. Ursprünglich war das Schloß Ostteil einer größeren Anlage, die im 17. Jahrhundert entstand. Dabei wurde in den Jahren 1660–63 das vordem existierende Jagdschloß in eine barocke Residenz umgewandelt. Nach einem Entwurf von Karl Friedrich Schinkel wurde der Mittelteil 1831 als evangelische Kirche gestaltet. Unmittelbar neben dem Schloß steht die katholische *Pfarrkirche St. Peter und Paul* (Kościół Farny Św. Piotra i Pawła), 1836 gleichfalls nach einem Entwurf Schinkels errichtet. 1927 wurde sie nach einem Brand wiederhergestellt, der Turm stammt aus dem Jahr 1939.

Vorland der Sudeten

Die Sudeten, ein waldreiches Mittelgebirge im schlesisch-böhmischen Grenzgebiet, erstrecken sich über eine Länge von etwa 300 km von Zittau in Südostrichtung bis zur Mährischen Pforte. Ihnen ist ein stark gegliedertes Gebirgsland vorgelagert, das von West nach Ost in mehrere Höhenzüge zerfällt: das *Bober-Katzbach-Gebirge* (Góry Kaczawskie, 723 m), das *Waldenburger Bergland* mit einer Vielzahl ineinander verkeilter Kämme (Góry Wałbrzyskie, 869 m), die welligen Hügel von *Frankenstein und Nimptsch* (Wzgórza Niemczańskie, 473 m) sowie das *Strehlen-Münsterberger Land*, für das es keinen eigenen polnischen Namen gibt (246 m). Als Wandergebiet empfiehlt sich vor allem das Bober-Katzbach-Gebirge (Góry Kaczawskie) mit seinen altertümlichen Städtchen, Waldhufendörfern und Burgen.

Bober-Katzbach-Gebirge

Das Städtchen **Lauban** (Lubań) am linken Ufer des Queis (Kwisa) besaß im Mittelalter eine starke Tuchmacherzunft, später kamen Leinen- und Garnhandel hinzu. Seit dem 19. Jahrhundert widmet man sich der Produktion von Taschentüchern. Heute gibt es dazu noch die Basaltsteingewinnung und eine große Eisenbahnwerkstätte. Das sogenannte *Haus zum Schiff* (Dom pod Okrętem), um 1700 im Auftrag eines Tuchhändlers erbaut, in der ul. Dzielna erinnert an die alten handwerklichen und kaufmännischen Traditionen.

Trotz starker Zerstörungen 1945 sind in Lauban Teile der mittelalterlichen Stadtmauer mit halbkreisförmigen Verteidigungstürmen und dem gewaltigen *Brüderturm* (1318) erhalten geblieben. Inmitten des Rings (Rynek) steht der *Krämerturm* als Rest des älteren Rathauses aus dem 14. und 15. Jahrhundert. Das neuere, 1539–41 unter der Leitung von Hans Lindner (tätig 1539–58) erbaute *Rathaus* (Ratusz) wurde nach dem Krieg wieder aufgebaut und befindet sich an der Südseite des Rings; es lädt ein zum Besuch eines *Regionalmuseums* (Muzeum Regionalne). An die *Pfarrkirche zur Heiligen Dreifaltigkeit* (Kościół Św. Trójcy) erinnert nur noch ihr allein stehender Turm. Im Jahr 1760 war sie einem großen Stadtbrand zum Opfer gefallen.

Nur 12 km südlich von Lauban, erreichbar über die Straße nach Bad Flinsberg (Świeradów Zdrój), thront auf einem Granitfelsen hoch über einer zu Beginn des 20. Jahrhunderts errichteten Talsperre die mittelalterliche, erstmals 1329 belegte Burg **Sucha** (Tzschocha), 1909 vom Dresdner Zigarettenfabrikanten Ernst F. von Gütschow erworben und nach einem Stich aus dem Jahr 1703 durch den Burgenforscher Bodo Ebhardt (1865–1945) rekonstruiert. Sie gehört zum Ort **Marklissa** (Leśna), wo ab 1855 die erste Kammgarnspinnerei Deutschlands arbeitete. Von der alten Bebauung der Stadt blieb im wesentlichen nur die 1703–11 erbaute *Pfarrkirche* (Kościół Farny) erhalten.

◁ Schloß Fürstenstein/Książ

Das schöne *Rathaus* (Ratusz) von **Löwenberg** (Lwówek Śląski) lohnt einen Abstecher. Das Gebäude im Mittelpunkt des *Rings* (Rynek) mit seinem schlanken, von einer Barockhaube gekrönten Turm wurde im 15. und 16. Jahrhundert gebaut, 1905 erfolgten stilgerechte Aus- und Umbauten, die der Direktor der Breslauer Kunstakademie und Architekt Hans Poelzig (1869–1936) beaufsichtigte. Die Räume, insbesondere die Gewölbe sind im gotischen Stil gehalten, die Giebel tragen Merkmale der Renaissance. Die im 13. Jahrhundert errichtete *Pfarrkirche Mariä Himmelfahrt* wurde um 1500 gotisch umgebaut, vom romanischen Bau steht noch das Westwerk mit zwei Türmen und dem Portal. An der Südseite der Kirche befindet sich eine Nepomukfigur von 1760. Am Ring selbst haben sich, zwischen Neubauten, einige Renaissance-Giebelhäuser erhalten.

Etwa zwei Kilometer vor Löwenberg an der Straße nach Goldberg (Złotoryja) steht in **Plagwitz** (Płakowice) ein bedeutendes schlesisches *Adelsschloß* aus dem 15. Jahrhundert, allerdings nicht in bestem Zustand. Besitzer waren Rampold von Talkenberg, Caspar von Schaffgotsch, August von Nostiz und schließlich ab 1824 der preußische Staat, in dessen Auftrag hier eine Heil- und Pflegeanstalt eingerichtet wurde. Vom alten Glanz zeugen das schöne, mit dekorativen Flachreliefs ausgestattete Renaissance-Portal, der Fassadenschmuck sowie der Arkadengang rund um den Innenhof.

Vom Turm der Burg Lehnhaus bietet sich ein herrlicher Ausblick auf das Vorland des Isergebirges und das Bobertal.

An der Straße nach Hirschberg (Jelenia Góra) lohnt es sich, an zwei Orten anzuhalten. In **Lähn** (Wleń) wurde bis ins 19. Jahrhundert regelmäßig ein berühmter Taubenmarkt abgehalten, für den Händler und Käufer sogar aus Wien, Leipzig, Warschau und anderen Orten anreisten. Daran erinnert die sogenannte *Taubengustel* am Brunnen vor dem Rathaus: die Gestalt einer jungen Bäuerin mit einer Taube auf der Schulter, errichtet 1914 anläßlich des 700jährigen Stadtjubiläums. Sehenswert sind auch das *Rathaus* (Ratusz) von 1823/24 und die katholische *Stadtpfarrkirche St. Nikolai* (Kościół Parafialny Św. Mikołaja) von 1864. Die Stadt wird von der Ruine der *Burg Lehnhaus* (Wleński Grodek) überragt, die – 1155 erstmals belegt – 1568 ausgebaut wurde; letzter Eigentümer war die schlesische Adelsfamilie von Haugwitz (1804–1945).

Schnitt durch den Wohnturm von Boberröhrsdorf/Siedlęcin

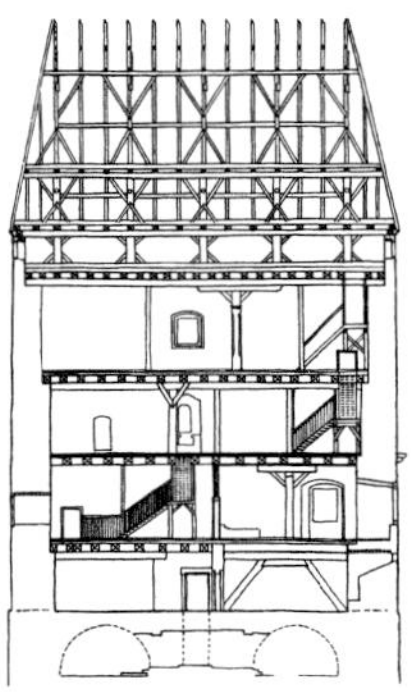

Eines der bedeutendsten mittelalterlichen Baudenkmäler Schlesiens ist der Wohnturm von **Boberröhrsdorf** (Siedlęcin), 6 km nordwestlich von Hirschberg. Es handelt sich um einen jener typischen fränkischen Wohntürme, wie sie besonders in der Schweiz und am Oberrhein noch anzutreffen sind. Das Bauwerk stammt aus dem 14. Jahrhundert und wurde im 15. Jahrhundert um ein viertes Stockwerk auf eine Höhe von 19 m erweitert. Ursprünglich Teil einer 1443 zerstörten Burg, besitzt dieser Wohnturm im dritten Geschoß einen Rittersaal mit tiefen Fensternischen und einer mächtigen Balkendecke. Die Wandmalereien in diesem Saal (ein hl. Christophorus, eine Memento-mori-Darstellung sowie Ritterszenen) enthalten die einzigen bekannten Beispiele profaner Fresken aus der Mitte des 14. Jahrhunderts in Schlesien.

Von Goldberg/Złotoryja nach Striegau/Strzegom

Goldberg/Złotoryja

Schon um 1200 begann man in Goldberg, das 20 km südwestlich von Liegnitz (Legnica) liegt, mit dem Waschen von Gold. Nach dem Versiegen der Vorkommen wandten sich die Bergleute im 15. Jahrhundert dem Kupferbergbau zu, der noch heute betrieben wird. Daneben ist Goldberg vor allem als Zentrum der Textilindustrie bekannt.

Am letzten Maiwochenende findet der Wettbewerb der Goldwäscher statt. Zum Festprogramm gehört auch ein großer Umzug, an dem viele Goldberger in historischen Trachten und Kostümen teilnehmen.

Von dem Turm der **Stadtpfarrkirche St. Maria** (Kościół Parafialny Św. Marii) kann man weit über die Stadt bis zum Riesen- und Katzenbachgebirge blicken. Die Kirche, 1269 erstmals nachgewiesen, wurde ursprünglich als Basilika angelegt und im 14. Jahrhundert als gotische Hallenkirche vollendet. Das heutige Bauwerk enthält noch einige spätromanische Elemente, so den Chorraum und das Südportal des Querschiffs. Der große Turm vor dem Chor stammt aus dem 16. Jahrhundert, die Hauben beider Türme aus dem 18. Jahrhundert.

Am Ring (Rynek) steht das **Rathaus** (Ratusz), das 1852 vollendet wurde. Der frommen Gattin des Fürsten Heinrich I., der Goldberg 1211 die Stadtrechte verlieh, gedenkt man in der Kirche **St. Hedwig** (Kościół Św. Jadwigi) und im zugehörigen Kloster. Die von Hedwig ins Land geholten Franziskaner hatten an dieser Stelle schon in der ersten Hälfte des 13. Jahrhunderts eine Kirche errichtet. Nach ihrer Zerstörung wurde sie zu Beginn des 18. Jahrhundert im barocken Stil wiederaufgebaut und blieb bis 1810 Klosterkirche der Franziskaner. Von der mittelalterlichen Stadtbefestigung blieb nur der sogenannte **Schmiedeturm** (Wieża Kuźni) erhalten.

Bei **Schönau** (Świerzawa), 15 km südlich von Goldberg, steht eines der ältesten Gotteshäuser dieser Region, die spätromanische, vor 1241 entstandene Kirche *St. Johannes* (Kościół Św. Jana), die heute als geschütztes Baudenkmal zu besichtigen ist. Die Kirche wurde aus Bruchsteinen als einschiffiger Raum mit hochgelegenen, schmalen Rundbogenfenstern errichtet, dem man einen rechteckigen Chor mit halbkreisförmiger Apsis anfügte; über dem romanischen Portal befindet sich ein frühgotisches Tympanon.

Jauer/Jawor

Jauer/Jawor

Besonders sehenswert: Friedenskirche zum Heiligen Geist

Jauer überrascht mit einer Vielzahl interessanter Kunstdenkmäler. Ein beeindruckendes Symbol evangelischer Kirchengeschichte in Schlesien ist die **Friedenskirche zum Heiligen Geist** (Kościół Pokoju Św. Ducha), eine von insgesamt drei Kirchen, die im Westfälischen Frieden von 1648 den evangelischen Gläubigen in den habs-

Jauer/Jawor, Blick in den Innenraum der Friedenskirche zum Heiligen Geist

Jauersche Friedenskonzerte: Seit 1995 findet in der Friedenskirche von Mai bis September ein Festival der Kammermusik statt.

Jauer/Jawor, Grundriß der Friedenskirche zum Heiligen Geist

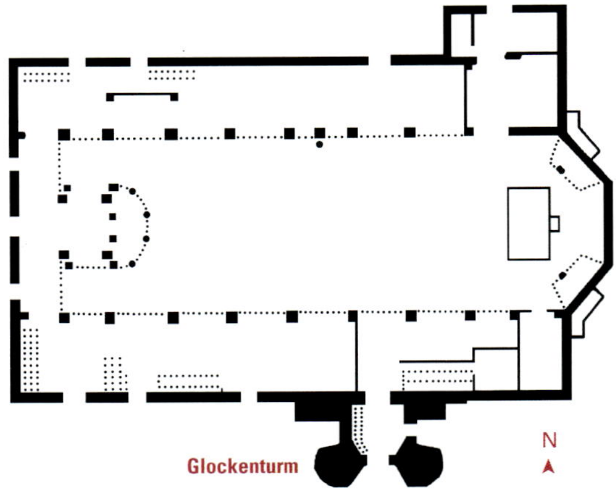

burgischen Erbfürstentümern Schlesiens zugebilligt wurden. Der Entwurf für die Kirche stammte von dem Breslauer Festungsbaumeister Albrecht von Saebisch (1610–88), die Bauarbeiten in den Jahren 1654/55 leitete der einheimische Zimmermann Andreas Gamper. Der rechteckige, 44 x 24 m große Fachwerkbau mit einem Fassungsvermögen von 5000 bis 6000 Personen hat ein 19 m hohes Mittelschiff und zwei niedrigere, von Pultdächern gedeckte Seitenschiffe, in denen zunächst zwei, später vier Emporen übereinander angebracht wurden. Nach 1707 hat man an der südlichen Langhauswand einen reichgegliederten Glockenturm angebaut. Dieser Kirchentypus diente im 17. und 18. Jahrhundert als Modell für den Bau weiterer Gotteshäuser.

Die Friedenskirche ist im Innern an der Decke ornamental in Blau und Weiß ausgemalt und an den Emporenbrüstungen in über 200 Bildfeldern mit volkstümlicher schlesischer Malerei geschmückt. Die Bilder wurden entweder direkt auf das Holz gemalt oder auf Leinwand und später aufgezogen. Dargestellt sind Szenen aus dem Alten und Neuen Testament, die als Vorlage die ›Biblia pauperum‹ des Matthäus Merian erkennen lassen, sowie heraldische Themen. Die Ausmalung wurde von Georg Flegel aus Schmiedeberg (Kowary, tätig 1671–81) selbst oder unter seiner Leitung ausgeführt. Sehenswert sind auch die reich gestalteten Logen, die Kanzel von 1670, der Altar mit einem Altarblatt von 1855 sowie das hölzerne Taufbecken.

Die Kirche gehört weiterhin der evangelisch-augsburgischen Gemeinde und wird von deren Pfarramt in Liegnitz betreut. Mit finanzieller Unterstützung des deutschen Gustav-Adolph-Werkes wurde sie Anfang der 90er Jahre aufwendig restauriert. Wer sie besichtigen möchte, wendet sich an den neben der Kirche wohnenden Kustos.

Die **Patrizierhäuser** am Ring (Rynek) besitzen malerische Laubengänge und stammen im wesentlichen aus der Zeit nach dem großen Brand 1776, einzelne Renaissance- und Barockfassaden gehen auf das 16. und 17. Jahrhundert zurück. Das **Rathaus** (Ratusz) im Stil der Neorenaissance entstand 1896/97 nach einem Brand des 1373 erstmals erwähnten und im 16. und 17. Jahrhundert mehrfach umgebauten ursprünglichen Bauwerks. Von diesem ist nur der 65 m hohe Turm erhalten geblieben. Die fast lebensgroßen Figuren an seinen acht Ecken stellen unter anderem Karl IV. und Herzog Bolko II. von Schweidnitz dar. Im Saal der Räte sieht man die größten Fenster Schlesiens mit allegorischen Glasmalereien; gefertigt wurden sie im Königlichen Institut für Glasmalerei in Berlin 1897.

Nördlich des Rings in der Kirchenstraße (ul. Kościelna) steht die katholische **Stadtpfarrkirche St. Martin** (Kościół Parafialny Św. Marcina), eine sandsteinerne, dreischiffige Hallenkirche aus dem 13. Jahrhundert mit einer plastischen Ausgestaltung der Portale aus der Gotik und der Renaissance sowie einer spätbarocken Innenausstattung.

Die Kirche **St. Maria** in der Klosterstraße (ul. Klasztorna), früher Teil des nur noch als Ruine existierenden Franziskanerklosters, stammt aus den Jahren 1485–88 und beherbergt heute ein **Regionalmuseum** (Muzeum Regionalne) mit einer Galerie schlesischer Sakralkunst und einer umfassenden Präsentation von altem Handwerk sowie Schwertern, Säbeln und Gewehren.

Unweit des Dorfes **Groß Rosen** (Rogoźnica) an der Bahnlinie Jauer–Striegau errichteten die Nationalsozialisten 1941–44 ein Konzentrationslager. Die Gefangenen mußten in den benachbarten Granitsteinbrüchen Zwangsarbeit leisten. Historiker geben die Zahl der Gefangenen mit insgesamt 160 000 an, die der im Lager Umgekommenen mit 100 000. In einer ehemaligen Lagerbaracke befinden sich eine Gedenkstätte und ein Museum, in dem die Verbrechen dokumentiert sind.

Bolkenhain/Bolków

Hoch thront die gewaltige Burganlage auf einem Bergrücken über dem Tal der *Wütenden Neiße* (Nysa Szalona). Herzog Bolko I. (reg. 1291–1301) ließ die **Burg** (Zamek) nach den Zerstörungen durch die Mongolen ab 1278 wieder aufbauen. Später im 15. Jahrhundert geriet sie zeitweise in die Hände von Raubrittern. 1532–70 im Besitz der Familie von Salza, wurde sie unter Leitung des italienischen Baumeisters Jakob Pahr (gest. 1575) um 1540 zu einer Renaissanceburg aus- und umgebaut. Im Dreißigjährigen Krieg dreimal von schwedischen Truppen belagert, ab 1703 im Besitz des Klosters Grüssau (Krzeszów), ging die Burg 1810 in den Besitz des preußischen Staates über. In den Burggebäuden befindet sich heute ein **Heimatmuseum** (Muzeum Zamek); den Zwinger hat man zu einer Freilichtbühne umgebaut, in der jährlich Festspiele stattfinden. Lohnend ist ein Ausblick vom 22 m hohen Bergfried, dem ältesten, noch aus gotischer Zeit stammenden Teil der Burg.

Die Bolko-Dynastie hat eine Kaiserin hervorgebracht: vierzehnjährig heiratete Prinzessin Anna (1340–63) den böhmischen König Karl IV., zwei Jahre später wurde sie in Rom zur Kaiserin gekrönt. Der Preis war hoch: ihr Erbe fiel an Böhmen, der letzte Schritt zur Herauslösung Schlesiens aus dem Königreich Polen war vollbracht. Ein Porträt der Prinzessin sucht man in Bolkenhain vergeblich, statt dessen prangt es am Prager Dom, ein Meisterwerk von Peter Parler (1330–99).

Die mittelalterliche rechteckige Stadtanlage von Bolkenhain am Fuß des Burghügels hat als Zentrum einen langgestreckten Markt (Rynek), in dessen Mitte das 1670 wiedererrichtete, 1827 im klassizistischen Stil umgebaute **Rathaus** (Ratusz) steht. An der schmalen Südwestseite des Markts steht die **Pfarrkirche St. Hedwig** (Kościół Farny Św. Jadwigi), ein frühgotisches Bauwerk mit einzelnen romanischen Elementen am Turm, der im 19. Jahrhundert noch einmal umgebaut wurde.

Striegau/Strzegom

Knapp 20 000 Einwohner zählt Striegau, eingebettet in eine wellige Hügellandschaft, 18 km südöstlich von Jauer (Jawor). Die Silhouette der 1242 gegründeten Kleinstadt wird dominiert durch die **Pfarrkirche St. Peter und Paul** (Kościół Parafialny Św. Piotra i Pawła), die wie ein granitener Koloß aus dem Gewirr niedriger Häuser emporragt. Mit ihrem 26 m hohen Dach wirkt sie unvollendet, da die beiden Türme nur bis zum First reichen. Das spätgotische Bauwerk stammt aus der zweiten Hälfte des 14. Jahrhunderts und wurde im 16. Jahrhundert fertiggestellt. Die drei Portale sind reich verziert und zeigen Szenen aus dem Leben des hl. Paulus, die Krönung und den Tod Mariens. Im Innern ist vor allem das gotische Netzgewölbe im Querschiff sehenswert. Die Kanzel der Kirche ist gotisch, der Altar neogotisch.

Zur 750-Jahr-Feier (1992) der Stadtgründung wurden mehrere Restaurierungsprojekte ins Auge gefaßt. Die frühgotische Kirche **St. Barbara** (Kościół Św. Barbary) wurde bereits erneuert und auch die frühere **Kirche der evangelischen Christen** (Kościół Chrzeszcian Ewangelicznych), erbaut im 15. Jahrhundert, wird vor dem Verfall bewahrt. Eine gemeinsame Initiative deutscher und polnischer Bürger sorgt für die Finanzierung.

Waldenburger Bergland und Zobten

Die wirtschaftliche Entwicklung des Waldenburger Berglands wurde seit dem Spätmittelalter durch den Erzbergbau, dann vor allem durch die Weberei und schließlich durch den Kohlebergbau bestimmt. Nach 1900 entwickelte sich die Waldenburger Region mit ihren Zechen, Hüttenwerken und Porzellanfabriken zu einem der wichtigsten Industriegebiete Niederschlesiens.

Wer heute durch die Region von Waldenburg fährt, spürt zwei Seelen in seiner Brust. Einerseits möchte er die landschaftlichen Schönheiten dieses Gebiets genießen, andererseits ist die Schönheit überlagert von Ruß: Die von der Industrie ausgehende Umweltverschmutzung ist unübersehbar. Aber immerhin sieht es so aus, als

Den besten Ausblick auf das Kerngebiet Waldenburgs hat man von der Parkhöhe (Góra Parkowa), der früheren Schillerhöhe.

habe die Stunde der Waldenburger Industrie allmählich geschlagen. Da die Förderkosten um ein Mehrfaches höher als in Oberschlesien sind, wurde ein umfassendes ›Restrukturierungsprogramm‹ verabschiedet. Statt Kohleförderung soll der Tourismus Haupteinnahmequelle werden – eine realistische Perspektive oder nur illusionäres Wunschdenken?

Waldenburg/Wałbrzych

Waldenburg (Wałbrzych), seit 1999 keine eigene Wojwodschaft, sondern Breslau unterstellt, ist mit 150 000 Einwohnern die zweitgrößte Stadt Niederschlesiens. Ein Blick auf den Stadtplan zeigt, daß Schachtanlagen und Bergrücken einzelne Stadtteile voneinander trennen, die ursprünglich selbständig waren, dann aber nach und nach eingemeindet wurden. Die drei wichtigsten sind das Zentrum (Śródmieście), dann im Norden der ehemalige Kurort Waldenburg-Altwasser (Stary Zdrój) und schließlich Waldenburg-Dittersbach (Podgórze), ein wichtiger Eisenbahnknotenpunkt.

Schon im 16. Jahrhundert wurde auf dem heutigen Gebiet Waldenburgs die sogenannte Schmiedekohle abgebaut. Der eigentliche Aufschwung kam aber erst zur Zeit Friedrichs des Großen, als der Kohleabbau staatlich gefördert wurde. Um 1800 begann man mit der Erzeugung von Koks, Anfang des 19. Jahrhunderts entstanden die ersten Hüttenwerke. Bis zur Wende lebte die Stadt hauptsächlich von der Kohle, die in vier großen Gruben gefördert wurde. Doch inzwischen wurden die meisten Industrieanlagen stillgelegt, nur wenige der 20 000 hier beschäftigten Bergleute konnten einen neuen Arbeitsplatz finden.

Das Zentrum von Waldenburg ist durchaus sehenswert. Das **Rathaus** (Ratusz) wurde 1855/56 im neogotischen Stil errichtet, an der Südseite des Rings blieben einige Bürgerhäuser erhalten. Ganz in der Nähe steht die **Kirche der Evangelisch-Augsburgischen Gemeinde** (Kościół Ewangelicki-Augsburski), 1785–89 von Carl Gotthard Langhans entworfen. Der massive Turm wurde anstelle der alten Konstruktion 1863 errichtet. Die kleine evangelisch-augsburgische Gemeinde ist bemüht, mit Spenden aus Deutschland die Kirche innen und außen zu restaurieren.

An der Ecke ul. St. Moniuszki/ul. Garbarska findet man die katholische **Pfarrkirche** (Kościół Farny), einen neogotischen Bau aus den Jahren 1900–04, früher Schutzengelkirche genannt. Ebenfalls in der ul. Garbarska steht die kleine **Heilig-Geist-Kirche** (Kościół Św. Ducha) von 1848. Das frühere Waldenburger Berglandmuseum in der Gottesberger Straße (ul. 1 Maja) fungiert als **Bezirksmuseum** (Muzeum Okręgowe), wobei ein Teil der mineralogischen und der Porzellansammlung aus der Vorkriegszeit übernommen wurde. Hinzu kommt eine volkskundliche Ausstellung zur Geschichte des Waldenburger Bezirks. Das 1604–28 errichtete und 1881/82 umgebaute

Palais von Czettritz in der Schloßstraße (ul. Zamkowa) dient gegenwärtig Verwaltungsbehörden der Stadt.

Das nördlich gelegene **Waldenburg-Altwasser** (Stary Zdrój) war bis 1875 Kurort und schon in den Urkunden des Klosters Grüssau (Krzeszów) schon im 14. Jahrhundert als *aqua antiqua* vermerkt. Später war das Dorf nicht nur für seine eisenhaltigen Mineralquellen, sondern auch für Steinkohlebergbau bekannt. Mitte des 18. Jahrhunderts gelangte der Ort in den Besitz der Familie von Mutius. Nachdem der alte Palast niedergebrannt war, ließ Carl von Mutius im Jahr 1840 einen neuen erbauen. 1875 versiegten die Mineralquellen durch den Einfluß des Bergbaus.

Weitergeführt wird der Kurbetrieb in **Bad Salzbrunn** (Szczawno Zdrój), 5 km nordwestlich, wo die Brüder Carl (1858) und Gerhart Hauptmann (1862) geboren wurden, und in **Bad Charlottenbrunn** (Jedlina Zdrój), 10 km südöstlich von Waldenburg. Luft und Klima leiden auch hier unter der Waldenburger Industrie, die großen Wälder in der Umgebung zeigen Spuren der industriellen Verschmutzung. Eine der wenigen niederschlesischen Schrotholzkirchen entdeckt man in **Reimswaldau** (Rybnica Leśna), 12 km südlich von Waldenburg. Sie wurde 1557 als evangelische Kirche erbaut und nach dem Westfälischen Frieden den katholischen Gläubigen übergeben.

Fürstenstein/Książ

Fürstenstein/ Książ ☆☆

Besonders sehenswert: Schloß

»Wie von Geistern hingezaubert, schwebt auf einem Felsengipfel das königliche Schloß, frei in die blaue Luft sich türmend« schrieb Fürst Pückler-Muskau Anfang des 19. Jahrhunderts und ergänzte, es zähle »zu dem Schönsten und Überraschendsten…, das ich je in Europa

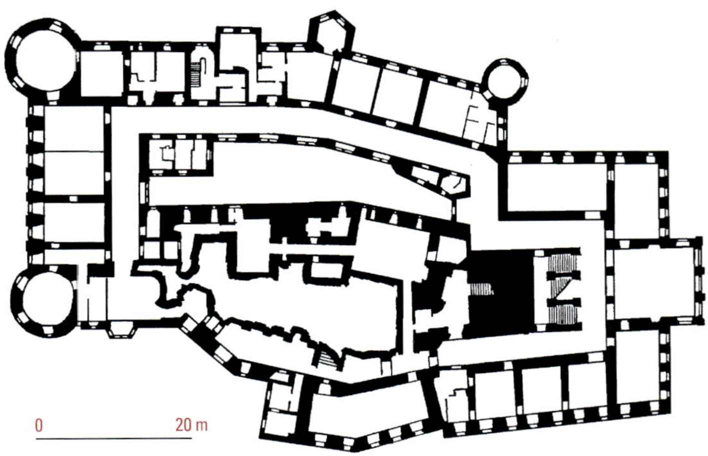

Grundriß des Schlosses aus dem Märchenbuch; es hat ein Museum und ein kleines Hotel; im benachbarten Gestüt kann man auf Rassepferden reiten.

gesehen«. Auch heute noch vermittelt das **Schloß** (Zamek, Abb. S. 126) 8 km nördlich von Waldenburg (Wałbrzych) ein zauberhaftes Bild. Es thront auf einem Felsen inmitten eines dichten, von tiefen Schluchten durchzogenen Waldes. Es wirkt wie aus einem Guß und ist doch während vieler Jahrhunderte entstanden. So geht der quadratische Bergfried, der die dunklen Mauern überragt, auf die mittelalterliche Anlage von 1290 zurück. An den Renaissanceteil des Schlosses wurden in den Jahren 1722–24 die fünfgeschossigen Barockflügel angebaut. Auch das Torhaus mit den beiden Türmen, heute Teil des Hotels, stammt aus dieser Zeit. Architekt des barocken Aus- und Umbaus war Felix Anton Hammerschmied (gest. 1762). Die wertvollen Steinmetzarbeiten schuf Johann Schwibs, die Deckenmalereien im Innern Felix Anton Scheffler (1701–60). Der terrassenförmig angelegte Garten unterhalb des Schlosses entstand 1910–30.

Fürstenstein/Książ, im Schloßpark

Von 1509 bis 1939 war Schloß Fürstenstein in Besitz der Grafen von Hochberg, die sich seit 1847 auch mit dem Fürstentitel von Pleß schmücken durften. Die letzten Besitzer, Hans Heinrich XV. und seine englische Frau Olivia Cornwallis West, verwandelten Fürstenstein in einen Treffpunkt des europäischen Hochadels, Winston Churchill und der deutsche Thronfolger Friedrich Wilhelm waren hier zu Gast. Nach der Emigration des Fürstenpaars im Zweiten Weltkrieg ließ der NSDAP-Gauleiter von Schlesien das Bauwerk beschlagnahmen und als mögliches Quartier für Hitler vorbereiten. In den Wirren der Nachkriegszeit wurde das Schloß mehrfach geplündert. Ein halbstaatliches polnisches Komitee kümmerte sich dann ab 1962 um die Restaurierung und die Wiederbeschaffung der verlorengegangenen Inneneinrichtung. Sehenswert ist vor allem der Maximilianssaal mit seinem reich verzierten Plafond, vorbildlich restauriert wurden der Rosa und der Italienische, der Grüne und der Goldene Salon.

Umschlossen wird die Burg von einem etwa 300 ha großen Park, der sich im Spätfrühling in ein Meer blühender Azaleen und Rhododendren verwandelt. Lohnenswert ist auch ein Spaziergang zum benachbarten **Staatlichen Hengstgestüt** (Stado Ogierów Skarbu Państwo Książ). Der Fachwerkbau ist um einen riesigen quadratischen Hof herum angelegt, in dem die Pferde zugeritten werden. Auch auf den Koppeln ringsum kann man die edlen Tiere beobachten, mehrmals monatlich finden Springturniere statt.

Schweidnitz/Świdnica

Schweidnitz/Świdnica ☆

Besonders sehenswert: Friedenskirche

Bis heute nennt man das Restaurant im Kellergeschoß des Breslauer Rathauses den ›Schweidnitzer Keller‹. Dieser Name geht zurück auf das 14. und 15. Jahrhundert, als Schweidnitz ein Zentrum der Bierbrauerei war. Gleichzeitig entwickelte sich die Stadt damals zu einem bedeutenden Handelsplatz. Hier handelte man mit Vieh und Getreide aus Polen, Holz und Fellen aus Rußland, Wein aus Ungarn

Schweidnitz/Świdnica

1 Rathaus und Museum des früheren Kaufmannsstandes
2 Neptunbrunnen und Dreifaltigkeitssäule
3 Grundhof
4 Heilig-Kreuz-Kirche
5 Stadtpfarrkirche St. Stanislaus und St. Wenzel
6 Friedenskirche zur Heiligen Dreifaltigkeit
7 St. Josef
8 St. Barbara

und Italien, Hopfen aus Böhmen, Tuch aus Flandern. Um 1550 war Schweidnitz mit 5000 Einwohnern fast ebenso bedeutend wie Breslau. Diese prosperierende Entwicklung wurde durch den Dreißigjährigen Krieg unterbrochen und konnte sich erst im 19. Jahrhundert wieder fortsetzen. 1844 wurde Schweidnitz ans Eisenbahnnetz angeschlossen, in der Folge siedelten sich zahlreiche Industrieunternehmen an. Heute zählt das vom Krieg kaum in Mitleidenschaft gezogene Schweidnitz etwa 60 000 Einwohner – eine geschäftige Handelsstadt mit sehenswertem Ortskern.

Das **Rathaus** (1, Ratusz) am Markt (Rynek) stammt in seiner heutigen Gestalt aus den Jahren 1717–20, nachdem das vorangegangene, im Mittelalter errichtete Bauwerk 1716 abgebrannt war. Der Rathausturm stürzte 1967 ein. Am besten erhalten sind die Renaissance-Fassade an der Westseite und ein auf zwei Säulen ruhender Erker an der Nordseite, der früher als Altarraum der Ratskapelle diente. Im Rathaus ist heute auch das **Museum des früheren Kaufmannsstandes** (Muzeum Dawnego Kupiectwa) untergebracht.

Zwei Beispiele für den barocken Wiederaufbau der Stadt nach dem Brand von 1716 sind der **Neptunbrunnen** (2, Fontanna Neptuna) und die **Dreifaltigkeitssäule** (2, Kolumna Św. Trójcy) an der Nordwestecke des Rathauses. Der Brunnen wurde 1732 durch den Bildhauer Georg Leonhard Weber (geb. um 1665/70) gestaltet. Die Dreifaltigkeitssäule, deren Schöpfer unbekannt ist, wurde vom Grafen von Sinzendorf, Hauptmann des Fürstentums Schweidnitz, gestiftet.

Die ul. Pułaskiego (Hohestraße), die vom Markt zum plac Wolnośći (Niedertorplatz) führt, vermittelt mit den hoch über der Straße liegenden Bürgersteigen, den herabführenden Treppen und den schmiedeeisernen Geländern ein Bild des alten Schweidnitz. Am plac Wolności steht der **Grundhof** (3), ein massiver Barockbau mit zwei Stierskulpturen an der Fassade, damals wie heute eine Apotheke. Auf der gegenüberliegenden Seite des Platzes liegt die **Heilig-Kreuz-Kirche** (4, Kościół Św. Krzyża) von 1720.

Schweidnitz/Świdnica, der hl. Nepomuk am Rathaus

Wahrzeichen der Stadt ist die gewaltige **Stadtpfarrkirche St. Stanislaus und St. Wenzel** (5, Kościół Parafialny Św. Stanisława i. Św. Wacława), deren Turm mit 104 m die Häuser der Innenstadt weit überragt. Die Kirche wurde 1325–1488 als gotische Basilika erbaut und nach der Übergabe an die Jesuiten 1666 in den Jahren 1692–1708 im Innern barockisiert. Der Hauptaltar von Johann Riedel (1654–1736) ist in Form eines runden, auf sieben Säulen gestützten Baldachins gestaltet. Wie in einem grandiosen Theaterarrangement werden die Hauptargumente in der Auseinandersetzung mit den Protestanten dargestellt, insbesondere herausgehoben ist die Rolle der Maria im Erlösungswerk. Umgeben wird Maria von überlebensgroßen Figuren der Hll. Wenzel und Stanislaus sowie den Gründern des Jesuitenordens: Ignatius von Loyola und Franz Xaver. In seiner architektonischen Form symbolisiert der Schweidnitzer Altar sowohl den Thron Salomos als auch den Tempel von Jerusalem.

Inmitten eines alten Friedhofs am plac Pokoju steht die evangelische **Friedenskirche zur Heiligen Dreifaltigkeit** (6, Kościół Pokoju pod wez. Św. Trójcy), das größte der drei Gotteshäuser, die den

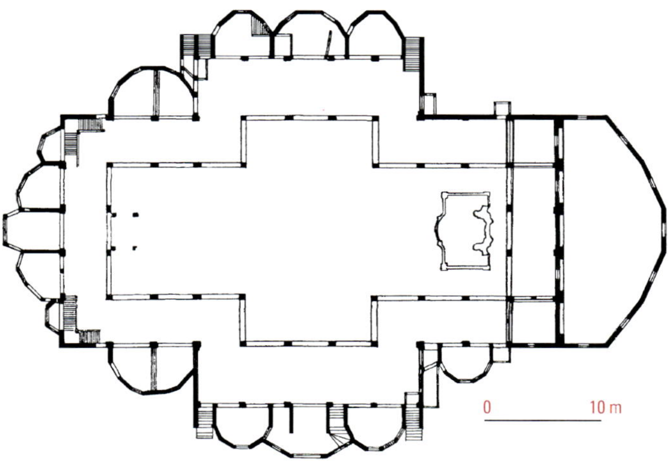

Schweidnitz/Świdnica, Grundriß der Friedenskirche zur Heiligen Dreifaltigkeit

Schweidnitz/Świdnica, Friedenskirche zur Heiligen Dreifaltigkeit

schlesischen Protestanten nach dem Dreißigjährigen Krieg zugestanden worden waren. Die Kirche wurde 1656/57 errichtet als Fachwerkbau auf dem Grundriß eines griechischen Kreuzes mit flachen Querarmen und einer östlich angefügten Sakristei. Die außen schlichte Kirche beeindruckt im Innern durch Größe und prachtvolle Ausstattung. Mit ihren allseitig den Innenraum umziehenden zweigeschossigen Emporen kann sie bis zu 7500 Gläubige aufnehmen. Ende des 17., Anfang des 18. Jahrhundert wurden zahlreiche Logen für den protestantischen Adel des Fürstentums Schweidnitz und für die Zünfte angebaut oder zwischen die Stockwerke der Emporen eingefügt. Die Brüstungen der Emporen sind geschmückt mit 78 Bibelversen in Schmuckumrahmungen sowie 47 Illustrationen von Glaubensprinzipien. Die Dekoration der Decke in volkstümlichem Barock ist ein Werk von Christoph Kalicki und Christian Süßenbach: dargestellt wird die Heilige Dreifaltigkeit, der Fall von Babylon, das Jüngste Gericht und das Himmlische Jerusalem. Kanzel (1729) und Altar (1752) sind ein Werk von August Gottfried Hoffmann. Der Altar symbolisiert den Tempel von Jerusalem als Haus der Weisheit Gottes und ist somit eine Antwort auf Form und Inhalt des Hauptaltars in der Stadtpfarrkirche und damaligen Kirche der Jesuiten. In den Darstellungen wird die Rolle Christi im Werk der Erlösung hervorgehoben. Zahlreiche barocke hölzerne Epitaphien finden sich an den Brüstungen der Emporen.

In den vergangenen Jahren wurde die Kirche vornehmlich mit Mitteln des Bundesministeriums für Forschung und Technologie und der Stiftung für deutsch-polnische Zusammenarbeit renoviert. Abseits der Kirche steht der 1708 erbaute Glockenturm, und auf dem Friedhof haben sich zahlreiche alte Grabmale mit deutschen Inschriften erhalten.

Westlich des Rings steht die Kirche **St. Josef** (7, Kościół Św. Józefa), ein 1754–72 entstandener Barockbau; unweit davon kann man die Ruinen der gotischen Kirche **St. Barbara** (8, Kościół Św. Barbary) besichtigen.

In **Kratzkau** (Krasków), 12 km nördlich von Schweidnitz, steht ein 1746 errichtetes Rokokoschloß, das jüngst in ein nobles Hotel verwandelt wurde. Einen Besuch wert ist der 1845 von Peter Josef Lenné (1789–1866) angelegte, sorgfältig rekonstruierte Park.

Eine Burg mit herrlicher Aussicht! Als Begleitlektüre empfiehlt sich Paul Kellers Roman ›Waldwinter‹ (1930); Ort der Handlung: die Ruine Kynsburg.

Am Ortsrand von **Kynau** (Zagórze Śląskie), 12 km südwestlich von Schweidnitz, beginnt der Aufstieg zur **Kynsburg** (Zamek Grodno). Herzog Bolko I. von Schweidnitz ließ die Burg errichten, um von hier aus die Handelsstraße nach Böhmen schützen zu können. Seither hat das Bauwerk verschiedene Umbauten erlebt, so im 16. Jahrhundert, als es zu einem Herrensitz im Renaissancestil umgestaltet wurde. Die 1945 teilweise zerstörte Burg wurde in den 60er Jahren wieder aufgebaut.

Kreisau/Krzyżowa

Kreisau/Krzyżowa ☆

Besonders sehenswert: Die Jugendbegegnungsstätte auf dem Gutshof der Familie Moltke – ein Prestigeobjekt der Stiftung für deutsch-polnische Zusammenarbeit

Kreisau ist ein Weiler 7 km südöstlich von Schweidnitz (Świdnica). Den Mittelpunkt des Dorfes bildet der frühere Gutshof der Familie von Moltke. Helmuth James von Moltke hatte im Zweiten Weltkrieg

Das ehemalige Landgut der Familie Moltke in Kreisau/Krzyżowa

»Wie gut, daß Kreisau heute polnisch ist, das nimmt es doch sofort heraus aus einer möglichen deutschen Enge und macht es von vornherein zu einem europäischen Ort!« Freya von Moltke

den Kreisauer Kreis von etwa 20 aktiven Mitarbeitern gegründet, um gemeinsam mit Vertretern aus durchaus unterschiedlichen politischen Lagern Pläne für ein zukünftiges demokratisches Deutschland zu entwickeln. Die Formulierung des Kreisauer Programms wurde nach zahlreichen Beratungen zwischen Mitte 1941 und Mitte 1943 in den »Grundsätzen für die Neuordnung« zusammengefaßt. Drei größere Arbeitstreffen fanden im Berghaus oberhalb des Kreisauer Gutshofs statt, wo die Familie von Moltke lebte. Januar 1944 wurde Moltke verhaftet, nach dem fehlgeschlagenen Hitler-Attentat vom 20. Juli 1944 im Januar 1945 verurteilt und hingerichtet (s. S. 61).

Die Vision von einem in Frieden vereinten Europa fand auch nach dem Krieg Anhänger. Ostdeutsche Bürgerrechtler und Mitglieder der Aktion Sühnezeichen interessierten sich für die Ideen der Kreisauer und faßten 1988 den Plan, Kreisau zu einem Ort der Begegnung zwischen Ost und West zu machen. Dafür setzte sich auch Frau von Moltke ein, die in den USA lebende Witwe des Gründers des Kreisauer Kreises. Der Krakauer Jesuitenpater Adam Żak vermittelte Kontakte zum Klub der katholischen Intelligenz in Breslau, der sich für die Idee eines internationalen Zentrums begeisterte. Frucht der Kontakte war 1989 die Gründung der »Stiftung Kreisau für Europäische Verständigung«. Noch im gleichen Jahr wurde auf dem Gelände des Gutshofs eine »Versöhnungsmesse« abgehalten, an der auch hochrangige Politiker Polens und Deutschlands teilnahmen.

In den folgenden Jahren wurden die verfallenen Gebäude von Grund auf saniert. Finanziert wurde die Begegnungsstätte vor allem mit Geldern der Stiftung für deutsch-polnische Zusammenarbeit. 1998 erfolgte die offizielle Einweihung der Begegnungsstätte. Elf ein- bis dreigeschossige Gebäude gruppieren sich um ein Viereck von etwa 100 x 200 m. Die Aktivitäten des Zentrums sind außerordentlich vielfältig. 16 modern ausgestattete Tagungsräume stehen bereit, außerdem gibt es einen Mehrzwecksaal mit Bühne und Leinwand, eine Bibliothek, ein Fotolabor und einen Computerraum, dazu natürlich Clubräume und Sportanlagen. In einem romantischen Kellergewölbe kann man diskutieren oder im Dachgeschoß im holzvertäfelten Meditationsraum ›einen Moment der Stille erleben‹.

Für Besucher ist vor allem das **Schloß** (Zamek) von Interesse. Eine *Ausstellung* informiert über Widerstand der Kreisauer gegen die nationalsozialistische Herrschaft, aber auch über die Oppositionsbewegungen im ehemals kommunistischen Osteuropa. Das Ziel dieser Gegenüberstellung ist der ›exemplarische‹ Vergleich, der freilich Gegenstand vieler Kontroversen ist. Vom Geist Helmuth von Moltkes, des ersten Gutsbesitzers (1800–91), künden die Wandbilder im Treppenhaus. Angehaucht vom preußischen Heroismus und Chauvinismus, berichten sie aus dem Leben des berühmten Generalfeldmarschalls. Dieser hatte mit seinen siegreichen Schlachten gegen die Österreicher 1866 bei Königgrätz und 1870 gegen die Franzosen bei Sedan viel zur Gründung des Deutschen Reiches beigetragen und dem preußischen König Wilhelm I. den Weg zum deutschen

Kaiserthron geebnet. – An ausgewählten Tagen kann man im repräsentativen Schloßsaal, der noch mit dem ursprünglichen Kachelofen und Biedermeier-Stilmöbeln ausgestattet ist, einem Konzert lauschen.

Vom Schloß gelangt man über eine alte Allee zum **Berghaus** (Dom na Wzgórzu), wo sich die Familie Moltke am liebsten aufhielt: eine kleine Villa auf einer Anhöhe mit weitem Blick auf sanft geschwungene Felder und Wiesen, im Hintergrund die Silhouette des Eulengebirges. Im Innern wurde ein Gedenkraum eingerichtet, der auf subtile Weise auf die Ziele des Kreisauer Kreises aufmerksam macht: in der Mitte des Raumes ist auf dem Boden ein Kreis angedeutet, der an den Diskussionstisch der Teilnehmer erinnert. Rund war auch ihr Wappen: ein roter Kreis mit schwarzem Kreuz, ›personaler Sozialismus‹ gepaart mit christlichem Engagement. Der runde Tisch kann zu neuem Leben erweckt werden – hierzu ist es nötig, die vier in den Ecken des Raums postierten Winkeltische zusammenzusetzen. Der aufmerksame Beobachter wird auch das Kreuz entdecken: eingeätzt ins Fensterglas. Im Nebenraum steht eine Bibliothek, die auf Literatur über den Widerstand im Dritten Reich spezialisiert ist, allen Interessierten offen.

Zobten/Sobótka

Zobten/Sobótka

Besonders sehenswert: Der Heilige Berg

Das Städtchen 35 km südwestlich von Breslau schmiegt sich an die Nordflanke des gleichnamigen Berges, der sich wie ein Koloß aus der schlesischen Tiefebene erhebt. Seinen Namen verdankt es dem slawischen Wort sobota (Samstag), jenem Wochentag, an dem hier vermutlich schon seit 1148 Markt abgehalten wird. Noch aus romanischer Zeit stammt die **Stadtpfarrkirche St. Jakobus des Älteren** (Kościół Farny Św. Jakuba), die im Stil der Gotik, später des Barock umgestaltet wurde. Einzig die Löwenplastik am südwestlichen Strebepfeiler des Turms stammt vermutlich noch vom Ursprungsbau. Die spätgotische Kirche **St. Anna** (Kościół Sw. Anny) wurde gleichfalls auf romanischen Fundamenten erbaut; noch älter ist die neben dem Gotteshaus aufgestellte slawische Kultplastik.

Vom Südrand der Stadt gelangt man auf gelb markiertem Pfad in etwa zwei Stunden zum Gipfel des **Zobten** (Ślęża) mit Baude und Aussichtsturm. Der Zobten ist Schlesiens heiliger Berg, mit 718 m die höchste Erhebung des mittelschlesischen Hügellandes; er setzt sich aus Eruptivgestein zusammen: im Westteil Granit, im Osten kristallines Gestein. Ein schöner Mischwald bedeckt die felsigen Abhänge. Archäologische Ausgrabungen haben hier zahlreiche Funde zutage gefördert (Abb. S. 12). Schon in der Bronzezeit und der frühen Eisenzeit existierte auf dem Gipfel eine Kultstätte; die entscheidende Gestaltung des Heiligtums wird jedoch erst den um 500 v. Chr. eingewanderten Kelten zugeschrieben. Sie manifestiert sich in steinernen Kultkreisen zur Abgrenzung des heiligen Raumes, wie sie an drei Stellen erhalten sind, in einem kleineren Ringwall auf dem 3 km entfernten Mittelberg und figürlichen Bildwerken, die über die Hänge des Zobten vertreut sind. Auch die germanischen Vandalen (ca. 100 v.–400 n. Chr.) und die Slawen (ab 6. Jahrhundert) haben den Berg als Kultplatz benutzt. 1121–28 berief der Breslauer Magnat Peter Wlast flandrische Augustinerchorherren nach Schlesien. Die Forscher sind sich allerdings nicht darüber einig, wo auf dem Gelände des Zobten und der umliegenden Hügel die damalige Klosterkirche ihren Standort hatte. 1150 wurde das Chorherrenstift auf die Sandinsel in Breslau verlegt.

Reichenbach/Dzierżoniów

Reichenbach bildet heute mit Peterswaldau (Pieszyce) und Langenbielau (Bielawa) einen geschlossenen Siedlungsbereich. Schon im Mittelalter war die Stadt ein Zentrum der Tuchmacherei. Im 16. und 17. Jahrhundert stellte man sich dann auf die Leinenherstellung um. Während im 18. Jahrhundert die Weberei mehr und mehr in die umliegenden Dörfer wie Peterswaldau und Langenbielau verlagert wurde, entwickelte sich Reichenbach zum Sitz der Textilkaufleute, die Baumwolle einführten und in den Dörfern verspinnen ließen. Als die einheimische Baumwollspinnerei den steigenden Bedarf nicht mehr decken konnte, führten die Kaufleute englische, maschinell gefertigte Garne ein, was schließlich zum Niedergang der hiesigen Herstellung führte. Gerhart Hauptmann hat in seinem berühmten, 1891 uraufgeführten Drama die Not der Weber beschrieben, die 1844 zum Aufstand in Peterswaldau und Langenbielau führte. Mit der Umstellung auf Textilfabriken wurde Reichenbach zum administrativen Zentrum dieser Industrie. Nach 1900 kamen Zellwollherstellung und eine Fabrik für Webstühle hinzu.

›Weberzug‹, Radierung aus dem Zyklus ›Weberaufstand‹, Käthe Kollwitz, 1897

Wie die schwelende Wut der Weber gegen die Reichen sich Bahn bricht, hat Käthe Kollwitz in der Radierung des Weberzugs eindrücklich dargestellt. Zum Äußersten entschlossen, bewaffnet mit Äxten und Beilen, macht sich die Gruppe der ausgemergelten, verzweifelten Gestalten auf den Weg zum Fabrikantenhaus, um ihre Rechte einzufordern. Frauen und Kinder marschieren mit, sie werden später den Männern die Pflastersteine in dem aussichtslosen Kampf reichen.

Die Innenstadt von Reichenbach zeigt weiterhin den im Mittelalter begründeten, fast kreisrunden Grundriß mit Resten der Ende des 13. Jahrhunderts entstandenen Stadtmauer. Auch die spätgotische **Tuchhalle** (Sukiennice) ist erhalten geblieben, ebenso der Turm des alten Rathauses, 1616 erneuert und später mit einer kupfernen Haube versehen. Das neben dem Turm postierte neue **Rathaus** (Ratusz) steht in der Mitte des Rings und wurde in den Jahren 1873–75 errichtet.

Südöstlich des Rings steht das Wahrzeichen der Stadt, die katholische **Stadtpfarrkirche St. Georg** (Kościół Parafialny Św. Grzegorza), ursprünglich aus dem 14. Jahrhundert, zwischen 1555 und 1612 zunächst spätgotisch, dann im Stil der Renaissance ausgebaut. Zur wertvollen Innenausstattung gehören eine holzgeschnitzte Kanzel von 1609 sowie der Hochaltar von 1615. Die ursprünglich evangelische, heute katholische **Pfarrkirche** (Kościół Farny) in der ul. Świdnicka wurde 1795–98 nach Plänen von Carl Gotthard Langhans erbaut und nach einem Brand 1973 wiederhergestellt: ein strenger, fast asketisch wirkender Bau.

Der polnische Nachkriegsname von Reichenbach bezieht sich auf den bekannten Pfarrer und Bienenforscher Dr. Johannes Dzierżon.

»Ein Fluch dem König, dem König der Reichen, / Den unser Elend nicht konnte erweichen, / Der den letzten Groschen von uns erpreßt / Und uns wie Hunde erschießen läßt – / Wir weben, wir weben!«
Heinrich Heine, Die schlesischen Weber, 1844

Die Hügel von Nimptsch und Frankenstein

Von der Fernstraße Breslau–Glatz (Wrocław–Kłodzko) bietet sich ein schöner Blick auf die Silhouette der Stadt **Nimptsch** (Niemcza) mit Kirchturm und Befestigungsanlagen. Im Hintergrund sieht man bewaldete Vulkanberge.

Die historischen Bauwerke der Stadt sind nach 1945 verfallen, teilweise auch, so das Schloß und die Hedwigkirche, abgetragen. Die barocke Innenausstattung der Kirche wird heute im Breslauer Nationalmuseum aufbewahrt. An das 1964 zu einer Fabrik umgestaltete *Schloß* erinnern noch Renaissance-Ornamente an den Fassaden und ein barockes Portal von 1735. Die *Stadtpfarrkirche St. Peter und Paul* (Kościół Parafialny Św. Piotra i Pawła), ursprünglich von 1295, hatte man nach einem Brand 1853 im neoromanischen Stil wieder aufgebaut; im Innern haben sich drei Barockaltäre erhalten.

Faszinierend ist die Frühgeschichte von Nimptsch: Angehörige der Lausitzer Kultur schufen um 1000 v. Chr. die ersten Befestigungsanlagen, etwa 600 Jahre später erwählten silingische Sippen den Platz zu ihrem Sitz. Als die Slawen im 6. Jahrhundert n. Chr. den Ort neu gründeten, nannten sie ihn nach den hier noch angetroffenen Silingern Nemci (die Stummen) – ein Ausdruck, der sich in vielen slawischen Sprachen als Ausdruck für Deutsche durchsetzte. Ab 990 war der Ort polnischer Besitz und nahm im Kampf

Frankenstein/Ząbkowice Śląskie, der schiefe Turm der Stadtpfarrkirche St. Anna

um Schlesien eine Schlüsselstellung ein. 1282 erfolgte neben dem Gelände der alten polnischen Stadt eine deutschrechtliche Stadtgründung.

Da sich die beiden benachbarten Orte Frankenberg und Löwenstein nicht recht entwickeln wollten, gründete Herzog Heinrich IV. 1286 eine neue Stadt und gab dieser je die Hälfte ihrer Namen. Das Wahrzeichen von **Frankenstein** (Ząbkowice Śląskie) ist der Glockenturm der *Stadtpfarrkirche St. Anna* (Kościół Parafialny Św. Anny), der seit Erdsenkungen Ende des 16. Jahrhunderts ›Schiefer Turm‹ genannt wird. Nach einem Brand 1858 sollte er abgerissen werden, doch dies stieß auf den Widerstand der katholischen Kirchengemeinde. So hat man auf das bestehende schiefe Teil ein weiteres Turmstück aufgesetzt, wodurch das ganze Bauwerk einen merkwürdig wirkenden Knick bekommen hat. Der Bau der Kirche St. Anna begann 1415, 1450 hat man sie zur gotischen Hallenkirche erweitert und 1547–60 noch einmal umgebaut.

Vom 1532 erbauten und 1646 im Dreißigjährigen Krieg gesprengten *Schloß* (Zamek) blieb nur eine Ruine erhalten. 1345 wird erstmals der Bau eines Rathauses erwähnt; der Neubau von 1534 brannte 1858 ab, danach (1862–64) entstand das heutige *Rathaus* (Ratusz).

Schon von weitem sieht man das *Schloß* von **Kamenz** (Kamieniec Ząbkowicki), das im Volksmund ›umgestülpter Tisch‹ heißt: Vier Rundtürme ragen aus einem viereckigen, gedrungenen Gebäudewürfel, der wie ein Koloß auf einem Hügel thront. Es wurde 1838–63 für Prinz Albrecht von Preußen, einen Bruder Friedrich Wilhelms IV., erbaut und nach dessen Scheidung seiner ehemaligen Gemahlin Prinzessin Friederike Louise Wilhelmine, der späteren Königin der Niederlande, überlassen. Karl Friedrich Schinkel schuf hier einen riesigen Backsteinbau, der an mittelalterliche Burgen erinnert. Vor einigen Jahren hat es ein britischer Staatsbürger polnischer Herkunft erworben und darin ein Hotel eingerichtet, doch hat das Schloß aufgrund des Hochwassers von 1997 stark gelitten. Der 120 ha große, terrassenförmig angelegte Landschaftsgarten mit Wasserspielen und Laubengängen ist noch immer verwildert, fast unmerklich geht er in die Wälder von Wartha über.

Von dem 1210 gegründeten *Kloster* (Klasztor), das 1682–85 in barocken Formen umgebaut wurde, steht heute nur noch der sogenannte Prälatenflügel. Die *Kirche* (Kościół Farny) dagegen blieb erhalten, einschließlich der barocken Veränderungen von 1700. Die Innenausstattung stammt aus den Werkstätten von Anton Jörg, Christoph Königer und Thomas Weißfeldt (1670/71–1725). Vor allem die Figuren der 14 Nothelfer aus Weißfeldts Werkstatt gehören zu den Höhepunkten der Barockplastik in Schlesien: religiöse Themen sind hier ins Spielerische gewendet, die ausdrucksstarke Gebärdensprache wirkt zugleich tänzerisch-beschwingt und elegant. Königer schuf auch den Hauptaltar (1704/05) nach einem Entwurf von Michael Willmann (s. S. 52).

Strehlen-Münsterberger-Land

Die Silhouette von **Münsterberg** (Ziębice), 62 km südlich von Breslau, bietet – besonders aus Richtung Heinrichau – ein eindrucksvolles Bild: mehrere hohe Kirchtürme, die aus einem dunklen Häusermeer aufragen, umschlossen von einem Gürtel aus Grün.

Würde Münsterberg restauriert, könnte es aufsteigen zu einer Bilderbuchstadt. Im Zentrum liegt auch hier der Ring (Rynek) mit dem *Rathaus* (Ratusz), einem Jugendstilbau von 1888–91, in den der Turm des vorangegangenen Bauwerks aus dem 14./15. Jahrhundert miteinbezogen wurde. Schräg gegenüber steht die wuchtige *Stadtpfarrkirche St. Georg* (Kościół Parafialny Św. Grzegorza) mit Glockenturm und zweischiffigem Langhaus (1265–75). Zu den Kunstwerken im Kircheninnern gehören ein Sakramentshäuschen aus dem 15. Jahrhundert, die Kanzel von 1595, der barocke Hochaltar aus dem Jahr 1705, schließlich die Seitenaltäre ›Dreifaltigkeit‹ und ›Kreuzigung‹ von 1740. Östlich schließt sich die frühere *evangelische Kirche* an; sie wurde 1796/97 auf den Grundmauern des alten herzoglichen Schlosses erbaut. – Am Westrand der Altstadt erhebt sich die Kirche *St. Peter und Paul* (Kościół Św. Piotra i Pawła), ein barockes Bauwerk aus den Jahren 1726–30.

Der Name geht einerseits auf den alten slawischen Ort ›Sambice‹, andererseits auf das deutsche ›Munsterberch‹ zurück. Das ›Münster auf dem Berge‹, die heutige Stadtpfarrkirche St. Georg, war schon 1282 Kern des Stadtwappens.

Heinrichau/Henryków

Heinrichau/Henryków ☆☆

Besonders sehenswert: Klosteranlage

Nur 8 km nördlich von Münsterberg liegt das **Kloster** von Heinrichau (Klasztor Henryków). In der Ortsmitte führt von der Durchgangsstraße eine gepflasterte und auf beiden Seiten von Mauern begrenzte Zufahrt zum Kloster hinab. Licht und lebendig wirkt die ganze Anlage: hinter einer aufstrebenden Dreifaltigkeitssäule, die der Wiener Pestsäule auf dem Graben nachgebildet ist, erheben sich die Türmchen des Prälatenpalasts. Überragt werden sie vom Kirchturm, an den die barocke Kirchenfassade mit ihrer kuppelbedeckten Eingangshalle angrenzt.

Aufgrund einer Stiftung Heinrichs I. von Schlesien war hier, aus Leubus (Lubiąż) kommend, 1227 der erste Zisterzienserkonvent eingezogen; schon ein Jahr später wurde die Kirche geweiht. Das Heinrichauer Gründungsbuch, das heute im Breslauer Diözesanmuseum aufbewahrt wird, stellt die Besiedlung der Region ausführlich dar. Deutschen wie Polen gilt dies als wichtiges Dokument: den einen als Beleg für den friedlichen Charakter der deutschen Ostkolonisation; den anderen als frühestes Zeugnis der polnischen Sprache: in den lateinischen Text ist ein Satz auf polnisch eingefügt. Ihre Blütezeit erlebte die Zisterze in der zweiten Hälfte des 17. Jahrhunderts. 1810 wurde sie säkularisiert und die Stiftskirche in eine Pfarrkirche umgewandelt. Nachdem sich im Kloster bis 1990 eine landwirtschaftliche Fachschule befand, wird es heute wieder von Franziskanern betreut.

Die gotische **Klosterkirche** ist der älteste erhaltene Zisterzienserbau Schlesiens, der Chor stammt aus dem 13. Jahrhundert, das Langhaus wurde in 14. Jahrhundert erbaut und der Turm 1608, 1682–98 wurde die Kirche barockisiert. Das Kloster, in dieser Zeit anstelle einer älteren Anlage errichtet, wird an den Ecken von schlanken Türmen flankiert; neben den barocken Bauformen lassen sich auch jene für das süddeutsche Bauwesen typischen Anklänge an die Spätrenaissance finden, etwa zweiteilige Fenster mit Blendgiebelverdachungen.

Auch das Innere der mittelalterlichen Klosterkirche erfuhr eine umfassende Barockisierung durch Pilaster und rundbogige Arkaden. Michael Willmann schuf das Altarbild für den Hauptaltar von 1682–84, die Heiligenfiguren sind ein Werk von Matthias Steinl (um 1644–1727). Auch das Renaissance-Chorgestühl von 1576 wurde umgestaltet: nach 1700 hat man an die zwei Reihen des Gestühls die zum Altar gerichteten Logen des Abtes und des Priors angefügt sowie eine plastische Dekoration über dem Dorsale. 1709 wurden acht frei stehende Figuren von Päpsten, Kardinälen, Bischöfen und Äbten aufgestellt, deren manieristisch gesteigerte Gebärdensprache sowohl Askese als auch religiöse Verzückung zum Ausdruck bringt. Die Skulp-

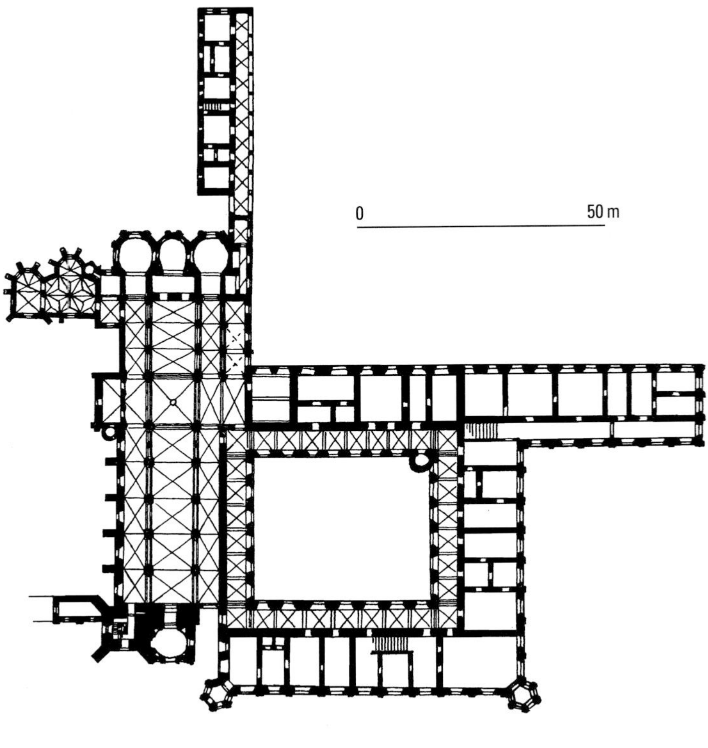

Heinrichau/Henryków, Grundriß der Klosteranlage

Heinrichau/Henryków, Klosterkirche

turen, ein Werk des ›Meisters von Heinrichau‹, sind nicht mit der ursprünglichen Komposition des Gestühls verbunden. Die Reliefs an den Lehnen des Gestühls zeigen Szenen aus dem Leben Christi.

Die Stadt **Strehlen** (Strzelin), 16 km nördlich von Heinrichau, besitzt noch die alte planmäßige Stadtanlage des Mittelalters mit dem gitterförmigen Straßennetz und dem fast quadratischen Ring. Reste der Stadtmauer sind im Nordwesten und Südwesten der Altstadt erhalten geblieben, dazu auch der *Pulverturm* (Baszta Prochowa) und die Ruinen der *St.-Georg-Kapelle* (Kaplica Św. Jerzego)

Vom alten Rathaus auf dem Ring existiert nur noch das als Baudenkmal geschützte Untergeschoß des Turms. Die östlich des Rings stehende, um 1300 erstmals erwähnte Kirche *St. Gotthard* (Kościół Św. Jerzego) hat man dagegen wieder aufgebaut: ein schöner, aus Bruchsteinen gemauerter Bau, dessen gedrungener Turm mit Schießscharten ihm den Charakter einer Festung verleiht. Unter der Kirche wurden Fundamente einer romanischen Rotunde freigelegt, die man auf die Zeit vor 1264 datiert. Die *Heilig-Kreuz-Kirche* (Kościół Św. Krzyża) des ehemaligen Klarenklosters südwestlich des Rings stammt aus der Zeit um 1700.

Sudeten

Isergebirge/Góry Izerskie

Der Name Isergebirge – gemeint ist die Berglandschaft zwischen der Lausitzer Neiße (Nysa Łużycka) im Westen und dem Riesengebirge (Karkonosze) im Osten – hat sich erst zu Beginn des 19. Jahrhunderts eingebürgert. Im Gegensatz zum Riesengebirge besteht das Isergebirge mehr aus breiten, schwächer gewölbten Bergrücken und nur einigen wenigen Felsspitzen. Hauptgebirgszug ist der Hohe Iserkamm mit der Tafelfichte (Smrek, 1124 m) auf tschechischer Seite, gegenüber die Hohe Kappe (Wysoka Kopa, 1126 m) und das Heufuder (Stóg Izerski, 1107 m) auf polnischer Seite, und am Ostrand nahe Ober-Schreiberhau (Górna-Szklarska-Poręba) der Hochstein (Wysoki Kamień, 1058 m). Die vier Kämme des Isergebirges sind nur teilweise mit dichten Nadelwäldern bedeckt, an vielen Stellen wird die Baumgrenze schon bei 730 m von Knieholzgebüsch abgelöst. Zwischen den Kämmen breiten sich ausgedehnte Hochmoore aus, die der Landschaft einen melancholischen Zug verleihen.

Das Isergebirge: anmutige Bergtäler und waldbedeckte Bergflanken

Greiffenberg (Gryfów Śląski), heute eine eher unbedeutende Kleinstadt, war einmal das Zentrum der Leinenweber und Tuchhändler. Von früherem Reichtum zeugt das 1524 errichtete *Rathaus* (Ratusz), das im 18. Jahrhundert noch einmal ausgebaut wurde. Auch die *Stadtpfarrkirche St. Hedwig* (Kościół Parafialny Św. Jadwigi) verrät alten Glanz. Die dreischiffige Hallenkirche mit einem Tonnengewölbe im Hauptschiff und Netzgewölben in den Seitenschiffen entstand um 1512. Der Hauptaltar (1606) ist ein Werk von Paul Meyner. In der dem Hauptportal vorgebauten Kapelle findet sich ein Grabmal der Familie Schaffgotsch (1545) mit elf lebensgroßen Figuren.

In **Friedeberg** (Mirsk) spielte um 1800 das Edelsteinschneiden und -schleifen eine wichtige Rolle, was sogar Johann Wolfgang von Goethe 1790 veranlaßte, der kleinen Stadt einen Besuch abzustatten. Bis ins 18. Jahrhundert zumeist aus Holzbauten bestehend, wurde die Stadt mehrfach von Bränden heimgesucht. So stammt das *Rathaus* (Ratusz) aus dem Wiederaufbau nach dem Brand von 1767. Zu dieser Zeit mußte auch der Außenbau der *Stadtpfarrkirche St. Maria* (Kościół Parafialny Św. Marii) (1562–67 erbaut) erneuert werden.

Mehrere der Heilquellen von **Bad Flinsberg** (Świeradów Zdrój) sind seit fast 500 Jahren bekannt, so durch eine dokumentierte Notiz des Hirschberger Arztes Kaspar von Schwenckfeld von 1601. Badehäuser, die vor und nach der Jahrhundertwende errichtet wurden, sind bis heute in Betrieb: das *Leopoldsbad* (1890), das *Ludwigsbad* (1879) und das *Marienbad* (1904). Das 1899 eingeweihte Kurhaus mußte nach einem Brand 1969 wieder aufgebaut werden. Nach 1978 hat man eine moderne Kurheilanstalt errichtet. Es existieren Pläne, den gesamten Kurbetrieb modernen Erfordernissen anzupassen.

Seit 1994 gibt es in Bad Flinsberg ein *Museum konkreter Kunst* (Muzeum Sztuki Konkretnej/Fundacja Gerarda), in dem zeitgenös-

◁ Caspar David Friedrich, Morgen im Riesengebirge (Ausschnitt), 1810/11, Staatliche Museen zu Berlin, Preußischer Kulturbesitz, Nationalgalerie

Grenzgänger der Kunst: Im Museum von Bad Flinsberg kann man ihnen bei der Arbeit zuschauen.

sische Künstler aus den Ländern Polen, Tschechien und Deutschland vorgestellt werden, oft auch selber anwesend sind, um Workshops zu leiten.

Die traditionellen Wanderwege, die in der Ortsmitte, am Rande des Kurparks starten, sind ausnahmslos gut beschildert: sie führen nach Schreiberhau (Szklarska Poręba), zum Heufuder (Stóg Izerskie), zum Großen Geierstein (Sepia Góra) und zum Hasenstein (Zajęcznik).

Riesengebirge/Karkonosze

Mit Riesengestalten, die sich angeblich in seinen Wäldern tummeln, hat der Name nichts zu tun. ›Risen‹ waren Holzrinnen am Südabhang des Gebirges, über die die gefällten Baumstämme leicht ins Tal befördert werden konnten.

Nach den Alpen und den Karpaten gehört das Riesengebirge zu den höchsten Erhebungen in Mitteleuropa. 1602 m ragt die Schneekoppe (Śnieżka) empor, die in ihrer Form einer unregelmäßigen dreiseitigen Pyramide gleicht. Dank der Silhouette der Wetterwarte ist sie schon von weitem erkennbar. Nach Norden fällt sie steil ab in den Melzergrund (Kocioł Łomniczki) und nach Süden in den Aupagrund (Úpska jáma). Durch Verwitterung entstanden auf dem Kamm und im Vorgebirge zahlreiche Felsgruppen, die merkwürdige Formen zeigen und schon früh den Volksmund zu Namen anregten: Quarksteine, Pferdekopfsteine, Sausteine u. a.

Dabei ist das Gebirge keineswegs so groß, wie sein Name vermuten läßt. Es ist 22–25 km breit und erstreckt sich über eine Länge von 40 km zwischen dem Paß von Jakobstal (Jakuszyce) und dem Paß von Schmiedeberg (Kowary). Infolge der geographischen Lage als Wetterscheide zwischen Böhmen und Schlesien herrscht im Riesengebirge ein sehr rauhes und wechselhaftes Klima.

Bestimmend für das Wirtschaftsleben waren lange Zeit Ackerbau und Viehzucht im Gebirgsvorland, Vieh- und Forstwirtschaft in den höheren Lagen. Mit der dichter werdenden Besiedlung entfalteten sich auch Glasmalerei, Glasveredelung, Weberei und Holzschnitzkunst. Einen Aufschwung brachte der Fremdenverkehr ab dem Ende des 19. Jahrhunderts. Je mehr sich die Industrie insbesondere in Hirschberg (Jelenia Góra) entwickelte, desto mehr Arbeitskräfte wanderten aus den Gebirgsregionen in die Stadt ab.

1959 wurde das Riesengebirge auf beiden Seiten der Grenze zum Nationalpark erklärt, was aber die wachsende Umweltverschmutzung durch die regionale Industrie und die schädlichen Einflüsse aus Oberschlesien sowie aus der ehemaligen DDR und Tschechoslowakei nicht zu bremsen vermochte. Erst in den vergangenen Jahren ging es wieder aufwärts: zum UNESCO-Biosphärenreservat, das 1992 eingerichtet wurde, gehört nicht allein der polnische, sondern auch der südlich angrenzende, 40 000 ha große tschechische Nationalpark. Nach dem Waldsterben der 80er Jahre konnten Waldflächen wieder aufgeforstet werden, die Luftverschmutzung hat sich erheblich vermindert.

Seit Martin Opitz haben sich immer wieder Dichter und Schriftsteller mit dem Riesengebirge und insbesondere seinem Berggeist, dem Rübezahl, befaßt. Wie keine andere deutsche Märchenfigur war Rübezahl mit einer bestimmten Landschaft und ihren Bewohnern verbunden. Man nimmt an, daß es Bergleute aus Hessen und aus dem Harz waren, die im späten Mittelalter ins Riesengebirge kamen und den Rübezahl als ›Geist der Bergleute‹ mitbrachten. Mit dem Niedergang des Bergbaus entwickelte sich Rübezahl mehr und mehr zum Dämon des Wetters, der die Naturgewalten entfesselte und mit dem Teufel im Bunde stand. In der Phantasie der Menschen wurden ihm übersinnliche, geheimnisvolle Kräfte zugestanden, daneben aber auch Gutmütigkeit sowie Sinn für Lebensfreude und Humor. Polnische Holzschnitzer im Riesengebirge fertigen bis heute Figuren des ›Pan Liczyrzepa‹, wie Rübezahl im Polnischen genannt wird.

Rübezahl: »Beherrscher der Geister« (Carl Maria von Weber)

Unter den Malern, die sich am Riesengebirge begeisterten, wurde vor allem Caspar David Friedrich (1774–1840) bekannt. Im Juli 1810 startete er zu einer langen Wanderung mit Georg Friedrich Kersting (1785–1847), stieg hinauf durch Moore und Steinhalden, überquerte die mit schütterem Knieholz bedeckten Hänge. Sein Ziel war stets der Kamm, wo das Auge an keine Grenze mehr stößt. Unter ihm staffelten sich die Berge, tief schnitten die Flußtäler ins Massiv. Ringsum sah er erstarrtes Gestein, aber auch Bilder flüchtiger Bewegung: Nebelfetzen, die den Hang emporkriechen, Regenschauer, die über den Kamm fliegen und gleißende Lichtstrahlen. Alles, was er beobachtete, hielt er in Bleistiftskizzen und Farbnotizen fest – der Grundstock für seine später geschaffenen Gemälde, die mehr als nur Abbilder bestimmter Landschaften sind, sondern ganz neue Landschaftsvorstellungen zeigen, in denen Gebirge auch als Jenseitsvision begriffen werden kann.

Georg Friedrich Kersting: Caspar David Friedrich auf seiner Wanderung durchs Riesengebirge, 1810, Staatliche Museen zu Berlin, Preußischer Kulturbesitz, Kupferstichkabinett

Auf Friedrich folgte Ludwig Richter (1803–84) mit seinen 30 Stahlstichen zum Buch ›Wanderungen durch das Riesengebirge und die Grafschaft Glatz‹ (Leipzig 1840), verfaßt im Rahmen der von dem Leipziger Verleger Wieland herausgebrachten Reihe ›Das malerische und romantische Deutschland‹. Die bekannteste Darstellung des Rübezahl schuf Moritz von Schwind (1804–71) 1859 für den Grafen Schack, ein Bild, das heute in der Münchener Schack-Galerie hängt.

Von Hirschberg/Jelenia Góra nach Schreiberhau/Szklarska Poręba

Hirschberg/Jelenia Góra

Hirschberg/ Jelenia Góra ☆☆

Besonders sehenswert: Markplatz

Im Stadtzentrum und vor allem rund um den Ring hat sich Hirschberg etwas Wohlig-Provinzielles bewahrt, trotz der 100 000 Einwohner ist es frei von Hektik und Lärm. Bürgerhäuser des Barock und Rokoko schmücken den Markplatz und sind durch einen malerischen Laubengang miteinander verbunden. Seit sie restauriert wur-

Hirschberg/
Jelenia Góra

1 Burgtor
2 Rathaus
3 Stadtpfarrkirche St. Erasmus und Pankratius
4 St. Anna
5 Stadtpfarrkirche der orthodoxen Glaubensgemeinschaft
6 Gnadenkirche, heute Kirche der Garnisonspfarrei zum Heiligen Kreuz
7 Cyprian-Norwid-Theater
8 Regionalmuseum

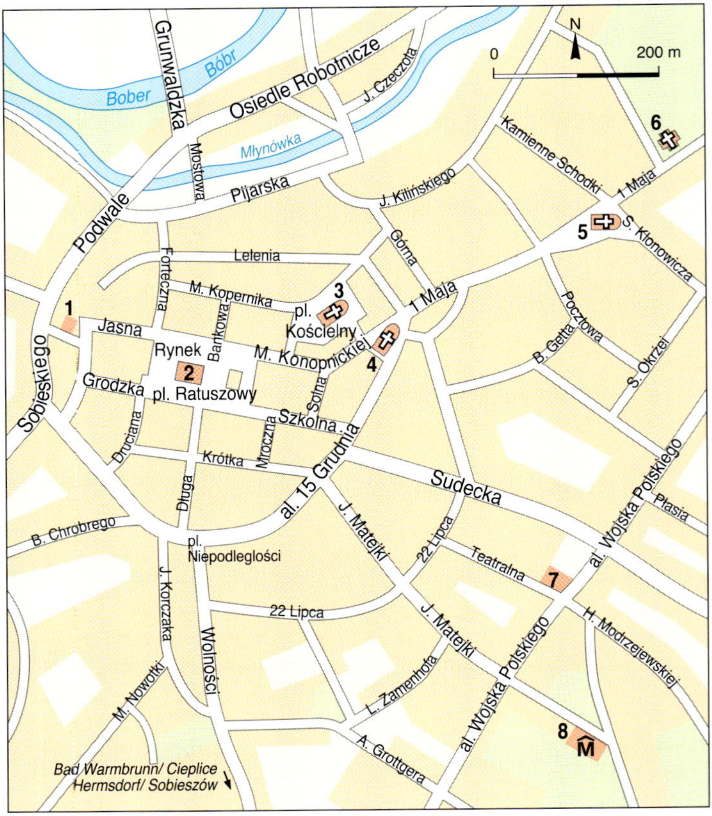

den, leuchten sie wieder in hellen, pastellfarbenen Tönen – über das Kopfsteinpflaster fährt eine Kutsche aus Habsburger Zeit.

Ein ganz anderes Bild hat man, wenn man das Zentrum verläßt: im Zuge des in den 60er Jahren forciert betriebenen Ausbaus der Industrie sind vor allem rechts des Bober (Bóbr) häßlich-graue Trabantenstädte entstanden. Zu den vorhandenen Maschinen-, Holz-, und Zementfabriken kamen Betriebe der optischen und pharmazeutischen, der Möbel- und Bekleidungsindustrie hinzu. Für die Umwelt war diese Entwicklung verheerend. Dies spiegelte sich insbesondere in hohen Schadstoffwerten der Luft und des Wassers.

»Die Lage der wohlgebauten Stadt … ist eine der schönsten in Deutschland. Wie weich, wie mild, saftgrün und wieder dunkel schattirt gruppiren sich die Berge um die Stadt.« (Karl Herlossohn, Wanderungen durch das Riesengebirge und die Grafschaft Glatz, 1840)

Polnische Darstellungen führen die Stadtgründung durch König Bolesław III. Krzywousty auf das Jahr 1108 zurück, in deutschen Quellen ist von 1299 die Rede. 1348 erhielt Hirschberg durch Herzog Bolko II. von Schweidnitz das Meilenrecht, in der Folgezeit kamen weitere Privilegien wie das Münzrecht, die Zollfreiheit im Handel mit Böhmen und schließlich 1502 die freie Ratswahl hinzu. Zu Beginn des 16. Jahrhunderts wurde die mittelalterliche Tuchmacherei durch die Weberei abgelöst. Die eigentliche Industrialisierung setzte im 19. Jahrhundert ein. Im Zweiten Weltkrieg mußte Hirschberg kaum Zerstörungen hinnehmen, litt jedoch im Folgejahrzehnt unter einem starken Verfall der alten Bausubstanz.

Als Bestandteil der mittelalterlichen Stadtbefestigung blieb am Westrand der Altstadt das **Burgtor** (1, Brama Zamkowa), ein hoher Rundturm mit achteckigem Aufsatz, erhalten. Von dort erreicht man binnen einer Minute den rechteckigen **Ring** (pl. Ratuszowy), der dank seiner umlaufenden Lauben etwas Gemütlich-Anheimelndes hat. Die angrenzenden Häuser beherbergen Restaurants und Cafés, Läden und Galerien, sie gehen in den Fundamenten teilweise bis ins späte Mittelalter zurück. Ihre Fassaden spiegeln die kunsthistorischen Epochen zwischen dem 16. und dem 19. Jahrhundert wider, wobei Barock- und Rokokoformen vorherrschen. Bei der Restaurierung wurden nicht alle Häuser in der ursprünglichen Tiefe von 30 m wiederhergestellt. Trotzdem vermitteln die bunt bemalten Fassaden einen homogenen Eindruck vom historischen Marktplatz.

Das **Rathaus** (2, Ratusz) stand ursprünglich an der Nordwestseite des Rings, wo auch im 16. Jahrhundert ein Folgebauwerk errichtet wurde. Als 1739 dessen Turm einstürzte, kam es 1747–49 zu einem Neubau, diesmal in der Mitte des Marktes. Dabei handelte es sich um das erste neuerbaute öffentliche Gebäude nach der Eroberung Schlesiens durch Friedrich den Großen, und es zeigt den Übergang vom Spätbarock zum Klassizismus preußischer Ausprägung.

Ältestes Bauwerk der Stadt ist die katholische **Stadtpfarrkirche St. Erasmus und Pankratius** (3, Kościół Parafialny Św. Erazma i Pankracego) unweit der Nordostecke des Marktes. Die Bruchsteinbasilika mit lichtem, hohem Chor und Westturm stammt aus der zweiten Hälfte des 14. Jahrhunderts, 1736 erhielt der Turm eine barocke Krönung. Kostbarstes Stück der Inneneinrichtung ist der barocke Hochaltar

Hirschberg/ Jelenia Góra, einer der schönsten Marktplätze Schlesiens mit Galerien und Einkaufsläden, Cafés und Restaurants

Hirschberg/Jelenia Góra, Stadtpfarrkirche St. Erasmus und Pankratius, Blick auf den Hochaltar

(1713–18) mit Figuren des Bildhauers Thomas Weißfeldt und einem Altarbild von Johann Kretschmer (tätig 1703 bis 1719), das von einer Schreinerarbeit des Hirschberger Tischlers Hielscher eingerahmt ist. Ekstatisch bewegte Figuren zeigt die **Mariensäule** (Kolumna Matki Boskiej) von 1712 vor dem Westportal der Kirche.

An der ul. Konopnickiej (Schildauer Straße) liegt die Kirche **St. Anna** (4, Kościół Św. Anny), die ursprünglich unter Verwendung der Mauern einer alten Bastei erbaut worden war, dann aber nach einem Brand 1634 im barocken Stil erneuert und dabei dem früheren Schildauer Torturm angebaut wurde. Der Turm erhielt zu dieser Zeit seine barocke Haube. – Die frühere Marienkirche (1737) an der ul. 1 Maja ist seit 1948 **Stadtpfarrkirche der orthodoxen Glaubensgemeinschaft** (5, Prawosławny Kościół Parafialny).

Eine jener **Gnadenkirchen**, die den evangelischen Gläubigen im Rahmen der Altranstädter Konvention zugestanden wurden, steht ebenfalls an der ul. 1 Maja, gebaut 1709–18 als Stiftung der protestantischen Bürger der Stadt. Heute dient sie als katholische **Kirche der Garnisonspfarrei zum Heiligen Kreuz** (6, Kościół Garnizonowy Parafia Św. Krzyża).

Den architektonischen Entwurf lieferte Martin Frantz (1679 bis 1742), er leitete auch die Bauarbeiten. Aus Dankbarkeit für den schwedischen König Karl XII., der gegenüber dem habsburgischen Kaiser die Gleichberechtigung der schlesischen Protestanten durchgesetzt hatte, wurde sie nach dem Vorbild der Stockholmer Katharinenkirche erbaut. Sie hat den Grundriß eines griechischen Kreuzes, wobei ein Arm durch ein quadratisches Joch verlängert wurde, in dem sich Altar und Orgelprospekt befinden. Mit der massiven Kuppel und den vier schlanken Türmen an den Ecken der Kreuzarme folgt die Kirche ihrem Vorbild, ist aber gleichzeitig viel höher und monumentaler, da Platz geschaffen werden sollte für die zweigeschossige Empore. Der gewaltige *Orgelprospekt* (1727–29) verdeckt das Instrument, das der Berliner Orgelbaumeister Johann Michael Röder geschaffen hat. Die Skulpturen am Orgelprospekt stammen von Johann Georg Urbański. Felix Anton Scheffler malte im Kirchenschiff die Fresken mit den Themen: ›Auferstehung‹ (1737), ›Himmelfahrt Christi‹ und ›Heilige Dreifaltigkeit‹ (1751).

Die Kirche wurde in den 70er Jahren restauriert, entsprechende Arbeiten an den Fresken wurden in den 90er Jahren abgeschlossen. Entlang der Friedhofsmauer (1760–80), die die Kirche in weitem Halbkreis umschließt, befindet sich eine Reihe barocker Gruftkapellen – der Hirschberger Adel fand hier seine letzte Ruhestätte.

Hirschberg/Jelenia Góra, die Gnadenkirche, heute Kirche der Garnisonspfarrei zum Heiligen Kreuz

Südlich der Gnadenkirche an der früheren Wilhelmstraße (heute: al. Wojska Polskiego) entstand 1904 in der Zeit des Jugendstil das Kunst- und Vereinshaus nach Entwürfen von A. Daehmel; jetzt ist darin das **Cyprian-Norwid-Theater** (7) untergebracht, benannt nach einem der herausragenden polnischen Dramatiker des 19. Jahrhunderts.

Gleichfalls in Jugendstilformen wurde 1912–14 das Gebäude des Riesengebirgsmuseums unter der Leitung des Architekten Karl Grosser (1850–1918) errichtet, in dem sich heute ein **Regionalmuseum** (8, Muzeum Okręgowe) befindet, das mit 8000 Exponaten über eine umfangreiche Glassammlung verfügt. Vor allem dem Engagement der Kustodin Stefania Zelasko ist es zu danken, daß es sich zu einem Juwel unter den schlesischen Museen entwickelt hat. Alle Objekte sind sorgfältig zusammengestellt und auch mit deutschen Erklärungen versehen. Der Schwerpunkt der Sammlung liegt auf schlesisch-böhmischem Glas. Schon seit dem 13. Jahrhundert wird aus dem im Riesengebirge reichlich vorhandenen Quarzsand Glas geschmolzen. Preiswerten Brennstoff lieferten die Wälder, das technische Können brachten Fachkräfte von der venezianischen Glasinsel Murano. Aus dem Mittelalter sind volkstümliche Gläser und Humpen zu sehen, aber auch elegante Kelche mit detaillierten Gravuren. Vor dem aufmerksamen Betrachter entfaltet sich ein schlesischer Bilderbogen der Städte und Landschaften von der Schneekoppe bis nach Hirschberg – eingeschnitten und eingraviert in zerbrechliches Kristall.

Nicht nur Gebrauchsgegenstand, sondern auch Kunstwerk: die Glassammlung im Hirschberger Regionalmuseum gehört zu den reichsten in Europa.

Nicht weniger interessant ist der Einblick in die Kunst des Feierns. Zum Mahl gab es ›Scherzgefäße‹ mit eingebauter Röhre, die in einem Zug zu leeren waren. Hochzeitspaaren wurde der Brautkelch überreicht: der Mann durfte aus dem weitgeschwungenen Rock der Figur trinken, die Frau mußte sich mit dem kleinen Kopfaufsatz begnügen.

Im 18. Jahrhundert etablierte sich Milchglas als Nachahmung des in Mode gekommenen Porzellans. Es war so transparent, daß es erfolgreich mit der asiatischen Importware jener Zeit konkurrieren konnte. Zur Zeit des Biedermeier war in der Wahl der Farben Vielfalt angesagt. Die Palette reichte von Schwarz-Blau über Violett bis Grün-Gelb; schlesische Motive wie etwa die Burg Kynast wurden bevorzugt mit schillerndem Rubinrot unterlegt (s. S. 160). Besonders zwei Namen sind es, die in der schlesischen Glaskunst herausragen: Fritz Heckert aus Petersdorf und Franz Pohl von der Josephinenhütte in Oberschreiberhau. Vor allem letzterer hat die in Venedig nach antiken Vorbildern wieder erneuerte Technik des Millefioriglases verfeinert sowie qualitativ hochwertiges Bleikristall entwickelt.

Das bekannteste Glashüttenmärchen stammt von Gerhart Hauptmann (aus dem Vorwort zu ›Und Pippa tanzt‹): »Ich wollte das Symbol der Schönheit in seiner Macht und Vergänglichkeit in den Mittelpunkt stellen, und daß dieses Symbol sich für mich in glitzerndem, feinschillerndem, zerbrechlichem Glase symbolisierte ... Pippa ist die Tochter eines italienischen Glastechnikers. Aus Venedigs Gefilden, aus Murano, der Stätte edelster Glaskunst, wurde sie nach dem rauhen Norden des Riesengebirges verschlagen.«

Im Erdgeschoß kann man sich mit bürgerlicher und bäuerlicher Wohnkultur des 19. Jahrhunderts vertraut machen. Das Wohnzimmer des Kaufmanns ist mit verziertem Kachelofen, Deckenstuck und Wandmalereien ausgestattet, in der dunklen Stube des Leinenwebers drängen sich grobe Holzmöbel neben einem Webstuhl und anderem Arbeitswerkzeug. Vom Garten aus erkennt man, wie sich der Standesunterschied in der Architektur manifestiert: hier eine eingeschossige Fachwerkkate mit Blumenschmuck, dort ein dreigeschossiges

Haus mit Giebel, Laube und einem Schiffsrelief, das auf weitgespannte Handelskontakte des Kaufmanns verweist.

Bad Warmbrunn/ Cieplice Zdrój ☆

Besonders sehenswert: Pfarrkirche mit dem Altarbild von Willmann Schaffgotschpalais Kurpark

Bad Warmbrunn (Cieplice Zdrój) ist der älteste schlesische Kurort und gehört heute zum Stadtgebiet von Hirschberg. Seinen Namen verdankt er mehreren heißen, bereits im 12. Jahrhundert entdeckten Thermalquellen. Ein verwundeter Hirsch, so erzählt man, wurde dabei beobachtet, wie er sich in einer dem Boden entspringenden Quelle wälzte, um wenig später geheilt davonzuspringen. Der Herzog erhielt davon Kunde und ließ am Wasser eine Kapelle errichten. Schon bald kamen Kranke von weit her, die sich vom Heilwasser eine Linderung ihrer Leiden versprachen. Später waren es die Mönche der 1403 gegründeten Zisterzienserpropstei, die den Badebetrieb förderten. Zu einem bekannten Kurbad wurde Warmbrunn aber erst Ende des 19. Jahrhunderts, als die Grafenfamilie Schaffgotsch Trinkhalle, Kurhaus und Theater errichten ließ.

Schwefelhaltige Thermalquellen werden noch heute zur Heilung von Rheuma, Haut- und Nervenkrankheiten genutzt. Ältestes Kurgebäude ist das früher *Langes Haus* genannte Bauwerk in der ul. Kościelna (Klosterstraße), 1546 im Auftrag der Zisterzienser errichtet und 1691–93 barock umgestaltet. Von der mittelalterlichen Klosteranlage war bei einem Brand 1711 nur der freistehende Glockenturm der Propsteikirche erhalten geblieben. In dem wenige Jahre später wiedererrichteten Abteigebäude ist heute das katholische Pfarramt untergebracht. Ebenfalls zu dieser Zeit entstand eine neue Propsteikirche, heute *Pfarrkirche* (Kościół Ewangelicki), in der das von Michael Willmann gemalte Hochaltarbild mit einer Himmelfahrt Mariens hängt. Sehenswert sind auch die sieben Heiligenbilder des aus Oppeln stammenden Malers Carl Hermann (1791–1845).

Am Schloßplatz (pl. Piastowski) steht das 1784–88 erbaute und restaurierte *Schaffgotschpalais* (Pałac Schaffgotschów). Die Fassade wird durch zwei flache Risalite mit Pilastergliederung belebt, über denen sich hohe Giebel mit Figuren und Vasen erheben. Das spätbarocke Bauwerk wurde im Innern klassizistisch ausgestaltet, wie sich besonders am Großen Saal ablesen läßt. Heute ist in dem Palais eine Filiale der Technischen Hochschule Breslau untergebracht.

Die Familie Schaffgotsch besaß eine reiche ornithologische Sammlung. Die ausgestopften Vögel, die man heute im *Naturkundemuseum* (Muzeum Przyrodnicze) sehen kann, stammen größtenteils aus dieser Kollektion. Das Museum wurde 1876 eingerichtet und befindet sich im Norwegischen Park (Park Norweski). Einen Besuch lohnt auch der *Kurpark* (Park Zdrojowy) mit seinem klassizistischen Theater und mehreren Pavillons.

Hermsdorf/ Sobieszów ☆

Besonders sehenswert: Burgberg Kynast

Auch **Hermsdorf** (Sobieszów) gehört heute zum Stadtgebiet von Hirschberg. An der Straße nach Agnetendorf (Jagniątków) liegt das *Schloß* der Familie Schaffgotsch, errichtet 1705–12 von Elias Scholz, das heute als landwirtschaftliche Schule genutzt wird. Die frühere *evangelische Kirche*, ein einfacher Saalbau des Hirschberger

Die Burg Kynast auf einem Trinkglas von 1845 aus dem Riesengebirge

Baumeisters Georg Porrmann aus den Jahren 1744/45, dient seit 1946 den katholischen Gläubigen.

Schon aus der Ferne sichtbar ist die **Burgruine Kynast**, hoch oben thronend auf einem steilen, 627 m aufragenden Granitfelsen, ringsum dichter Buchenwald, aus dem dem hin und wieder graues Gestein hervorblitzt. Der Weg dorthin startet am Fuße des Bergs in der ul. Chałubińskiego, wo das *Museum des Nationalparks Riesengebirge* (Muzeum Przyrodnicze KPN) – leider nur in polnischer Sprache – über Geologie, Flora und Fauna der Region informiert. Der schwarz markierte Weg führt durchs finstere *Räuberloch* (45 Min. zu Fuß), der rote, nicht ganz so anstrengende Weg windet sich gemächlich am Nordhang entlang und endet gleichfalls am Gipfelplateau (eine Stunde).

Die Burg Kynast wurde in den Jahren 1353–64 vom Schweidnitzer Fürsten Bolko II. gegründet, ab Ende des 14. Jahrhundert gehörte sie der Familie Schaffgotsch. Im frühen 16. Jahrhundert erhielt sie eine Ringmauer und galt fortan als ›uneinnehmbare Festung‹. Auch den Schweden gelang es während des Dreißigjährigen Krieges nicht, sie zu erobern. Im Jahr 1648 wurde die Burg abermals erweitert, an der Nordwestseite wurde eine vieleckige Bastei angebaut. Doch am 31. August 1675 wurde das Bauwerk von einem Blitz getroffen; es brannte aus und wurde nie wieder erneuert.

In den 70er Jahren wurden Sicherungsarbeiten durchgeführt, das Mauerwerk des Turms und eines Teils der Ringmauern wurde verstärkt. Von der ursprünglichen Anlage blieben im wesentlichen der Bergfried, die Umfassungsmauer und ein Kapellenerker erhalten. Letzterer ragt aus einer Burgmauer heraus, gestützt auf einen als bärtigen Kopf ausgebildeten Konsolstein.

Hermsdorf/Sobieszów, Burgruine Kynast

Im oberen Teil der Ortschaft **Agnetendorf** (Jagniątków) steht das frühere *Haus Wiesenstein*, das Gerhart Hauptmann von 1901 bis zu seinem Tod 1946 als wichtigster Wohnsitz diente. Das 1900/01 im Jugendstil erbaute Haus war von 1948 bis 1998 ein Erholungsheim für Kinder aus ökologisch belasteten Gebieten Oberschlesiens. Wertvollster Bestandteil sind die Fresken in der großen Eingangshalle, die der schlesische Maler Johannes von Avenarius (1887–1954) 1922 schuf. Sie zeigen Motive aus Hauptmanns Werken und wurden Ende der 90er mit finanzieller Unterstützung der Stiftung für deutsch-polnische Zusammenarbeit restauriert. Von den erhaltenen Innenräumen kann ein Teil, der als Gedenkstätte dient, besichtigt werden.

Sein Traumhaus hat sich Gerhart Hauptmann so vorgestellt: »Es steht nach Bestimmung und Lage außerhalb des Bürgertums. Es hat einen festen gedrungenen Turm, der die Dämonen schrecken und in einer Welt von Feinden Trotz bieten soll... Sein Inneres denke ich mir heimlich-unheimlich, eine Stätte bedrohter Sicherheit.«

Schreiberhau/Szklarska Poręba

Schreiberhau liegt an der Grenze zwischen Riesen- und Isergebirge, zählt knapp 9000 Einwohner und besteht aus zahlreichen kleinen, 1959 zusammengelegten Siedlungen. Bis dahin hatte es drei selbständige Einzelgemeinden gegeben: Ober(Górna)-, Mittel(Średnia)- und Nieder(Dolna)-Schreiberhau. Über mehrere Kilometer zieht sich die Stadt durch ein malerisches Tal. Ihr Name bezieht sich auf den hier traditionsreichen Handwerkszweig der Glasmacherei, konkret die ›Glashütte in der Schribirshau‹ (in einem Dokument von 1366) und ›Schreibershow‹ (1372). Der polnische Name für Glas ist szkło, für Glaser szklarz. Die Blütezeit der handwerklichen Glasmacherei lag im 17. Jahrhundert. Um 1900 entwickelte sich die 60 Jahre zuvor gegründete Josephinenhütte zur bedeutendsten Kunstglashütte Schlesiens, insbesondere durch die Herstellung von Kristallglas. Seit 1956 wird sie als ›Huta Julia‹ weitergeführt.

Nachdem Schreiberhau den Anschluß an das Eisenbahnnetz erhalten hatte, wurde es zu einem Zentrum des Fremdenverkehrs, insbesondere des Wintersports. Heute ist es mit über 100 000 Touristen jährlich der nach Krummhübel (Karpacz) meistbesuchte Ort der Region; reich ist die Auswahl an Hotels, Ferien- und Erholungsheimen.

In Mittelschreiberhau lebten die Brüder Carl und Gerhart Hauptmann. Gerhart, der berühmtere von beiden, wohnte hier von 1891 bis 1898 und zog dann um nach Agnetendorf (Jagniątków). Carl dagegen blieb in Mittel-Schreiberhau bis zu seinem Tod 1921. Im Garten sieht man die Nachbildung seines Grabsteins, der ursprüngliche Stein war Anfang der 80er Jahre auf dem Friedhof von Niederschreiberhau (dort steht heute eine neue Granitplatte) zerstört worden. Das Wohnhaus wurde nach der Restaurierung durch die Stiftung für deutsch-polnische Zusammenarbeit als **Museum der Gebrüder Hauptmann** (Muzeum w Szklarskiej Porębie) eröffnet. Ausgestellt werden Briefe und Handschriften der beiden Brüder.

Einen Besuch lohnt auch das **Haus von Wlastimil Hofman** (Dom Wlastimila Hofmana) in Niederschreiberhau. Hofman (1881–1970) war ein visionärer, in Prag geborener Künstler, der in Krakau und Pa-

Schreiberhau/ Szklarska Poręba ☆

In den 20er Jahren sprach man von Schreiberhau als vom ›Weimar des Ostens‹. Gerhart und Carl Hauptmann, Hermann Stehr, John Henry Mackay und viele andere Literaten hatten in der ›magischen Talsenke‹ Quartier bezogen.

Zackelfall/Wodospad Kamieńczyka

ris studierte und die letzten 23 Jahre seines Lebens in Schreiberhau verbrachte. Bekannt machten ihn exotische Darstellungen des polnischen Dorflebens und lyrische Bildnisse trauriger Kinder.

Vielfarbig schillernde Steine aus dem Riesengebirge birgt das **Mineralienmuseum** (Muzeum Mineralogiczne) in der ul. Kilińskiego. Es befindet sich in einer attraktiven, im typischen Bergstil erbauten Villa der Jahrhundertwende. Das **Museum der Erde** (Muzeum Ziemi) an der Ausfallstraße Richtung Hirschberg (Jelenia Góra) präsentiert ein reiches Angebot an Bunzlauer Keramik, mundgeblasenes Glas von der Julia-Hütte sowie Mineralien aus aller Welt.

Guter Startpunkt für Wanderungen ist die Touristeninformation am Königsplatz (ul. Jedności Narodowej 3). Über die Josephinenhütte gelangt man zum **Zackelfall** (Wodospad Kamieńczyka). Der Wasserfall des Zackel, ein Nebenfluß des Zacken, stürzt in mehreren Etappen hinab, nahe der Aussichtsplattform ist eine schöne Privatherberge (840 m). Ein zweiter Wasserfall wird vom **Kochel** (Wodospad Szklarki) gebildet, nahe der Stelle, wo dieser in den Zacken mündet. Die dortige Baude stammt aus dem Jahr 1868. Wer gut zu Fuß ist, kann auch von hier aus über Zackelfall und Reifträger (Szrenica) die **Schneekoppe** (Śnieżka) erklimmen – etwa acht Stunden sind für die Tour auf den 1602 m hohen Gipfel einzuplanen.

Wer es bequemer liebt, fährt mit modernem Sessellift auf den 1362 m hohen Reifträger hinauf, wo eine Baude zur Übernachtung einlädt. Sie wurde nach einem Brand vor einigen Jahren neu aufgebaut und modernisiert. 1997 wurde neben der Herberge der polnisch-tschechische Grenzübergang für Wanderer geöffnet.

Von Lomnitz/Łomnica nach Landeshut/Kamienna Góra

Lomnitz/Łomnica ☆

Besonders sehenswert: Herrenhaus

Ein Schloß, in dem man stilvoll übernachten kann.

Lomnitz (Łomnica) liegt 5 km südöstlich von Hirschberg (Jelenia Góra) und rühmt sich eines der schönsten Paläste der Region. Das *Herrenhaus* aus dem 19. Jahrhundert ist von einem 9 ha großen Park umgeben und liegt an einer Böschung oberhalb des Bober (Bóbr), der sich in vielen Windungen durch die grüne Wiesenlandschaft zieht. Es gehörte zuletzt Carl Gustav Ernst von Küster, einem preußischen Gesandten am sizilianischen Hof. Seine Enkel haben das in sozialistischer Zeit als Schule und landwirtschaftliche Verwaltungszentrale genutzte Gut von Grund auf renovieren lassen und ein kleines, behagliches Hotel geschaffen. Der ›Verein zur Pflege schlesischer Kunst und Kultur‹ aus Königswinter, mit dessen Hilfe das Haus restauriert wurde, möchte es zu einer deutsch-polnischen Begegnungsstätte mit Lesungen, Konzerten und Seminaren machen. Die Bibliothek bietet eine große Auswahl besonders Schlesien betreffender Bücher, der Konzert- und Konferenzsaal ist mit originalen Barock-Wandmalereien geschmückt. 1998 fand hier

Lomnitz/Łomnica, Herrenhaus

eine UNESCO-Tagung zum Thema ›Romantische Parks im Hirschberger Tal‹ statt.

Am Fuß des 654 m hohen Kreuzbergs (Krzyżna Góra) steht das *Schloß* (Zamek) von **Fischbach** (Karpniki), ein neogotisches Bauwerk von 1844. Schon im 15. Jahrhundert stand an dieser Stelle ein Wasserschloß, das dann 1603 im Renaissancestil umgebaut wurde. Die Inschrift an einem erhalten gebliebenen Portal an der Rückseite des heutigen Bauwerks erinnert an jenes Jahr. Im Verlauf des 17. und 18. Jahrhunderts hat das Schloß oft seinen Besitzer gewechselt. Prinz Wilhelm von Hohenzollern, der es 1822 erwarb, lud neun Jahre später den Baumeister Karl Friedrich Schinkel nach Fischbach ein, wobei jedoch umstritten ist, ob der nachfolgende Umbau im neogotischen Stil hauptsächlich von ihm oder von August Stiller beeinflußt war. 100 Jahre blühte das gesellschaftliche Leben im Schloß, es fanden prachtvolle Bälle, Konzerte und Theatervorführungen statt. Im ersten Stock des Nordflügels befand sich eine Bibliothek mit einer reichen Sammlung von Büchern und Handschriften. Während des Zweiten Weltkriegs wurden in dem Gebäude Museumsbestände der von Deutschland besetzten Länder ausgelagert. Im Jahr 1956 wurde dort eine psychiatrische Klinik untergebracht, seit einigen Jahren wird es nicht mehr genutzt.

Mysłakowice ist heute der Name einer Gemeinde, die aus dem Zusammenschluß zweier Siedlungen mit sehr unterschiedlicher Geschichte entstanden ist: Erdmannsdorf und Zillerthal. **Erdmannsdorf** ist seit dem 14. Jahrhundert als Herrschaftssitz bekannt. 1832 erwarb König Friedrich Wilhelm III. von Preußen das dortige Gut und ließ das zugehörige *Herrenhaus* durch Karl Friedrich Schinkel im Stil eines englischen Landschlosses umbauen. Das Schloß ist gut erhalten und wird heute als Schule genutzt. Schinkel lieferte auch

Eine ethnologische Attraktion: Tiroler Häuser im Riesengebirge

den Entwurf für die nahe *Evangelische Kirche* (Kościół Ewangelicki), erbaut in den Jahren 1837–40; ihre Vorhalle ruht auf antiken Marmorsäulen. – Die Nachbarsiedlung **Zillerthal** entstand 1837, als auf königlichem Grund und Boden etwa 400 Tiroler Bauern angesiedelt wurden, die ihre Heimat wegen ihres evangelischen Glaubens verlassen mußten. Fast alle der damals nach Tiroler Vorbild errichteten Häuser stehen noch heute, ebenso die Weberei, die 1840 für sie gegründet worden war.

Gäste des Schloßhotels können Reitkurse belegen und Kutschenfahrten unternehmen.

Arnsdorf (Miłków), 1292 erstmals erwähnt, zählt zu den ältesten Dörfern der Region. Dank der kräuterreichen Wiesen und Wälder entwickelte es sich im 17. Jahrhundert zu einem Zentrum für Naturheilkunde. Wichtigste Sehenswürdigkeit ist das in einem malerischen Park gelegene *Schloß* (Zamek), 1667 im Barockstil erbaut, nach einem Brand 1768 klassizistisch erneuert. In den 90er Jahren wurde es modernisiert und zu einem Hotel mit Reiterhof ausgebaut.

Krummhübel/ Karpacz ☆

Besonders sehenswert: Norwegische Stabkirche Wang Bergbauden unterhalb der Schneekoppe

Krummhübel (Karpacz) ist der wichtigste Urlaubsort der Region und liegt am nördlichen Fuß der Schneekoppe (Śnieżka), dem mit 1602m höchsten Gipfel des Riesengebirges. Der Ort zählt heute mehr als 6000 Einwohner und dehnt sich über 4km entlang der Hauptstraße aus, die sich in vielen Serpentinen und stets oberhalb der Lomnitz (Łomnica) zum 820 m hohen Paß von Brückenberg (Karpacz Górny) hinaufwindet; beiderseits der Straße gibt es viele Imbißstuben und Lokale, Erholungsheime und Hotels.

Bekannt wurde Krummhübel durch die sogenannten Laboranten. Das waren Laienapotheker, die den Kräuterreichtum der Bergregion ausnutzten und auf der Basis wachsender Erfahrungen und Kenntnisse Arzneien herstellten. Diese wurden dann weit über die Grenzen von Schlesien hinaus vertrieben. Ende des 17. Jahrhunderts existierte in Krummhübel sogar eine Zunft der Laboranten.

An der ul. Kopernika gibt es zwei Museen, die Besucher in die Welt der Vergangenheit versetzen. Das kleine *Privatmuseum Antykwariat* stellt unter anderem Wanderstöcke mit deutschen Plaketten, alte Skier und Schlitten aus; Aleksander Obodyński hat sie in jahrzehntelanger Arbeit zusammengetragen und weiß über jedes Exponat eine Geschichte zu erzählen. Gegenüber informiert das attraktiv eingerichtete *Regionalmuseum* (Muzeum Sportu i Turystyki) über die Schatzsucher und Glasbläser des Mittelalters, die Anfänge der Textilindustrie und der Schafzucht, die heilsame Wirkung von Bergkräutern und natürlich den Aufschwung des Fremdenverkehrs, der 1895 mit der Eröffnung einer Bahnverbindung zwischen Krummhübel (Karpacz) und Hirschberg (Jelenia Góra) einsetzte.

In seiner Erzählung ›Der letzte Laborant‹ (1891) setzte Theodor Fontane einem Vertreter dieser Zunft aus Krummhübel , Ernst August Zölfel, ein literarisches Denkmal.

Wichtige Vorläufer der modernen Wandertouristen waren die Pilger. Mit dem Bau der runden Laurentiuskapelle (1641) nahe der Schneekoppe entwickelte sich der Berg zum Wallfahrtsort; wahre Besucherströme kamen ins Riesengebirge, auch um sich von der majestätischen Bergwelt berauschen zu lassen.

In **Brückenberg** (Karpacz Górny) gibt es ein interessantes *Spielzeugmuseum* (Muzeum Zabawek). Ausgestellt werden Puppen aus den Sammlungen von Henryk Tomaszewski, der in Breslau das berühmte Pantomimentheater schuf. Noch etwas weiter bergaufwärts, am höchsten Punkt der Stadt, findet sich die wichtigste Sehenswürdigkeit: Es ist die *Wangkirche* (Kościółek Wang), ein Baudenkmal norwegischer Kunst mit Wikingerschnitzereien aus dem 12. Jahrhundert. 1841 wurde das für den Abriß bestimmte Objekt von dem norwegischen Maler Johann Christian Claussen Dahl (1788–1857), dem Freund und Schüler Caspar David Friedrichs, erworben. Er wußte um die Einmaligkeit dieser mittelalterlichen Holzkirchen und wollte wenigstens diese eine, die an einem idyllischen See in Südnorwegen stand, retten. Doch sein Plan, sie in Christiana, dem damaligen Oslo, wieder aufstellen zu lassen, scheiterte. In seiner Not wandte er sich an König Friedrich Wilhelm IV., der sich für den Vorschlag, sie zu kaufen, um sie in Preußen aufzustellen, sogleich begeistert haben soll. Die Berichte von der Überführung klingen abenteuerlich. Nach der Demontage begann eine fast einjährige Reise: durch wildes Gebirge und quer über die Ostsee, von Swinemünde nach Stettin und weiter nach Berlin, von dort nach langer Wartezeit über Flüsse und Kanäle nach Aufhalt in Przystań schließ-

Krummhübel/Karpacz, Wangkirche

Unterkunftstip für Wanderer und Skiläufer: in den originellen Bauden, die schon in der Frühzeit des Tourismus entstanden, kann man preiswert übernachten; sie sind malerisch gelegen und rustikal-gemütlich eingerichtet.

lich auf schmalen Bergstraßen ins Riesengebirge hinauf. Am 28. Juli 1844 konnte in Brückenberg (Karpacz Górny) die neue Ortskirche eingeweiht werden. Sie ist die einzige von 30 heute noch erhaltenen Stabkirchen, die außerhalb Norwegens steht. Zugleich darf sie sich rühmen, mit 855 m über dem Meer die höchstgelegene Kirche Schlesiens zu sein. Sie wird von der kleinen evangelisch-augsburgischen Gemeinde genutzt und mit den Einkünften aus den Besichtigungen instand gehalten. Neben ihr wurde ein steinerner Glockenturm errichtet, damit, so wollte es der König, die Gottesbotschaft auch in den Bergen gehört werde.

Zur 1602 m hohen **Schneekoppe** (Śnieżka) führen schwarz, rot und blau markierte Pfade. Etwa drei Stunden sind für den Aufstieg einzuplanen. Wer die Anstrengung scheut, wählt den bequemen Sessellift 530 m hinauf zum Hochplateau unterhalb der Schneekoppe. Von hier braucht man nicht einmal eine Stunde, um den Gipfel des Berges (mit Kapelle, Herberge und Wetterstation) zu erklimmen. An sonnigen Tagen bietet sich ein phantastischer Ausblick. Unterhalb der Schneekoppe verstecken sich in tiefen Erdsenkungen zwei post-

Unterhalb der Schneekoppe: der Kleine Teich/Mały Staw

glaziale Seen: *Kleiner Teich* (Mały Staw) und *Großer Teich* (Wielki Staw). Zu den schönsten Erlebnissen gehört der Abstieg über das Hochmoor. Zwischen den Latschenkiefern schaut man auf zerklüftete Granitwände, die steil zum Kleinen Teich abfallen.

Der Ort **Schmiedeberg** (Kowary) geht auf eine mittelalterliche Bergarbeitersiedlung zurück, die 1513 zur Stadt erhoben wurde. Bis heute wird in Schmiedeberg Magneteisenerz abgebaut. Von der mittelalterlichen Bebauung zeugt lediglich die *katholische Pfarrkirche* (Kościół Farny), wobei nur die Fundamente des Chors aus dem 13. Jahrhundert stammen. Ansonsten stammt das Bauwerk aus der Zeit um 1500, erneuert wurde es 1792 nach mehreren Bränden. Auch die angebauten Barockkapellen stammen aus dieser Zeit. Das klassizistische *Rathaus* (Ratusz) ist von 1788 und die auf einem Hügel gelegene *St.-Anna-Kapelle* (Kaplica Św. Anny) von 1727.

Der Name der Stadt **Landeshut** (Kamienna Góra), ›Des Landes Hut‹, ist leicht erklärt: von der Piastenburg, die hier im Mittelalter am Osteingang zum Gebirge stand, ließ sich die nahe Grenze am besten ›behüten‹. Das heute für seine Leinenindustrie bekannte Landeshut erhielt 1334 die Stadtrechte mit freier Ratswahl. Aus Landeshut stammt der Architekt Carl Gotthard Langhans (s. S. 53).

In Landeshut steht eine jener denkwürdigen Gnadenkirchen, die den protestantischen Christen Schlesiens aufgrund der Altranstädter Konvention zugestanden wurden, die *Dreifaltigkeitskirche* (Kościół Św. Trójcy), 1709–17 nach dem Vorbild der Stockholmer Katharinenkirche auf dem Grundriß eines griechischen Kreuzes von Martin Frantz gebaut. Den Innenraum umfassen zwei farbig gefaßte Emporen, kunstvoll gestaltet sind Altar, Kanzel sowie das Orgelgehäuse.

Die heute katholische *Pfarrkirche St. Peter und Paul* (Kościół Farny Św. Piotra i Pawła) ist vom evangelischen Kirchenbau beeinflußt: an den gotischen Chor von 1295 wurde Ende des 16. Jahrhunderts ein vierschiffiges Langhaus mit Zuhöreremporen im Stil der Renaissance angebaut. Das *Rathaus* (Ratusz) stammt von 1905, einige Giebelhäuser mit Lauben am Ring (pl. Wolności) aus dem 18. Jahrhundert.

Grüssau/Krzeszów und Schömberg/Chełmsko Śląskie

Grüssau/Krzeszów ☆☆
Besonders sehenswert: Kloster

Grüssau (Krzeszów), die bedeutendste spätbarocke **Klosteranlage** (Zespół Klasztorny), Schlesiens liegt malerisch in einem Vorgebirgstal, umgeben von Wiesen und Feldern. Die Stiftung des Klosters erfolgte 1242 durch Anna, die Witwe des Herzogs Heinrich II., der ein Jahr zuvor im Kampf gegen die Mongolen gefallen war. Zunächst zogen Benediktiner aus Böhmen in das Kloster ein, 1292 Zisterzienser aus Heinrichau (Henryków). 1426 wurde es von den tschechischen Hussiten niedergebrannt. Da die Mönche das Marienbild rechtzeitig

Grüssau/Krzeszów, Fassade der Abteikirche; unten: Skulptur des Moses

versteckt hatten, blieb es unversehrt. Das Kloster wurde wieder aufgebaut und avancierte zu einer Kultstätte für deutsche Katholiken.

Der Name des Abts Bernardus Rosa (1660–96) steht für Grüssaus ›Goldenes Zeitalter‹, in dem auch die *Kirche St. Joseph* (Kościół Św. Józefa) erbaut wurde, die erste der beiden Grüssauer Kirchen (1690–96). Die Malereien im Innern (1693–98) zählen zu den großartigsten Werken Michael Willmanns, entstanden unter Assistenz verschiedener Mitglieder seiner Werkstatt, insbesondere seines Sohnes Michael Leopold (1669–1706). Gemeinsam ist den 50 einzelnen Kompositionen der Bezug auf die Person des hl. Joseph: im Plafond und in den Lunetten des Gewölbes Vorfahren von Joseph, Maria und Christus, an den Wänden des Chors die Anbetung der Heiligen Drei Könige, in den Kapellen die sieben Freuden und Leiden Josephs, insbesondere die ›Flucht nach Ägypten‹ (Abb. S. 28).

Die benachbarte *Abteikirche der Allerheiligsten Jungfrau Maria* (Kościół Opacki Najświętszej Marii Panny), Schlesiens größter Barockbau, entstand 1727–35 anstelle eines früher hier errichteten gotischen Gotteshaus. Ausgehend von dieser älteren Kirche hat sie den Grundriß eines lateinischen Kreuzes mit breitem Querschiff und dem an der Ostseite angefügten Mausoleum der Schweidnitzer Piasten (Mauzoleum Piastów Świdnickich) sowie der Maria-Magdalena-Kapelle. Die gewaltige zweitürmige Westfassade mit dem reichen Skulpturenschmuck dominiert die gesamte Klosteranlage. Anton Dorazil (gest. vor 1781) und Johann Georg Gode schufen 1729–33 die riesigen Skulpturengruppen der Heiligen Dreifaltigkeit, Mariä Verkündigung, Mariä Heimsuchung und die Figuren der Maria Immaculata, des hl. Gregor, Moses mit den Gesetztafeln sowie der Gründer des Benediktiner- und des Zisterzienserordens.

Der prachtvollen äußeren Erscheinung der Kirche entspricht die innere Gestaltung: die eingezogenen Strebepfeiler mit der reich gestalteten Pilasterordnung und der vielfältigen Stuckdekoration, die Fresken, die zahlreichen Altäre, Kanzel, Chorgestühl und ein gewaltiger Orgelprospekt. Die Altäre und der Orgelprospekt wurden 1730–58 von Anton Dorazil gefertigt, die Kanzel (1761–67) von Joseph Anton Lachel, das Altarbild des Hauptaltars stammt von Peter

Grüssau/Krzeszów, Grundriß der Abteikirche

a Abteikirche
b Piastenmausoleum
c Magdalenenkapelle

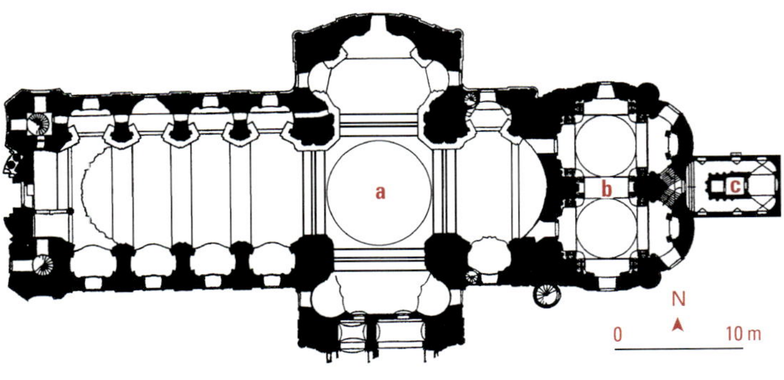

Grüssau/Krzeszów, Mausoleum der Schweidnitzer Piasten/Mauzoleum Piastów Świdnickich

Brandl (1668–1739). Das Chorgestühl entstand 1730–35 in der Werkstatt von Dorazil; die insgesamt 56 am Chorgestühl angebrachten Figuren, die Propheten, Apostel, Kirchenlehrer, Heilige und Märtyrer darstellen, illustrieren die Worte der Hymne ›Te Deum‹. Großartige Beispiele schlesischer Rokokoplastik sind die ›Zwei Engel mit den Weihbechern‹ von Anton Dorazil (um 1750) am Eingang zum Hauptschiff. Georg Wilhelm Neunhertz (1689–um 1750) gestaltete 1733–35 die Fresken, denen als Programm der Emmanuelgedanke zugrunde liegt. Im Alten Testament wird im Buch des Jesaia die Geburt des Erlösers prophezeit, dem man den Namen Emmanuel (Gott mit uns) geben wird. Emmanuel verkörpert somit den noch nicht Mensch gewordenen Erlöser. Gezeigt werden Szenen aus dem

Der Papst hat Grüssau im Rahmen seiner Polenreise 1997 einen Besuch abgestattet. Nach jahrhundertelanger Verehrung durch Deutsche wurde das Marienbild feierlich »gekrönt« und damit den Polen zum Geschenk gemacht.

Leben Christi und der Mutter Gottes, in denen sich die Prophezeiungen erfüllt haben: Geburt Christi, Darstellung im Tempel, Flucht nach Ägypten, Mariä Himmelfahrt und Krönung; dazu Szenen aus dem Alten Testament und der Ordensgeschichte der Benediktiner sowie der Zisterzienser.

Das 1728–35 errichtete *Mausoleum der Schweidnitzer Piasten* besteht aus zwei symmetrisch angeordneten kuppelgedeckten Räumen. Die Statuen von Anton Dorazil zeigen die Gemahlinnen der Piastenfürsten Bolko I. und Bolko II., die Erzengel Michael und Raphael sowie Allegorien der Liebe und der Vorsehung Gottes. Die Kuppeln wurden mit Fresken zur Stiftungsgeschichte und weiteren Geschichte des Klosters von Georg Wilhelm Neunhertz ausgemalt.

Das angeschlossene Kloster wurde in den Jahren 1768–87 neu errichtet. 1810 wurde es säkularisiert, erst 1919 konnten hier wieder Benediktiner einziehen. Seit 1947 wird das Kloster von Benediktinerinnen aus Lemberg geführt.

Schömberg/ Chełmsko Śląskie

Besonders sehenswert: Ensemble von Weberhäusern

Von Grüssau führt eine malerische Straße nach **Schömberg** (Chełmsko Śląskie), einst ein Zentrum der Leinenweberei. An seine Blütezeit erinnern die (heute nur noch elf) hölzernen *Laubenhäuser der zwölf Apostel* am Stadtrand, in denen Frauen Tücher und Leinentischdecken verkaufen. Am Ring (Rynek) gibt es interessante, doch lange Zeit nicht restaurierte Bürgerhäuser, in deren Nischen Heiligenfiguren angebracht sind. Im Barock entstanden das *Rathaus* (1687, Ratusz) und die *Pfarrkirche St. Joseph* (1670, Kościół Farny Św. Józefa).

Glatzer Bergland

Landschaftlich gehört das Glatzer Bergland (Kotlina Kłodzka), das keilartig in tschechisches Gebiet hineinragt, zu den schönsten Regionen Schlesiens. Schon ein flüchtiger Blick auf die Landkarte enthüllt seine geographische Besonderheit: Ein Kessel von etwa 40 km Durchmesser wird von bewaldeten Gebirgszügen umschlossen, die sich am Schneeberg (Śnieżnik) bis zu 1425 m aufschwingen. Auf das Reichensteiner Gebirge (Góry Złote) im Nordosten folgt im Uhrzeigersinn das Glatzer Schneegebirge (Śnieżnik Kłodzki), das als große europäische Wasserscheide wirkt. Alle Bäche, die auf tschechischer Seite entspringen, fließen zum Schwarzen Meer, während die Flüsse auf polnischer Seite über die Oder in die Ostsee und über die Elbe in die Nordsee münden. Im Südwesten erhebt sich das Adlergebirge (Góry Orlickie), im Westen das bizarr zerklüftete, zum Nationalpark erklärte Heuscheuer Gebirge (Góry Stołowe). Der Kreis schließt sich mit dem Eulengebirge (Góry Sowie) im Nordwesten. Von allen Berghängen ziehen sich buntgescheckte Felder ins Tal hinab, im Kesselgrund liegen weit verstreut die Dörfer mit ihren schindelgedeckten Gehöften und den zwiebeltürmigen Barockkirchen.

Traditionell bestimmen Forstwirtschaft, Ackerbau und Viehzucht das wirtschaftliche Geschehen in dieser Region, nach und nach kamen die Glas- und Holzindustrie, Zement- und Textilfabriken sowie die Steinmetzarbeit hinzu. Seit dem 19. Jahrhundert hat sich auch der Fremdenverkehr entwickelt, zu dessen Attraktion vor allem Luftkurorte und Heilbäder wie Bad Kudowa (Kudowa Zdrój), Bad Reinerz (Duszniki Zdrój), Bad Altheide (Polanica Zdrój) und Bad Landeck (Lądek Zdrój) geworden sind.

Politisch erlitt das Glatzer Bergland in besonderer Weise das Schicksal Schlesiens, indem es immer wieder zwischen die Fronten geriet. Als Gründer der Stadt Glatz (Kłodzko) wird der böhmische Fürst Slavnik (gest. 981) genannt, um 1000 war das Gebiet zwischen Böhmen und Polen umkämpft. König Ottokar II. von Böhmen (gest. 1278) rief deutsche Einwanderer in das bis dato dünn besiedelte Land. 1534 kaufte der Habsburger Ferdinand I., König von Böhmen, die Grafschaft Glatz, die rechtlich fortan Prag unterstand. Nach dem Ersten Schlesischen Krieg fiel die Grafschaft 1742 an Preußen. Im Anschluß an die Vertreibung der Deutschen 1945/46 ließen sich polnische Umsiedler aus Galizien hier nieder. Bis heute haben sich im Glatzer Bergland auch tschechische Sprachinseln erhalten.

Schatzkästlein‹ nannte Kaiserin Maria Theresia das Glatzer Bergland, das sie 1763 nach 800jähriger böhmisch-habsburgischer Herrschaft an Preußen verlor. Vor dem Zweiten Weltkrieg hieß es dann ›Deutschlands Gesundbrunnen‹: es sprudelten Dutzende von Mineral- und Eisenquellen, und die Kurbäder boomten.

Glatz/Kłodzko

Infolge seiner exponierten geographischen Lage hatte Glatz, heute eine Stadt von 31 000 Einwohnern, in seiner über 1000jährigen Geschichte hauptsächlich politische und militärische Bedeutung. Im Jahr 981 besaß der böhmische Fürst Slavnik hier eine gegen Polen gerichtete Grenzfestung namens Cladsko. Unter König Ottokar II. wurde im 13. Jahrhundert eine gotische Burg zum Schutz der Stadt erbaut, die nach dem Dreißigjährigen Krieg erweitert und verstärkt wurde. Friedrich der Große ließ die Festung nach 1742 zusätzlich ausbauen, erst 1877 wurde ihre militärische Funktion aufgehoben.

Religionsgeschichtlich spielte Glatz eine wichtige Rolle für die Reformation. Den Jesuiten, die schon 1595 in die Stadt gekommen waren, gelang es erst nach 1655, die lutherische Lehre zurückzudrängen und die Rekatholisierung der Bevölkerung einzuleiten.

Wirtschaftlich reichen die Anfänge bis ins 10. Jahrhundert zurück. Im Schutze der Burg ließen sich Handwerker und Kaufleute nieder, der Nord-Süd-Handel verschaffte ihnen eine sichere Lebensgrundlage. Im 14. Jahrhundert gewannen Tuchmacherei und Leinenweberei an Bedeutung, ab Mitte des 18. Jahrhunderts auch Glas- und andere Industriezweige. Gegen Ende des 19. Jahrhundert wurde die Stadt zum Ausgangspunkt für den Fremdenverkehr im gesamten Bergland und den umgebenden Gebirgen.

Glatz/Kłodzko ☆

Besonders sehenswert:
Kirche Mariä Himmelfahrt
Altstadt mit kopfsteingepflasterten Gassen

Auf der Insel zwischen Neiße (Nysa Kłodzka) und Mühlengraben (Młynówka) war um 1250 ein Minoritenkloster mit Kirche gegründet worden; davon zeugt noch heute die in den Jahren 1699–1722 umgebaute und barockisierte Kirche **Mariä Rosenkranz** (1, Kościół Matki Boskiej Różańcowej). Von der Kirche führt die 1390 errichtete **Brücktorbrücke** (2, Most Gotycki) über den Mühlengraben (Młynówka) in die Altstadt.

Der Ring (pl. Bolesława Chrobrego) wird dominiert vom **Rathaus** (3, Ratusz), das 1887–90 im Jugendstil errichtet wurde, dessen hoher, die Häuser der Innenstadt weit überragender Turm aber bereits aus dem Jahr 1654 stammt. Turmspitze und der charakteristische Umgang im oberen Drittel sind ein Werk der Spätrenaissance. Die **Mariensäule** (Kolumna Matki Boskiej) an der Westseite des Rings wurde zum Gedenken an eine Pestepidemie 1682 errichtet, der **Löwenbrunnen** (Fontanna Lwia) datiert von 1700. Am Ring und in

Glatz/Kłodzko, Brücktorbrücke: eine Miniaturausgabe der Prager Karlsbrücke, malerisch über den Mühlengraben gespannt.

den angrenzenden Straßen sind einzelne Bürgerhäuser aus Renaissance, Barock und Klassizismus erhalten geblieben.

Durch ein barockes, mit vier Heiligen geschmücktes Portal gelangt man in den Innenhof der Kirche **Mariä Himmelfahrt** (4, Kościół Wniebowzięcia Matki Boskiej), erbaut zwischen 1362 und 1430. Nach Übernahme der Kirche durch die Jesuiten 1624 erfolgte 1660–70 eine weitgehende Barockisierung. Die Bauarbeiten wurden unter Leitung der Baumeister Francesco Canavale und Andrea Carove durchgeführt, die Stuckdekorationen sind ein Werk von Geronimo Fatchone und dessen Mitarbeitern. Der Hauptaltar (1727–29) wurde nach dem Entwurf des Jesuitenlaienbruders Christoph Tausch (1673–1731) ausgeführt, die Skulpturen stammen von Johann Albrecht Siegwitz (tätig 1724–56), die Marmorisierung von Johann Anton Schatzel (tätig 1726–37). Ein herausragendes Werk sind die Beichtstühle (1720), die

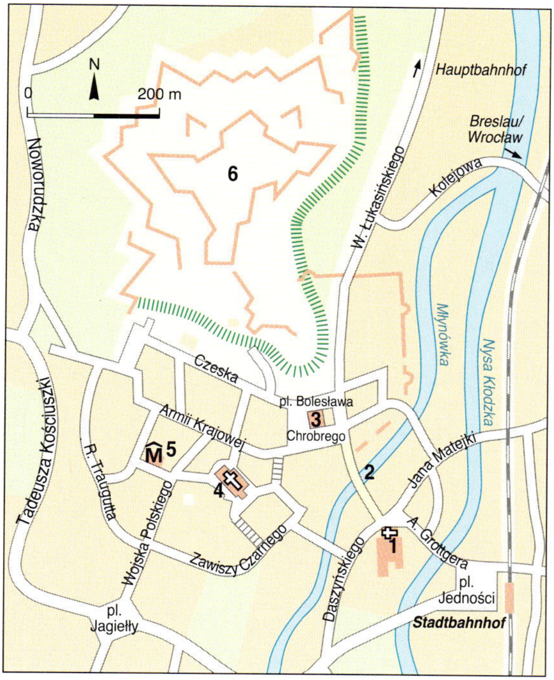

Glatz/Kłodzko

1 Kirche Mariä Rosenkranz
2 Brücktorbrücke
3 Rathaus
4 Kirche Mariä Himmelfahrt
5 Museum des Glatzer Landes
6 Festung

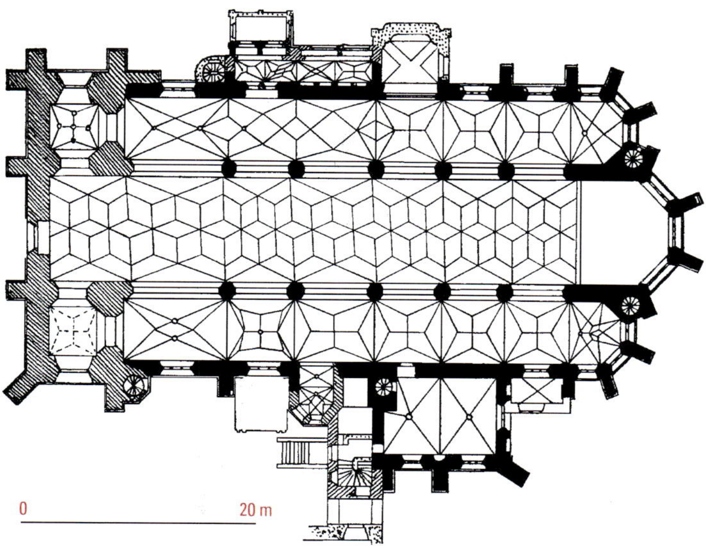

Glatz/Kłodzko, Grundriß der Kirche Mariä Himmelfahrt

Glatz/Kłodzko, Kirche Mariä Himmelfahrt

zusammen mit der Kanzel (1717) und dem Orgelprospekt (1722–24) von Michael Klahr d. Ä. (1693–1742) geschaffen wurden. Mit ihren für den Spätbarock typischen reichen plastischen Formen nehmen sie jeweils die ganze westliche Partie der Seitenschiffe ein. Die Malereien an den Wänden des Hauptschiffs (1693) schuf Karl Dankwart.

Das **Museum des Glatzer Landes** (5, Muzeum Ziemi Kłodzkiej) ist im ehemaligen Jesuitenkonvikt untergebracht. Ausgestellt werden Kunstwerke der Region, Illustrationen zur Geschichte der Festungsstadt sowie eine umfangreiche Uhrensammlung.

An der Südostseite der Kirche Mariä Himmelfahrt startet der **Unterirdische Jahrtausendweg** (Podziemna Trasa Turystyczna), der direkt zur Festung führt. Im Mittelalter diente das Labyrinth der Kellergewölbe als Lagerstätte für in Glatz umgeschlagene Waren. Als nach dem Zweiten Weltkrieg zahlreiche Altstadthäuser abzusinken drohten, wurden wesentliche Abschnitte des unterirdischen Systems aufgefüllt. Erhalten blieb nur der 600 m lange, heute noch begehbare Gang.

Die **Festung** (6, Zamek) geht in ihrer heutigen Gestalt auf das Jahr 1742 zurück, als König Friedrich der Große sie ausbauen ließ, um die Grenze zu sichern. Besichtigungsrouten führen durch Kasematten und Bastionen; vom 40 km langen Tunnelsystem unter der Burg sind auch hier 1000 m freigegeben. Von der ›Hohen Bastion‹ bietet sich ein schöner Rundblick auf die Stadt und das Glatzer Bergland.

Besucher steigen in die Unterwelt hinab: mittelalterliche Gänge verbinden die Kirche Mariä Himmelfahrt mit dem Festungsberg.

Von Wartha/Bardo nach Bad Landeck/Ładeck Zdrój

Wo sich die Glatzer Neiße (Nysa Kłodzka) einen Durchbruch durch das Gebirge gegraben hat, 9 km nordöstlich von Glatz Richtung Breslau, liegt malerisch das Wallfahrtsstädtchen **Wartha** (Bardo). Es wird überragt von der großen, doppeltürmigen *Wallfahrtskirche* (Kościół Parafialny), entstanden 1686–1704 unter Leitung des Architekten Michael Klein (gest. 1725). Blickfang der Kirche ist die gewaltige Orgel mit über 3000 Pfeifen aus dem Jahr 1759. Pilger interessieren sich vor allem für die 42 cm kleine, aus Buchenholz geschnitzte romanische Marienfigur, die schon im Mittelalter verehrt wurde. Der Hochaltar enthält das 1705 von Michael Willmann geschaffene Gemälde der ›Heimsuchung Mariens‹. Bemerkenswert auch die Barockkanzel von 1696 und das Orgelwerk mit einem Rokokoprospekt von 1759. Seit 1900 werden die Wallfahrer durch die Redemptoristen betreut. – Das *Kloster* auf einem Hügel über der Stadt wurde in den 30er Jahren als Noviziat der Breslauer Marienschwestern erbaut und dient heute als Kinderheim.

Der Marienkult in **Albendorf** (Wambierzyce), 21 km nordwestlich von Glatz, reicht ins Jahr 1218 zurück, als ein Blinder beim Gebet vor einer an einem Lindenbaum angebrachten Marienfigur sein Augenlicht wiedergewonnen haben soll. Bereits 1263 wurde die erste Wall-

Albendorf/ Wambierzyce ☆

Besonders sehenswert: Wallfahrtskirche, die auf dem Berg Zion thront.

fahrtskirche geweiht. Doch erst unter Daniel Paschasius von Osterberg, in dessen Besitz Albendorf 1677 kam, entstand das ›Schlesische Jerusalem‹. Der Adelige stiftete zahlreiche Kalvarienkapellen und ließ eine neue Wallfahrtskirche (1710 geweiht) errichten, die aber ein Jahr später wegen baulicher Fehler abgerissen werden mußte. 1715 veranlaßte der neue Besitzer Graf Franz Anton von Götz den Wiederaufbau, wobei die dreischiffige Anlage zum Zentralbau umgestaltet wurde, die 54 m breite Fassade in ihrer ursprünglichen Renaissanceform aber erhalten blieb. Fünf Jahre später wurde die *Kirche Mariä Heimsuchung* (Kościół Nawiedzenia Marii) geweiht.

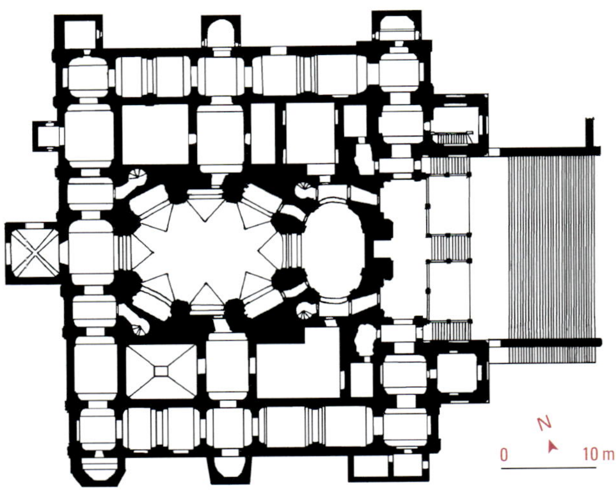

Albendorf/Wambierzyce, Grundriß der Wallfahrtskirche

Eine monumentale Treppe mit 33 Stufen (Symbol für die Lebensjahre Christi) geht in drei schmalere Stiegen mit jeweils 15 Stufen (Symbol der Jugendjahre Mariens) über, die zu einem Kirchenumgang führen. In diesen sind zahlreiche Kapellen eingelassen, die in Bildern und Skulpturen das Leben Jesu von der Verkündigung bis zur Jordantaufe thematisieren. Der ovale Innenraum der Kirche besticht durch einen reich geschmückten Hochaltar (1720), Seitenaltäre des hl. Johannes von Nepomuk und des hl. Antonius (1733), eine Kanzel (1723) sowie die Figuren der Kirchenväter, allesamt geschaffen vom Glatzer Bildhauer Karl Sebastian Flacker (gest. 1746?). In der Gnadenkapelle findet man das 27 cm große Bild der Albendorffschen Madonna (vor 1250).

Albendorf ist ein guter Ausgangspunkt für Ausflüge ins **Heuscheuer Gebirge** (Góry Stołowy). Vom Weiler *Karlsberg* (Karłów) nahe der tschechischen Grenze erklimmt man über 665 Stufen das zerklüftete Gipfelplateau der ›Großen Heuscheuer‹ (Szczeliniec Wielki), die tatsächlich an ein Scheunendach oder einen Heuschober erinnert. Spektakulär sind die ›Wilden Löcher‹, ein 24 ha großes Felslabyrinth mit bizarr geformten Sandsteinfelsen. Das Gebiet um die Große Heuschauer ist seit 1994 *Nationalpark* (Stołowogórski Park Narodowy), vorgeschriebene Wanderwege sind ausgeschildert.

Große Heuscheuer: von der höchsten Felsplatte (919 m) bietet sich eine umfassende Sicht auf das Glatzer Bergland und die dazugehörenden Gebirge.

Am Nordrand des Gebirges, auf halber Strecke zwischen Karlsberg und Albendorf, liegt der Ort **Wünschelburg** (Radków), der bis heute von der um 1900 begründeten Sandsteinindustrie lebt. Das *Rathaus* (Ratusz) von 1609 wurde nach Zerstörungen 1738 wieder aufgebaut. Auf dem Ring steht eine *Mariensäule* (Kolumna Matki Boskiej) zur Erinnerung an die Pest von 1680. Die katholische *Pfarrkirche St. Dorothea* (Kościół Farny Św. Doroty), 1571–80 erbaut, diente ursprünglich den evangelischen Gläubigen.

Bad Kudowa/ Kudowa Zdrój ☆

Besonders sehenswert: Kurpark mit Trinkhalle und Schlößchen

Um 1870 war **Bad Kudowa** (Kudowa Zdrój), im Westen des Glatzer Berglands gelegen, Deutschlands berühmtester Kurort für Herzleidende. Fünf kohlensäurehaltige Heilquellen begründeten seinen Ruf. Auch heute gehören zum Kurbetrieb Bade- und Trinkkuren sowie medizinische Behandlungen nach traditionellen und nach Naturheilkundeverfahren. Am Eingang zum Kurpark steht das um 1900 erbaute *Sanatorium Polonia* mit einer repräsentativen Fassade im Fachwerkstil. Dank der geschützten Lage wachsen in dem 15 ha großen Park viele seltene, subtropische Pflanzen. Gegenüber der *Trinkhalle* (Pijalnia) des Kurhauses befindet sich das 1772 errichtete *Schlößchen* (Zameczek), in dem heute ein Forschungs- und Rehabilitationszentrum untergebracht ist. Ältestes Bauwerk ist die barocke Kirche *St. Katharina* (Kościół Św. Katarzyny) von 1679, die 100 Jahre später noch einmal umgebaut wurde.

Im Kurhaus mit Wandelhalle findet alljährlich im Juli ein Festival zu Ehren Moniuszkos, des Schöpfers der polnischen Nationaloper, statt.

Im Vorort **Kudowa Czermna** findet sich die 1776 errichtete sogenannte *Schädelkapelle* (Kaplica Czaszek), getäfelt mit Gebeinen von gefallenen Soldaten des Siebenjährigen Krieges.

Berühmt ist in **Bad Reinerz** (Duszniki Zdrój) die originelle Kanzel in der Pfarrkirche *St. Peter und Paul* (Kościół Farny Św. Piotra i

Pawła), ein Werk des Glatzer Bildhauers Michael Kössler (tätig 1699–1728) von 1720–22. Wie im Alten Testament Jonas aus dem Rachen des Wals gespien wird, so steht der Geistliche im geöffneten Maul eines Wals. Über ihm befindet sich eine Bekrönung, die aus Fontänen besteht – ausgestoßen aus den Nüstern des Wals; dazu Akanthusranken und Wolken. Durch den an der Spitze stehenden Christus wird das Jonas-Thema zugleich auf die Auferstehung bezogen: Tote erheben sich und aus Christi Wunden tropft Blut in einen Kelch – Symbol der Eucharistie. Die Kirche selbst mit dem wuchtigen mittelalterlichen Turm wurde Ende des 16. Jahrhunderts errichtet und 1708–20 barock umgestaltet.

Das *Rathaus* (Ratusz) am Ring stammt von 1844, auch einige Bürgerhäuser aus der Renaissance und dem Barock sind erhalten geblieben. Die schöne *Mariensäule* (Kolumna Matki Boskiej) wurde 1725 aufgestellt. Im Gebäude der alten *Papiermühle* (Papiernia) von 1605 am Stadtausgang Richtung Glatz befindet sich heute ein Museum zur Geschichte der Papierherstellung. 1562 wird die erste Papiermühle des Ortes urkundlich erwähnt, in der Büttenpapier für amtliche Dokumente hergestellt wurde. Bei der Hochwasserkatastrophe von 1998 wurde ein Teil der Papiermühle zerstört.

Chopin war erst 16 Jahre alt, als er im Kurhaus der Stadt sein erstes öffentliches Konzert gab. Seit 1946 findet an gleicher Stelle im August eines jeden Jahres ein Musikfestival statt.

Die erste Heilquelle, die ›Kalte Quelle‹, ist für 1408 nachgewiesen, wurde aber erst unter Friedrich dem Großen in Gebrauch genommen. Um 1800 hat man hier eine Kuranstalt eingerichtet, 1872 fand erstmals der Schlesische Bädertag statt. 1897 hat man im Kurpark ein Denkmal für Frédéric Chopin aufgestellt, der im alten Kurtheater 71 Jahre zuvor sein erstes öffentliches Konzert gegeben hatte.

Bei Besuchern sehr beliebt ist auch der Ort **Bad Altheide** (Polanica Zdrój), 5 km östlich am Ausgang der Weistritzer Schlucht. Dank seiner kohlensäurehaltigen Quellen konnte der Kurbetrieb um 1900 aufgenommen werden; geheilt werden vor allem Herz- und Nervenkrankheiten. Viele Villen und Pensionen blieben aus der Gründerzeit erhalten. Im Mittelpunkt von Bad Altheide befindet sich ein großer *Kurpark* (Park Zdrojowy) mit klassizistischer Trinkhalle (Pijalnia), Konzertmuschel (Muszla Koncertowa) und Palmenhaus (Palmiarnia). Wichtigster Industriebetrieb des Ortes ist die traditionsreiche Kristallglashütte am südlichen Ortsausgang.

Habelschwerdt/ Bystrzyca Kłodzka, Grundriß St. Michael

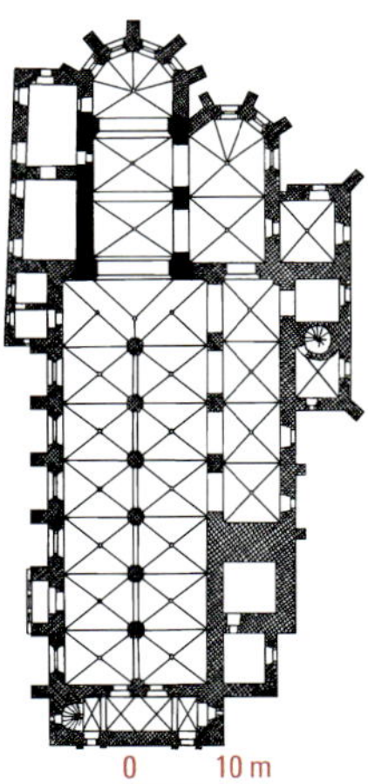

Habelschwerdt (Bystrzyca Kłodzka), 16 km südlich von Glatz (Kłodzko), bietet das Bild einer mittelalterlichen Stadt: dicht drängen sich die Häuser über dem Fluß, aus dem Dachgewirr ragen Basteien und Türme. So der Turm des *Rathauses* (Ratusz), das im 16. Jahrhundert errichtet und dann nach Zerstörungen 1852–54 von Grund auf erneuert wurde. Auch der Turm der *Stadtpfarrkirche St. Michael* (Kościół Parafialny Św. Michała), einer gotischen Hallenkirche aus dem 14. Jahrhundert, wurde nach Bränden 1475 und 1753 erneuert und 1914 noch einmal umgebaut. Im Kircheninnern steht ein Renaissance-Taufbecken von 1577. Der heutige *Wasserturm* (Wieża Wodna) hieß ursprünglich Stadtbergturm, und im Glockenturm der früheren, 1821–23 erbauten evangelischen Kirche, ist heute ein *Streichholzmuseum* (Muzeum Filumenistyczne) untergebracht. Von der alten Stadtbefestigung hat sich auch das *Glatzer Tor* (Brama Kłodzka) erhalten.

Kunsthistorisches Schmuckstück von Habelschwerdt ist die *Dreifaltigkeitssäule* (Kolumna Św. Trójcy) auf dem Markt (Rynek), 1736 aufgestellt als Stiftung zweier Kommandanten der örtlichen Zollkammer. Sie gehört zu den größten und reichhaltigsten Dreifaltigkeitssäulen in ganz Schlesien. Auf dreieckigem Grundriß erhebt sich die aus zahlreichen Figuren aufgebaute Säule – geschaffen von Anton Jörg, dem langjährigen Bildhauer des Zisterzienserklosters in Kamenz.

Im äußersten Süden des Glatzer Berglandes, 20 km südlich von Habelschwerdt, liegt **Mittelwalde** (Międzylesie). Das dortige *Schloß* (Zamek) am Markt (Rynek), 1580 erbaut, bedarf dringend der Restaurierung; bemerkenswert ist ein Renaissance-Portal mit dem Wappen der Adelsfamilie von Althann. Unweit steht die ursprünglich gotische, 1643 dann im barocken Stil umgebaute katholische *Pfarrkirche* (Kościół Farny). Die meisten Bürgerhäuser am Markt sind erhalten geblieben, und in einer Grünanlage findet man die 1698 errichtete *Mariensäule* (Kolumna Matki Boskiej).

Mittelwalde: preiswerte Übernachtung im Schloß

Im Osten des Glatzer Berglands, am Fuße des Schneebergs (Śnieżnik Kłodzki), liegt auf einer Höhe von 450 m **Bad Landeck** (Lądek Zdrój), einer der ältesten Bade- und Kurorte Schlesiens. Schon im 16. Jahrhundert wurden die hier fließenden radiumhaltigen Schwefelquellen genutzt, 1678 begann man mit dem Bau der ersten Kuranlagen. In der Folge kamen Könige und Fürsten, später auch Schriftsteller und Künstler, um von Kreislauferkrankungen, Rheuma und Gicht zu genesen. Noch heute steht am Kurpark der kuppelgekrönte Bau des alten *Marienbades* von 1880, heute Naturheilanstalt Wojciech.

»Die Bäder von Landeck haben mir den Gebrauch meiner Füße wiedergegeben, und gegenwärtig scheint es mir fast, als habe ich die Gicht nie gehabt.« Kurgast Friedrich der Große, 1765

Am Markt (Rynek) erhebt sich eine jener für Schlesien so typischen *Dreifaltigkeitssäulen* (Kolumna Św. Trójcy), die 1739–41 von Michael Klahr d. Ä. gestaltet wurde und die Dreifaltigkeits- mit der Mariensymbolik verbindet. Klahr war 1724–42 Besitzer des Hauses Nr. 1, dessen Giebel eine Marienfigur aus Stuck schmückt. Die Bogengänge der nördlichen Häuserreihe und die gesamte westliche Marktseite sind von der ursprünglichen barocken Bebauung aus dem 18. Jahrhundert erhalten geblieben. Nahe dem Markt finden wir die alte *Johannisbrücke* (Most Św. Jana) von 1565 mit einem Standbild des hl. Nepomuk von 1783. Die barocke *Pfarrkirche* (Kościół Farny) wurde 1692–1742 gebaut, Hauptaltar und Kanzel sind ein Werk von Michael Klahr d. J. (1727–1807).

Folgt man der Straße von Bad Landeck südwärts, erreicht man nach 15 km die Ortschaft **Klessengrund** (Kletno) mit ihrer berühmten *Bärengrotte* (Jaskinia Niedźwiedzia), einer der schönsten Tropfsteinhöhlen Polens, die 1966 entdeckt wurde. Der 45 m hohe Palastsaal ist mit wunderschönen Stalaktiten und Stalagmiten geschmückt. Der Eingang zur Höhle befindet sich am Wanderweg zum Glatzer Schneeberg (Śnieżnik Kłodzki).

Der älteste und einst berühmteste Kurort Deutschlands ist ein idealer Ausgangspunkt für Wandertouren ins Glatzer Schneegebirge.

Oppelner Land

Der westliche Teil Oberschlesiens, das Oppelner Land, liegt im weiten Tal der oberen Oder. Es reicht von Brieg (Brzeg) im Westen bis Cosel-Kandrzin (Kędrzierzyn-Koźle) im Osten, von der tschechischen Grenze im Süden bis Pitschen (Byczyna) im Norden. Links der Oder wechseln bewaldete Hügel mit sanftgewellten Getreidefeldern, am Horizont schimmert die silbergraue Silhouette der Sudeten. Rechts der Oder ein anderes Bild: schier endlos erstreckt sich eine Ebene, aus der nur der Basaltriese des 385 m hohen St. Annabergs aufragt. Dank des milden Klimas gilt das Oppelner Land als besonders fruchtbar. Der Winter ist hier kürzer als anderswo in Polen, der Sommer reicht weit in den September hinein.

Zur Zeit besitzt etwa ein Drittel der Bevölkerung des Oppelner Landes die doppelte Staatsbürgerschaft. So verwundert es nicht, daß man auf den Straßen viele Autos mit deutschen Kennzeichen erblickt: ständige Grenzgänger, die allwöchentlich zwischen Deutschland und Polen pendeln. Bei der Verwaltungsreform von 1999 wurde Oppeln als Zentrum einer eigenständigen Wojwodschaft bestätigt, die Besonderheit der Region damit unterstrichen. Die hier lebenden Menschen wollen anders sein als die Nieder- und Oberschlesier, ihre Dörfer wirken zumeist gepflegter als die viele ihrer Nachbarn.

Oppeln/Opole

Oppeln/Opole ☆☆
Besonders sehenswert:

Altstadt
Franziskanerkirche
Kirche der Allerheiligsten Schmerzensmutter Maria
Kathedrale zum Heiligen Kreuz

Oppeln, das Zentrum der deutschen Minderheit, zählt zu den schönsten und ältesten Städten Schlesiens. Es erstreckt sich zu beiden Seiten der Oder und längs ihrer Seitenarme. Bei Erdarbeiten in den frühen 30er Jahren wurden auf der Nordspitze der Oderinsel Pascheka (Wyspa Pasieka) erstaunliche Funde gemacht. Unter den Grundmauern der alten Piastenburg entdeckte man Überreste einer altslawischen Siedlung aus dem 9.–13. Jahrhundert. Danach war Opole, was bei den slawischen Stämmen soviel wie Region oder Territorium bedeutete, Hauptsitz des slawischen Stammes der Opolanen.

Schon bald nach der Einbeziehung Schlesiens in den polnischen Staat wurde Oppeln Sitz einer Kastellanei. Die Existenz einer nach deutschem Recht gegründeten Stadt auf dem östlichen Oderufer ist erstmals für 1217 belegt. 1327 wurde Oppeln böhmischer Lehnshoheit unterstellt, 1532 fiel die Stadt an die Krone der Habsburger, die sich später nicht scheuten, sie als Tauschobjekt in politischen Geschäften zu benutzen. So kam Oppeln 1551–57 an die ungarische Königin Isabella, 1622/23 an Fürst Gabriel Bethlen von Siebenbürgen und 1645–66 an das polnische Königshaus. 1742 erfolgte der Übergang an Preußen. Am 14. Oktober 1919 wurde Oppeln Hauptstadt der neu geschaffenen Provinz Oberschlesien, verlor diesen Rang aber bei der erneuten Vereinigung Schlesiens am 21. März

◁ Oberglogau/Glogówek, Sandsteinportal des Schlosses

Oppeln/Opole

1 Bahnhof
2 Denkmal für die Helden des Kampfes um die Freiheit des Oppelner Schlesiens
3 Franziskanerkirche und -kloster zur Heiligen Dreifaltigkeit
4 Rathaus
5 Kirche der Allerheiligsten Schmerzensmutter Maria
6 Museum des Oppelner Schlesiens
7 Viereckturm
8 Józef-Lompa-Denkmal
9 Sebastiankapelle
10 Kathedrale zum Heiligen Kreuz
11 Diözesanmuseum
12 Alexiskapelle
13 Piastenturm
14 Freilichttheater
15 Schloßbrücke
16 Pfennigbrücke

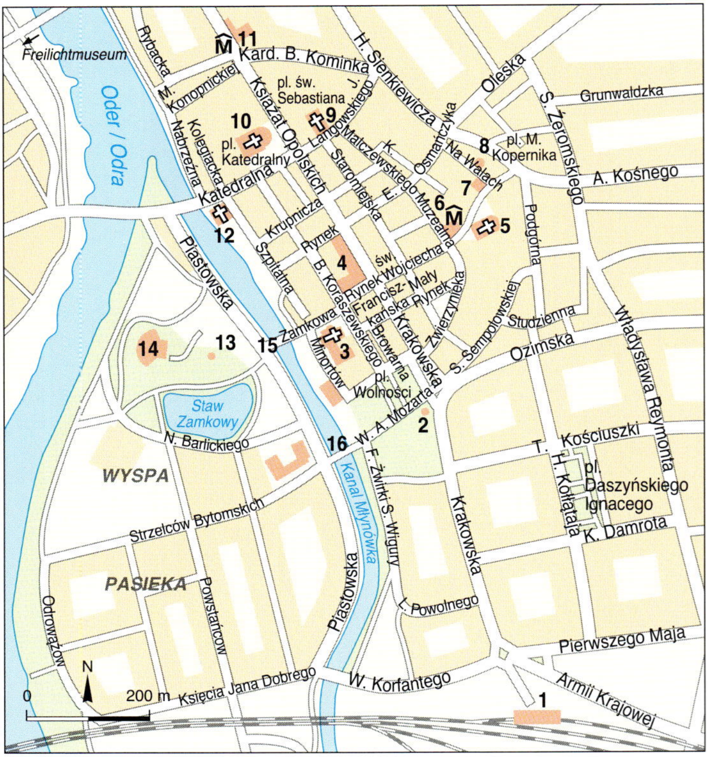

1938. Seit 1999 ist Oppeln Hauptstadt einer der drei neugeschaffenen schlesischen Wojwodschaften.

Im Mittelalter war Oppeln als zentraler Verkehrsknotenpunkt ein bedeutender Handelsplatz, ab dem 14. Jahrhundert ist auch die Tuchmacherei belegt. Mit der Verlagerung der wichtigsten Handelswege trat ab dem 16. Jahrhundert ein wirtschaftlicher Niedergang ein, der erst mit dem Bau der Oberschlesischen Eisenbahn, die 1843 Oppeln erreichte, durch einen neuen Aufschwung abgelöst wurde. Die Oppelner Kalksteinlager ermöglichten fortan die Entfaltung der Zementindustrie, die bis heute in Oppeln eine wichtige Rolle spielt. Hinzu kamen die Beton- und Kunststeinindustrie, Sägewerke, Papier- und Bekleidungsindustrie. Außerdem ist Oppeln ein wichtiger Umschlagplatz landwirtschaftlicher Güter aus der Umgebung.

Stadtrundgang

Von dem Stil der Neorenaissance um 1900 erbauten **Bahnhof** (1, Dworzec) führt die breite Fußgängerstraße Krakowska am Hotel Opole vorbei ins Stadtzentrum. Am Freiheitsplatz (pl. Wolności) prangt ein riesiges pathetisches **Denkmal**, das eine geflügelte Amazone auf dem Rücken eines Wisents zeigt. Gewidmet ist es den **Helden des Kampfes um die Freiheit des Oppelner Schlesiens** (2, Bohaterom o Wolność Śląska Opolskiego). Wenig später erheben sich zur Linken die **Franziskanerkirche und -kloster zur Heiligen Dreifaltigkeit** (3, Kościół i Klasztor Franciszkański Św. Trójcy). Die Kirche wurde im 14. Jahrhundert im gotischen Stil errichtet, der Turm im 15. Jahrhundert hinzugefügt; die Innenausstattung der Kirche ist im wesentlichen barock. Prunkstück des Sakralbaus ist die gotische, 1309 entstandene *St.-Anna-Kapelle* (Kaplica Św. Anny), heute meist *Piastenkapelle* (Kaplica Piastów) genannt. Das geschnitzte, reich vergoldete Triptychon kam 1401 hinzu. In der Kapelle befinden sich unter gotischem Gewölbe zwei steinerne, von einem unbekannten Meister gefertigte Grabtumben. Die Deckplatten zeigen die liegenden Gestalten der Oppelner Piastenherzöge Bolko I., Bolko II. und Bolko III. sowie dessen Gemahlin Anna. Zwei 1953 an der Rückwand der Kapelle angebrachte Tafeln dienen der Erläuterung des Stammbaums der Piasten und der Stiftungsurkunde der Kirche. Die Existenz des zugehörigen Franziskanerklosters, bekannt für seinen Kreuzgang mit Kristallgewölbe, ist bereits für das Jahr 1248 belegt.

Oppeln/Opole; Franziskanerkirche, Altar in der St.-Anna-Kapelle

Oppeln/Opole, Rathaus und Häuser am Ring

Herz der Altstadt ist der **Ring** (Rynek), ein weitläufiger, kopfsteingepflasterter Platz. Vielfarbige Bürgerhäuser reihen sich aneinander, verspielte Giebel und Fensterschmuck versprühen barocke Leichtigkeit. Klassisch streng wirkt dagegen das **Rathaus** (4, Ratusz), das 1824 in der Platzmitte erbaut und 1936 nach dem Vorbild des Palazzo Vecchio in Florenz erneuert wurde.

Folgt man von hier der ul. Św. Wojciecha, gelangt man über eine monumentale Freitreppe zur **Kirche der Allerheiligsten Schmerzensmutter Maria** (5, Kościół Najświętszej Marii Panny Bolesnej). Ursprünglich war sie als gotische Kirche errichtet worden (1399), wurde dann aber, nach einem Brand 1613, barock erneuert. Wahrscheinlich hat an dieser Stelle Oppelns erste Kirche gestanden, eine 984 erbaute Holzkapelle.

Sehenswert ist das **Museum des Oppelner Schlesiens** (6, Muzeum Śląska Opolskiego) am Fuß der Freitreppe, das mehrere tausend Jahre Geschichte illustriert. Der Bogen spannt sich von Mammutknochen aus der Steinzeit über Modelle mittelalterlicher Wehrsiedlungen bis zu Trachten aus dem Oppelner Land und Gemälden berühmter polnischer Maler wie Jacek Malczewski (1854–1929) und Jan Cybis (1897–1972). Das Gebäude war früher Teil des 1668 errichteten Jesuitenkollegs, zu dem auch ein angrenzendes, zweites Gebäude gehörte. Letzteres wurde an einen **Viereckturm** (7) angebaut, der als einziger Bestandteil der 1387 errichteten und 1615 abgebrannten zweiten Burg der Stadt erhalten geblieben war. Diese Burg hatte man in die Stadtmauer miteinbezogen, von der heute nur noch zwei Fragmente existieren: am kleinen Marktplatz (Mały Rynek) und an der ul. Kolegiacka unweit der Kathedrale. In einer kleinen Grünanlage vor dem Viereckturm steht das 1964 errichtete **Denkmal des polnischen Schriftstellers Józef Lompa** (8).

Die kleine, 1681 nach einer Pest gestiftete **Sebastiankapelle** (9, Kaplica Sebastiana) am gleichnamigen Platz (pl. Św. Sebastiana) nördlich des Rings wirkt etwas bedrängt durch ein angebautes und sie überragendes Wohnhaus. Der Platz selbst gehört zu jenen Stellen in der Stadt, die unserer Vorstellung von Ruhe und Beschaulichkeit alter Zeiten entsprechen.

Nicht weit entfernt ragt die mächtige Fassade der **Kathedrale zum Heiligen Kreuz** (10, Kościół Katedralny Św. Krzyża) in den Himmel. Die Doppelturmfassade wurde der dreischiffigen, im 15. Jahrhundert errichteten gotischen Hallenkirche erst 1899–1902 vorgesetzt. Die Innenausstattung der Kirche ist weitgehend barock, enthält aber auch das Renaissancegrab des letzten Piastenfürsten von Oppeln, des 1532 gestorbenen Jan II. Seit der 1972 erfolgten Schaffung einer selbständigen Diözese Oppeln ist das Gotteshaus Bischofskirche. Die erste Kreuzkirche an dieser Stelle ist für 1223 belegt.

1987 wurde das bedeutende **Diözesanmuseum** (11, Muzeum Diecezjalne) eröffnet. Im Erdgeschoß sind vorwiegend gotische Skulpturen ausgestellt, darunter ein Kruzifix von 1480 aus der Schule

Dem Mühlengraben verdankt Oppeln den Beinamen ›Schlesisches Venedig‹: Neben pastellfarbenen Bürgerhäusern stehen mittelalterliche Speicher und die ehemalige Synagoge, im Hintergrund ragen Türme auf.

Tilman Riemenschneiders und eine Pieta von 1507 aus der Oppelner Alexiskapelle, die auf den Einfluß von Veit Stoß hinweist. Außerdem befindet sich in diesem Raum Malerei verschiedener Stilepochen, insbesondere eine ›Mutter Gottes im Rosengarten‹ von 1480 aus dem Kreis um Martin Schongauer, ein niederländisches Bild des ›Christus Salvator‹ (Mitte 15. Jahrhundert) sowie ein Gemälde des Stammbaums der Oppelner Piasten von 1700. Der Ausstellungsraum in der ersten Etage präsentiert liturgische, in schlesischen Werkstätten gefertigte Gefäße. Ein besonderes Schmuckstück ist ein Silbergewand, das der polnische König Sobieski III. nach seinem Sieg über die Türken 1683 der Oppelner Madonna stiftete.

Vorbei an der kleinen, 1866 erbauten **Alexiskapelle** (12, Kaplica Aleksego) kommt man zum Mühlengraben (Kanal Młynówka), den man auf der ul. Katedralna überquert, um sogleich links einzubiegen. Vom gotischen Schloß, in dem vom 13. bis 16. Jahrhundert die schlesischen Fürsten residierten, ist heute nur noch der runde **Piastenturm** (13) erhalten. Er bildet das Zentrum der von Oder und Mühlengraben gebildeten Insel Pascheka (Wyspa Pasieka), nicht weit von den freigelegten Fundamenten der alten slawischen Stadt. Von seiner Spitze hat man eine weite Aussicht auf die Stadt und ihre Umgebung. Das 1963 neben dem Piastenturm errichtete **Freilichttheater** (14, Amfiteatr) ist Schauplatz des jährlich im Juni stattfindenden Schlagerfestivals.

Oppeln/Opole, Pfennigbrücke

Auf zwei Brücken kann man in die Altstadt zurückkehren. Die **Schloßbrücke** (15, Most Zamkowy) führt zur Franziskanerkirche, auf der ehemaligen **Pfennigbrücke** (16) kommt man über die Mozartstraße (ul. Mozarta) zum Freiheitsdenkmal.

Wer sich für traditionelle bäuerliche Architektur interessiert, macht einen Ausflug in den westlichen Ortsteil Bierkowice. Für das dortige **Freilichtmuseum** (Muzeum Wsi Opolskiej) hat man aus dem gesamten Oppelner Land 50 Holzhäuser zu einem ›authentischen‹ Dorf arrangiert, in dem Mühle und Schule ebensowenig fehlen dürfen wie Schmiede, Schänke und eine Weberwerkstatt. Die ›Ortskirche‹ bietet ein gutes Beispiel für den Typus der oberschlesischen Schrotholzkirche. Fast alle Kirchen auf dem Land wurden einst aus Holz erbaut, denn es war billig und in Fülle vorhanden. Erst wurden die Stämme mit der Schrotsäge und der Axt bearbeitet, dann waagerecht zu Wänden aufeinandergeschichtet und an den Ecken miteinander verzahnt. Auffallend sind die weit heruntergezogenen verschindelten Dächer und die kleinen Fenster, bestens geeignet, extremen Witterungen zu widerstehen.

In **Proskau** (Prószków), 10 km südwestlich von Oppeln, steht ein gut erhaltenes *Schloß* (Zamek). Es geht zurück auf eine nach 1563 errichtete Renaissance-Anlage mit vier Flügeln, Arkadeninnenhof und bastionsartigen Eckbauten; nach der weitgehenden Zerstörung durch schwedische Truppen im Dreißigjährigen Krieg wurde das Schloß unter der Leitung des italienischen Architekten Johann Seregno wieder aufgebaut und dabei barock überarbeitet.

Von Löwen/Lewin Brzeski nach Rosenberg/Olesno

Vorgeschichtliche Funde deuten auf eine frühzeitliche Besiedlung des Gebiets um die Kleinstadt **Löwen** (Lewin Brzeski), auf halbem Wege zwischen Oppeln und Brieg, etwas abseits der Europastraße 22 und auch nicht weit von der Mündung der Glatzer Neiße in die Oder. Zu den Funden zählen ein Steinzeitgefäß, Steinhämmer, ein Bronzebeil und verschiedene Bronzenadeln. Einige Urkunden aus dem 13. Jahrhundert geben Auskunft über eine slawische Siedlung auf diesem Gebiet. Für 1333 ist die Existenz eines Ortes mit deutschem Stadtrecht verbürgt. Auf dem Marktplatz von Löwen ist das spätklassizistische *Rathaus* (Ratusz) von 1837 erhalten geblieben. Die ehemals evangelische, heute evangelisch-augsburgische Kirche *St. Peter und Paul* (Kościół Św. Piotra i Pawła), ist ein Bauwerk aus dem 14. Jahrhundert, das im 16. und 17. Jahrhundert ausgebaut wurde. Das an der Neiße gelegene *Schloß* (Zamek) von 1722 wurde nach einem Brand 1955 teilweise wieder aufgebaut.

Brieg/Brzeg

Brieg/Brzeg ☆☆

Besonders sehenswert: Piastenschloß

Brieg ist eine der ältesten Städte Schlesiens. Ihr Name geht auf ein um 1200 dort bestehendes Fischerdorf namens Wysokibrzeg oder Wisokebrzeg zurück, was soviel bedeutet wie ›hohes Ufer‹. Spätere Latinisierungen des Stadtnamens lauteten Brega und Briga. Für die Stadtgründung gibt es in den Quellen nicht weniger als drei Daten: 1246, 1247 und 1250. Brieg war von 1311 bis 1675 die Residenz der Herzöge von Liegnitz und Brieg, einer Teillinie der schlesischen Pias-

Brieg/Brzeg, Innenhof des Schlosses

Brieg/Brzeg

1 Schloß mit Kirche und Piastenmuseum
2 Gymnasium
3 Heilig-Kreuz-Kirche
4 Rathaus
5 St. Nikolai
6 Franziskanerkirche
7 Dreifaltigkeitssäule und Statue des hl. Nepomuk

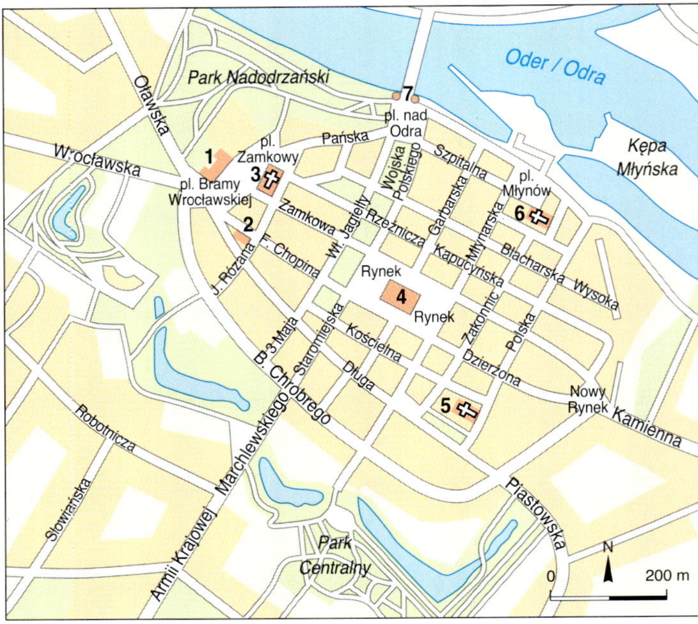

ten. Die in dieser Zeit entstandenen Bauwerke der Gotik und Renaissance haben der Stadt ihr Gepräge verliehen. 1675 kam das Fürstentum Liegnitz-Brieg an das Haus Habsburg, wenig später ließen sich die ersten Jesuiten in der Stadt nieder und setzten barocke Akzente. Einen wirtschaftlichen Aufschwung erlebte Brieg im 19. Jahrhundert nach dem Bau der Eisenbahn und der Schiffbarmachung der Oder. Die Zerstörungen im Zuge des Zweiten Weltkriegs sind bis heute nicht vollständig behoben.

Zu den schönsten Renaissance-Schlössern Schlesiens zählt das **Schloß** (1, Zamek) von Brieg. Nach der Grundsteinlegung 1544 wurde es ab 1547 unter Leitung der oberitalienischen Baumeister Jakob Pahr (gest. 1575) und Bernhard Niuron (tätig 1565–87) realisiert. Nachdem der Hauptbau 1741 bei der Belagerung der Stadt abbrannte, blieb es seitdem teilweise als Ruine stehen. Mustergültig wurde es dann in den 60er und 70er Jahren des 20. Jahrhunderts nach historischen Vorlagen wieder aufgebaut. Über den von Pilastern flankierten Torbogen erhebt sich eine Schaufassade, die mit den fürstlichen Wappen und überlebensgroßen Figuren Herzog Georg II. und seiner Gemahlin Barbara von Brandenburg geschmückt ist (Abb. S. 23). Darüber finden sich in zwei Reihen 24 Porträtbüsten der Ahnen des Paars. Der Hauptbau des Schlosses gruppiert sich um einen mehrgeschossigen, fast quadratischen Arkadenhof. Das Erdgeschoß beherbergt seit 1952 das **Piastenmuseum** (Muzeum Piastów Śląskich), in dem schlesische Kunstwerke aus dem 15. Jahrhundert, Siegel, eine

Im September finden im Rahmen des Festivals ›Wratislavia Cantans‹ Konzerte im Schloßhof statt.

Numismatiksammlung und sieben Prunksärge der Piastenfürsten von Liegnitz und Brieg ausgestellt sind.

Wichtigstes Bauwerk aus gotischer Zeit ist die **Schloßkirche** (Kościół Zamkowy) links neben dem Torbau des Schlosses. Sie geht auf das Jahr 1369 zurück, wobei nach den Zerstörungen von 1741 nur der Chor erhalten blieb, der 1783–86 als Kapelle barockisiert wurde. Beim Wiederaufbau nach dem Zweiten Weltkrieg hat man das Gesamtbauwerk in seiner gotischen Gestalt wiederhergestellt.

Schräg gegenüber dem Schloß steht das 1564–69 errichtete **Gymnasium** (2), das auf eine Lateinschule aus dem Jahr 1280 zurückgeht. Dieses ›Illustre Gymnasium Bregense‹ war vor allem im 17. Jahrhundert eine Art evangelische Hochschule, die auch von jungen Studierenden aus Polen und Böhmen besucht wurde. Auch heute noch dient es als Lyzeum.

Die am Schloßplatz erbaute **Heilig-Kreuz-Kirche** (3, Kościół Św. Krzyża) wurde 1746 geweiht, ihre Türme wurden jedoch erst 1856 vollendet. Der prachtvolle Barock des Kircheninnern steht im Gegensatz zu dem klaren, strengen äußeren Aufbau des Gotteshauses. Die Deckengemälde und der in Scheinperspektive auf die Wand hinter dem Altar gemalte Hochaltar sind Arbeiten des Jesuitenpaters Johannes Kuben.

Das zweite Renaissance-Juwel von Brieg ist das 1570–77 wiederum von Pahr und Niuron erbaute **Rathaus** (4, Ratusz) im Zentrum

Brieg/Brzeg, Rathaus

des Rings. Es besteht aus vier Flügeln mit einem engen Innenhof, an der Nordostecke erhebt sich ein die Innenstadt weit überragender Turm mit durchbrochener Haube. An der Westfront werden zwei vorspringende Treppentürme durch Laubengänge im Parterre und im ersten Geschoß verbunden, deren fünf dorische Säulen im Erdgeschoß durch Holzstützen im ersten Geschoß fortgesetzt werden. Das hohe Satteldach über der Westfront wird unterbrochen durch drei vorspringende Giebel. Von der ursprünglichen Bebauung sind mehrere Bürgerhäuser am Ring erhalten geblieben. ›Beschlagwerk‹ nennt man das weiße Ornament, das die gesamte Fassade überzieht; die hohe Giebelfront kündet von Macht und Ansehen der Residenzstadt.

Südöstlich des Rings erhebt sich die früher evangelische, jetzt katholische Kirche **St. Nikolai** (5, Kościół Św. Mikołaja). Die dreischiffige, zwischen 1370 und 1417 errichtete Pfeilerbasilika erhielt ihre Turmbehelmung erst 1855. Das schmale, mit einem steilen Satteldach gedeckte Mittelschiff überragt die beiden durch Kapellen erweiterten Seitenschiffe. Polnische Restauratoren legten an der Südwand der Sakristei gotische Wandmalereien frei. Wo die 1724 bis 1730 von dem Breslauer Michael Engler erbaute Barockorgel verblieb, ist ungeklärt.

Nordöstlich des Rings steht die **Franziskanerkirche** (6, Kościół Franciszkanów), die im 16. Jahrhundert in ein Zeughaus umgewandelt wurde. Aus der Zeit der Jesuiten stammen die **Dreifaltigkeitssäule** (7, Kolumna Św. Trójcy) von 1731 sowie die **Statue des hl. Nepomuk** (7, Statua Św. Nepomucena) von 1729 an der Brücke über die Oder.

In **Mollwitz** (Małujowice), 5 km westlich von Brieg, lohnt der Besuch der einschiffigen, flachgedeckten Dorfkirche aus der ersten Hälfte des 14. Jahrhunderts. Sie besitzt ein frühgotisches Portal und eine Renaissance-Vorhalle, der Innenraum birgt reiche, spätgotische Wandmalereien.

Am Rand des Ortes **Minkowsky** (Minkowskie), 23 km nordöstlich von Brieg, steht das *Rokokoschloß* (Zamek) des friderizianischen Reitergenerals Friedrich Wilhelm von Seydlitz. Das eingeschossige, 1765–84 erbaute Schloß, das den Einfluß von Sanssouci verrät, wurde 1969/70 restauriert und ist jetzt in Privatbesitz.

Namslau (Namysłów) liegt 50 km nordwestlich von Oppeln: ein Städtchen mit 15 000 Einwohnern, heute vor allem bekannt durch seine 1862 gegründete Brauerei. Von der mittelalterlichen Stadtanlage (Ende des 13. Jahrhunderts) sind noch Elemente der Stadtmauer sowie am Ostausgang das *Krakauer Tor* (Brama Krakowska) erhalten geblieben. In der Mitte des Rings steht das *Rathaus* (Ratusz) mit dem Turm aus den Jahren 1381–89; die übrigen Bauabschnitte entstanden um 1500, 1600 und 1800. Bedeutendstes Baudenkmal der Stadt ist die katholische *Pfarrkirche St. Peter und Paul* (Kościół Farny Św. Piotra i Pawła), eine spätgotische, dreischiffige Hallenkir-

Mollwitz/Małujowice, Blick in den Innenraum der Dorfkirche

che, zwischen 1405 und 1493 errichtet. Vor der Kirche steht ein Nepomukbrunnen. Westlich des Rings findet sich die *Franziskanerkirche* (Kościół Franciszkanów) sowie die erhaltenen Westflügel des alten *Franziskanerklosters* (Klasztor Franciszkanów). Der Chor des eindrucksvollen Backsteinbaus stammt aus dem frühen 14. Jahrhundert, das Langhaus aus dem 15. Jahrhundert. Von 1812 bis 1945 wurden beide als Lagerräume zweckentfremdet.

Nordöstlich von Oppeln, an der Straße nach Posen, liegt die Stadt **Kreuzburg** (Kluczbork), im Mittelalter ein bedeutsamer Handelsplatz im Grenzgebiet zu Großpolen; der Salzmarkt, die Tuchmacherei und Leinenweberei bestimmten damals das wirtschaftliche Geschehen. Im 19. Jahrhundert baute man Dampfmühlen, eine Lederfabrik und verschiedene Maschinenfabriken. Heute ist der wichtigste Wirtschaftszweig die Verarbeitung landwirtschaftlicher Produkte aus der Umgebung.

Das *Rathaus* (Ratusz) auf dem Ring wurde nach dem Brand von 1737 neu erbaut und mit Barockgiebeln versehen. Von den damals neben dem Rathaus ebenfalls errichteten kleinen barocken Giebelhäusern, den ›Zwölf Aposteln‹, haben sich nur zwei erhalten. Am Westrand des Rings steht die heute evangelisch-augsburgische *Sal-*

Auch das gibt es in Kreuzburg: ein Imkerei-Museum (Muzeum J. Dzierżona) mit Kostbarkeiten aus zehn Jahrhunderten, darunter Bienenstöcke mit buntbemalten, volkstümlich-naiven Skulpturen.

»Zweimal in der Woche füllte sich der Markt mit den Wagen der Landleute, dann sah man ein Gewühl geschäftiger Menschen, kleine struppige Pferde, zahllose Getreidesäcke, die Bauerfrauen der nahen polnischen Dörfer in ihrer auffallenden Tracht, jüdische Händler, die sich gleich Aalen zwischen den Wagen hindurchwanden, und die Ratsdiener, wie sie im Amtseifer die Stöcke schwangen, um Ordnung zu erhalten.« Gustav Freytag, ›Kinderleben in Kreuzburg‹

vatorkirche (Kościół Zbawiciela); nach der Reformation wurde sie evangelisch, um 1700 rekatholisiert und 1707 den evangelischen Gläubigen zurückgegeben. Das aus dem 14. Jahrhundert stammende Bauwerk wurde nach Bränden im 18. Jahrhundert rekonstruiert und im Innern neu ausgestattet.

Der Ort **Pitschen** (Byczyna), 16 km nördlich von Kreuzburg und nur wenige Kilometer südlich der früheren deutsch-polnischen Grenze, wurde durch Kriege im 16. und 17. Jahrhundert sowie noch einmal am Ende des Zweiten Weltkriegs stark in Mitleidenschaft gezogen. Dennoch ist fast die gesamte *Stadtmauer* aus dem 15. Jahrhundert mit drei Tortürmen erhalten geblieben. Das *Rathaus* (Ratusz) inmitten des quadratischen Rings wurde vorbildgetreu wieder aufgebaut, ebenso die am Ring gelegene *Pfarrkirche St. Nikolaus* (Kościół Farny Św. Mikolaja), eine gotische Basilika aus dem 14. Jahrhundert.

Ausgehend vom Mittelalter war **Rosenberg** (Olesno) ein wichtiger Handelsplatz. Pferde, Leder, Wolle und Talg aus Polen wurden hier angeboten, ebenso Web- und Tuchwaren sowie andere Handwerkserzeugnisse aus Schlesien. Im 19. Jahrhundert entstanden dann zahlreiche Manufakturen und Industriebetriebe. Das *Rathaus* (Ratusz) wurde 1820 auf den Fundamenten des 100 Jahre zuvor abgebrannten Baus von 1640 errichtet, mit eindrucksvollen dorischen Säulen an der Vorderfront. Vor dem Rathaus steht das barocke *Nepomukdenkmal* (Pomnik Nepomucena) und die ebenfalls barocke *Mariensäule* (Kolumna Matki Boskiej). Die 1226 geweihte, an der Nordecke des Rings stehende *Pfarrkirche St. Michael* (Kościół Farny Św. Michała), 1353 Propsteikirche, wurde nach Bränden mehrfach umgebaut, zuletzt im 19. Jahrhundert; ihr Turm stammt von 1856.

Die besonders schöne Schrotholzkirche St. Anna entdeckt man an der Straße nach Landsberg: 1668 erfolgte der sternförmige Anbau von fünf Kapellen.

In Rosenberg und Umgebung finden sich drei der typischen oberschlesischen **Schrotholzkirchen**: 2 km nördlich an der Straße nach Landsberg (Gorzów Śląski) die 1516 errichtete Kirche *St. Anna* (Kościół Św. Anny), in Alt-Rosenberg (Stare Olesno) die 1680 erbaute Kirche *St. Magdalena* (Kościół Św. Magdaleny) und schließlich die 1710 aufgestellte *Rochuskirche* (Kościół Św. Rochusa) in Grötsch (Grodzisko).

Von Falkenberg/Niemodlin über Neiße/Nysa nach Patschkau/Paczków

Falkenberg (Niemodlin), an der Straße von Oppeln nach Neiße gelegen, ist eines jener vielen Beispiele für die wechselvolle Nationalgeschichte Oberschlesiens. So wird das slawische Dorf Nemodlin erstmals 1224 erwähnt. Im Zuge deutscher Zuwanderung erfolgt 1283 die Gründung einer Stadt nach deutschem Recht. Während im

15. Jahrhundert wiederum das polnische Element überwiegt, stellt sich im 16. und besonders im 17. Jahrhundert abermals eine deutsch orientierte Entwicklung ein.

Falkenberg besitzt einen jener typischen, langgestreckten Marktplätze, der im Westen von der katholischen *Pfarrkirche* (Kościół Farny) abgeschlossen wird. Der gotische Backsteinbau stammte ursprünglich aus dem 14. und 15. Jahrhundert und wurde nach einem Brand im Dreißigjährigen Krieg erneuert. Erhalten blieb ebenso das *Schloß* (Zamek) am Ostrand der Stadt, in dem vorläufig eine Schule untergebracht ist. Schon im 14. Jahrhundert stand hier eine Burg des Herzogs von Falkenberg. Ende des 16. Jahrhunderts erfolgte dann der umfangreiche Ausbau zu einer um einen Arkadeninnenhof gruppierten Renaissance-Anlage, 1870 wurde der Balkon mit der Freitreppe und die Säulenhalle an der Südseite hinzugefügt.

Das gut erhaltene *Schloß* (Zamek) in **Tillowitz** (Tulowice), 6 km südöstlich von Falkenberg, liegt in einem großen Park und beherbergt heute ein forstwirtschaftliches Technikum. Die Anlage wurde 1826/27 nach den Plänen italienischer Architekten in Form eines Hufeisens mit drei Flügeln erbaut.

Noch weitere 13 km südlich, in **Friedland** (Korfantów), findet sich ebenfalls ein *Schloß* (Zamek), 1616 im Stil der Spätrenaissance erbaut und 1826 erneuert sowie um einen dritten Flügel erweitert; heute wird es als Rehabilitationsklinik genutzt. Die jetzige *Dreifaltigkeitskirche* (Kościół Św. Trójcy) mit Jugendstilelementen wurde 1909 geweiht, erhalten blieb der Turm des ursprünglichen Bauwerks von 1751.

43 km südwestlich von Oppeln liegt das Lager **Lamsdorf** (Łambinowice), ein Ort der Gefangenen und Toten. 1870/71 wurden hier französische Soldaten interniert, doch nichts erinnert mehr an sie. An die Opfer des Ersten Weltkriegs gemahnen schlichte Reihengräber, im Museum der Kriegsgefangenen (Muzeum Jeńców Wojennych) wird vor allem der Opfer des Nationalsozialismus gedacht. Doch die Geschichte ging noch weiter. 1945/46 diente Lamsdorf als Sammellager für die Deutschen aus den umliegenden Ortschaften. Viel Aufsehen erregten die Publikationen polnischer Journalisten, die 1990 erstmals auch jene Verbrechen thematisierten, die Polen an Deutschen begangen hatten, und damit ein jahrzehntelang geltendes Tabu brachen. Von den 8064 internierten Deutschen kamen drei Viertel um: durch Seuchen, Aushungerung, körperliche Mißhandlung und Erschießung. 1995 wurde in Anwesenheit des Bundespräsidenten Roman Herzog ein Denkmal enthüllt, das sowohl der polnischen als auch der deutschen Opfer des Lagers gedenkt.

Neiße/Nysa

Neiße gehört zu den historisch bedeutendsten Städten in Schlesien. Das gilt besonders für das 16. und 17. Jahrhundert, als es zum Sitz

Neiße/Nysa

1 Tritonenbrunnen
2 Kreuzherrenkirche St. Peter und Paul
3 Stadtwaage
4 St. Jakobus und St. Agnes
5 Schöner Brunnen
6 Breslauer Torturm
7 St. Barbara, heute Evangelische Pfarrkirche
8 Bischofspalais mit Städtischem Museum
9 Bischofshof
10 Kirche Mariä Himmelfahrt
11 St.-Anna-Kolleg
12 Carolinum
13 Kirche Mariä Verkündigung
14 Berliner Torturm
15 Dominikanerkirche
16 Städtischer Friedhof

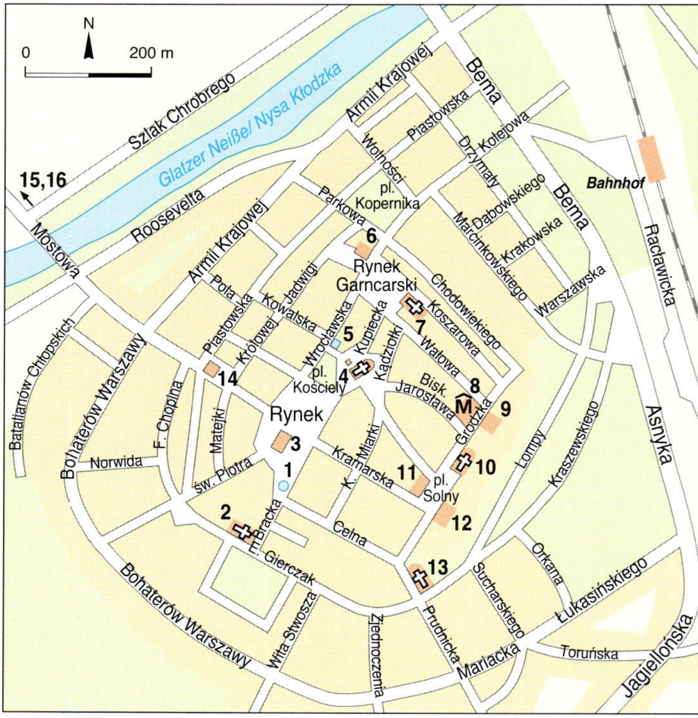

Neiße/Nysa ☆

Besonders sehenswert:
Kirchen am Ring
Bischofspalais
Jesuitenkollegium

»Die Gegend von Neisse ist wahrhaft paradiesisch, und gerade auf dem schönsten Punkte, mit dem Blick auf das hohe Gebirge, habe ich mit den Meinigen meinen Sommeraufenthalt aufgeschlagen.«
Joseph von Eichendorff

der aus dem protestantischen Breslau ›geflüchteten‹ Bischöfe avancierte. Diese verwandelten Neiße in eine Hochburg der Gegenreformation, die dank der vielen hier errichteten Kirchen, Kapellen und Klöster als ›Schlesisches Rom‹ gepriesen wurde. In dieser Zeit nahm die Stadt auch einen kulturell-wirtschaftlichen Aufschwung. Außer dem Breslauer Priesterseminar war hier das 1622 gegründete Jesuitengymnasium Carolinum aktiv, eine Bildungsstätte, die über eine Vielzahl historischer Dokumente und Quellentexte verfügte.

Doch bereits der Dreißigjährige Krieg beendete diese Blüte der Stadtentwicklung. Die preußische Herrschaft nach 1741 führte dann zu einer starken Einschränkung der bischöflichen Hoheitsrechte, bis mit der Säkularisation die weltliche Herrschaft der Bischöfe endgültig aufgehoben wurde. Neiße wurde zur preußischen Festung ausgebaut. Erst im 19. Jahrhundert entwickelte sich Neiße immer mehr zu einem Wirtschaftszentrum, in dem die landwirtschaftlichen Erzeugnisse der Umgebung verarbeitet wurden und in dem sich sowohl der Maschinenbau als auch die Gardinen- und Spitzenindustrie entwickelten.

Die Folgen der Zerstörungen durch den Zweiten Weltkrieg sind noch heute sichtbar. Am riesigen Marktplatz (Rynek) stehen historische Giebelhäuser neben ›modernen‹ Wohnblocks, Schmuckstücke der Gotik und der Renaissance kontrastieren mit architektonischer

Tristesse. Am Südrand des Rings entdeckt man den **Tritonenbrunnen** (1, Fontanna Neptuna), der 1701 in freimütiger Anlehnung an die Fontana di Trevi in Rom gestaltet wurde. Von hier ist es nicht weit zur früheren **Kreuzherrenkirche St. Peter und Paul** (2, Kościół Św. Piotra i Pawła), die vor allem im Innern ihre ganze barocke Pracht entfaltet (1720–28). Diese Kirche am Ende der ul. Bracka ist neben der Jesuitenkirche in Liegnitz eine weitere schlesische Replik von St. Nikolaus in Prag. Das nahezu quadratische Schiff von St. Peter und Paul ist von acht Kapellen umgeben, über denen sich Emporen befinden. Die schräggestellten Pfeiler sowie die Abrundung der Ecken des Schiffs geben den einzelnen Jochen eine Form ineinander verzahnter Ellipsen. Die Fresken von Felix Anton (1701–60) und seinem Bruder Christoph Thomas Scheffler (1700–56) schildern die Anbetung der Heiligen Dreifaltigkeit sowie des Kreuzes als Symbol der Passion (1730). Aus dem gleichen Jahr stammen der Hochaltar mit einem Gemälde von Christian Philipp Bentum sowie die 13 Seitenaltäre, die Beichtstühle und Kanzel. Seit 1945 gehört die Kirche zum Priesterseminar der Diözese Oppeln, das im angrenzenden Klosterkomplex untergebracht ist.

Neiße/Nysa, Stadtwaage

Neiße/Nysa, St. Peter und Paul

Glanzlichter gotischer und barocker Kirchenräume in Neiße/Nysa; links: St. Jakobus und St. Agnes; rechts: St. Peter und Paul

Ein stattliches Bauwerk der Renaissance ist die 1604 errichtete und nach dem Zweiten Weltkrieg wiederhergestellte **Stadtwaage** (3, Waga Miejska) im Zentrum des Markts, das spätere Kämmereigebäude. Von hier fällt der Blick auf das gewaltige Kirchenschiff und den freistehenden, nie vollendeten Glockenturm der Kirche **St. Jakobus und St. Agnes** (4, Kościół Św. Jakuba i Św. Agnieszka), eine gotische dreischiffige Hallenkirche (1401–30) mit voll ausgebildetem Chorumgang und einem Kapellenkranz. Die Kirche besitzt nicht weniger als 20 Kapellen, von ihnen sind 16 gotisch ausgestaltet. Einige Grabmale Breslauer Bischöfe sind erhalten geblieben: meisterhafte Beispiele der Bildhauerkunst der Renaissance und des Barock.

Unweit der Kirche an der ul. Wrocławska steht der sogenannte **Schöne Brunnen** (5, Piękna Studnia), bestehend aus einem runden steinernen Trog und einem aufgesetzten schmiedeeisernen Gehäuse in Form eines Bienenkorbs. Die umlaufende deutsche Inschrift besagt, daß dieser vom Zeugwärter Wilhelm Helleweg 1686 geschaffen wurde: ein Meister seines Fachs, der archaische Figuren und Ornamente zu einem phantastischen Ensemble verschmolz.

Am Ende der Wrocławska ragt der **Breslauer Torturm** (6, Brama Wrocławska) aus dem 14. Jahrhundert mit einer mehrfach gestuften Renaissance-Bekrönung von 1600 auf. Südöstlich davon steht die gotische Kirche **St. Barbara**, sie ist heute die **Evangelische Pfarrkirche** (7, Kościół Ewangelicki) und zugleich Kirche der Pfingstgemeinde (Kościół Zielonoswiątkowy). Ursprünglich war sie nach 1341 als Teil des Barbarahospitals errichtet worden, wurde nach einem Brand 1542 wieder aufgebaut, gehörte 1742–1810 den Franziskanern und diente ab 1818 als evangelische Stadtpfarrkirche.

Neiße/Nysa, Schöner Brunnen

An der Ecke der Straßen Biskupa Jarosława und Grodzka liegt das alte **Bischofspalais**, vor dem Zweiten Weltkrieg Amts- und Landgericht, seit 1986 **Städtisches Museum** (8, Muzeum Miejskie). Das Palais wurde in zwei Bauphasen errichtet; unter Baumeister Carlo Rossi entstanden 1660–80 drei Flügel um einen nach Westen hin offenen Hof; dann wurde 1729 der vierte Flügel mit seiner repräsentativen Fassade (zwei Balkonportale) angebaut. Im Innern blieben Kamine mit reicher Stuckausstattung erhalten. Nach einem Brand 1945 wurde das Bauwerk in den 70er Jahren gründlich restauriert.

In der ul. Grodzka steht schräg gegenüber der sogenannte **Bischofshof** (9, Dwór Biskupów), die mittelalterliche Residenz der Bischöfe. Zum Teil schon im 14. Jahrhundert errichtet, diente er nach der Säkularisation dem Militär, in den 40er und 50er Jahren des 20. Jahrhunderts verschiedenen Handwerksbetrieben.

Neiße/Nysa, St. Jakobus und St. Agnes

Die hohe, doppeltürmige Fassade der **Kirche Mariä Himmelfahrt** (10, Kościół Wniebowzięcia Matki Boskiej) dominiert den plac Solny. Sie wurde von den Jesuiten in Auftrag gegeben und war der erste in Schlesien errichtete Sakralbau, der als Muster für alle zukünftigen Ordenskirchen dieser Provinz gedacht war (1688–92). Der Bau knüpft an den Typ der Basilika an, im Innern dominiert ein breites, hoch gewölbtes Schiff. Das Presbyterium mit einer kleinen Apsis ist durch einen Triumphbogen vom Schiff getrennt. Die Malereien führte Karl Dankwart 1689 aus, der Stuck stammt von einer norditalienischen Werkstatt, die Figuren an der Fassade wahrscheinlich von Antonio Ciavino. Vom ursprünglichen Altar, den Sebastian Artatsch 1691 fertigte, blieb eine in der Apsis schwebende, von Engeln getragene Maria erhalten. – An der Westseite des plac Solny steht das ehemalige **St.-Anna-Kolleg** (11), heute eine Musikschule.

An die ehemalige Jesuitenkirche schließt sich in der ul. Sobietskiego (früher: Gymnasialstraße) das traditionsreiche, 1669–86 entstandene Jesuitenkollegium **Carolinum** (12) an, das unter diesem Namen heute als städtisches Gymnasium fungiert. Mit seiner monumentalen Pilastergliederung, die über drei Stockwerke verläuft, bestimmt es zusammen mit der Kirche den herrschaftlichen Charakter des Viertels.

Unweit des Carolinums steht die kleine frühere Corpus-Christi-Kirche, heute **Kirche Mariä Verkündigung** (13, Kościół Zwiastowania Najświętszej Marii Panny) von 1741.

Vom Rynek geht es nach Nordwesten durch den ehemaligen Münsterberger Torturm aus dem 14. Jahrhundert, später **Berliner Torturm** (14, Brama Berlinska) genannt, über die Neißebrücke zur **Dominikanerkirche** (15, Kościół Dominikański) von 1788. Von dort ist es kaum einen Kilometer weit zum ehemaligen Jerusalemer Friedhof, dem heutigen **Städtischen Friedhof** (16, Cmentarz Komunalny), wo sich das Doppelgrab des Dichters Joseph Freiherr von Eichendorff und seiner Gemahlin Luise befindet. Seine beiden letzten Lebensjahre (1855–57) hat er in Neiße verbracht, das hier begonnene Werk ›Das Leben der heiligen Hedwig‹ blieb ein Fragment.

Ziegenhals (Głuchołazy), am Nordhang des Altvatergebirges und nahe der Grenze zu Tschechien, war schon im 15. und 16. Jahrhundert ein Ort, in dessen unmittelbarer Umgebung Eisenerz abgebaut wurde. Zu Zeiten Friedrichs des Großen war Ziegenhals auch eine Stadt der Weber. Mitte des 19. Jahrhunderts entstanden außerdem Holzverarbeitungs- und Papierfabriken. Desgleichen war Ziegenhals schon Ende des 19. Jahrhunderts als Kneippbad beliebt, später nahm es einen regelrechten Aufschwung als Luftkurort, der Lungenkranken besonders empfohlen wurde. Wer heute frische Luft sucht, muß Ziegenhals allerdings in Richtung Altvatergebirge verlassen.

Wichtigstes Baudenkmal der Stadt ist die *Stadtpfarrkirche St. Lorenz* (Kościół Parafialny Św. Wawrzynca), die 1729–31 als Barockkirche entstand. Schon in der zweiten Hälfte des 13. Jahrhunderts war hier ein frühgotisches Bauwerk entstanden, das nach Zerstörungen durch die Hussiten 1442 wieder aufgebaut wurde. Von dieser Kirche blieb in der Doppelturmfront des jetzigen Bauwerks das gotische Portal erhalten. Am Ring steht das barocke Haus einer Apotheke sowie das von Bürgerhäusern eingekeilte alte *Rathaus* (Ratusz), erkennbar am Ziegenhalswappen und dem hölzernen Uhrturm. Die Linde inmitten des Platzes soll über 300 Jahre alt sein. Von der mittelalterlichen Stadtbefestigungsanlage ist ein Torturm aus dem 15. Jahrhundert erhalten geblieben.

Ottmachau/ Otmuchów ☆

Besonders sehenswert:
Schloß
Pfarrkirche
Rathaus

Die Stadt **Ottmachau** (Otmuchów), die mehr als 500 Jahre Eigentum der Breslauer Bischöfe war, liegt zwischen zwei Seen am Fuß des Reichensteiner Gebirges (Góry Złote). Nach ihrer Restaurierung darf sie zu den schönsten Städten Schlesiens gezählt werden.

Dominiert wird Ottmachau durch den Burgberg, auf dem sich schon vor 1155 eine unter Hoheit der Breslauer Bischöfe stehende Burg befand. Nach Zerstörungen durch die Hussiten baute man 1585–96 ein neues *Schloß* (Zamek), von dem der Nordostflügel erhalten blieb. Am Fuß des Berges liegt ein kleines Barockschlößchen, das heute die Stadtbehörden beherbergt.

Das Zentrum blieb 1945 weitgehend verschont. An einer Seite des neugepflasterten Rings (Rynek) erhielten sich barocke Bürgerhäuser; das *Rathaus* (Ratusz) ist ein Bauwerk der Renaissance (1538). 1575 wurde die Sonnenuhr vom Breslauer Bischof Martin Gerstmann gestiftet, sein Wappen befindet sich über dem Zifferblatt.

Ottmachau/Otmuchów, Rathaus und Ring

Vom Schloßturm in Ottmachau bietet sich ein herrlicher Blick auf die umliegenden Seen und die Silhouette der Nachbarstadt Patschkau.

Oberhalb des Platzes erhebt sich die doppeltürmige katholische *Pfarrkirche* (Kościół Farny), ein gewaltiger Barockbau, 1691–95 unter Leitung des Architekten Johann Peter Tobler (gest. 1695) errichtet. Die Ausmalung stammt von Karl Dankwart, drei Altargemälde sind von Michael Willmann. Eine Plakette neben dem Portal gibt Auskunft darüber, daß zur 300-Jahr-Feier der Kirche die Bundesrepublik »auf Anregung der Heimatgemeinde Ottmachau und mit Unterstützung der Stadt Peine« finanzielle Hilfe gewährt habe, auch um die gewaltige Orgel im Kircheninnern restaurieren lassen. Auf dem

Ottmachau/Otmuchów, Medaillon in der ausgemalten Decke der Pfarrkirche

Patschkau/Paczków, die alte Stadtmauer

Platz, bevor es zur Kirche hinaufführt, steht eine Mariensäule (Kolumna Matki Boskiej) von 1734.

Patschkau (Paczków) wurde früher einmal ›Schlesisches Rothenburg‹ genannt. Die mittelalterlichen Mauern, die die Stadt bis heute fast ganz umschließen, sind mit 13 mächtigen Türmen versehen. Drei Tore führen in die Stadt: das *Glatzer Tor* (Brama Kłodzka) im Südwesten, das *Frankensteiner Tor* (Brama Ząbkowicka) im Nordwesten und das *Breslauer Tor* (Brama Wrocławska) im Nordosten.

Im Mittelpunkt der vom Krieg verschonten Stadt liegt der große Ring (Rynek) mit Bürgerhäusern und *Rathaus* (Ratusz), das in den Jahren 1542–52 erbaut und 1821/22 grundlegend umgestaltet wurde; dabei hat nur der Turm den ursprünglichen Renaissance-Charakter bewahrt. Vom Ring führt eine Gasse zur katholischen *Pfarrkirche* (Kościół Farny), die mit ihren hohen Zinnen an eine Burg erinnert. Die dreischiffige Hallenkirche wurde in der zweiten Hälfte des 14. Jahrhunderts errichtet; Marienkapelle und Turm wurden im 15. Jahrhundert, die barocke St.-Rochus-Kapelle 1701 angefügt.

Patschkau/Paczków

Besonders sehenswert: Altstadtkern Stadtmauer

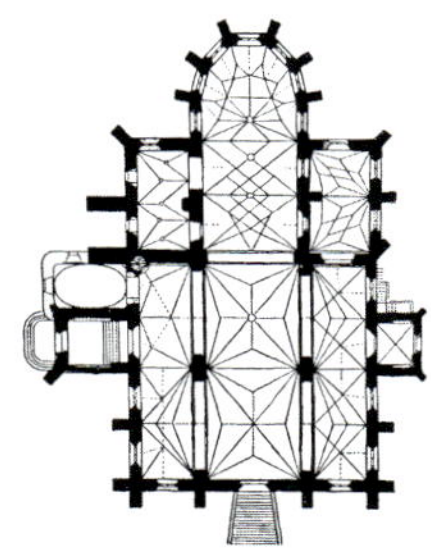

Patschkau/Paczków, Grundriß der Pfarrkirche

Von Neustadt/Prudnik nach Groß Strehlitz/Strzelce Opolskie

Wie so häufig in seiner Geschichte erlitt das grenznahe **Neustadt** (Prudnik) auch am Ende des Zweiten Weltkriegs starke Zerstörungen. Danach kam noch einmal ein weitgehender Verfall der Bausubstanz im Stadtzentrum hinzu. Erst in den 60er Jahren begann man mit dem Wiederaufbau der eingestürzten Häuser am Ring.

Das neoklassizistische *Rathaus* (Ratusz) mit seinem Renaissanceturm stammt ursprünglich von 1782. Auf dem Ring blieben erhalten die *Mariensäule* (Kolumna Matki Boskiej) von 1694, der *Adlerbrunnen* (Fontanna Orlów) von 1696 und die *Nepomuksäule* (Kolumna Nepomucena) von 1733. Etwas abseits des Rings steht die von Dominikanern betreute *Pfarrkirche St. Michael* (Kościół Farny Św. Michała); das erste Gotteshaus an dieser Stelle ist für 1321 belegt, der jetzige schlichte Barockbau wurde 1738 vollendet. Im Kircheninnern, das von einem gewaltigen Tonnengewölbe überspannt wird, finden sich nicht weniger als neun Altäre. An die mittelalterliche Stadtbefestigung erinnern der Niedertorturm, der im unteren Bereich viereckig ist und darüber achteckig mit Schießscharten, sowie ein Rundturm.

An das alte *Rathaus* (Ratusz) von **Leobschütz** (Głubczyce), 1383 erstmals erwähnt, 1570 umgebaut und 1863 neogotisch erweitert, erinnert nur noch der Turm von 1606. Vor der Rathausruine steht eine *Mariensäule* (Kolumna Matki Boskiej) von 1738. Als Teil der mittelalterlichen Stadtbefestigung sind insgesamt sechs halbkreisförmige Wachtürme erhalten geblieben; die ringförmige Ummauerung der wie Neustadt nahe der ehemals mährischen Grenze gelegenen Stadt erfolgte gegen Ende des 13. Jahrhunderts; später wurde sie noch mehrmals befestigt, dann aber ab dem ausgehenden 18. Jahrhundert abgetragen.

Weithin sichtbares Wahrzeichen der Stadt ist die doppeltürmige *Pfarrkirche Mariä Geburt* (Kościół Farny). Chor und Langhaus der Kirche stammen aus der zweiten Hälfte des 13. Jahrhunderts, West-, Süd- und Nordportal vom Anfang des 14. Jahrhunderts. Beim Umbau nach 1900 hat man an das Langhaus ein neues Querschiff gefügt und den Chorraum unter Verwendung alter Werkstücke neu erbaut. In ihrer ursprünglichen spätgotischen Gestalt ist die neben der Kirche stehende *Fabian- und Sebastiankapelle* (1501) erhalten geblieben.

Franziskanerkirche und -kloster (Kościół i Klasztor Franciszkanów) wurden 1480 errichtet, nach den Wirren des Dreißigjährigen Kriegs hat man das Kloster (1753–70) und die Kirche (1758) im barocken Stil wieder aufgebaut. Nach 1824 diente das Gotteshaus als Kirche für das im Kloster untergebrachte Gymnasium. 1921 kehrten die Franziskaner in das Kloster zurück. Die Kirche *St. Anna* (Kościół Św. Anny) im Westen der Altstadt ist ein barockes Bauwerk von 1776.

Oberglogau/Głogówek

Besonders sehenswert: St. Bartholomäus

Das schöne Städtchen **Oberglogau** (Głogówek) liegt 20 km nördlich von Leobschütz am rechten Ufer des Hotzenplotz (Osobłoga). Es heißt, über 50% der Bevölkerung sei hier deutschstämmig, daher nimmt es nicht wunder, daß man im Laden oder Café auf deutsch angesprochen wird.

Das *Rathaus* (Ratusz) von 1608 auf dem Markt (Rynek) besitzt einen schönen Renaissance-Giebel, der Turm ist mit einer Barock-

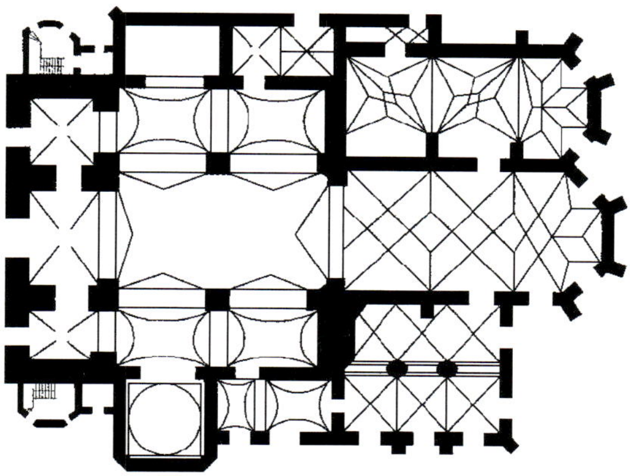

Oberglogau/Głogówek, Grundriß der Pfarrkirche St. Bartholomäus

Oberglogau/Głogówek, Kanzel und Baldachin über dem Taufbecken von St. Bartholomäus

Aufgrund seiner vielen deutschen Bewohner wird Oberglogau von den Polen scherzhaft ›Klein-Berlin‹ genannt.

Haube ausgestattet. Wichtigstes Kunstdenkmal der Stadt ist die *Pfarrkirche St. Bartholomäus* (Kościół Farny Św. Bartłomieja), ein gotisches Bauwerk aus dem 14. Jahrhundert, das 1776–81 im Innern vollständig barockisiert wurde. Die Wandmalereien stammen von Franz Anton Sebastini (gest. 1789), die Stuckdekoration und die bildhauerische Ausschmückung von Johann Schubert aus Böhmen (gest. 1792). Malerische und bildhauerische Elemente sind derart aufeinander abgestimmt, daß die stuckierten Ornamente in die illusionistisch gemalten übergehen; auch die gemalten Figuren täuschen vollplastische vor. Aufmerksamkeit verdient der Baldachin über dem Taufbecken, der für die barocke Rhetorik typisch ist. Er ist mit einer Weltkugel geschmückt, die vom Teufel in Gestalt einer Schlange umschlungen wird. Neben dem Erdball stehen Adam und Eva; mit erhobenem Finger weist Eva nach oben auf die kommende Aufhebung des Sündenfalls der Menschheit: Christi Taufe im Jordan; mit dem Herabkommen des Heiligen Geistes wird sein messianischer Auftrag offenbar.

Die gotische *Franziskanerkirche* (Kościół Franciszkanów) aus dem 14. Jahrhundert beherbergt eine in Schlesien seltenere Loretokapelle aus dem 17. Jahrhundert, die als vollkommen selbständiger Baukörper im Kirchenschiff steht. In böhmisch-mährischen Raum entstanden diese dem ›Heiligen Haus der Maria‹ von Loreto nachgebildeten Kapellen häufiger im Zuge der Rekatholisierung. Neben der Kirche befindet sich das alte *Minoritenkloster* (1246–1810), das heute von Franziskanern bewirtschaftet wird.

Eine polnische Gedenktafel erinnert daran, daß 1806 Ludwig van Beethoven Gast der Stadt war und dem Schloßbesitzer Graf Franz Jochim von Oppersdorff seine 4. Sinfonie (B-Dur) widmete.

Im Norden der Altstadt steht das *Schloß* (Zamek, Abb. S. 180), das im Auftrag der Grafen von Oppersdorff auf den Fundamenten einer alten Piastenburg als Renaissancebau errichtet und ab dem 16. Jahrhundert zu einem weitläufigen Komplex mit Ober- und Vorschloß, Freitreppe, Fürstensaal, Kapelle, Wällen und Parkanlagen ausgebaut wurde. Ein Flügel wurde im Zweiten Weltkrieg zerstört. Am Vorderflügel findet man an der zur Stadt hin gewandten Seite ein großartiges Sandsteinportal mit dem Wappen der Oppersdorffs unter dem Uhrenturm, der eine barocke Haube trägt. Vor dem Schloß erinnern ein Gedenkstein an den Aufenthalt des polnischen Königs Jan Kazimierz 1655 und eine Gedenktafel an den Besuch Ludwig van Beethovens 1806. In dem *Regionalmuseum* (Muzeum Regionalne), das im Schloß eingerichtet wurde, ist auch das Klavier zu sehen, auf dem der Komponist damals spielte.

Moschen/Moszna ☆

Besonders sehenswert: Schloß

Der kleine Ort **Moschen** (Moszna) liegt 35 km südwestlich von Oppeln, nur wenige Kilometer nordwestlich von Oberglogau, eingebettet in eine romantische Waldlandschaft. Das ursprünglich barocke *Schloß* (Zamek) ließ 1768 der friderizianische General von Knobelsdorff errichten. Nach dem Brand von 1896 entstand nach Plänen seines damaligen Besitzers, des Industriellen Hubert von Tiele-Winckler, ein neuer eklektizistischer Bau. Das Schloß blieb im Zweiten Weltkrieg weitgehend unversehrt, wurde 1969–71 wieder nutzbar gemacht und beherbergt heute ein psychiatrisches Sanatori-

Moschen/Moszna, ein Schloß wie aus dem Bilderbuch: geheimnisvoll verwinkelt, mit Erkern, Zinnen und 37 schlank aufragenden Türmen inmitten eines weitläufigen, öffentlich zugänglichen englischen Parks mit Teichen und jahrhundertealten Eichen.

um (Centrum Terapii Nervic). Da es sich um ein offenes Therapiezentrum handelt, sind Tagesbesucher willkommen. So kann das Café im Kaminsaal besucht werden, im Rokokosalon wird zur Mittagszeit polnische Küche serviert. Am Wochenende dürfen auch die Gemäldegalerie, das Herrenkabinett und einige weitere der insgesamt 360 Räume besichtigt werden.

Auf einem vorspringenden Kalksteinfelsen zwischen Oder (Odra) und Hotzenplotz (Osobłoga) thront das barockes *Schloß* (Zamek) von **Krappitz** (Krapkowice). Es wurde 1678 als vierflüglige Anlage erbaut, die sich um einen Arkadenhof gruppiert. Daneben steht die *Pfarrkirche St. Nikolaus* (Kościół Farny Św. Mikołaja); in ihrer heutigen gotischen Form stammt sie aus der Zeit um 1400, wurde später aber mehrfach umgebaut. Erhalten haben sich von der mittelalterlichen Stadtmauer einige Fragmente aus dem 14. Jahrhundert sowie von den ehemals insgesamt vier Stadttoren der sogenannte *Obertorturm* (Brama Górna). 1580 wurde ihm eine Attika aufgesetzt, bis heute ist er ein vielbesuchter Aussichtspunkt.

Der Ort **Rogau** (Rogów Opolski), 7 km nordwestlich von Krappitz, beherbergt ein kleines *Renaissanceschloß* (Zamek) mit einem fast 20 ha großen Park, das um 1600 erbaut und im 18. Jahrhundert umgestaltet wurde. In der *Ortskirche* (Kościół) wurde am 28. März

1813 das Lützowsche Freikorps eingesegnet, bevor es – in schwarz-roten, mit goldenen Knöpfen verzierten Uniformen – gegen Napoleon ausrückte.

St. Annaberg/Góra Św. Anny ☆

Besonders sehenswert: Wallfahrtskirche

Seit 1990 finden in der Wallfahrtskirche St. Annaberg wieder regelmäßig Gottesdienste in deutscher Sprache statt.

30 km südöstlich von Oppeln (Opole) auf dem Weg nach Groß Strehlitz (Strzelce Opolskie) überragt der 400 m hohe **St. Annaberg** (Góra Św. Anny) die Äcker und Wiesen des Oppelner Landes. Die landschaftliche Dominanz des Berges, den man in früheren Zeiten ›Chełm‹ (altpolnisch: Hügel) nannte, mag dafür stehen, daß er zum religiösen und auch politischen Symbol in der schlesischen Geschichte wurde, wobei die Politik für das Trennende und die Religion für das Gemeinsame steht. Lange Zeit hielten es polnische wie deutsche Oberschlesier, wenn man diese Unterscheidung gebrauchen will, für selbstverständlich, gemeinsam zum Annaberg zu pilgern und an zweisprachigen Messen teilzunehmen.

Schon für 1516 wird auf dem Annaberg eine Kapelle in Zusammenhang mit der Dreifaltigkeitskirche in dem am Fuß des Berges gelegenen Leschnitz (Leśnica) erwähnt. Die Gründung des Klosters erfolgte dann 1657, als 22 Franziskaner begannen, die rapide wachsende Zahl der Pilger zu betreuen. Diese kamen, um der Figur der Anna Selbdritt zu huldigen, der man eine wundertätige Wirkung zusprach. Die 55 cm große Holzskulptur (15. Jahrhundert) steht im Hochaltar, eingehüllt in ein goldenes Gewand; auf dem rechten Arm trägt sie das Jesuskind, auf dem linken Maria. 1665 begann man mit dem Bau der barocken *Wallfahrtskirche* (Kościół Św. Anny), acht Jahre später erfolgte die Weihe. Die umschließenden Klostergebäude entstanden zwischen 1733 und 1749, ein Umbau erfolgte 1781. Außerdem errichtete man 1700–09 an den Hängen des Annabergs nicht weniger als 33 kleine Kapellen, deren Zahl bis heute auf 41 anwuchs. Die Kapellen symbolisieren die wichtigsten Stationen des Leidensweges Christi.

Zum politischen Wahrzeichen wurde der Annaberg im dritten polnischen Aufstand, als ›polnische Insurgenten‹, wie es auf deutscher Seite hieß, den Berg am 4. Mai 1921 zum Protest gegen das offizielle Ergebnis der Volksabstimmung vom 21. März besetzten. Freiwillige des deutschen ›Selbstschutzes‹ eroberten den Berg am 21. Mai zurück. Ein 1934 erbautes und nach 1945 gesprengtes Ehrenmal erinnerte an die in diesem Kampf gefallenen Deutschen. Später wurde an dieser Stelle ein Ehrenmal für die polnischen Kämpfer errichtet. Im *Museum der Aufständischen* (Muzeum Czynu Powstańczego) werden Plakate, Fotografien, Dokumente und Banner aus der Zeit der drei Schlesischen Aufstände und des Plebiszits gezeigt.

Die Stadt **Groß Strehlitz** (Strzelce Opolskie) liegt an der historischen Handelsstraße zwischen Oppeln (Opole) und Beuthen (Bytom). Sie wurde Mitte des 14. Jahrhunderts planmäßig angelegt und im Norden und Osten von einer Mauer geschützt. Auf dem Friedhof entlang der Hauptstraße findet man eine der alten Schrotholzkirchen: die 1505 erstmals erwähnte, 1690 neu errichtete *Kirche der hl. Barbara* (Kościół Św. Barbary). Die gotische *Pfarrkirche* (Kościół Farny) aus dem 14. Jahrhundert erhielt im 17. Jahrhundert einen Turm der mittelalterlichen Stadtbefestigung, den man barock umgestaltete, als Glockenturm. Vom *Schloß* (Zamek), das 1562–95 auf den Fundamenten einer alten Anlage errichtet wurde, stehen seit 1945 nur noch Ruinen. Beim Neubau des heutigen *Rathauses* (Ratusz) von 1846 wurde der Turm des alten Rathauses aus dem 16. Jahrhundert miteinbezogen.

Eine Schrotholzkirche steht auch in **Stephanshain** (Szczepanek), 3 km nordöstlich von Groß Strehlitz. Die 1668 erbaute Kirche *St. Maria* (Kościół Św. Marii) wurde 1960 aus Polnisch Neudorf (Polska Nowa Wies) hierher überführt. Auf einer Tafel an der Kirche heißt es: »Der Zimmermann Antoni Piatek demontierte das Bauwerk, überführte es, und baute es neben seinem Hause wieder auf. Auswechslung zerstörter Balken der Wände, Schwellen und des Dachstuhls, abgeschlossen 1962 mit der Unterstützung der örtlichen Bevölkerung und des Staates.« 1967 hat man den Altar restauriert.

Das malerische Kloster **Himmelwitz** (Jemielnica) war eine frühe Zisterziensergründung (1282), erreichte aber nie die kulturelle und geistige Bedeutung wie Heinrichau, Leubus oder Groß Rauden. Nach einem großen Brand 1733 lag es in Schutt und Asche und wurde anschließend in barockem Stil von Grund auf erneuert. 1810 löste die preußische Regierung das Kloster auf, das Gebäude erwarb ein Adliger aus Groß Strehlitz. Das rings um einen Innenhof angelegte Kloster birg einen schönen Kreuzgang. Die benachbarte Kirche wird heute als Pfarrkirche (Kościół Farny) genutzt, zur erhaltenen barocken Innenausstattung gehört der Hochaltar mit einem Gemälde von Georg Wilhelm Neunhertz, verschiedene Seitenaltäre mit Holzskulpturen und ein reich geschnitzter Orgelprospekt.

*»Und der Wald war grau, / Und der Himmel war grau. / Von Hütte zu Hütte ein Beten und Schelten: / Polen oder Deutschland, was soll gelten? / Von Dorf zu Dorf ein Raufen und Fluchen, / Heimat!«
Karl Leopold Kraus, Annabergballade – gewidmet dem Korps ›Oberland‹, 1933*

Groß Strehlitz, Schrotholzkirche

Kattowitz und Umgebung

Kattowitz/Katowice

Kattowitz (Katowice) ist die Hauptstadt der Wojwodschaft Śląsk (Oberschlesien), die im Norden von den sich bis zu 309 m aufschwingenden Tarnowitzer Höhen und im Süden von dem über 1200 m ansteigenden Gebirgszug der Beskiden begrenzt wird. Es ist die Verwaltungsregion mit dem stärksten Industrieaufkommen und der größten Bevölkerungsdichte in ganz Polen. Hier leben fast 4 Millionen Menschen in nicht weniger als 44 Städten und 48 Gemeinden. Der mittlere, industriell am stärksten entwickelte und urbanisierte Teil wird Oberschlesisches Industriegebiet (Górnośląski Okręg Przemysłowy, kurz GOP) genannt und ist das Rückgrat der polnischen Volkswirtschaft. Es umfaßt auf relativ engem Raum dreizehn größere Städte, darunter Kattowitz mit 370 000, Sosnowitz (Sosnowiec) mit 252 000, Beuthen (Bytom) mit 240 000, Gleiwitz (Gliwice) mit 216 000, Hindenburg (Zabrze) mit 203 000 und Königshütte (Chorzów) mit 127 000 Einwohnern. Diese Städte sind durch Eisenbahn-, Bus- und Straßenbahnlinien miteinander verbunden und bilden einen einheitlichen städtisch-industriellen Organismus.

Kattowitz/Katowice

Besonders sehenswert:
Schlesisches Museum
Christuskathedrale

Über Entstehung und Entwicklung dieses Industriezentrums entschieden die hier lagernden Bodenschätze, insbesondere die Metallerze (Eisen, Zink, Blei) und die Steinkohleflöze. Schon im Mittelalter waren die Bodenschätze Oberschlesiens bekannt, Bergleute aus Beuthen gruben im 13. Jahrhundert nach Silber und Blei. Der eigentliche Aufschwung dieser Region erfolgte allerdings erst im 19. Jahrhundert mit der Entwicklung der modernen Industrie. Die Einwohnerzahlen der Städte stiegen explosionsartig an, die Lebensbedingungen vieler Arbeiterfamilien waren hart und entbehrungsreich.

»Die weiten Täler und Höhen haben sich unterdessen in Hüttenreiche und Halden verwandelt. Aus dem schmutzigen gelbgrünen Wasser steigen lange Schwaden eines giftigen Qualmes auf, der sich in die Lungen der Menschen einfrißt.«
Franz Jung 1927

Die nach dem politischen Systemwechsel 1990 in Polen in Angriff genommene Privatisierung hat für Oberschlesien bislang keinen durchschlagenden Erfolg gebracht. Für das Jahr 2000 schätzt das polnische Wirtschaftsministerium die Binnennachfrage für Kohle auf 100 000 Tonnen pro Jahr, gefördert werden aber etwa 140 000 Tonnen, also weit mehr, als der inländische Markt benötigt. Im Zuge der eingeleiteten Restrukturierung des Bergbaus wird die Produktion gedrosselt, die Arbeiterschaft von 200 000 auf die Hälfte reduziert. Um sozialer Unruhe entgegenzuwirken, wird ein teurer Sozialplan realisiert, der Frühpensionierung, Umschulung bei Lohnfortzahlung und Starthilfe beim Sprung in die Selbständigkeit beinhaltet. Die Einrichtung von Sonderwirtschaftszonen, in denen Investoren mit großen Steuererleichterungen rechnen können, soll als wirtschaftlicher Motor dienen und Arbeitsplätze schaffen. Dabei setzt man immer weniger auf Kohle, Stahl und Energie, statt dessen auf Hightech, Handel und Dienstleistung.

◁ Viele Straßen in Kattowitz/Katowice sind von Jugendstilhäusern gesäumt.

Fördertürme von Kohlegruben, Hochöfen, hohe Verwaltungsgebäude und riesige Trabantensiedlungen – Kattowitz, seit 1921 pol-

Kattowitz/Katowice, Denkmal der polnischen Aufständischen

Kattowitz/Katowice

1 Hauptbahnhof
2 Ehemaliger Bahnhof
3 Stadttheater
4 Schlesisches Museum
5 Denkmal der polnischen Aufständischen
6 Veranstaltungs- und Sporthalle der Wojwodschaft
7 Schlesische Universität
8 Auferstehungskirche
9 Kirche der Allerheiligsten Jungfrau Maria
10 Schlesisches Polytechnikum
11 Schlesische Bibliothek
12 Musikakademie
13 Museum der Stadtgeschichte
14 Christuskathedrale
15 Erzbischöfliches Museum
16 Staatliche Schlesische Philharmonie

nisch, ist eine Industriemetropole par excellence. Gleichzeitig ist im Stadtzentrum die alte Gliederung mit geradlinigen Straßen und dem Ring als Verkehrsknotenpunkt nach dem Muster mittelalterlicher Stadtgründungen weiter erkennbar.

Stadtrundgang

Das Zentrum der Stadt befindet sich nördlich des 1972 fertiggestellten **Hauptbahnhofs** (1, Dworzec). Viele Straßen sind von Jugendstilhäusern gesäumt, deren Schönheit sich unter einer rußigen Oberfläche verbirgt. Einige sind bereits renoviert, die ersten Straßen wurden in Fußgängerpromenaden verwandelt. In der ul. Dworcowa/Ecke Direkcyjna blieb das Jugendstilgebäude des **ehemaligen Bahnhofs** (2) erhalten; viele Jahre galt er als der modernste Bahnhof Mitteleuropas.

Einen zentralen Ring (Rynek) gibt es auch in Kattowitz, doch ist dieser kaum als solcher zu erkennen, er wirkt vielmehr wie ein großer Verkehrskreisel. Die angrenzenden Häuser sind wahllos zusammengewürfelt, riesige Werbeplakate sorgen für bunte Farbtupfer. An der Ostseite steht das **Stadttheater** (3, Teatr Stanisława Wyspiańskiego), 1907 im modernistischen Stil erbaut. Architektonischer Lichtblick ist das ehemalige Grand Hotel, 1902 von Ignatz Grünfeld im Stil der Neorenaissance entworfen. In dem Haus befindet sich heute das **Schlesische Museum** (4, Muzeum Śląskie), überaus sehenswert ist die polnische Gemäldegalerie mit Werken bedeutender Künstler von 1800 bis 1939. Darunter sind viele Namen, die es im Westen noch zu entdecken gilt: Aleksander Gierymskis (1850–1901) ›Frau mit Orangen‹ von 1881 ist eine frühe realistische Schilderung städtischer Armut; Olga Boznańska (1865–1942) zeigt ihre sensiblen, impressionistisch inspirierten Porträts. Natürlich dürfen Bilder des Historienmalers Jan Matejko (1838–93) ebensowenig fehlen wie Werke von Stanisław Wyspiański (1869–1907), des vielseitigen Hauptvertreters des polnischen Jugendstils, sowie von Stanisław Ignacy Witkiewicz alias Witkacy (1885–1939), des führenden Vertreters der künstlerischen Avantgarde der Zwischenkriegszeit.

Am Rondo steht das bekannte **Denkmal der polnischen Aufständischen** (5, Pomnik Powstańców Śląskich). Es soll an die drei Aufstände nach dem Ersten Weltkrieg erinnern. Hier an der wichtigsten Straßenkreuzung von Kattowitz steht auch das auffälligste Gebäude der Stadt: die **Veranstaltungs- und Sporthalle der Wojwodschaft** (6, Wojewódzka Hala Widowisko-Sportowa). Salopp wird sie von den Bewohnern ›Untertasse‹ (spodek) genannt; sie kann bis zu 11 000 Zuschauer aufnehmen und verfügt über eine Kunsteisbahn sowie zusätzliche Sport- und Trainingsräume. Der Gebäudekomplex südöstlich vom Rondo gehört zur **Schlesischen Universität** (7, Uniwersytet Śląski), die 1968 durch Zusammenlegung der Pädagogischen Hochschule und der Zweigstelle der Krakauer Jagiellonen-Universität entstand.

Weithin sichtbar ist die evangelische **Auferstehungskirche** (8, Kościół Ewangelicki Zmartwychwstania Chrystusa) in der Friedrichstraße (ul. Warszawska): ein neoromanisches Bauwerk, 1858 fertiggestellt und in den Jahren 1888–1902 noch einmal ausgebaut. Das katholische Gegenstück, die **Kirche der Allerheiligsten Jungfrau Maria** (9, Kościół Najświętszej Marii Panny) wurde 1870 vollendet: ein mächtiger Backsteinbau mit 71 m hohen Türmen.

Im Gebäude der ehemaligen Schlesischen Technischen Lehranstalt (1922–39) in der früheren Holteistraße (ul. Krasińskiego) befin-

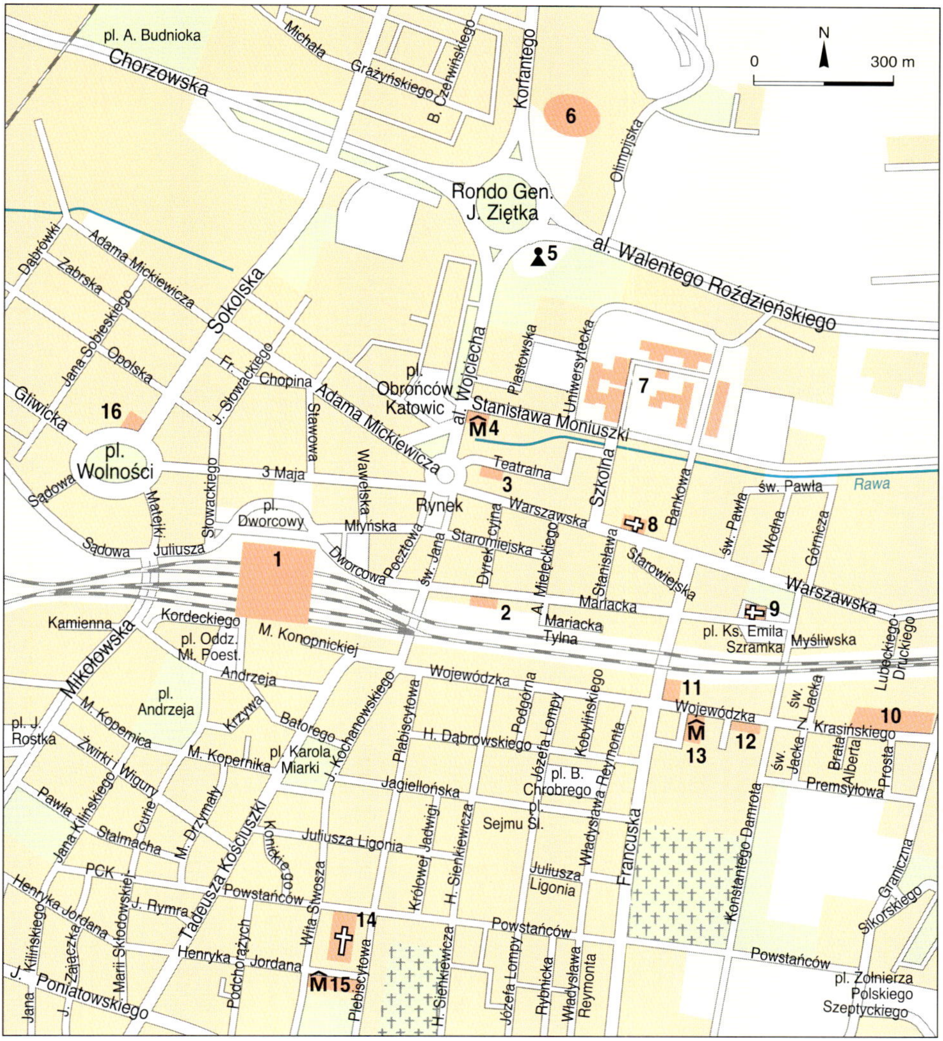

Fassaden von Jugendstilhäusern in Kattowitz/Katowice

det sich das **Schlesische Polytechnikum** (10, Politechnika Śląska). Fast eine Million Bände umfaßt die nahe **Schlesische Bibliothek** (11, Biblioteka Śląska), deren Gebäude 1933/34 entstand. Schräg gegenüber in einem eklektizistischen Gebäude von 1898 hat die **Musikakademie** (12, Akademia Muzyczna) ihren Sitz.

Das **Museum der Stadtgeschichte** (13, Muzeum Historii Miasta Katowice) ist in einem stattlichen Haus von 1909 in der ul. Szafranka, der früheren Rütgerstraße untergebracht. Anhand von alten Fotografien, Stilmöbeln und kunsthandwerklichen Objekten wird die Wohnkultur der Gründerzeit beschworen. In einem separaten Raum werden Pastellskizzen von Stanisław Ignacy Witkiewicz ausgestellt: 27 mit wildem Strich gezeichnete Variationen der ›asymmetrischen Dame‹ Eugenia Wyszomirska, einer bekannten polnischen Schauspielerin der 20er Jahre.

Ein Kilometer südlich vom Hauptbahnhof erhebt sich die klassizistische **Christuskathedrale** (14, Katedra im. Chrystusa), in langer Bauzeit zwischen 1927 und 1955 errichtet, ein gewaltiges Werk aus schlesischem Dolomit von 101 m Länge, 50 m Breite und 64 m Höhe.

Im Schatten der Kathedrale steht das Bischofspalais (Kuria Metropolitalna), ein historisierender Bau im Stil der Neorenaissance. In einem Seitentrakt ist das **Erzbischöfliche Museum** (15, Muzeum Archidiecezjalne) untergebracht. Es birgt sakrale Kunstwerke vom 14.

bis 18. Jahrhundert. Der Bogen spannt sich von gotischen Marienskulpturen bis zu Kirchengemälden des 18. Jahrhunderts.

Im noch weiter südlich gelegenen **Kościuszko-Park** (Ogród działkowy im. T. Kościuszki) stehen einige historische Holzbauten, darunter die *Michaelskirche* (Kościół Św. Michała) von 1510, die 1938 von Syrynia bei Rybnik nach Kattowitz überführt wurde, sowie ein *Speicher* von 1683.

Einige der berühmtesten polnischen Komponisten der Gegenwart wie Mikołaj Górecki und Wojciech Kila kommen aus Kattowitz und wurden an der hiesigen Musikakademie ausgebildet. Nicht entgehen lassen sollte man sich ein Konzert des Großen Radio-Sinfonieorchesters des Polnischen Rundfunks: meist am Freitag oder Samstag in der Staatlichen Schlesischen Philharmonie (16, Państwowa Filharmonia Śląska).

Von Königshütte/Chorzów nach Hindenburg/Zabrze

Kattowitz geht in Richtung Nordwesten fast unmerklich über in die Stadt **Königshütte** (Chorzów). Auf halber Strecke an der al. Chorzowska liegt der *Wojwodschaftspark für Kultur und Erholung* (Wojewódzki Park Kultury i Wypoczynku), ein 5 km² großes Gelände mit *Freilichtmuseum* (Skansen), Tiergarten und Vergnügungspark, Fußballstadion, Schwimmbad und Tennisplätzen. Im *Städtischen Museum* (Muzeum w Chorzowie) kreist alles um die Geschichte der Stadt in den letzten 200 Jahren. 1796 begann man in der Nähe des heutigen Bahnhofs mit der Förderung von Steinkohle, sechs Jahre später wurde die ›Königshütte‹ errichtet. Heute trägt ›Königshütte‹, das größte Eisenhüttenwerk des oberschlesischen Industriegebiets, den Namen ›Kościuszko‹. Das Museum besitzt eine reiche Sammlung an Fotos, Postkarten und Gemälden. Dazu gibt es regionale Volkstrachten sowie 18 000 Medaillen und Münzen. Wichtigstes Baudenkmal der Stadt ist die Schrotholzkirche *St. Laurentius* (Kościół Św. Wawrzyńca), 1599 erbaut und nach dem Zweiten Weltkrieg aus Knurów hierher gebracht.

Bendzin (Będzin) ist eine der ältesten Städte des Dąbrowa-Kohlebeckens östlich der alten, vor 1922 bestehenden deutsch-polnischen Grenze. Schon im 11. und 12. Jahrhundert existierte hier eine hölzerne Wehrburg, die aber 1241 durch die Tataren zerstört wurde. Kasimir der Große ließ dann im 14. Jahrhundert die bis heute existierende gotische *Burg* (Zamek, Abb. S. 214) errichten, deren mehrere Meter dicke Wände auf die alte Funktion als Grenzbefestigung hinweisen. 1358 erhielt Bendzin das Stadtrecht. Im 17. Jahrhundert war der Ort wegen seiner Tucherzeugnisse berühmt, 1766 entstand das erste Kohlebergwerk. Heute ist Bendzin eine jener traurigen Industriestandorte, mit heruntergekommenen Wohnblocks älteren und neueren Datums, wo die alte Piastenburg wie eine Fata Morgana aus vergangenen Zeiten wirkt. Vom Burghügel blickt man auf Kohlezechen, Zinkhütten und riesige Wohnsiedlungen. Das 1956 eröffnete *Burgmuseum* (Muzeum Zagłębia) enthält einige interessante Exponate aus der Stadtgeschichte, dazu Waffen und Militaria.

Bendzin/Będzin, Burg

In **Sosnowitz** (Sosnowiec), 6 km südlich von Bendzin, befindet sich die einzige orthodoxe Kirche Oberschlesiens, 1890 nach einem Entwurf eines Architekten namens Prokofiew errichtet. Das ehemalige Schoen-Palais beherbergt heute ein *Städtisches Museum* (Muzeum w Sosnowcu), das unter anderem zeitgenössische Glaskunst ausstellt.

»An die Knappschaft der Friedrichsgrube bei Tarnowitz: / Fern von gebildeten Menschen, / am Ende des Reiches, / wer hilft euch Schätze finden / und sie glücklich zu bringen / ans Licht? / Nur Verstand und Redlichkeit helfen, / es führen die beiden / Schlüssel zu jeglichem Schatz, / welchen die Erde verwahrt.« Johann Wolfgang von Goethe, 1790

Auch die Geschichte der Stadt **Tarnowitz** (Tarnowskie Góry) ist eng mit dem Bergbau verbunden. Schon im 16. Jahrhundert wurden hier Blei- und Silbererze abgebaut. Johann Wolfgang von Goethe besuchte die Stadt 1790, um dort die zwei Jahre zuvor aufgestellte erste Dampfmaschine auf dem europäischen Festland zu besichtigen. Bis 1850 gehörte die Stadt zu den Zentren der oberschlesischen Industrie. Mit der Erschöpfung der Bodenschätze ging dann die Bedeutung der Stadt mehr und mehr zurück. Heute dominieren Fabriken, die dem Bergbau zuliefern: vor allem Betriebe für Maschinen und Anlagen für den Strebbau.

Auf den Bergbau beziehen sich auch die meisten Exponate im *Städtischen Museum* (Muzeum w Tarnowskich Górach) am Ring; eine Tafel erinnert an den Besuch Goethes. Die ganz in der Nähe liegende katholische *Pfarrkirche St. Peter und Paul* (Kościół Farny Św. Piotra i Pawła) wurde 1531–62 erbaut und Mitte des 19. Jahrhunderts umgebaut. Südlich der Stadt kann die *Museumsgrube* (Kopalnia Zabytkowa), ein Silber- und Bleibergwerk aus dem 18. Jahrhundert besichtigt werden; ein Teil der für Besucher freigegebenen Strecke wird im Boot zurückgelegt.

Am südwestlichen Ortsrand, in **Alt-Repten** (Repty), wird gleichfalls zu einer Bootstour eingeladen. Im 600 m langen, unterirdischen Flußlauf, dem *Stollen der Schwarzen Forelle* (Sztolna Czarnego Pstrąg), hat sich eine seltene Forellenart erhalten.

In **Georgenberg** (Miasteczko Śląskie), 6 km nordöstlich von Tarnowitz, steht eine der für Oberschlesien typischen Schrotholzkirchen, erbaut 1660 mit einem frei stehenden Glockenturm. Das neogotische, 1858 errichtete Schloß in **Naklo** (Nakło), 2 km östlich von Tarnowitz, wird heute als landwirtschaftliches Technikum genutzt. Der Ort war früher bekannt durch die dort gezüchteten Rennpferde.

Die Stadt **Piekary Śląskie** (ehemals Deutsch Piekar) liegt 12 km südlich von Tarnowitz. Der Name der Stadt Deutsch-Piekar geht zurück auf eine Siedlung polnischer Bäcker der Kastellanei Beuthen (Bäcker auf polnisch: piekarz, Bäckerei: piekarnia). Der Zusatz ›Deutsch‹ entstand dann während des Zuzugs deutscher Handwerker und Kaufleute, seit 1945 heißt sie neutral ›Schlesisch Piekar‹.

Die Silhouette der Stadt wird von den 60 m hohen Türmen einer *Wallfahrtskirche* geprägt. Einem dort aufgestellten Marienbild, der ›Madonna von Piekar‹, wird wundertätige Wirkung nachgesagt. Das Original wurde bis 1702 in der 1326 entstandenen Pfarrkirche aufbewahrt und dann vor den schwedischen Truppen in Sicherheit gebracht. Seither befindet es sich in der Oppelner Kreuzkirche, das jetzige Bild in der Pfarrkirche von Piekar ist eine damals entstandene Kopie. 1683 weilte hier der polnische König Jan III. Sobieski, bevor er sich mit seinem Heer bei Wien den ›unbesiegbaren‹ Türken entgegenstellte. 14 Jahre später bekannte sich August der Starke in dieser Kirche zum katholischen Glauben, bevor er in Krakau zum polnischen König gekrönt wurde.

Lublinitz (Lubliniec) erlebte seine historisch bedeutsamste Zeit im 15. und 16. Jahrhundert, als die Haupthandelsstraße Breslau–Krakau durch diesen Ort führte. Aus dem Jahr 1653 stammt die katholische Kirche *St. Anna* (Kościół Św. Anny), eine weitere der beliebten Schrotholzkirchen. Vom alten Schloß der Stadt ist noch ein barockes Teilgebäude aus dem 17. Jahrhundert erhalten. Die *Heilig-Kreuz-Kirche* (Kościół Św. Krzyża) am Stadtrand wurde 1842 erbaut.

Das in **Koschentin** (Koszęcin) gut erhaltene klassizistische Schloß ist Sitz des Staatlichen Gesangs- und Tanzensembles *Śląsk*. Die hölzerne *Dreifaltigkeitskirche* (Kościół Św. Trójcy) von 1724 enthält eine sehenswerte Innenausstattung mit Altären und Skulpturen des 16. und 18. Jahrhunderts.

Tost (Toszek) liegt zwischen Groß-Strehlitz (Strzelce Opolskie) und Gleiwitz (Gliwice) und ist vor allem dank seiner aus dem 12. Jahrhundert stammenden *Burg* (Zamek) bekannt. Sie wurde 1430 durch die Hussiten zerstört und danach wieder aufgebaut. 1570 durch einen Brand erneut stark beschädigt, wurde an ihrer Stelle 1648–66 eine großzügige Schloßanlage im Stil der Renaissance, gruppiert um einen Innenhof, errichtet. Von der spätmittelalterlichen Anlage sind bis heute als Ruine noch ein Wohnblock im Südosten, die Zwingmauer und der sich auf quadratischem Grundriß erhebende Nordwestturm erhalten geblieben. Nach einem Brand 1945 erfolgte der Wiederaufbau in den 60er Jahren. Seither beherbergt das Torgebäude ein Museum, eine Bibliothek und ein Café, das Marstallgebäude einen Kinosaal und das Burggrafenhaus die Verwaltung.

In vielen seiner Gedichte hat Joseph von Eichendorff die mittelalterliche Burg erwähnt, auch in seinem Tagebuch und dem Entwurf zum ›Bilderbuch aus meiner Jugend‹. Vater Adolph war um die Wende des 18. Jahrhunderts Besitzer der gesamten Region um Tost.

Vor der Burganlage findet sich die Mitte des 15. Jahrhunderts errichtete und 1713–15 umgebaute katholische *Pfarrkirche St. Katharina* (Kościół Farny Św. Katarzyny). Das neue *Rathaus* (Ratusz), der alte Bau stammte von 1767, wurde 1836 vollendet. Auf dem Ring wurde die im Krieg zerstörte *Nepomuksäule* von 1725 wieder hergestellt.

»Mit meinem Vater spazierte ich eines Abends in Beuthen an den Schmelzhütten vorbei. Die Arbeiter standen mit nacktem Oberkörper vor den Öfen. Die roten Flammen erweckten in mir die Sehnsucht, einmal so stark zu werden, daß ich mithelfen könnte, das Erz zu schmelzen. Morgens sah ich den Rauch aus den Hochöfen steigen, er vernebelte das Land. So im Nebel lag das Leben vor mir, und manchmal hatte ich Angst, es nicht bestehen zu können.«
Max Tau, Unser Leben in Beuthen

Beuthen (Bytom) liegt 12 km nordwestlich von Kattowitz (Katowice). Schon im 13. Jahrhundert wurden auf dem hiesigen Gebiet Blei und Silber abgebaut. In der preußischen Zeit kamen der Eisen- und Zinkerzbergbau hinzu, Mitte des 19. Jahrhunderts auch der Kohlebergbau. Bei der Teilung Oberschlesiens im Jahr 1922 verblieb Beuthen wie Hindenburg und Gleiwitz auf deutscher Seite. Fortan ragte das Stadtgebiet wie ein Zipfel in das benachbarte Polen hinein.

Die wichtigsten Baudenkmäler der Stadt sind nordwestlich des Rings (Rynek) die neogotische *Dreifaltigkeitskirche* (Kościół Św. Trójcy) von 1886 und besonders die Kirche *St. Maria* (Kościół Św. NMP = Najświętszej Marii Panny) mit früh- und spätgotischen sowie barocken Bauelementen, unter anderem drei stilistisch unterschiedlichen Portalen. Südöstlich des Rynek steht die ursprünglich frühgotische *Franziskanerkirche* (Kościół Franziszkanów), die 1783 im Barockstil umgebaut wurde, und die *Heilig-Geist-Kirche* (Kościół Św. Ducha) von 1721. Das *Oberschlesische Museum* (Muzeum Górnośląskie) am plac Sobieskiego nördlich des Rings zählt zu den besten kulturgeschichtlichen Museen der Region. Der Bogen spannt sich von archäologischen Funden über Trachten und Volkskunst bis hin zu Meisterwerken der polnischen und europäischen Malerei seit dem 16. Jahrhundert.

Hindenburg ist auch die Geburtsstadt des Schriftstellers Werner Heiduczek (geb. 1926). Im Roman ›Der Tod am Meer‹ (Halle 1977) erinnert sich der Held Jablonski an seine Heimat und an den Einmarsch der Roten Armee.

Auf der Schlesischen Hochebene liegt **Hindenburg** (Zabrze), entstanden um 1300 als Dorfgründung unter dem Namen Zabrze. Zu dieser Zeit grub man dort bereits nach Erzen und stellte die ersten Eisenhämmer auf. Mit dem Bau der ersten Kohlegrube 1790 wurde in Zabrze der erste große Hochofen auf Kohle umgestellt. 1853 kam eine Dampfkesselfabrik hinzu. Den Grundstoffindustrien folgten die Investitionsgüterindustrien, wie die oberschlesischen Borsigwerke.

Nach der Tannenbergschlacht 1915 erhielt die Stadt den Namen Hindenburg. Aber erst 1922, nach der Teilung Oberschlesiens, erfolgte die eigentliche Stadterhebung. Seit dem Ende des Zweiten Weltkriegs gilt wieder der ursprüngliche Name Zabrze.

Insbesondere drei Kirchen sind zu erwähnen: die ursprünglich evangelische *Friedenskirche* (Kościół Pokoju) von 1874 am plac Krakowski, die katholische *Pfarrkirche* (Kościół Farny) an der ul.

Wolności und die Kirche *St. Anna* (Kościół Św. Anny) nahe der ul. 3 Maja. Dort befindet sich auch das *Bergbaumuseum* (Muzeum Górnictwa Węglowego), zu dem eine Untertageabteilung gehört. Die 1973 stillgelegte ehemalige Königin-Luise-Hütte ist heute ein Industriedenkmal. Ein dreistündiger, 1,5 km langer Spaziergang führt durch die unterirdische Welt der Stollen und eröffnet einen Einblick in die Arbeit der Bergleute.

Gleiwitz/Gliwice

Gleiwitz/Gliwice

Besonders sehenswert: Altstadtkern und Palmenhaus

In der 1276 nach deutschem Recht gegründeten Stadt wurde schon Ende des 18. Jahrhunderts eine königliche Eisenhütte mit dem ersten Kokshochofen des europäischen Festlands gebaut. An diese waren eine Kanonen- und Munitionsgießerei sowie eine Kunstgießerei angeschlossen. 1863 entstand das erste oberschlesische Röhren-

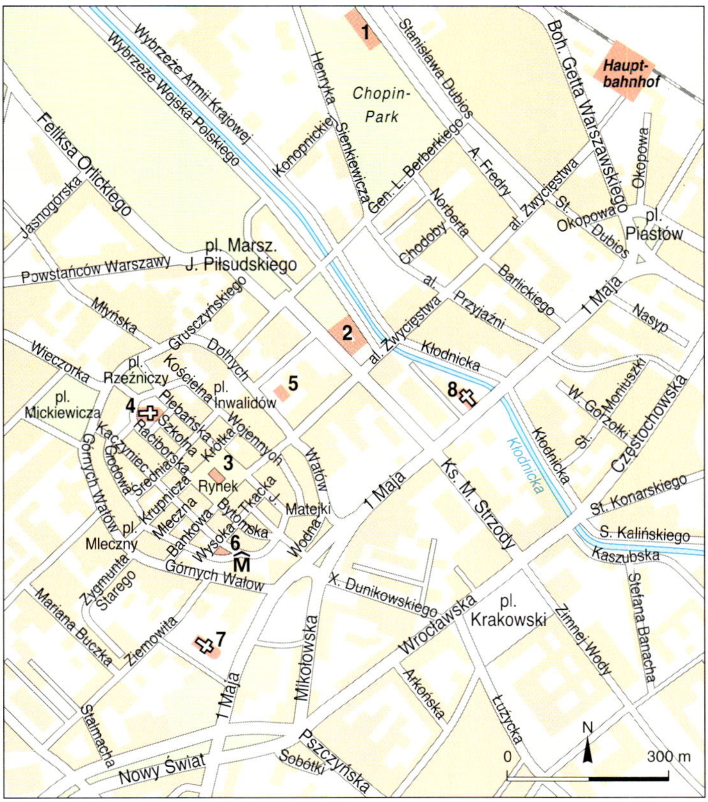

Gleiwitz/Gliwice

1 Palmenhaus
2 Rathaus mit Brunnen der tanzenden Faune
3 Altes Rathaus mit Galerie und Neptunbrunnen
4 Allerheiligenkirche
5 Villa Caro
6 Piastenschloß und Städtisches Museum
7 Kathedralkirche St. Peter und Paul
8 St. Barbara

Über die ersten Kriegstage im deutsch-polnischen Grenzland berichtet der in Gleiwitz aufgewachsene Schriftsteller Horst Bienek in seinen Romanen ›Die erste Polka‹ (1975) und ›Septemberlicht‹ (1977).

werk. Nach der Teilung Oberschlesiens wurde die Stadt zum Zentrum des Kohlebergbaus auf deutscher Seite. Ins Schlaglicht der Weltgeschichte rückte Gleiwitz am 31. August 1939. SS-Männer, verkleidet als polnische Soldaten, täuschten einen Überfall auf den Sender Gleiwitz vor und gaben damit der deutschen Regierung einen Vorwand zum »Zurückschießen« – der Zweite Weltkrieg begann. Heute leidet Gleiwitz unter der Stillegung der Zechen und der damit verknüpften Arbeitslosigkeit. Selbst die neuen Autofabriken von Opel/General Motors, die in einer Sonderwirtschaftszone angesiedelt wurden, sind nur ein Tropfen auf den heißen Stein. In der bekannten Waffenfabrik Bumar, die bis 1990 vornehmlich Panzer für die Staaten des Warschauer Pakts produzierte, werden jetzt Last- und Kranwagen hergestellt.

Stadtrundgang

Die einstige Schönheit von Gleiwitz kann ahnen, wer am Bahnhof in die schnurgerade zur Altstadt führende ehemalige Wilhelmstraße, heute Siegesallee (al. Zwycięstwa), einbiegt. Diese ist mit Bürgerhäusern aus der Belle Epoque gesäumt, Türmchen und Ornamente schmücken die Fassaden. Die meisten sind rußgrau, doch es zeigen sich erste bunte Anstriche an renovierten Häusern. Über die rechts abzweigende ul. Noberta Barlickiego empfiehlt sich ein Abstecher in

Häuserfassaden in Gleiwitz/Gliwice

Brunnen in Gleiwitz/ Gliwice: links der Brunnen der tanzenden Faune vor dem heutigen Rathaus, rechts der Neptunbrunnen vor dem Alten Rathaus

den **Chopin-Park** (Park Chopina), in dem man ein sehenswertes **Palmenhaus** (1, Palmiarnia) besuchen kann. In tropischen Glashäusern wachsen Orchideen, Palmen, Zitronenbäume und Kakteen, insgesamt mehr als 7000 Pflanzen. Zurück auf der Wilhelmstraße, ihr wieder bergauf folgend, passiert man das ehemalige *Haus Oberschlesien*, heute **Rathaus** (2, Ratusz) mit dem davor postierten, von Theodor Kalide (1801–63) gestalteten *Brunnen der tanzenden Faune*. Er ist das geheime Wahrzeichen der Stadt: drei gußeiserne Faune beugen sich diabolisch lächelnd zueinander, als seien sie in eine geheime Verschwörung verstrickt.

Die Altstadt zeigt mit ihrem Gitterstraßennetz auf ovalem Grundriß noch deutlich die mittelalterliche Anlage. Auch Reste der Stadtbefestigung aus dieser Zeit sind erhalten. Auf dem von Laubenhäusern flankierten Ring (Rynek) erhebt sich das **Alte Rathaus** (3, Stary Ratusz), ursprünglich 1534 erbaut und 1784 grundlegend umgestaltet. Es beherbergt eine Galerie (Galeria w Ratuszu), in der wechselnde Kunstausstellungen gezeigt werden. Der *Neptunbrunnen* (1794) vor dem Rathaus zeigt den mit einem Dreizack bewaffneten und auf einem Delphin reitenden Meeresgott. Nordwestlich des Rings ragt die gewaltige **Allerheiligenkirche** (4, Kościół Wszystkich Świętych) auf, die für 1279 zum ersten Mal belegt ist. Der Chor des heutigen Bauwerks ist von etwa 1450, die dreischiffige Halle vom Ende des 15. Jahrhunderts; der Turm ist mit der Jahreszahl 1504 versehen. Sehenswert ist der Hochaltar aus der Spätrenaissance.

Das auffallende Haus in der die Altstadt im Nordosten umschließenden Niederwallstraße (ul. Dolnych Wałów) ist die **Villa Caro** (5, Willa Caro): ein aufwendig restauriertes Renaissance-Palais, das von einem gußeisernen Löwen (Theodor Kalide) bewacht wird. In den mit Edelholz getäfelten Räumen ist eine Filiale des Städtischen Museums untergebracht.

Geht man vom Ring aus nach Süden gelangt man zum **Piastenschloß** (6, Zamek Piastowski), in dem, 1588 erbaut, heute das **Städtische Museum** (Muzeum w Gliwicach) untergebracht ist. Gezeigt werden Exponate zur Archäologie und Geschichte der Region, dazu wechselnde kunsthandwerkliche Ausstellungen. Die neogotische, Ende des 19. Jahrhunderts erbaute **Kathedralkirche St. Peter und Paul** (7, Kościół Św. Piotra i Pawła) ist seit 1992 Sitz des Bischofs der Diözese Gleiwitz. Folgt man der Bahnhofsstraße (ul. 1 Maja) in Richtung Germaniaplatz (pl. Piastów), passiert man die gotische Kirche **St. Barbara** (8, Kościół Św. Barbary) aus dem 14. Jahrhundert.

An der Straße nach Oppeln (Opole), 26 km nordwestlich von Gleiwitz, liegt der Ort **Plawniowitz** (Plawniowice), das mit einem repräsentativen *Schloß* (Zamek) aufwartet: es ist ein dreiflügliger 1884/85 im Stil der Neorenaissance errichteter Bau, in dem sich die Kapelle eines Vorgängerbaus im Eckgebäude erhalten hat. Auftraggeber und Bewohner des Schlosses war Graf Franz von Ballestrem, ein Zentrumspolitiker, der 1872–93 und 1898–1906 Reichstagsabgeordneter und im zweiten Zeitraum auch Reichstagspräsident war. Das Schloß dient heute als Priesterseminar und ist von einem sehr schönen Park umgeben, der zu längeren Spaziergängen einlädt.

Etwas weiter nördlich, in **Ponischowitz** (Poniszowice), steht eine der ältesten und sicher schönsten *Schrotholzkirchen* Schlesiens mit einem abseits stehenden Glockenturm. Sie stammt aus dem 15. Jahrhundert und wurde im 17. Jahrhundert noch einmal umgebaut.

In **Kieferstädtel** (Sośnicowice), 12 km westlich von Gleiwitz, hat das spätbarocke *Schloß* (Zamek), eine hufeisenförmige Anlage von 1755, die Wirren der Zeit und insbesondere den Zweiten Weltkrieg unversehrt überstanden. Heute beherbergt es eine Kranken- und Heilanstalt. In **Groß Rauden** (Rudy), 20 km südwestlich von Gleiwitz, fand sich einmal die bedeutendste Zisterzienserabtei Oberschlesiens, gegründet 1252. Die Mönche bauten eine einfache frühgotische Kirche, die in den Jahren 1696–1716 barock umgestaltet und reich ausgeschmückt wurde. Mit der Säkularisation 1810 löste man das Kloster auf, die Gebäude gingen in Staatsbesitz über und wurden zu einem Schloß umgestaltet. Das Schloß wie auch die Kirche wurden 1945 stark beschädigt. Die Kirche hat man inzwischen in ihrer ursprünglichen mittelalterlichen Gestalt sorgfältig rekonstruiert.

Von Ratibor/Racibórz nach Teschen/Cieszyn

Ratibor/Racibórz und Umgebung

Ratibor/Racibórz

Besonders sehenswert:
Ring
Liebfrauenkirche

Ratibor liegt am oberen Flußlauf der Oder, 76 km südwestlich von Kattowitz (Katowice): eine wichtige Industriestadt (65 000 Einwohner) mit Bekleidungs- und Holzbearbeitungsfabriken, Zuckerraffinerie und Brauerei.

Schon für 1155 ist die Stadt als Mittelpunkt einer Kastellanei nachgewiesen. Acht Jahre später wurde die Burg Sitz des Piastenherzogs Mieszko I. von Ratibor (1163–1211). 1299 erfolgte die Verleihung des Magdeburger Stadtrechts. Im Mittelalter war die Stadt ein bedeutender Handelsplatz am Flußübergang der Handelsstraße zwischen Brünn und Krakau; auch fand hier die größte Getreidemesse Oberschlesiens statt. 1532 kam Ratibor als Lehen an das Haus Habsburg, 1645–66 wurde die Stadt an die polnische Krone verpfändet. Von den Rückschlägen im Dreißigjährigen Krieg erholte sich Ratibor erst richtig im 19. Jahrhundert, insbesondere nach der Eröffnung der Bahnlinie von Wien über Ratibor nach Berlin 1846. In

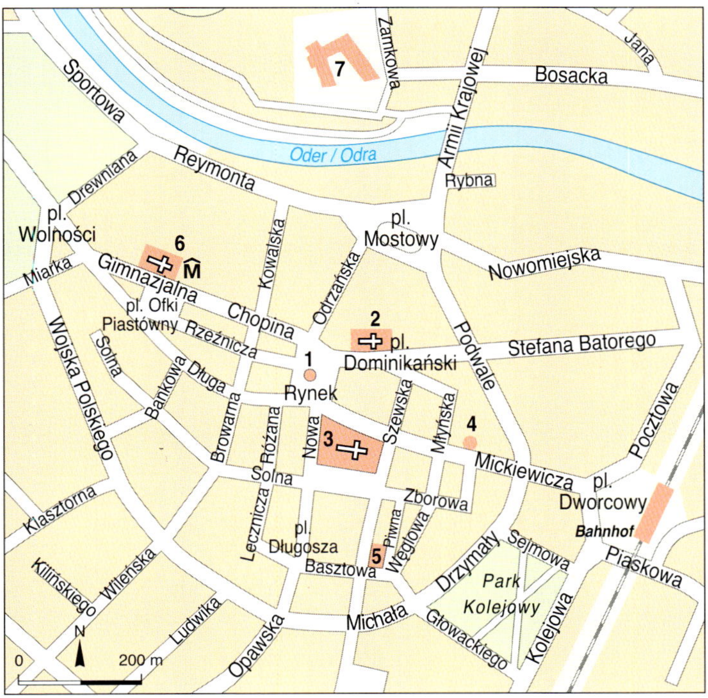

Ratibor/Racibórz

1. *Mariensäule*
2. *St. Jakobi und Dominikanerkloster*
3. *Liebfrauenkirche*
4. *Eichendorff-Denkmal*
5. *Zuchthausturm*
6. *Heilig-Geist-Kirche und Dominikanerinnenkloster*
7. *Schloßkapelle*

Ratibor/Racibórz, Grundriß St. Jakobi

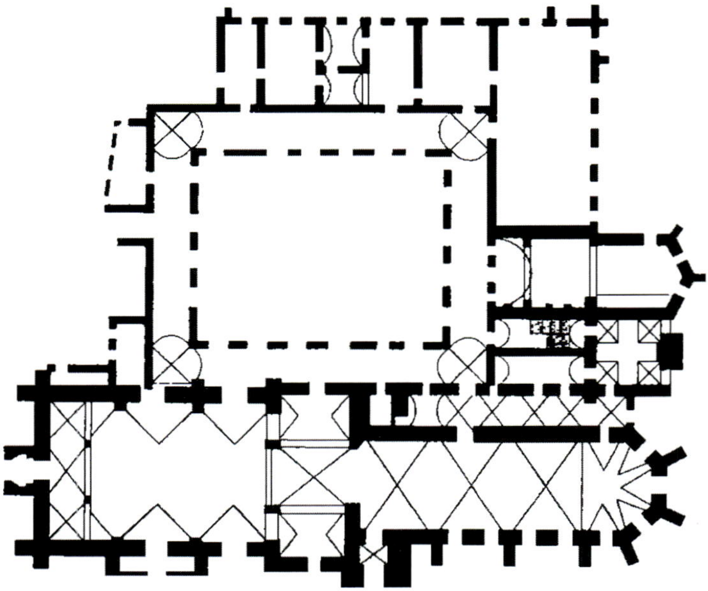

der Folgezeit wurden hier wichtige Industriebetriebe errichtet. Bei der Grenzziehung 1922 verblieb die Stadt auf deutscher Seite, ihre Innenstadt wurde bei den Kämpfen 1945 zu 80% zerstört.

Stadtrundgang

Ratibor/Racibórz, Ring mit der Mariensäule

Im Mittelpunkt des Rings (Rynek) erhebt sich die zur Erinnerung an die Pest von 1715 gestiftete barocke **Mariensäule** (1) des Bildhauers Johann Melchior Österreich von 1727. Die Jungfrau schwebt auf wild aufgewirbelten Wolken dem Himmel entgegen, begleitet wird sie von kleinen Putten. An der Nordostecke des Rings steht die Kirche **St. Jakobi** (2, Kościół Św. Jakuba) samt **Dominikanerkloster** (Klasztor Dominikanów). Die Kirche ist ein frühgotisches Bauwerk mit einem barocken Dachreiter, geweiht 1258. Die barocke Innenausstattung stammt aus der Zeit nach einem Brand 1637.

Südöstlich des Rings steht die **Liebfrauenkirche** (3, Kościół Farny), deren fast 70 m hoher Turm sich über die Häuser des Stadtzentrums erhebt. Der Chor als ältester Teil der Pfarrkirche ist etwa 1286 entstanden, gebaut wurde an der Kirche bis ins 14. Jahrhundert hinein; die St.-Marzellus-Kapelle von 1426 liegt an der Westseite des Langhauses und ist dem Schutzpatron der Stadt geweiht. 1653 kam der barocke Altar hinzu und 1656 das schöne Chorgestühl. Ganz in der Nähe, in der ehemaligen Bahnhofstraße (ul. Mickiewicza), wurde 1794 ein **Eichendorff-Denkmal** (4) in Erinnerung an die vielen Stadtbesuche des romantischen Dichters errichtet. Der am südlichen Rand des Stadtzentrums im 16. Jahrhundert aus Bruchsteinen auf viereckigem Grundriß errichtete sogenannte **Zuchthausturm** (5, Baszta Więzienna) ist als Rest der Stadtbefestigung erhalten geblieben.

Westlich des Rings an der ul. Gimnazjalna finden wir die frühgotische **Heilig-Geist-Kirche** (6, Kościół Św. Ducha) von 1306 und das zur gleichen Zeit errichtete **Dominikanerinnenkloster** (Klasztor Dominikanek). Kirchen- wie Klostergebäude werden heute als Museum (Muzeum) genutzt: mit Exponaten zu Archäologie, Geschichte und Völkerkunde der Region; eine kuriose Ausnahme ist die ausgestellte altägyptische Mumie.

Am nördlichen Oderufer liegt das alte, schon im 19. Jahrhundert verfallene Piastenschloß. Erhalten blieb nur die **Schloßkapelle** (7, Kaplica Zamkowa), ein Juwel frühgotischer Baukunst aus dem 13. Jahrhundert und eines der ältesten Bauwerke in dieser Region.

Eichendorff-Freunde fahren gern nach **Lubowitz** (Łubowice), 11 km nördlich von Ratibor. Von dem 1780 entstandenen Schloß der Familie von Eichendorff, in dem der Dichter Joseph von Eichendorff 1788 geboren wurde, stehen seit 1945 nur noch Ruinen. Der Blick auf das weite Flußtal mit seinen Feldern und Wiesen, die blasse Silhouette der Beskiden am Horizont, formten sein Bild von der Natur. An der Familienbegräbnisstätte hat der Deutsche Freundschaftskreis ein Denkmal aufgestellt, im Pfarrhaus gibt es überdies einen ›Gedenkraum an Joseph von Eichendorff‹, in dem Leben und Werk des Autors vorgestellt werden. Nachdem eine Düsseldorfer Studienrätin die Ruine gekauft und dem Freundschaftskreis überlassen hat, wird auch hier ein kulturelles Begegnungszentrum entstehen; Zuschüsse von der Bundesregierung zum Wiederaufbau des Schlosses sind bereits bewilligt.

Kurz vor seinem Tod nahm Eichendorff die Zerstörung des Schlosses in Gedanken vorweg: »Kindisch lag ich im Lubowitzer Garten am Lusthause im Schatten in der Mittagsschwüle und sehe die Wolken über mir und denke mir dort Gebirge und Inseln mit Schluchten … Jetzt aber ist der Garten verwüstet, das Schloß abgebrannt, die Hirsche sind verlaufen in alle Welt, nur manchmal bei stiller Nacht weidet einer zwischen den wildwachsenden Trümmern.«

In Groß Peterwitz (Pietrowice Wielkie), 12 km westlich von Ratibor, steht eine der schönen oberschlesischen Schrotholzkirchen. Das abseits des Dorfes stehende, zwischen hohen Bäumen versteckte Kirchlein stammt von 1667 und wurde 1743 umgebaut.

Tworkau (Tworków), 10 km südlich von Ratibor, nahe der Grenze zu Tschechien, beherbergt die sehenswerte barocke, 1691–97 erbaute Kirche *St. Peter und Paul* (Kościół Św. Piotra i Pawła) mit zahlreichen Gemälden und verspielten Stuckaturen von Antonio Signo.

Rybnik

Der Name der heute 130 000 Einwohner zählenden Stadt geht zurück auf eine dort im Mittelalter bestehende Siedlung von Fischern. Fisch heißt auf polnisch: ryba; Fischer: rybak.

In Rybnik stand einmal das älteste überlieferte Gotteshaus Oberschlesiens, die Kirche **St. Maria** (Kościół Św. Marii); als Stiftung des Piastenherzogs Mieszko I. von Ratibor wurde sie um 1198 geweiht. 100 Jahre später wurde Rybnik nach deutschem Recht zur Stadt.

An der Westseite des Rings (Rynek) steht das 1823 erbaute klassizistische **Rathaus** (Ratusz), das ein **Regionalmuseum** (Muzeum Regionalne) mit Exponaten zur Geschichte der Stadt und ihrer Umgebung enthält. Die barock-klassizistische **Pfarrkirche zur Schmerzhaften Muttergottes** (Kościół Farny Matki Bożej Bolesne) wurde 1798–1801 nach Plänen von Franz Ilgner errichtet. Das **Schloß** (Zamek), ursprünglich zwischen 1650 und 1682 erbaut, wurde 1789 durch ein klassizistisches Bauwerk ersetzt, das dann ab Mitte des 19. Jahrhunderts als Gerichtsgebäude diente. Ebenfalls ab 1789 wurde ein Nebengebäude des Schlosses als evangelische Kirche genutzt.

Die knapp 70 000 Einwohner zählende Stadt **Sohrau** (Żory), 12 km östlich von Rybnik, liegt an der Straße von Kattowitz nach Teschen (Cieszyn) und gehört seit 1922 zu Polen. Im Zweiten Weltkrieg wurde sie zu 80% zerstört; nur im Süden und Nordosten blieben Fragmente der alten Stadtmauer aus dem 15. Jahrhundert erhalten. Das älteste sakrale Bauwerk ist die kleine, 1393 erstmals belegte Kirche *St. Maria* (Kościół Św. Marii), die nach einem Brand 1661 wiederhergestellt wurde. Nördlich des Marktplatzes steht die *Pfarrkirche St. Philippus und Jakobus* (Kościół Farny Św. Filipa i Jakuba). Die dreischiffige gotische Hallenkirche mußte nach Bränden und Zerstörungen mehrfach, zuletzt 1946/47, wieder aufgebaut werden.

Teschen/Cieszyn

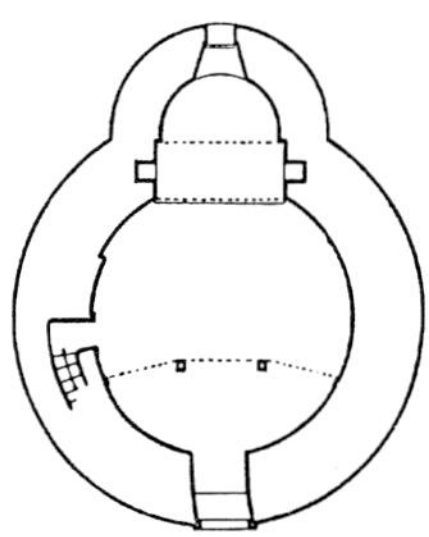

Teschen/Cieszyn, Grundriß St. Nikolaus

Seit 1920 teilt der Olsa-Fluß das historische Teschen in eine polnische und eine tschechische Stadt. Die Teilung geht zurück auf den Beschluß der Siegermächte nach der Niederlage Österreich-Ungarns im Ersten Weltkrieg. Die Besetzung des Olsa-Gebiets durch Polen im Oktober 1938 brachte noch einmal eine kurzfristige Vereinigung der beiden Städte bis 1945.

Für 1155 ist die Kastellanei Teschen als südlichster Grenzbezirk des Bistums Breslau nachgewiesen. 1374 erhielt Teschen das Magdeburger Stadtrecht. Bemerkenswert ist die Bedeutung Teschens für die Reformation; bis 1740 existierte hier die einzige evangelische Pfarrei von Oberschlesien, nach 1742 war Teschen die einzige organisierte protestantische Gemeinde Österreichs; ab 1781 residierte hier das Evangelische Konsistorium des Kaiserreichs, schließlich wurde Teschen nach 1848 auch ein Zentrum des nationalpolnischen Protestantismus.

Vom Schloßberg bietet sich ein schöner Rundblick auf beide Städte diesseits und jenseits der Olsa.

Auf dem Schloßberg steht das älteste erhaltene Bauwerk Schlesiens, die Kirche **St. Nikolaus** (1, Kościół Św. Mikołaja), eine vorromanische Rotunde mit angefügter Absidiole aus der zweiten Hälfte des 11. Jahrhunderts. Von der einst großen Burg der Teschener Piasten ist der angrenzende Wehrturm vom Ende des 13. Jahrhunderts erhalten geblieben. Das neue **Schloß** (1, Zamek) am Fuß des Berges

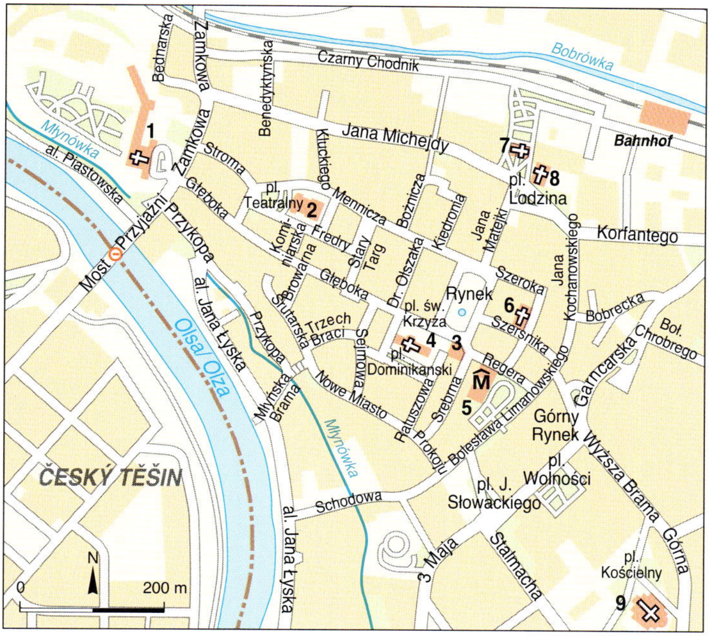

Teschen/Cieszyn

1 *St. Nikolaus und Schloß*
2 *Theater*
3 *Rathaus*
4 *St. Magdalena*
5 *Palais Larisch mit Städtischem Museum*
6 *Heilig-Kreuz-Kirche*
7 *Dreifaltigkeitskirche*
8 *Kirche der Barmherzigen Brüder*
9 *Evangelische Gnadenkirche*

wurde 1837 erbaut. Entworfen hat es der Wiener Architekt Josef Kornhäusel (um 1782–1860) für den habsburgischen Erzbischof Karl von Sachsen-Teschen.

Stadteinwärts kommt man zum **Theater** (2, Teatr) von 1910, das heute den Namen des polnischen Nationaldichters Adam Mickiewicz trägt. Am Theaterplatz steht auch die 1790 zu einem Stadtpalais umgebaute **Alte Münze**, die jetzt als Mietshaus genutzt wird.

Der Marktplatz (Rynek) entstand Ende des 15. Jahrhunderts, die ihn heute umgebenden Bürgerhäuser stammen dagegen erst aus dem 18. und 19. Jahrhundert. Auch das mittelalterliche **Rathaus** (3, Ratusz) an der Südseite des Platzes wurde 1836 klassizistisch erneuert. Westlich vom Rathaus liegt die gotische Kirche **St. Magdalena** (4, Kościół Św. Magdaleny) aus dem 13. Jahrhundert, die nach einem Brand 1789 im spätbarocken Stil umgestaltet wurde. Der große Säulenaltar im Innern (1794) ist ein Werk von Andreas Schweigel (1735–1812). Das erst kürzlich renovierte klassizistische **Palais Larisch** (5) von 1796 beherbergt das **Städtische Museum** (Muzeum Miejskie) mit archäologischen Funden und Dokumenten zur Geschichte, Kunst und Völkerkunde. Östlich des Marktplatzes erhebt sich die barocke **Heilig-Kreuz-Kirche** (6, Kościół Św. Krzyża); im Zuge der Gegenreformation wurde sie im Auftrag der Jesuiten Ende des 17. Jahrhunderts errichtet.

Wendet man sich nach Norden, gelangt man zur **Dreifaltigkeitskirche** (7, Kościół Św. Trójcy) von 1595, die 1846 erneuert wurde, sowie zu der ganz in der Nähe liegenden **Kirche der Barmherzigen Brüder** (8, Kościół Braci Miłosiernych) von 1697. Die **Evangelische Gnadenkirche** (9, heute: Kościół Ewangelicki) im Süden der Stadt wurde 1709–59 im Spätbarock erbaut und gehört zu den sechs Gotteshäusern, die den evangelischen Schlesiern im Rahmen der Altranstädter Konvention von 1707 seitens des Kaisers zugestanden wurden. Heute ist sie die einzige dieser Kirchen, die noch den protestantischen Gläubigen zur Verfügung steht.

Bielitz-Biala/Bielsko-Biała und Pleß/Pszczyna

Bielitz-Biala/Bielsko-Biała

Bielitz-Biala liegt 50 km südlich von Kattowitz (Katowice) am Fuß der Westbeskiden (Beskid Śląski). Ihren Aufschwung erlebte die in der zweiten Hälfte des 13. Jahrhunderts gegründete Stadt 300 Jahre später, als die Tuchmacherei aus Niederschlesien auf die oberschlesi-

Bielitz-Biala/ Bielsko-Biała

1 Schloß mit Bezirksmuseum
2 Theater
3 Kathedrale
4 Museum für Technik und Textilindustrie
5 Weberhaus
6 Dreifaltigkeitskirche
7 Erlöserkirche
8 Evangelischer Friedhof
9 Rathaus
10 Stadtpfarrkirche
11 Burg von Biala

Jugendstil-Hauseingang in Bielitz-Biala/Bielsko-Biała

schen Randgebiete übergriff. Als die protestantischen Bürger der Stadt gegen Ende des 16. Jahrhunderts unter dem Druck der Gegenreformation auf die östliche Seite des Flüßchens Biala ausweichen mußten, entstand der gleichnamige Ort. 1741 blieb Bielitz bei Österreich. Bielitz und Biala verschmolzen immer mehr zu einem Gemeinwesen, das sich im 19. Jahrhundert durch die Aufstellung von Spinnmaschinen zum größten Wollindustriezentrum Schlesiens entwickelte. 1920 kam die Stadt zu Polen und wurde ein Jahr später in die damals geschaffene polnische Wojwodschaft Oberschlesien eingegliedert. Heute ist sie nach Lodz (Łódź) das zweitgrößte Textilzentrum Polens. Für zusätzliche Beschäftigung sorgt der Autokonzern FIAT, der hier seinen Kleinwagen Cinquecento herstellen läßt.

Stadtrundgang

Bielitz-Biala/
Bielsko-Biała

Besonders sehenswert:
Altstadt
Kathedrale
Burg

Noch heute sind die unterschiedlichen Entwicklungsstufen der beiden Stadtviertel zu erkennen: Bielitz mit dem mittelalterlichen, auf einem Hügel thronenden Zentrum, und Biala auf der anderen Flußseite, das erst 1723 zur Stadt erklärt wurde. Die meisten Sehenswürdigkeiten konzentrieren sich in Bielitz. Das **Schloß** (1, Zamek), im 15. Jahrhundert für die Teschener Fürsten erbaut und Mitte des 19. Jahrhunderts im eklektizistischen Stil umgestaltet, beherbergt heute das **Bezirksmuseum** (Muzeum Okręgowe). Der Bogen spannt sich von archäologischen Exponaten über Porzellan und Webarbeiten bis zu Gemälden vornehmlich polnischer Künstler. Schräg gegenüber

Während der Sommerferien findet in Bielitz-Biala das Folklore-Festival der Beskidenregion statt.

vom Schloß steht das **Theater** (2, Teatr), ein klassizistischer Bau aus dem Jahr 1890. Südlich des Rings (Rynek), der von Bürgerhäusern aus dem 17.–19. Jahrhundert gesäumt ist, erhebt sich die **Kathedrale** (3, Katedra), bis vor kurzem St.-Nikolaus-Kirche. Sie wurde 1443–47 erbaut und beherrscht mit ihrem 61 m hohen Turm die Stadtsilhouette. Das Innere ist im neoromanischen Stil gehalten, Blickfang ist ein vergoldeter dreiflügliger Altar von etwa 1500.

Wer sich für Industriekultur interessiert, sollte das **Museum für Technik und Textilindustrie** (4, Muzeum Techniki i Włókiennictwa) besuchen, in dem anhand von Maschinen aus dem 19. Jahrhundert die Herstellung von Stoffen veranschaulicht wird. Einen Einblick in das Bielitzer Manufakturwesen vermittelt das hölzerne **Weberhaus** (5, Dom Tkacza). Es zeigt, unter welchen Bedingungen ein Wollspinner des 19. Jahrhunderts arbeitete.

Die barocke **Dreifaltigkeitskirche** (6, Kościół Św. Trójcy) von 1608 steht am Westrand der Altstadt. Sie diente der damaligen evangelischen Gemeinde, wurde aber im Zuge der Gegenreformation den Katholiken zugesprochen. Die fast 200 Jahre später errichtete **Erlöserkirche** (7, Kościół Zbawiciela) gehört dagegen heute der evangelisch-augsburgischen Gemeinde. In der angrenzenden Grünanlage steht das für Polen wohl einmalige Lutherdenkmal von 1900. Auch der alte **Evangelische Friedhof** (8) an der ul. Grunwaldzka kündet von der einst großen Bedeutung des Bielitzer Protestantismus.

Lohnenswert ist aber auch ein Abstecher ins Viertel Biala auf der gegenüberliegenden Flußseite. Das monumentale, im Stil der Neorenaissance errichtete **Rathaus** (9, Ratusz) am gleichnamigen Platz ist noch heute Sitz der Stadtbehörden. In östlicher Richtung erhebt sich die katholische **Stadtpfarrkirche** (10, Kościół Farny), ein 1760–69 entstandenes barockes Bauwerk. Im Innern beeindruckt es durch eine gewaltige Orgel sowie die vergoldete Kanzel mit einer volkstümlichen Darstellung des Meeres. Die **Burg von Biala** (11, Zamek Bialski) wurde von den Habsburgern anstelle einer Burg aus dem 16. Jahrhundert erbaut; sie dient heute als Heim für behinderte Kinder.

Pleß/Pszczyna

Pleß/Pszczyna ☆

Besonders sehenswert: Ring mit zwei Kirchen und Rathaus Schloß

Pleß liegt 35 km südlich von Kattowitz (Katowice) auf dem Weg ins Beskidengebirge: dank ihrer Sehenswürdigkeiten ist sie eine der meistbesuchten Städte Oberschlesiens. Sie wurde um 1276 nach deutschem Recht gegründet. Ihre Blütezeit erlebte sie ab 1765, als Heinrich X. Graf von Hochberg-Fürstenstein die durch den Brand von 1748 stark zerstörte Stadt erwarb und wieder aufbaute. 1848 wurde sie zum Fürstentum erhoben, im Zuge der Teilung Oberschlesiens 1922 fiel sie an Polen.

Die liebevoll restaurierte Altstadt zeigt noch den mittelalterlichen Grundriß mit dem großen rechteckigen Marktplatz. Alle wichtigen

Gebäude stammen aus der Zeit nach 1748: die katholische **Allerheiligenkirche** (Kościół Farny Wszystkich Świętych), die **Evangelische Kirche** (Kościół Ewangelicki) und das unmittelbar daran angebaute **Rathaus** (Ratusz) im Stil der Neorenaissance mit einer monumentalen Säulenfassade.

Vom Ring führt das 1687 errichtete **Torhaus** (Brama Wybrańców) direkt zum **Schloß** (Zamek). Es geht auf einen 1743–67 errichteten, dreiflügligen Bau zurück, wurde aber 1847 und 1870 im neobarocken Stil umgebaut. Da die ursprüngliche Innenausstattung weitgehend erhalten blieb, wurde hier 1946 ein **Museum** eingerichtet, in dem adelige Wohnkultur vom Barock und Rokoko bis zu Empire und Historismus veranschaulicht wird: Möbel und Teppiche, Skulpturen, Glas- und Keramikobjekte zeugen vom Reichtum der ehemaligen Schloßbesitzer. Ausgestellt werden ferner die gräflichen Jagdtrophäen sowie eine Sammlung von Miniaturporträts. Prunkstück des Schlosses ist ein zweigeschossiger Saal, dessen Weite durch mehrere 14 m² große Spiegel und einen illusionistischen Himmelsplafond optisch vergrößert wird. Die Ölgemälde (1875) im oberen Teil des Saals von Pierre-Eugène Gourdet (gest.

In Erinnerung an Georg Philipp Telemann, der 1704–08 im Schloß wohnte, werden im Spiegelsaal mehrmals monatlich Kammerkonzerte aufgeführt, oft Werke des Komponisten.

Pleß/Pszczyna, Ring mit Rathaus, Allerheiligenkirche und Evangelischer Kirche

1899) und Jean Arnaud-Durbec (geb. 1827) stellen die Wechsel der Jahreszeiten dar.

Der 84 ha große englische **Park** ist einer der schönsten Anlagen in Oberschlesien. Sanft gewellte Rasenflächen sind von Wasserläufen durchzogen, über die sich zierliche Brücken spannen. Rieseneichen säumen die Alleen, einige Linden sollen über 300 Jahre alt sein. Das klassizistische Landhaus *Ludwigswunsch* wurde um 1800 nach Entwürfen des Architekten Wilhelm Pusch (um 1750–1817) errichtet.

Einen Besuch lohnt auch das **Freilichtmuseum** (Skansen) am Bahnhofspark (Park Dworcowy): die landestypischen Holzhäuser, Scheunen und eine originale Schmiede erinnern an eine untergegangene dörfliche Welt.

Kobier-Promnitz: Fürstlich übernachten in einem Jagdschloß mit Wald und See

Die großen Waldkomplexe rings um Pleß bilden die ›grüne Lunge‹ des Oberschlesischen Industriegebiets. Kaiser Wilhelm II. zog gern in das 11 km nördlich gelegene **Kobier-Promnitz** (Kobiór-Promnice), wo die Grafen von Hochberg-Fürstenstein ein *Jagdschloß* unterhielten. Heute ist das 1861 im neogotisch-englischen Stil erbaute Palais ein Nobelhotel, das auch im Innern originalgetreu rekonstruiert wurde. Das 3 km südlich von Pleß gelegene **Goczalkowitz** (Goczałkowice Zdrój) ist neben Königsdorff-Jastrzemb (Jastrzębie Zdrój) der einzige Kurort in der Wojwodschaft Kattowitz.

Auf halber Strecke zwischen Pleß und Kattowitz (Katowice) passiert man **Tichau** (Tychy), eine Stadt von 135 000 Einwohnern, bekannt für seine FIAT-Niederlassung und seine Brauerei. Die barocke *Pfarrkirche* (Kościół Farny) am Altstadtmarkt stammt aus den Jahren 1780–82 und wurde Anfang des 20. Jahrhunderts umgebaut. Das zweiflüglige barocke *Schloß* nahe dem Markt ließ Prinz Friedrich Erdmann von Anhalt-Köthen 1775/76 erstellen, heute hat hier die Plesser Forstbehörde ihren Sitz.

Endpunkt Auschwitz/Oświęcim

Zwischen 1317 und 1564 war Auschwitz Regierungssitz eines selbständigen Herzogtums. Von dieser reichen Vergangenheit zeugen die Ruinen des gotischen Schlosses mit einem Turm auf einer Anhöhe hinter der Stadt.

Aber Auschwitz hat in erster Linie ein anderes Antlitz. Hier findet man jene Wachtürme, Mauern und Stacheldrahtzäune, Verladerampen, Hinrichtungsmauern und Krematorien, die an den im Namen der Deutschen von den Nationalsozialisten begangenen Völkermord erinnern. Etwa eineinhalb Millionen Menschen aus 28 Nationen (ganz überwiegend europäische Juden, aber auch Sinti und Roma, sowjetische Kriegsgefangene, Homosexuelle, politische Häftlinge und Anhänger religiöser Gruppen) wurden in Auschwitz-Birkenau

◁ Pleß/Pszczyna, Treppenhaus des Schlosses

Auschwitz/Oświęcim und sein Lagersystem

1 Museum Auschwitz (Auschwitz 1, Stammlager)
2 Museum Birkenau (Lager Auschwitz-Birkenau, die Karte zeigt den Lagerzustand im Oktober 1944 mit den heute nicht mehr existierenden Schienen)
3 Zentrum für Information, Dialog und Gebet
4 Internationale Jugendbegegnungsstätte

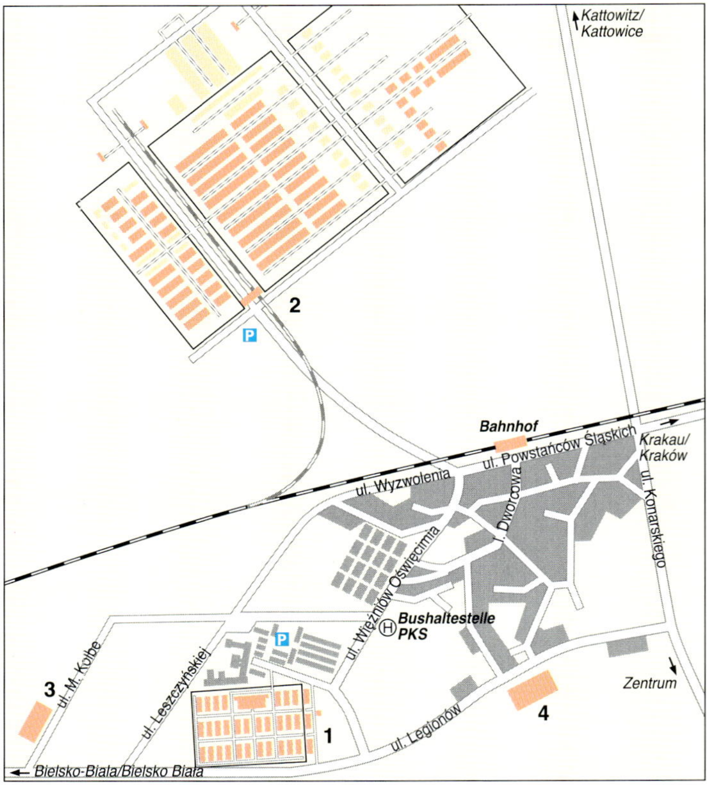

Opfer einer perfektionierten Todesmaschinerie. Im Mai 1940 entstand durch den Umbau ehemaliger Kasernen das *Stammlager Auschwitz I*, das als Musterlager zur Vorführung beim Besuch ausländischer Delegationen diente. »Arbeit macht frei« lautet die erhaltene Aufschrift am Rundbogen des Eingangs. Seit 1942 führte eine Bahnlinie zum Vernichtungslager *Birkenau (Auschwitz II)*.

Im Außenlagerkommando *Monowitz (Auschwitz III)* und in 39 Nebenlagern der Umgebung verrichteten die Häftlinge Sklavenarbeit nach dem zynischen Konzept ›Tod durch Arbeit‹, unter anderem für die IG-Farben und die deutsche Rüstungsindustrie. Bevor die sowjetische Armee Auschwitz einnehmen konnte, zerstörten die Deutschen vor ihrem Rückzug im Januar 1945 die Krematorien sowie die Gaskammern und verbrannten Transportlisten und Akten in dem vergeblichen Versuch, die Spuren ihrer Verbrechen zu verwischen.

Auf dem Gelände des Stammlagers und in Birkenau sind nach dem Krieg Museen und Gedenkstätten eingerichtet worden. Die Sammlungen und Dokumente sind im Stammlager untergebracht.

Um jedoch einen Eindruck von dem Ausmaß des industriellen Massenmordes zu bekommen, sollte man auf jeden Fall die 3 km zum Lager Auschwitz-Birkenau gehen. Von Mitte April bis Ende Oktober verkehrt ein Zubringerbus vom **Museum Auschwitz** (1) zum **Museum Birkenau** (2).

1979 wurde Auschwitz von der UNESCO auf die *World Heritage List* gesetzt. Fünf Jahre später wurde direkt an der Mauer des ehemaligen KZ-Geländes in einem Gebäude, in dem früher zum Teil Zyklon B gelagert worden war, ein Karmeliterinnen-Kloster eingerichtet, das fortan Gegenstand von Auseinandersetzungen zwischen den polnischen Katholiken und den internationalen jüdischen Vereinigungen war. 1987 einigte man sich in Genf darauf, das Kloster zu verlegen und gleichzeitig in der Nähe des KZ-Geländes ein **internationales Begegnungs- und Informationszentrum** (3) einzurichten. Letzteres besteht seit 1992 als Tagungshaus wie auch die **Internationale Jugendbegegnungsstätte Auschwitz** (4), die von der ›Aktion Sühnezeichen Friedensdienste‹ und polnischen Partnern getragen wird.

Für Aufmerksamkeit sorgten 1998 und 1999 Aktionen polnischer Nationalkatholiken. Mit der Errichtung von Kreuzen auf dem Kiesplatz vor dem ehemaligen Konzentrationslager wollten sie in Erinnerung rufen, daß in Auschwitz auch Christen umgekommen seien. Jüdische Vereinigungen protestierten weltweit gegen die Postierung der Kreuze und plädierten dafür, daß an der Stätte der Todesfabrik weder jüdische noch christliche Symbole, also weder Davidstern noch Kreuz einen Platz finden sollten. Ein vom polnischen Parlament 1999 verabschiedetes Gesetz sieht eine 100 m breite Schutzzone um jedes der ehemaligen Vernichtungslager vor.

Konzentrationslager Auschwitz I., Lagereingang zwischen Männer- und Frauenlager mit Elektrozaun

Glossar

Akanthus

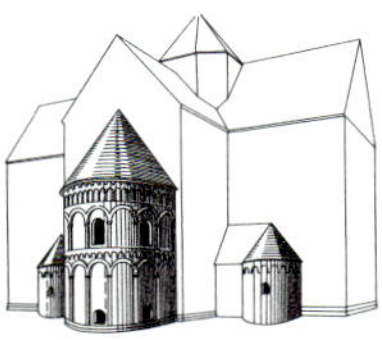

Apsis

Akanthus Im Mittelmeergebiet verbreitete Distelart mit großen, gezackten Blättern (Bärenklau); seit der Antike verwendetes Blattornament in der Bauplastik.

Akzise Bis zum 19. Jahrhundert indirekte Verbrauchs- und Verkehrssteuer

Anna Selbdritt Darstellung der heiligen Anna mit ihrer Tochter Maria und dem Jesuskind

Apsis Halbrunde, an den Hauptraum angebaute Altarnische, meist von einer Halbkuppel überwölbt.

Archivolte Vom Mauerwerk abgesetzte Einfassung eines Bogens als Fortsetzung der Gewändegliederung; bei romanischen und gotischen Portalen Bezeichnung der Bogenläufe im → Gewände.

Arkade Bogenstellung über Säulen oder Pfeilern

Attika Niedriges Geschoß oder brüstungsartige Aufmauerung über dem Hauptgesims eines Gebäudes

Balustrade Ein aus kleinen, gedrungenen Stützen (Balustern) gebildetes Geländer an Treppen, Balkonen oder als Dachabschluß

Basilika Drei- oder fünfschiffiger Kirchenbau mit breiterem und überhöhtem Mittelschiff, der durchfensterte Obergaden sorgt für Lichteinfall.

Bastion, Bastei Vorspringendes Verteidigungswerk einer Festung oder Stadtmauer

Baude Einzelnes, meist bewirtschaftetes Haus im Gebirge, bes. im Riesengebirge.

Beletage Hauptgeschoß eines Gebäudes, meist über dem Erdgeschoß, mit Repräsentationsräumen.

Belvedere Aussichtsplattform auf dem Dach oder im Dachgeschoß des Wohngebäudes

Bethaus Kleiner provisorischer Kirchenbau während der preußischen Herrschaft

Chor Altarraum einer Kirche, einige Stufen höher liegend als der Hauptraum; oftmals durch einen Lettner, durch Gitter oder Schranken vom Mittelschiff getrennt.

Dachreiter Schlankes Türmchen auf dem First eines Daches

Dorsale Rückwand des Chorgestühls

Eklektizismus Übernahme von Stilmitteln vergangener Epochen

Epitaph Senkrechtes, meist vor einer Wand aufgestelltes Erinnerungsmal für einen Verstorbenen, aber kein Grabmal.

Exemtion Ausgliederung eines Klosters aus dem kirchlichen Verband und Unterstellung unter einen höheren oder speziell eingesetzten Oberen

Fama Ursprünglich Personifikation des Gerüchts, seit der Renaissance des irdischen Ruhms.

Fiale Pfeileraufsatz in Form eines spitzen Türmchens als Bekrönung des Strebepfeilers oder seitlich von → Wimpergen

Friedenskirche Nach dem Westfälischen Frieden 1648 wurde den evangelischen Fürstentümern Religionsfreiheit zugestanden sowie das Recht auf eigene Gotteshäuser, die nur aus Holz erbaut werden durften; auch **Gnadenkirche**.

Gewände Schräg geführte, seitliche Mauerfläche einer Fenster- oder Portalöffnung; oftmals profiliert und mit Säulen und Skulpturen geschmückt.

Hallenkirche, -krypta Kirche bzw. → Krypta, deren Schiffe gleich oder fast gleich hoch sind.

Jambus Versfuß aus einer kurzen oder unbetonten mit folgender langer oder betonter Silbe

Joch Gewölbeabschnitt in Längsrichtung eines langgestreckten Baus

Kanneluren Senkrechte konkave Rillen an Säulen-, Pfeiler- oder Pilasterschäften

Kapellenkranz Um einen Chor radial angeordneter Kranz von Kapellen

Kapitell Oberer Abschluß von Säule, Pfeiler oder → Pilaster mit ornamentaler, figürlicher oder pflanzlicher Dekoration

Kartusche Medaillon- oder schildförmiger Zierrahmen für Wappen, Tafeln, Inschriften und dergleichen

Kastellanei Schloßverwaltung

Kreuzrippengewölbe Die Durchdringung zweier Tonnengewölbe heißt Kreuzgewölbe; sind die diagonal sich kreuzenden Grate von Rippen konstruktiv verstärkt, spricht man von Kreuzrippengewölbe.

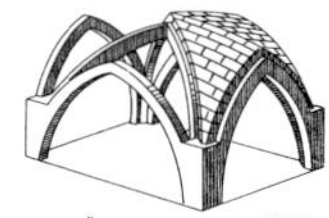

Kreuzrippengewölbe

Krypta Grab- oder Reliquienraum unter dem → Chor einer Kirche

Kontribution In einem besetzten Gebiet zur Unterhaltung der Besatzungstruppen erhobene Abgabe

Laterne Kleiner durchfensterter Aufbau, meist über einer Kuppel

Laube Offener Bogengang als Teil des Erdgeschosses

Loggia Gewölbte, offene Bogenhalle in oder vor einem Gebäude

Loretokapelle Wallfahrtsheiligtum der Maria im italienischen Loreto (casa santa) sowie dessen Nachbildungen

Lünette Halbkreisförmiges, dekoriertes Feld über einer Tür oder einem Fenster

Mansarddach Giebeldach mit gebrochener Dachfläche

Millefioriglas Ein schon seit dem alten Ägypten bekanntes Kunstglas mit vielfarbiger, blumenartiger Musterung

Obelisk Freistehender, im Grundriß quadratischer, sich nach oben verjüngender Steinpfeiler mit einem pyramidenförmigen Abschluß

Oktogon, oktogonal Achteck, achteckig

Oppidum Von Caesar so bezeichnete gallische Ansiedlungen: befestigter Ort, Flucht-

Schlußstein

burg, stadtartige Verteidigungsansiedlung

Orangerie Gewächshaus für exotische und südliche Pflanzen mit großen Südfenstern, bes. im Barock

Pendentif Wandfläche in sphärischer Dreiecksform zur Überleitung von einem quadratischen Grundriß zum Fußkreis einer Kuppel

Pilaster Der Wand oder einem anderen Bauglied vorgelegter vertikaler Mauerstreifen mit Basis und Kapitell

Plafond Meist mit Stuck oder Malerei geschmückte flache Decke

Polyptychon Mehrflügliges Altarbild

Portikus Eine von Säulen getragene und meist von einem Dreiecksgiebel überfangene Vorhalle, die der Hauptfront eines Gebäudes vorgelagert ist.

Presbyterium Der den Priestern vorbehaltene, meist etwas erhöhte Raumteil einer → Basilika, in dem sich der Hochaltar befindet (nicht unbedingt mit dem → Chor identisch)

Putto, Putten Kleine, verspielt dargestellte nackte Knaben nach dem Vorbild antiker Eroten; später profan verwandelte spätmittelalterliche Engelskinder.

Redoute Ballsaal; Befestigung, allseitig geschlossene Schanze.

Refektorium Speisesaal eines Klosters

Remter Speisesaal (Refektorium) einer Ordensburg

Rippe Tragende Konstruktionsteile bei Gewölben, die das Gerüst für die nicht-tragenden Gewölbekappen bilden.

Risalit Ein in ganzer Höhe eines Bauwerks vorkragender Mittelteil, der auch als Eck- und Seitenrisalit zur Gliederung der Fassade beiträgt.

Rotunde Zentralbau mit kreisrundem oder polygonalem Grundriß, Rundkirche

Schlußstein Oberster, als letzter eingesetzter Stein eines Bogens oder eines Kreuzrippengewölbes

Schrotholzkirchen Rund 100 erhaltene, oft kunstvoll ausgestaltete Holzkirchen (2. H. 15. Jh. bis 18. Jh.), hauptsächlich westlich von Kattowitz und nordöstlich von Oppeln; die benutzten Stämme wurden mit Schrotsäge und Axt bearbeitet.

Schwibbogen Dem Strebebogen vergleichbar, nimmt er, meist zwischen zwei Gebäuden oder über engen Gassen gespannt, den Horizontalschub auf und leitet ihn ab.

Säkularisation Enteignung geistlicher Besitzungen für den weltlichen Gebrauch

Sgraffito Wetterbeständige Fassadenmalerei; auf Rohputz werden zunächst verschiedenfarbige Putzschichten aufgetragen, mit einem Kratzeisen wird danach durch unterschiedlich tiefes Kratzen eine mehrfarbige Darstellung erzielt.

Spiegelgewölbe Wölbungsart über rechteckigen Räumen, die mit einer den Wänden aufsitzenden Rundung ansetzt und in eine flache Decke, den Spiegel, ausläuft.

Spolie Wiederverwendetes Bauteil aus älterem Gebäude

Springgewölbe Ein vom Rippendreistrahl abgeleitetes Gewölbe mit alternierender (hin- und herspringender) Anordnung der Rippenansätze; besonders häufig in ordenspreussischen und Breslauer Wölbungen.

Stabwerkkirche Skandinavische Holzkirche des frühen Mittelalters, deren Konstruktion aus Pfosten besteht; steile, übereinandergeschichtete Dächer, Giebel und Portal oft reich geschmückt mit Tierornamenten.

Sterngewölbe Gewölbe, bei dem die Rippen eines → Jochs eine Sternform bilden

Straßenangerdorf Die durchlaufende Straße erweitert sich in der Mitte zu einem breiten länglichen Anger, an dem die Häuser liegen.

Tabernakel Gehäuse zur Aufbewahrung geweihter Hostien; in der Gotik zum Sakramentshäuschen ausgestaltet.

Triptychon Dreiteiliges Bild, insbesondere Flügelaltar, bestehend aus einem Mittelbild und zwei Seitenflügeln.

Trochäus Versfuß aus einer langen (bzw. betonten) Silbe mit nachfolgender kurzer (bzw. unbetonter) Silbe

Triumphbogen In mittelalterlichen Kirchen Bogen zwischen dem Mittelschiff des Langhauses bzw. der → Vierung und dem → Chor

Tympanon Über einem mittelalterlichen Portal das Bogenfeld mit meist plastischem Schmuck

Vaudeville Urspr. französischer Gassenhauer, Volks- und Trinklied, später burleskes oder satirisches Singspiel; Ursprungsform der Operette, der französischen komischen Oper und des deutschen Singspiels.

Vierung Rechteckiger Raum im Kreuzungsbereich von Langhaus und Querschiff

Volute Zierform mit schneckenartiger Einrollung

Waldhufendorf Reihendorf, meist in Gebirgsgegenden, bei dem die Gehöfte längs eines Baches oder einer Talstraße liegen und die Hufen (Äcker) in langen parallelen Streifen bis in den Gebirgswald hinaufreichen.

Weicher Stil Stilperiode (um 1400–30) in der deutschen Kunst, speziell der Plastik; kennzeichnend sind weiche, fließende Formen und holde, liebliche Gesichtszüge besonders der ›schönen Madonnen‹ mit dem Kind.

Westwerk Vorgeschobener, turmartiger Raumkörper im Westteil großer romanischer Kloster- oder Bischofskirchen

Wimperg Giebelförmiger Aufbau über gotischen Portalen und Fenstern

Zinne Brustwehr an Stadtmauern und Wehrgängen von Burgen; pfeilerartiger Maueraufsatz von Befestigungsbauten zum Schutz der Verteidiger, später nur noch dekorative Mauerbekrönung.

Westwerk

Wimperg

Literaturauswahl

Bentchev, Ivan/Leszczynska, Dorota/Marek, Michaele/Vetter, Reinhold: Polen · Geschichte, Kunst und Landschaft einer alten europäischen Kulturnation, Köln 1996[5]

Degen, Kurt: Die Bau- und Kunstdenkmäler des Landkreises Breslau, Frankfurt/M. 1965

Dehio, Hans: Handbuch der deutschen Kunstdenkmäler, Nordostdeutschland, Berlin 1906

Golitschek, Josef von / Lutsch, Hans: Schlesiens Kunstdenkmäler, Bildband, Gütersloh 1985

Grundmann, Günther: Burgen, Schlösser und Gutshäuser in Schlesien, Frankfurt/M. 1982

Grundmann, Günther: Dome, Kirchen und Klöster in Schlesien, Frankfurt/M. 1963

Grundmann, Günther: Kunstwanderungen in Schlesien, München 1966

Grundmann, Günther, und Schadendorf, Wulf: Schlesien, Berlin 1962

Halfar, Wolfgang: Die oberschlesischen Schrotholzkirchen · Ein Beitrag zum Holzbau in Schlesien, München 1990

Harasimowicza, Jana (Hrsg.): Atlas architektury Wrocławia, 2 Bde., Wrocław 1997/98

Heiduk, Franz: Oberschlesisches Literatur-Lexikon · Biographisch-Bibliographisches Handbuch, 2 Bde., Stiftung Haus Oberschlesien, Berlin 1990–93

Helbig, Louis Ferdinand: Der ungeheure Verlust · Flucht und Vertreibung in der deutschsprachigen Belletristik der Nachkriegszeit, Wiesbaden 1989

Hodenberg, Christine von: Aufstand der Weber, Bonn 1997

Hutter-Wolandt, Ulrich: Die evangelische Kirche im Wandel der Zeiten, Studien und Quellen zur Geschichte einer Territorialkirche, Veröffentlichung der Forschungsstelle Ostmitteleuropa an der Universität Dortmund, 1991

Ilkosz, Jerzy und Störtkuhl, Beate (Hrsg.): Hochhäuser für Breslau · 1919–1932, Ausstellung des Bauarchivs der Stadt Breslau in Zusammenarbeit mit der Technischen Universität Braunschweig, Delmenhorst 1997

Irrgang, Walther: Bemerkenswerte Parkanlagen in Schlesien, Dortmund 1978

Kalinowski, Konstanty: Barock in Schlesien · Geschichte, Eigenart und heutige Erscheinung, München 1990

Kuhn, Ekkehard: Schlesien, Brücke in Europa, Frankfurt/M. 1996

Łagiewski, Maciej: Breslauer Juden 1850–1944, Breslau 1996

Lubos, Arno: Geschichte der Literatur Schlesiens, 3 Bde., München 1960–74

Lutsch, Hans: Schlesiens Kunstdenkmäler, Textband, Gütersloh 1986
Marsch, Angelika: Oppeln, Falkenberg, Groß Strehlitz · Historische Ansichten aus vier Jahrhunderten, Würzburg 1995
Maser, Peter, und Weiser, Adelheid (Hrsg.): Beiträge zur Geschichte des Oberschlesischen Judentums, Schrift der Stiftung Haus Oberschlesien, Berlin 1991
Maser, Peter, und Weiser, Adelheid (Hrsg.): Juden und jüdische Gemeinden in Oberschlesien, Berlin 1991

Ostschlesische Porträts · Biographisch-Bibliographisches Lexikon von Österreich-Ostoberschlesien, bearb. von Karl Walter Neumann, Berlin 1991

Die Parler und der Schöne Stil 1350–1400 · Europäische Kunst unter den Luxemburgern, Ausstellungskatalog Köln 1978, Bd. 2, S. 491–510, Kapitel Schlesien
Paulsen, Gundel (Hrsg.): Kindheitserinnerungen aus Oberschlesien, Husum 1990
Peuckert, Will-Erich: Schlesische Sagen, München 1991
Piontek, Heinz: Goethe unterwegs in Schlesien · Fast ein Roman, 2. Aufl., Würzburg 1993
Polen – auf dem Weg in die Europäische Union · Aktuelle Landkarte, Cornelsen 9/96, Berlin 1996

Rademacher, Gerhard: Von Eichendorff bis Bienek · Schlesien als offene literarische ›Provinz‹, Wiesbaden 1993
Reemtsma, Jan Philipp (Hrsg.): Wu Hi? Arno Schmidt in Görlitz, Lauban, Greiffenberg, Zürich 1986

Schlesien im Gedicht · Vom Barock zur Neuzeit, Husum 1997
Schodrock, Karl (Hrsg.): Schöpferisches Schlesien · Literatur, Bildende Kunst, Musik, Nürnberg 1970
Stöcklein, Paul: Joseph von Eichendorff · In Selbstzeugnissen und Bilddokumenten, Reinbek bei Hamburg 1963

Tank, Kurt Lothar: Gerhart Hauptmann · In Selbstzeugnissen und Bilddokumenten, Hamburg 1959
Tausk, Walter: Breslauer Tagebuch 1933–1940, Leipzig 1997
Tintelnot, Hans: Die mittelalterliche Baukunst Schlesiens, Kitzingen 1951
Trierenberg, Heinrich (Hrsg.): Schlesien heute, Leer 1991
Trierenberg, Heinrich (Hrsg.): Breslau in alten und neuen Reisebeschreibungen, Düsseldorf 1991
Turley, Karl (Hrsg.): Heimat im Herzen · Wir Schlesier, Salzburg 1949

Uexküll, Gösta von: Ferdinand Lassalle · In Selbstzeugnissen und Bilddokumenten, Reinbek bei Hamburg 1974
Urban, Thomas: Polen, Beck'sche Reihe, Länder, München 1998

Weczerka, Hugo (Hrsg.): Schlesien · Handbuch der historischen Stätten, Stuttgart 1977

Trebnitz/Trzebnica
Portal zur Hauskapelle des Klosters ▷

VENITE EXSULTEMUS DOMINO JUBILEMUS DEO SALUTARI NOSTRO
D. O. M.
ac divo Carolo Borromaeo
confessori et episcopo
sacrum
sub auspiciis dignissimae
Matris M. Luitgardis
quae a. MCMXXVIII congrega-
-tioni praeerat Trebnicen-
-si X lustra professa.

Praktische Reiseinformationen

Reisevorbereitung

Informationen für unterwegs

Reiseinformationen von A bis Z

Reisevorbereitung

Auskunft

Die polnischen Fremdenverkehrsämter in Deutschland und Österreich erteilen bereitwillig Auskunft und versenden Prospektmaterial.

... in Deutschland
Polnisches Fremdenverkehrsamt
Marburger Str. 1
D-10789 Berlin
✆ 0 30/2 10 09 20
Fax 0 30/21 00 92 14

... in Österreich
Polnisches Fremdenverkehrsamt
Marienhilferstr. 32–34/102
A-1070 Wien
✆ 01/5 24 71 91
Fax 01/5 24 71 91 20

Anreise

... mit dem Auto
Für die Ein- und Ausreise speziell nach Schlesien stehen die folgenden Grenzübergänge zur Verfügung:

Deutschland – Polen
Frankfurt/Oder – Słubice
Frankfurt/Oder – Świecko
Guben – Gubin
Forst – Olszyna
Bad Muskau – Łęknica
Podrosche – Przewóz
Ludwigsdorf – Jędrzychowice
Görlitz – Zgorzelec
Zittau – Porajów

Tschechien – Polen
Habartice – Zawidów
Harrachov – Jakuszyce
Náchod – Kudowa Słone
Mikulovice – Głuchołazy
Stary Bohumín – Chałupki
Pomezni Boudy – Przelec Okraj
Český Těšín – Cieszyn

... mit dem Bus
Regelmäßige Busverbindungen nach Polen werden von der *Deutschen Touring GmbH* und ihren polnischen Partnern wie *Pekaes, Comfort Lines* u.a. unterhalten. Die wichtigsten Linien führen über Breslau (Wrocław) nach Warschau (Warszawa) oder Krakau (Kraków). Auskunft erteilt:

Deutsche Touring GmbH
Mannheimer Str. 4
D-60442 Frankfurt/M.
✆ 0 69/79 03 142 od. 79 03 246
Fax 0 69/7 07 11 63

... mit der Bahn
Zwischen allen größeren Städten Deutschlands, der Schweiz, Österreichs und Polens verkehren täglich mehrere internationale Fernschnellzüge. Nach Breslau (Wrocław) gibt es Direktverbindungen z. B. von Berlin und Wien. Von der Fahrt in Nachtzügen ist abzuraten, da sich Überfälle und Sprayangriffe speziell auf Fahrgäste der 1. Klasse in den vergangenen Jahren gehäuft haben. Tagsüber ist die Polizei im Zug präsent (gut bewacht sind IC und EC), nachts leider nicht.
Auskünfte über Veränderungen im internationalen Zugverkehr

zwischen Polen und Deutschland erteilen die Vertretung der *Polnischen Staatsbahnen PKP* (Schillerstr. 3, D-60313 Frankfurt/M., ✆ 0 69/29 43 66, Fax 0 69/28 36 37) sowie die *Generalvertretung der Polnischen Staatsbahnen* (Karl-Liebknecht-Str. 7, D-10178 Berlin, ✆/Fax 0 30/2 42 34 53). Dort ist auch zu erfahren, welche Züge auf die Mitnahme von Fahrrädern eingestellt sind.

... mit dem Flugzeug
Von Deutschland, Österreich und der Schweiz existieren regelmäßige Flugverbindungen nach Polen, wobei die angebotenen Direktflüge mit wenigen Ausnahmen Warschau zum Ziel haben. Mit der polnischen Fluglinie *LOT* kommt man täglich von Frankfurt nach Breslau und Kattowitz, nähere Auskünfte erteilen die *LOT-Stadtbüros* in Berlin, Frankfurt, Hamburg, Köln und München. Auch internationale Fluggesellschaften steuern Ziele in Polen an, z. B. Austrian Airlines, Delta Airlines, Eurowings und Lufthansa. Aktuelle Abflugsorte und Abflugszeiten erfahren Sie im Reisebüro.

Einreise- und Zollbestimmungen

Reisepapiere
Bürger aus der Bundesrepublik Deutschland, Österreich und der Schweiz benötigen für einen maximal dreimonatigen Aufenthalt in Polen kein Visum. Es genügt ein Reisepaß, der am Tag der Einreise noch für mindestens 6 Monate gültig ist. Kinder – gleich welchen Alters – müssen beim Grenzübertritt den deutschen Kinderausweis mit Foto vorweisen. Das gilt unabhängig davon, ob die Eltern oder begleitende Erwachsene mitreisen oder nicht.
Offiziell besteht in Polen noch immer eine Anmeldepflicht, der innerhalb von 48 Stunden nach Überschreiten der Grenze nachzukommen ist. Die Meldung wird normalerweise von der Hotelrezeption oder auf dem Campingplatz vorgenommen. Bei Bekannten oder Verwandten hat eine Anmeldung zusammen mit dem Unterkunftgeber bei der zuständigen Meldebehörde zu erfolgen. Allerdings wird diese Regelung heute nicht mehr allzu streng genommen.
Wer Katzen oder Hunde mitführen will, muß bei der Einreise den internationalen Impfpaß und eine tierärztliche Gesundheitsbescheinigung des Herkunftslandes vorlegen.

Zollvorschriften
Erwachsene ab 18 Jahren dürfen 0,5 l Schnaps oder 2 l Wein oder 5 l Bier zollfrei mitnehmen, außerdem 250 Zigaretten oder 50 Zigarren oder 250 g Tabak, dazu elementare Dinge wie Fahrrad, Tennisschläger und Boot, Fotoapparat und Computer. Zollpflichtig sind Gegenstände, die als Geschenk betrachtet werden können und den Gegenwert von 100 US-$ übersteigen. Sie werden pauschal mit 10% des Warenwertes verzollt. Kunstwerke und Antiquitäten, die vor dem 9. Mai 1945 hergestellt wurden, dürfen

nur exportiert werden, wenn eine spezielle Genehmigung des Ministeriums für Kultur und Kunst vorliegt.

Vorsorge für den Krankheitsfall

Für Reisende aus Deutschland, Österreich und der Schweiz sind keine Impfungen vorgeschrieben. Obwohl die Versorgung mit Medikamenten inzwischen in Polen sehr viel besser ist als noch vor einigen Jahren, sollte man Arzneimittel, die man regelmäßig einnehmen muß, in ausreichenden Mengen mitnehmen. Wer in Polen nachts oder an Feiertagen Medikamente benötigt, ist auf Apotheken mit Sonderdienst angewiesen. Die entsprechende Übersicht findet man in Tageszeitungen sowie am Eingang geschlossener Apotheken. Fachärztliche Hilfe wird in Krankenhäusern und Ambulatorien gewährt. Im Notfall muß der Rettungsdienst gerufen werden (✆ 999), schneller ist in der Regel das Taxi (✆ 919). Hilfeleistungen von Ärzten müssen bar in Złoty, nicht selten auch in Devisen bezahlt werden. Quittungen sind aufzubewahren, dabei ist die Rückerstattung zu den ortsüblichen Kassensätzen durch hiesige Krankenkassen uneinheitlich geregelt. Sinnvoll erscheint es daher, vor Antritt der Reise Rücksprache mit der Krankenkasse zu halten und ggf. eine Reisekrankenversicherung abzuschließen.

Klima und Reisezeit

Das Klima in Schlesien unterscheidet sich nicht wesentlich von dem in Deutschland, doch kann es vorkommen, daß die Sommermonate heißer und die Wintermonate kühler ausfallen. In Breslau liegt die Durchschnittstemperatur im Juli bei 18°C, im Januar, dem kältesten Monat, bei -2°C. Die jährliche Niederschlagsmenge ist mit knapp 600 mm etwas niedriger als in Frankfurt/M. oder Berlin.

Informationen für unterwegs

Hotels und Restaurants

Zahlreiche Hotels wurden in den letzten Jahren renoviert, dazu ist eine große Anzahl neuer komfortabler Unterkünfte entstanden. Oft sind sie in historischen Bürgerhäusern, Palästen oder Schlössern untergebracht, die sich durch schöne Lage und romantisches Ambiente auszeichnen. Die nachfolgende Übersicht stellt die besten Hotels und Pensionen vor, wobei am Anfang die teureren stehen. Ist von ›moderaten‹ Preisen die Rede, so sind für ein Doppelzimmer (DZ) zwischen 50 und 100 DM zu zahlen, als ›günstig‹ gelten Preise unter 50 DM. Eine Reservierung empfiehlt sich vor allem in den Schul-

ferien: Die Auslandsvorwahl lautet **0048**, bei der nachfolgenden Ortskennzahl ist die Null wegzulassen.
Camping ist nur auf den dafür vorgesehenen Zeltplätzen gestattet. Die polnischen Anlagen werden in zwei Kategorien eingeteilt. Bei der folgenden Ortsübersicht werden nur Campingplätze der Kategorie I aufgeführt, und auch dann nur solche, auf denen es Restaurants oder Imbißstuben gibt und die sanitären Einrichtungen vergleichsweise sauber sind. Die Campingsaison dauert von Juni bis September, in Bielitz-Biala und Breslau gibt es ganzjährig geöffnete Plätze.
In den Städten ist die gastronomische Szene in Bewegung geraten, neue Restaurants schießen, insbesondere in Breslau, wie Pilze aus dem Boden. Neben exotischen Geschmacksrichtungen hat sich die polnische Küche gut behauptet, noch immer schätzt man die Reize deftiger, bodenständiger Kost. Unter den Cafés hat sich die Kette *Pożegnanie z Afryką* binnen weniger Jahre einen Namen gemacht. Nirgendwo gibt es mehr Kaffeesorten in gemütlichem Ambiente als dort.

Arnsdorf/Miłków
Hotel Pałac Spiż
ul. Wiejska 218
✆/Fax 0 75/7 61 02 10
Stilvolle Unterkunft in einer klassizistischen Villa; die meisten der 16 Zimmer haben einen schönen Ausblick auf den weitläufigen, mit alten Bäumen bestandenen Park; Reitschule und Kutschfahrten; günstige Preissituation.

Auschwitz/Oświęcim
Hotel Glob
ul. Powstańców Śląskich 16
✆/Fax 0 33/43 06 43
Vor allem für Gruppenreisen; ein klotziger Bau in Bahnhofsnähe mit 63 guten Zimmern; moderate Preise.

Bad Altheide/Polanica Zdrój
Hotel Polanica
ul. Warszawska 16
✆ 0 74/68 14 85
Fax 0 74/68 20 82
Komforthotel 500 m südlich des Zentrums mit 47 Zimmern; zwei Konferenzsäle; elegantes Restaurant mit polnischer und internationaler Küche; Garage und Fahrradvermietung; obere Preisklasse.

Gästehaus Panorama
ul. Mariańska 3
✆ 0 74/68 16 23
Fax 0 74/68 29 68
Kleine, aber feine Villa am Südende der Flaniermeile; 9 geräumige, freundliche Zimmer und aufmerksamer Service; Herr Kazimir, der Besitzer, spricht gut deutsch; moderate Preise.

Zdrojowa
ul. Parkowa 2
✆ 0 74/68 02 57, Mo geschl.
Großes, gutbürgerliches Restaurant in der Kurhalle am Park; traditionelle polnische Kost; im Sommer öffnet ein Terrassencafé; abends mehrmals pro Woche Unterhaltungsmusik live.

Bad Flinsberg/ Świeradów-Zdrój
Hotel Górski Malachit
ul. Kościuszki 1
✆ 0 71/7 81 67 32

Fax 0 71/7 81 64 90
Attraktives Haus südlich des Ortskerns, umgeben vom Berggürtel des Isergebirges; die meisten der 78 Zimmer sind etwas klein, aber mit schönem Ausblick; Schwimmbad und Sauna; moderate Preise.

Bad Kudowa/Kudowa Zdrój
Gästehaus Sanssouci
ul. Buczka 3
✆/Fax 0 74/66 13 50
Villa um 1900 mit 23 Zimmern und großem Garten, nur 5 Min. vom Stadtzentrum; stilvoll restauriert und gemütlich eingerichtet; freundliches Ambiente und recht preiswert.

Hotel Polonia
ul. Moniuszki 2
✆ 0 74/66 10 34
Eine schloßähnliche Anlage mit Türmchen und Fachwerkfassade sowie 100 Zimmern; wohl das bestgelegene Haus im Ort, mitten im Kurpark, nur wenige Schritte von der Trinkhalle entfernt; Zimmer etwas verwohnt, doch dafür ist der Preis extrem günstig.

Bad Landeck/Lądek-Zdroj
Hotel Mir-Jan
ul. Kościuszki 78
✆/Fax 0 74/14 63 39
Außen unscheinbar, doch innen angenehm; an das am Ortsrand gelegene Hotel mit seinen 40 Zimmern ist eine Pension mit 10 Zimmern angeschlossen; Sat-TV und Fahrradverleih; preiswert.

Hotel Lido
ul. Kościuszki 23
✆ 0 74/14 71 65
Kleines, renoviertes Haus von etwa 1900 am Waldrand; 15 gepflegte Zimmer; gutes Preis-Leistungs-Verhältnis.

Bad Reinerz/Duszniki Zdrój
Hotel Fryderyk
ul. Wojska Polskiego 10
✆ 0 74/66 04 88
Fax 0 74/66 04 89
Nobelhotel in einem restaurierten kleinen Schloß, 150 m vom Kurpark entfernt; 12 Zimmer stilvoll eingerichtet, freundliche Atmosphäre, gute Küche.

Hotel Jamrozowa Polana
ul. Zdrojowa 13
✆ 0 74/66 95 40
Fax 0 74/66 96 05
3 km außerhalb der Stadt an der Straße Breslau–Prag, alle 53 Zimmer und Appartements mit Sat-TV; Restaurant mit polnischer Küche; Billardsaal; Verleih von Mountainbikes und Skiern; preiswert.

Bad Warmbrunn/Cieplice
Hotel Cieplice
ul. Cervi 11
✆ 0 75/7 55 10 41
Fax 0 75/7 55 13 41
Beste Unterkunft vor Ort nahe dem Stadtpark; ca. 80 gut eingerichtete Zimmer; Dreisternehaus zu moderatem Preis.

Hotel Pod Różami
pl. Piastowski 26
✆ 0 75/7 55 14 53
Einfache, aber saubere Zimmer im Zentrum des Ortes gegenüber dem Schaffgotsch Palais; 20 Zimmer, Gemeinschaftsbad auf dem Flur.

Camping Słoneczna Polana
ul. Rataja 9

✆ 0 75/7 55 25 66
Anlage im Südwesten des Ortes, auch kleine Hütten können angemietet werden; unter niederländischer Leitung.

Pożegnanie z Afryką
Park Zdrojowy
Gemütliches Café in einem hübschen Holzpavillon im Kurpark neben dem Theater

Bielitz-Biala/Bielsko-Biała
Hotel Magura Orbis
ul. Żywiecka 93
✆ 0 33/14 65 45
Fax 0 33/14 58 74
Dreisternebau nahe dem Zentrum; von den meisten Zimmern hat man einen schönen Ausblick auf die Beskiden; Restaurant mit polnischer und internationaler Küche; 137 Zimmer, leicht überteuert.

Hotel Prezydent
ul. 3 Maja 12
✆/Fax 0 33/15 02 73
Dreisternehotel im Stadtzentrum mit 100jähriger Tradition; 36 Zimmer, obere Preisklasse.

Gasthof Ondraszek
ul. Warszawska 185
✆/Fax 0 33/12 20 37
2 km vom Zentrum, nahe der Straße nach Kattowitz; 29 komfortable EZ und DZ sowie 1 Appartement; moderate Preise.

Camping Pod Dębowcem
ul. Karbowa 15
✆ 0 33/14 60 80
Saubere Anlage mit 200 Stellplätzen

Pożegnanie z Afryką
Rynek 16
Große Auswahl an Kaffeesorten in einem schönen Haus direkt am Ring

Breslau/Wrocław
Hotel Art
ul. Kiełbaśnicza 20
✆ 0 71/3 42 42 49
Fax 0 71/3 42 39 29
Elegantes Hotel in einem Renaissance-Palais aus dem 16. Jahrhundert, nur wenig vom Ring entfernt; alle 70 Zimmer geräumig und gepflegt, teilweise mit Ausblick auf St. Elisabeth; gehobenes Preisniveau.

Hotel Maria Magdalena
ul. Św. Marii Magdaleny 2
✆ 0 71/3 41 08 98
Fax 0 71/3 41 09 20
Nobelherberge mit Blick auf St. Maria Magdalena, freundliches Ambiente, ausgezeichnetes Frühstücksbüffet; alle 43 Zimmer sind behaglich eingerichtet, luxuriös sind die Turmsuiten.

Hotel Dwór Polski
ul. Kiełbaśnicza 2
✆ 0 71/72 34 15
Fax 0 71/72 34 19
Klein, aber fein; restauriertes Bürgerpalais in bester Lage am Ring; 28 gemütliche Zimmer, einige mit romantischem Himmelbett; gehobenes Preisniveau. Angeschlossen sind das vorzügliche Restaurant *Królewska* und das elegante *Café Czwartkowa*, ein rustikales *Gasthaus* und eine *Honigweinstube*.

Hotel Exbud
ul. Kiełbaśnicza 24
✆ 0 71/3 41 09 16
Fax 0 71/3 41 09 19
Komforthotel in einem restau-

rierten Haus um 1900, 100m nordwestlich des Rings im Schatten von St. Elisabeth; lichtdurchflutetes Atrium, das über vier Stockwerke aufwärts von Galerien gesäumt ist; alle 23 Zimmer von der Straße abgekehrt und deshalb ruhig, behaglich eingerichtet; Klimaanlage und Sat-TV; bewachter Parkplatz.

Hotel Novotel
ul. Wyścigowa 35
✆ 0 71/3 39 80 51
Fax 0 71/3 39 80 75
Für Autoreisende mit Kindern eine gute Adresse; freundlich geführtes Haus nahe der E 40 in nahezu ländlicher Umgebung, 5 km südlich des Zentrums; 150 Zimmer, die besten nach Süden gerichtet; Swimmingpool, obere Preisklasse.

Hotel Polonia
ul. Piłsudskiego 66
✆ 0 71/3 43 10 21
Fax 0 71/44 73 10
Das einstige ›Hotel Vier Jahreszeiten‹; nur wenige Minuten vom Bahnhof; empfehlenswert die ruhigen, teilweise renovierten Zimmer zur Hofseite; 150 Zimmer der oberen Preisklasse.

Hotel Europejski
ul. Piłsudskiego 88
✆ 0 71/3431071
Fax 0 71/443433
Das ehemalige ›Hohenzollern‹ liegt schräg gegenüber vom Bahnhof; die 77 Zimmer werden schrittweise renoviert und damit auch teurer.

Camping Ślęża (Nr. 267)
ul. Na Grobli 16/18
✆ 0 71/3 43 44 42
Am Oderufer, knapp 3 km östlich des Zentrums, zusätzlich ausgestattet mit Campinghäusern; ganzjährig geöffnet.

La Scala
Rynek 38
✆ 0 71/72 53 94
Die beste Adresse am Ring: unten Pizza in Trattoria-Atmosphäre, oben feinste italienische Küche, reiche Salatauswahl; elegantes Ambiente, aber nicht steif; der emsige Wirt spricht gut deutsch, man erfährt interessante Details zur Speisekarte.

Magistracka
ul. Szewska 59
✆ 0 71/3 43 37 51
Edles Lokal auf dem Weg vom Ring zur Universität; für Besucher, die sich etwas Besonderes gönnen wollen, eine gute Adresse; dezentes Ambiente, Kerzenschein und im Hintergrund klassische Musik, dazu erlesene internationale Küche.

Spiż
Rynek-Ratusz 9
✆ 0 71/44 72 25
Rustikales Restaurant im Keller des Neuen Rathauses auf dem Ring; in Konkurrenz zum benachbarten *Schweidnitzer Keller* wird das hauseigene Bier in zwei riesigen Kupferkesseln gebraut; Spezialität des Hauses: Biersuppe und Hausmacherwurst.

Vega
Sukiennice 1
✆ 0 71/44 39 34
Beste Adresse für kleine Mahlzeiten zwischendurch; attrakti-

ves vegetarisches Schnellrestaurant mitten auf dem Ring, preiswert und sehr beliebt; abends geschlossen.

Pod Gryfami
Rynek 2
Westseite des Rings; als wäre die Zeit um 1900 stehengeblieben: ein traditionsreiches, gemütliches Café im Greifenhaus.

Brieg/Brzeg
Hotel Piast
ul. Piastowska 14
✆ 0 77/16 20 27
48 einfache und preiswerte DZ mit und ohne Bad nahe dem Bahnhof

Ratuszowa
Rynek
✆ 0 77/16 52 67
Traditionsreiches Restaurant im Kellergewölbe des Rathauses mit guter schlesischer Küche; Außenterrasse im Sommer.

Bunzlau/Bolesławiec
Hotel Piast
ul. Asnyka 1a
✆ 0 75/7 32 32 91
Fax 0 75/7 32 28 68
Außen wenig attraktiv, doch innen komfortabel; 63 Zimmer, obere Preisklasse.

Starówka
Rynek 36
✆ 0 75/7 32 34 76
Gasthaus mit polnischer Küche am Ring

Fürstenstein/Książ
Hotel Książ & Bolko
ul. Piastów Śl. 1
✆ 0 74/43 27 98
Fax 0 74/43 26 79
Wirtschaftsgebäude direkt vor dem Schloß mit 57 Zimmern: Luxusappartements bis einfache, preiswerte Pensionszimmer; Restaurant *Książeca* bietet polnische Küche; ein Bier kann man in der *Bar* im Eingangsportal oder in der 10 Min. entfernten *Bar Hubertus* im Gestüt trinken.

Glatz/Kłodzko
Hotel Astoria
pl. Jedności 1
✆ 0 74/67 30 35
Fax 0 74/67 30 36
Dreisternehaus im Zentrum; 17 Zimmer, relativ preiswert.

Restaurant U Ratusza
pl. Chrobrego 3
✆ 0 74/67 24 41
Polnische Küche im Rathaus auf dem Glatzer Ring

Pożegnanie z Afryką
ul. Nad Młynem s/n
Köstlicher Kaffee aus aller Welt direkt an der gotischen Brücke mit Ausblick auf den Mühlengraben

Gleiwitz/Gliwice
Hotel Royal
ul. Matejki 10
✆/Fax 0 32/2 31 61 21
Kleines Komforthotel nahe dem Ring; 11 gemütliche Zimmer und luxuriöse, mit großer runder Wanne ausgestattete Bäder; obere Preisklasse.

Hotel Diament
ul. Zwycięstwa 30
✆ 0 32/2 31 22 44
Fax 0 32/31 72 16
Traditionsreiches Hotel in zentraler Lage in einem eklektizisti-

schen Bau; kürzlich aufwendig renoviert; 27 Zimmer, leicht überteuert.

Hotel Leśny
ul. Toszecka 137
✆ 0 32/2 79 97 00
Fax 0 32/2 79 97 86
Bestes Haus der Stadt, mitten im Grünen 4,5 km nördlich des Zentrums; 100 Zimmer, obere Preisklasse.

Uno
ul. Wieczorka 21
✆ 0 32/2 31 06 57
Kleines, elegantes Restaurant nahe dem Ring mit hervorragender, origineller Küche. Als Vorspeise oder Zwischenmahlzeit gibt es ›Straßburger Zigarren‹ (mit Gänseleber gefüllte Crêpes) oder ›Stieraugen‹ (Pflaumen im Speckmantel); als Hauptspeise gefüllte Ente oder mit Birne gefülltes Geflügelfilet; dezente Musik und unaufdringlicher Service; angeschlossenes Café mit hausgemachtem Kuchen.

Kim Lan
Rynek 21
✆ 0 32/2 38 21 23
Stilvolles asiatisches Restaurant in einem mittelalterlichen Kellergewölbe; Herr Quang Ai aus Hanoi serviert beste vietnamesische Kost, z. B. üppigen Meeresfrüchtesalat und Ente mit exotischen Pilzen; gutes Preis-Leistungs-Verhältnis.

Casa Austria
ul. Barlickiego 8
✆ 0 32/2 30 99 12
Gemütliches österreichisches Gasthaus im Zentrum; stets gut besucht; üppige Portionen zu erstaunlich niedrigem Preis, z. B. Lendenstück auf galizisch, steirischer Bauernschmaus, Tiroler Gröstl und Kaiserschmarren; auch vom österreichischen Generalkonsulat wärmstens empfohlen.

Glogau/Głogów
Hotel Złoty Lew
ul. Grodzka 2
✆/Fax 0 76/8 35 24 49
Der ›goldene Löwe‹ liegt zentral in der wieder aufgebauten Altstadt; 22 gemütliche, komfortable Zimmer; Restaurant mit guter polnischer Küche.

Hotel Kasztelański
pl. Konstytucji 3 Maja 1
✆ 0 76/8 33 26 61
Fax 0 76/8 33 22 16
Größtes Hotel der Stadt mit 131 Zimmern, ca. 10 Min. vom Bahnhof entfernt; gesichtslos im Stil der 70er Jahre, aber komfortable Zimmer; von den oberen Stockwerken hat man Ausblick auf die Altstadt; moderate Preise.

Görlitz-Ost/Zgorzelec
Hotel Pod Orłem
ul. Warszawska 17
✆ 0 75/7 75 24 53
Fax 0 75/7 75 24 57
Zentral gelegenes Mittelklassehotel unweit des Grenzübergangs; 110 Zimmer und ein Konferenzsaal für 40 Teilnehmer, mittlere Preisklasse.

Grünberg/Zielona Góra
Hotel Śródmiejski
ul. Żeromskiego 23
✆/Fax 0 68/3 25 44 71
Im Zentrum an der Fußgängerzone gelegenes Hotel; 93 ruhige Zimmer, moderate Preise.

Hotel Pod Wieżą
ul. Kopernika 2
✆ 0 68/27 10 91
Das ›Hotel zum Turm‹ liegt nur wenige Minuten vom Markt entfernt; 20 gemütliche und relativ preiswerte Zimmer mit Sat-TV; Restaurant *Kasyno* gehört zu den besten der Stadt.

Camping Leśny (Nr. 96)
ul. Sulechowska 39
✆ 0 68/3 25 36 36
Anlage am nördlichen Stadtrand an der Straße in Richtung Sulechów; teils in Kiefernwald, teils auf freier Wiese.

Palmiarnia
Park Winny
Kaffee, Kuchen und polnische Gerichte in einer üppig grünen Orangerie auf dem Weinhügel

Hermsdorf/Sobieszów
Schronisko PTTK Na Zamku Chojnik
✆ 0 75/7 55 35 35
Herberge mit Bistro auf der Burg Chojnik; 35 Plätze in 2-, 3- und Vielbettzimmern, geöffnet nur 15. April–15. Okt.

Hirschberg/Jelenia Góra
Hotel Jelenia Góra Orbis
ul. Sudecka 63
✆ 0 75/7 64 64 81
Fax 0 75/7 52 62 69
Bei Gruppenreisen beliebtes Viersternehotel mit großer Eingangshalle; 188 Zimmer, Hallenbad und Sauna.

Hotel Jelonek
ul. 1 Maja 5
✆ 0 75/7 64 65 41
Fax 0 75/7 64 72 15
Haus von 1732 mit Barockfassade und Sonnenuhr, ideal gelegen im Zentrum der Stadt; 4 EZ und 3 DZ sowie 3 geräumige Appartements; Preissenkung bei Aufenthalt von mehr als 3 Tagen; Kinder bis zu 7 Jahren generell frei.

Hotel Baron
ul. Grodzka 4
✆/Fax 0 75/7 52 53 91
Gemütliches Hotel in einem alten, restaurierten Haus nördlich des Marktplatzes; 16 gepflegte Zimmer; freundliche, deutschsprachige Leitung; zwei Restaurants: preiswert die rustikale *Karczma Grodzka*, teurer das elegante *Café Pa Ti*, mit Nouvelle Cuisine.

Hotel Park & Camping (Nr. 130)
ul. Sudecka 42
✆ 0 75/7 52 69 42
Fax 0 75/7 52 60 21
Kleine Anlage im Süden der Stadt mit 21 sehr einfachen, aber sauberen Zimmern; der angeschlossene, schattige Zeltplatz ist ganzjährig geöffnet.

Relaks
ul. 1 Maja 60
✆ 0 75/7533085
Traditionsreiches, leider oft verräuchertes Lokal in einem alten Haus mit Schnitzwerk; köstlich: Kartoffelpuffer auf ungarische Art mit üppiger Salatbeilage *(placek po węgiersku)*.

Pożegnanie z Afryką
pl. Ratuszowy 4
Café mit Blick auf den Ring

Kamenz/ Kamieniec Ząbkowicki
Hotel Zamek

ul. Zamkowa 9
✆/Fax 0 74/173204
Stilvolle Unterkunft (25 Zimmer) zu moderatem Preis im Schloß von Kamenz

Kattowitz/Katowice

Hotel Katowice
al. Korfantego 9
✆ 0 32/58 82 81
Fax 0 32/59 75 26
Im Stadtzentrum nahe Bahnhof mit etwas verstaubtem Ambiente; 170 Zimmer, sehr geräumig mit Sat-TV; Casino, Pub und Restaurant; bewachter Parkplatz; gehobenes Preisniveau.

Hotel Warszawa Orbis
al. Roździeńskiego 16
✆ 0 32/2 00 44 44
Fax 0 32/2 00 44 12
Luxushotel mit 287 Zimmern, 1,5 km vom Stadtzentrum an der Straße Breslau–Krakau; Sauna und Hallenbad sowie stadtbekanntes Restaurant.

Camping Katowice (Nr. 215)
ul. Murczowska 1
✆ 0 32/2 56 59 39
3,5 km vom Zentrum an einem Fluß gelegen

U Kolumba
pl. Wolności 12a
✆ 0 32/2 53 08 64
Vornehmes Lokal im Kellergewölbe eines restaurierten Palastes von 1875; alte Seekarten und Schiffsbilder erinnern an Kolumbus, weltumspannende Auswahl der Speisen und Weine; köstlich: *żurek*-Suppe nach Jägerart, Putenfilet mit Weintrauben und Steak in Pfeffersoße.

Le France
ul. Mariacka 6
✆ 0 32/2 53 77 37
›Le France‹ hieß der Ozeandampfer, auf dem der Küchenchef gelernt hat; leichte mediterrane Kost; etwas altmodisch, aber gepflegt; Chansons als Hintergrundmusik.

El Greco
ul. 3 Maja 18/Ecke Wawelska
✆ 0 32/2 53 01 72
Eine der beliebtesten Adressen der Stadt in der Fußgängerzone; griechisches Gyros und italienische Pizza, frische Zutaten und üppige Portionen; im Sommer mit Terrasse; schneller, freundlicher Service.

Patermann
ul. Dyrekcyjna 6
Kleines Café in der Fußgängerzone mit selbstgeröstetem, hervorragendem Kaffee, frisch gepreßten Obstsäften und hausgemachtem Kuchen.

Kobier-Promnitz/ Kobiór-Promnice
Hotel Noma Residence
Zameczek Myśliwski
✆/Fax 0 32/2 19 46 78
Neugotisches Jagdschlößchen von 1861 mit einer originalgetreu rekonstruierten Eingangshalle; 13 Zimmer der Luxusklasse.

Kratzkau/Krasków
Hotel Pałac Krasków
Krasków s/n
✆ 0 74/58 51 01
Fax 0 74/58 52 52
Luxushotel in einem fürstlichen, vorbildlich restaurierten Schloß, großer Park und Wasserspielen.

Kreisau/Krzyżowa
Internationale Jugendbegegnungsstätte Kreisau (Międzynarodowy Dom Spotkań Młodzieży)
Krzyżowa 7, Grodziszcze
✆ 0 74/50 03 00
Fax 0 74/50 03 05
In den ehemaligen Ställen des Moltke-Anwesens gibt es 116 Plätze in einfachen, gepflegten 2- bis 4-Bettzimmern, mit oder ohne eigenes Bad; einem guten Mittelklassehotel entspricht das Gästehaus mit seinen 24 DZ; auf Wunsch wird Vollverpflegung angeboten.

Krieblowitz/Krobielowice
Hotel Pałac Krobielowice
Kąty Wrocławskie-Krobielowice
✆ 0 71/16 61 14
Fax 0 71/16 66 48
Hotel in einem alten Palast 20 km westlich von Breslau; bis 1945 gehörte er den Nachfolgern von Feldmarschall Blücher; 15 Zimmer, gehobenes Preisniveau.

Krummhübel/Karpacz
Hotel Skalny
ul. Obrońców Pokoju 5
✆ 0 75/7 52 70 00
Fax 0 75/7 52 73 98
Aktivurlaub wird in dem Dreisternehaus großgeschrieben; mit zwei Tennisplätzen, Hallenbad und Sauna, mehrere Wanderwege nehmen hier ihren Ausgang; 147 Zimmer, alle mit Blick auf Wald bzw. Parklandschaft; für Tagungen ein Saal mit audiovisueller Ausstattung; Restaurant mit gutem Ruf, Cocktailbar mit leckeren Eisdesserts; Tanz bis zum frühen Morgen im Nachtklub.

Gästehaus Kondratówka
ul. Nad Łomnicą 20b
✆ 0 75/7 61 81 73
Im alpinen Stil erbaute, familiär geführte Pension, zentral und doch ruhig; 47 Zimmer mit Blick auf Wald oder Berge; üppiges Frühstück, abends beste Hausmannskost, es empfiehlt sich daher, Halbpension zu wählen; bewachter Parkplatz ganz in der Nähe; gutes Preis-Leistungs-Verhältnis.

Hotel Promyk
ul. Obrońców Pokoju 7a
✆ 0 75/7 61 61 96
Fax 0 75/7 61 61 97
Neues, architektonisch ansprechendes Hotel 1 km östlich des Stadtkerns; alle 10 Zimmer mit Bad, dazu Tischtennis, Sauna und Fitneßraum; Restaurant *Thai* mit asiatischer Kost, aber auch traditionellen Gerichten.

Hotel Rezydencja
ul. Parkowa 6
✆ 0 75/7618020
Fax 0 75/7619513
Zentral gelegenes Luxushotel in einer Holzvilla um 1900. 14 Zimmer mit verglaster Veranda, Mountainbike-Verleih.

Central Bar 49
ul. Konstytucji 3 Maja 49
✆ 0 75/7 61 85 92
Kleines Lokal mit nur 5 Tischen, preiswerte und üppige Portionen; beliebt sind polnische und ungarische Suppen *(Żurek, Bogracz)* und diverse *Pierogi*-Varianten.

Romantica
ul. Konstytucji 3 Maja 57
✆ 0 75/7 61 93 44

Italienische Küche, aber auch litauische und rumänische, vereinzelt mexikanische Speisen.

Liegnitz/Legnica
Hotel Cuprum
ul. Skarbowa 2
✆ 0 76/8 62 80 41
Fax 0 76/8 62 85 44
Etwas angegrautes Mittelklassehotel; alle 200 Zimmer mit Sat-TV; überteuert.

Adria
Rynek 9
✆ 0 76/8 52 35 33
Gemütliches Restaurant am Markt, geschmückt mit alten Liegnitzer Stadtansichten; polnisch-ungarische Küche; im Sommer preiswerte Pizza auf der Außenterrasse.

Lomnitz/Łomnica
Hotel Zamek Łomnica
ul. Karpnicka 3, Łomnica Dolna
✆ 0 75/7 13 04 60
Fax 0 75/7 13 05 33
Restauriertes Herrenhaus aus dem 19. Jahrhundert, eingerichtet mit schönen alten Möbeln, unter deutscher Leitung; 11 große Zimmer mit Blick auf den Park; gemütliches Café und Restaurant mit schlesischen Spezialitäten und hausgemachtem Kuchen.

Mittelwalde/Międzylesie
Hotel Zamek
pl. Wolności 42
✆ 0 74/12 64 85
Fax 0 74/12 65 42
25 Zimmer, die meisten einfach und preiswert, einige renoviert und in komfortable, nicht mehr ganz so billige Appartements umgewandelt.

Neiße/Nysa
Hotel Piast
ul. Krzywoustego 14
✆ 0 77/33 40 84
Fax 0 77/33 40 86
Hotel der mittleren Preisklasse; 40 Zimmer.

Oppeln/Opole
Hotel Opole
ul. Krakowska 57/59
✆ 0 77/53 86 51
Fax 0 77/53 60 75
Bestes Hotel von Opole in Bahnhofsnähe und nur wenige Minuten von der Altstadt entfernt; von Grund auf renoviert und freundlich-elegant; 120 Zimmer, trotz zentraler Lage sehr ruhig, gemütlich eingerichtet mit Sat-TV und geräumigem Bad; vorzügliches Frühstück und ausgesprochen freundlicher Service; Restaurant und bewachter Parkplatz.

Hotel Piast
ul. Piastowska 1
✆ 0 77/54 97 10
Fax 0 77/54 97 17
25 Zimmer in einem historischen Haus nahe dem Mühlengraben; Zimmer zur Rückseite ruhiger und mit schönerem Ausblick; obere Preisklasse.

Skorpion
ul. Ks. Opolskich 2-6
✆ 0 77/54 31 51
Restaurant mit polnischer Küche nahe dem Marktplatz; jüngere Leute schätzen das lockere Ambiente.

Kim Lan
ul. Krakowska 11/13
✆ 0 77/54 54 65
Der vietnamesische Koch ser-

viert interessante asiatische Gerichte.

Pleß/Pszczyna
Hotel Retro
ul. Warowna 31
✆ 0 32/2 10 22 45
Zentral gelegenes Haus mit 22 Zimmern; mittlere Preisklasse.

Hotel U Michalika
ul. Dworcowa 11
✆ 0 32/2 10 13 88
Fax 0 32/2 10 13 55
Attraktives neues Hotel mit 16 Zimmern zwischen Bahnhof und Altstadt; moderate Preise.

Ratibor/Racibórz
Hotel Polonia
pl. Dworcowy 16
✆ 0 36/4 15 45 81
Fax 0 36/4 15 40 19
Ein über 100 Jahre altes Haus in der Nähe des Stadtzentrums; moderate Preise.

Schreiberhau/ Szklarska Poręba
Hotel Las
Piechowice
ul. Turystyczna 8
✆ 0 75/7 17 29 11
Fax 0 75/7 17 29 55
Das burgähnliche ›Waldhotel‹, mit Türmchen und Fachwerk, ist eines der schönsten Häuser der Region zwischen Szklarska Poręba und Piechowice; direkt am Waldrand, freundlich und komfortabel; 75 Zimmer, obere Preisklasse.

Hotel Gencjana
ul. Jeleniogórska 3
✆ 0 75/7 17 30 51
Fax 0 75/7 17 30 52
Neues, komfortables Hotel mit 23 Zimmern zwischen Hauptstraße und Wald

Hotel Weneda
ul. Wzgórze Paderewskiego 12
✆ 0 75/7 17 29 57
Fax 0 75/7 17 34 63
Hotel in einem 100jährigen Palais mit attraktivem Neubau; Tradition und Moderne wurden hier geschickt in Einklang gebracht; alle 33 Zimmer mit Kühlschrank und Sat-TV; Restaurant mit bester polnischer Küche; moderate Preise.

Hotel Olimp
ul. 1 Maja 6
✆ 0 75/7 17 23 42
Fax 0 75/7 17 20 26
Erholungsheim mit Hotelcharakter, 34 preiswerte, freundliche Zimmer.

Gästehaus Carmen
ul. Broniewskiego 8
✆ 0 75/7 17 25 58
Fax 0 75/7 17 24 13
Große Familienpension in rustikalem Stil 100 m unterhalb des Skilifts zum Szrenica; alle 20 Zimmer mit Sat-TV, gute polnische Hausmannskost.

Schweidnitz/Świdnica
Hotel Piast-Roman
ul. Kotlarska 11
✆ 0 74/52 13 93
Fax 0 74/52 30 76
1995 eröffnetes Hotel im Zentrum der Altstadt in der Nähe des Bahnhofs; alle 30 Zimmer mit Bad und Sat-TV.

St. Annaberg/Góra Św. Anny
Gästehaus Anna
ul. Leśnicka 7
✆ 0 77/61 54 12

Fax 0 77/61 52 91
Pilgerheim, spezialisiert auf internationale Gruppen; an der Rezeption wird Deutsch und Englisch gesprochen; 21 Zimmer mit Bad, preiswert.

Wölfelsgrund/Międzygórze
Hotel Nad Wodospadem
ul. Wojska Polskiego 12
✆ 0 74/13 51 20
Fax 0 74/13 51 92
Hotel im Gebirgsmassiv des Śnieżnik in der Nähe eines Wasserfalls; 18 einfache und sehr preiswerte Zimmer.

Wohnwitz/Wojnowice
Hotel Zamek
✆ 0 71/3 17 07 26
Die romantische Lage entschädigt für einige Abstriche beim Komfort; 10 Zimmer.

Zillerthal-Erdmannsdorf/ Mysłakowice
Hotel Chata Za Wsią
ul. Górska 1
✆ 0 75/7 13 17 47
Fax 0 75/7 13 12 92
Die ›Dorfhütte‹ ist ein rustikales Komforthotel mit 40 hellen, freundlichen Zimmern; altpolnisch-ungarischem Restaurant, Sauna, Fitness-Studio und Tennisplatz; moderate Preise.

Spezialitäten aus Küche und Keller

»Eins, zwei, drei, vier, fünf, sechs, sieben, / eine alte Frau kocht Rüben, / eine alte Frau kocht Speck, / und du bist weg.« Schlesischer Abzählvers

Die kulturelle Vielfalt Schlesiens spiegelt sich in der Gastronomie. Sie hat deutsche und polnische, galizische und litauische Einflüsse aufgenommen, miteinander verschränkt und verwoben. Ihren bäuerlichen Ursprung kann die Küche nicht leugnen, die meisten Gerichte sind deftig, herzhaft und schwer.

Als Vorspeise wird gern Süßsaures aufgetischt. So ist natürlicher Sauer die Grundlage vieler Suppen, die zu den ›exotischsten‹ Speisen des Nachbarlandes zählen. Sehr zu empfehlen sind Sauermehlsuppe aus Roggen mit Ei und Wurst *(żurek)* sowie klarer Borschtsch aus eingesäuerten Roten Rüben *(barszcz)*. Im Sommer wird letzterer als erfrischende Kaltschale serviert, angerührt mit saurer Sahne und Dickmilch *(chłodnik)*. Darin schwimmen kleine Radieschenscheiben, kleingeschnittene grüne Gurken und Dill, manchmal auch Streifen zarten Kalbfleisches.

Wer Suppen nicht mag, greift zu Pilzen. Die polnischen Wälder gelten auch heute wieder als Pilzparadies, in dem in großer Zahl Reizker, Steinpilz und Pfifferling wachsen. Zu einem Teller marinierter Pilze werden oft aufgeschnittene Gurken gereicht, die mit frischem Dill und Knoblauch pikant eingelegt sind.

Wie zu Großmutters Zeiten wird auf dem Lande feingeschnittener Kohl in Holzfässern gesäuert, mit Kümmel und Wacholderbeeren abgeschmeckt. Nach mehrwöchiger Lagerzeit ist er reif für *bigos*: Sauerkraut, das mit Wurst, Zwiebeln und Pilzen gedämpft und mit Zwetschen und Äpfeln verfeinert wird. Jeder Koch hütet sein eigenes erprobtes Rezept, doch alle sind sich einig, daß *bigos* erst nach mehrmaligem Aufwärmen sein wahres Aroma entfaltet.

Als Hauptgericht folgt Fleisch, u.a. das klassische Gericht der Region mit dem schönen Namen ›Schlesisches Himmelreich‹, das einst ein beliebtes Sonntagsessen war. Um es zuzubereiten, benötigt man mageres Rauchfleisch, das man mit eingeweichtem Backobst aus Äpfeln, Birnen und Pflaumen gar kocht. Als Beilage empfehlen sich Kloß- und Knödelvarianten, die Schlesien seiner Nähe zu Böhmen verdankt. Da gibt es runde und rechteckige, gekochte und gedämpfte, süße und salzige. Sie stammen garantiert nicht aus der Fertigpackung, sondern werden in einer arbeitsintensiven Prozedur selbst zubereitet. Gute Klöße erkennt man daran, daß sie weich und locker sind, doch fest genug, um in Scheiben geschnitten zu werden.

Slawischen Ursprungs sind die Maultaschen, die gleichfalls in großer Bandbreite vorkommen. Da gibt es kleine ›Öhrchen‹ *(uszki)* und große Piroggen *(pierogi)*; russische mit Kartoffel-Quarkmischung sowie polnische mit Pilzen und Sauerkraut. Letzter Schrei in feinen Restaurants sind Maultaschen gefüllt mit Kaviar. Auch süße Varianten dürfen nicht fehlen: Piroggen mit Blau- und Heidelbeeren werden mit zerlassener Butter übergossen, und mit Sahne und Zucker serviert.

Üppig und kalorienreich sind auch die Nachspeisen. Aus deutscher Zeit hat sich der Streuselkuchen, volkstümlich ›Sträselkuchen‹, mit rumgetränkten Rosinen erhalten. Mohn, der üppig auf den Feldern wächst, wird eingeweicht, mit Sultaninen und Mandeln zu einer Masse geknetet, die zu leckeren Kuchen, Stollen oder Klößen weiterverarbeitet wird. Liegnitzer Bomben, Neißer Konfekt und Breslauer Striezel, alten Schlesiern als Weihnachtsgebäck bekannt, gibt es schon lange nicht mehr. Statt dessen findet man *eklerki* und *napoleonki*, die mit dem Durchzug der Grande Armée in Polen ›hängengeblieben sind‹. Es gibt sie nicht nur zur Weihnachtszeit, sondern das ganze Jahr über frisch in Konditoreien: *eklerki* sind mit Schlagsahne gefüllte Windbeutel, *napoleonki* mit Puddingcreme gefüllte Blätterteigkuchen.

Die Getränke sind auf die deftige Küche abgestimmt. Seit dem Mittelalter beliebt ist das Bier, das zu fast jeder warmen Mahlzeit aufgetischt wird. Gerade in Schlesien war die Bierbrauerei ein wichtiger Wirtschaftszweig, Ein- und Ausfuhr unterlagen strenger Kontrolle. So kam es in Breslau 1381 sogar zu einem regelrechten ›Bierkrieg‹ zwischen Rathaus und Kirche, in dem ausgefochten wurde, wer von beiden das Recht hätte, das kostbare Getränk auf der Dominsel zu vertreiben. Zwar gibt es das berühmte Schweidnitzer Gerstenbier, das in vielen schlesischen Ratskellern ausgeschenkt wurde, heute nicht mehr. Doch auch das leichte Breslauer Piast ist nicht zu verachten, gleichfalls lecker schmeckt das *Żywiec* aus den schlesischen Beskiden.

Mit einheimischem Wein kann nur Grünberg (Zielona Góra) dienen. Freilich reicht die Menge der geernteten Reben gerade

»Ein guter Kapaun vor dem Fest oder Fasten / ein fettes Schnitzel vom gemästeten Schwein / auch ein Braten vom Rind ist nicht zu verachten / oder Kalbsfleisch mit Salat / und beim nächsten Mal zum Salat auch noch Gurken«, so der Wortlaut eines volkstümlichen schlesischen Gedichts.

aus, um den lokalen Bedarf zu decken. Alkoholfrei, dafür gesund sind die vielen kohlensäurehaltigen Mineralwasser, die aus den Kurbädern des Glatzer Berglandes stammen. Schon zu Zeiten Kaiser Wilhelms I. waren die als ›Prinzensprudel‹ bekannten Wasser beliebt und wurden am Hof getrunken.
Bei der Verdauung helfen Magenbitter und Kräuterliköre. Der rubinrote *Stonsdorfer*, erstmals 1810 im Hirschberger Tal aus Waldheidelbeeren und Gebirgskräutern destilliert, wird heute in Norderstedt bei Hamburg hergestellt. Eine Wildbrombeerart aus dem Glatzer Land ist wichtigster Bestandteil der *Kroatzbeere*, die aus Schlegel (Słupiec) in alle Welt getragen wurde – heute wird der Likör in Holzbüttgen hergestellt. Doch auch vor Ort gibt es gute Schnäpse, allen voran Obstler, die man gut als Digestif einnehmen kann. Wer ein ›klares Wässerchen‹ bevorzugt, greift natürlich zu Wodka. Mehr als 20 Sorten stehen zur Wahl, vom edlen Tropfen *Luksusowa* über koscheren *Pessah* bis zum hochprozentigen *Siwucha*, dessen Name übersetzt ›Schwarzmarkt‹ bedeutet.

Museen und Sehenswürdigkeiten

Ein Besuch der Museen lohnt meist allein schon aufgrund der historischen Bauwerke, in denen die Sammlungen untergebracht sind. Die im Textteil beschriebenen Kirchen sind tagsüber meist durchgehend geöffnet. Sollte eine Kirche ausnahmsweise geschlossen sein, erhält man den Schlüssel im benachbarten Pfarrhaus *(dom proboszcza)*.

Auschwitz/Oświęcim
Staatliches Museum Auschwitz/Państwowe Muzeum w Oświęcimiu
Więźniów Oświęcimia 20
✆ 0 33/42 20 22
Fax 0 33/43 22 27
geöffnet täglich, außer 1. 1., Ostersonntag und 25. 12.:
Dez.–Feb. 8–15 Uhr
März und Nov. 8–16 Uhr
April und Okt. 8–17 Uhr
Mai und Sept. 8–18 Uhr
Juli und Aug. 8–19 Uhr

Bad Flinsberg/ Świeradów-Zdrój
Muzeum Sztuki Konkretnej/ Fundacja Gerarda
ul. Piłsudskiego 29
✆ 0 71/7 81 63 46
Di–So nach Vereinbarung

Bad Kudowa/Kudowa Zdrój
Schädelkapelle/ Kaplica Czaszek
Kudowa Czermna
ul. Kościuszki 12
Di–So 10–13 und 14–16 Uhr

Bad Reinerz/Duszniki Zdrój
Papiermuseum/ Muzeum Papiernictwa
ul. Kłodzka 42
Di–So 9–15 Uhr

Bad Warmbrunn/Cieplice
Naturkundemuseum/ Muzeum Przyrodnicze
ul. Wolności 268
Di 9–18, Mi–Fr 9–16, Sa/So 9–17 Uhr

Bendzin/Będzin
Burgmuseum/
Muzeum Zagłębia
ul. Zamkowa 1
Di und Do–So 9–14,
Mi 11–17 Uhr

Beuthen/Bytom
Oberschlesisches Museum/
Muzeum Górnośląskie
pl. Jana III. Sobieskiego 2
Di/Mi 10–15, Sa/So 11–15 Uhr

Bielitz-Biala/Bielsko-Biała
Bezirksmuseum/Muzeum
Okręgowe
ul. Wzgórze 16
Di–Do 10–15.30, Sa 9–15,
So 9–14 Uhr

Weberhaus/Dom Tkacza
ul. Sobieskiego 51
Di/Mi 10–15, Do 10–17, Fr/Sa
9–14 Uhr

Museum für Technik und Textilindustrie/Muzeum Techniki
i Włókiennictwa
ul. Sukiennicza 7
Di–Sa 10–15, So 10–13 Uhr

Bolkenhain/Bolków
Heimatmuseum/
Muzeum Zamek
ul. Księcia Bolka
Di–Fr und So 9–16,
Sa 9–15 Uhr

Breslau/Wrocław
Historisches Museum/
Muzeum Historyczne
Sukiennice 14/15
Mi–Fr 10–16, Sa 11–16,
So 10–17 Uhr

Nationalmuseum/
Muzeum Narodowe
pl. Powstańczów Warszawy
Di/Mi und Fr–So 10–16,
Do 9–16 Uhr

Diözesanmuseum/
Muzeum Archidiecezjalne
plac Katedralny 16
Di–So 9–15 Uhr

Museum für Architektur/
Muzeum Architektury
ul. Bernardyńska 5
Mi–So 10–16 Uhr

Museum für Medaillenkunst/
Muzeum Sztuki Medalierskiej
Rynek 6
Di–So 10–18 Uhr

Museum für Archäologie /
Muzeum Archeologiczne
ul. Kazimierza Wielkiego 34
Mi und Fr–So 10–16,
Do 9–16 Uhr

Völkerkundemuseum/
Muzeum Etnograficzne
ul. Kazimierza Wielkiego 34
Di–Mi und Fr–So 10–16,
Do 9–16 Uhr

Waffenmuseum Arsenal/
Muzeum Historyczne Oddział
Arsenał
ul. Cieszyńskiego
Di und Do–Fr 10–16, Sa 11–16,
So 10–17 Uhr

Naturhistorisches Museum/
Muezum Przyrodnicze
ul. Sienkiewicza 20
Di–Mi und Fr–Sa 10–15,
Do und So 10–18 Uhr

Mineralienmuseum/
Muzeum Mineralogiczne
ul. Kuźnicza 21/22
Di–Fr 10–15.30,
Sa/So 10 bis 16.30 Uhr

Museum für Post- und Fernmeldewesen/Muzeum Poczty i Telekomunikacji
ul. Krasińskiego 1
Mo und Mi–Sa 10–15,
So 11–14.30 Uhr

Universität/Uniwersytet
pl. Uniwersytecki 1
Mo–Di und Do–So 10–15.30 Uhr

Panorama von Racławice/Panorama Racławicka
ul. Purknyckiego 11
Di–So 8–19 Uhr

Jüdischer Friedhof/Cmentarz Żydowski
ul. Ślęża
tägl. 8–18 Uhr

Brieg/Brzeg
Piastenmuseum/Muzeum Piastów Śląskich
pl. Zamkowy
Di und Do–So 10–16,
Mi 10–18 Uhr

Bunzlau/Bolesławiec
Keramikmuseum/Muzeum Ceramiki
ul. Mickiewicza 13
Di–So 11–16 Uhr

Kutusow-Museum/Muzeum Kutusowa
ul. Kutuzowa 14
Mi–So 11–16 Uhr

Fürstenstein/Książ
Schloß/Zamek
Di–Fr 10–17, Sa/So 10–18 Uhr

Staatliches Hengstgestüt/Stado Ogierów Skarbu Państwo Książ
ul. Jeździecka 1
✆ 0 74/40 08 95
Di–So 10–17 Uhr

Glatz/Kłodzko
Festungsburg/Zamek
ul. Czeska
tägl. 9–17 Uhr

Unterirdischer Jahrtausendweg/Podziemna Trasa Turystyczna
ul. Zawiszy Czarnego
tägl. 9–17 Uhr

Museum des Glatzer Landes/Muzeum Ziemi Kłodzkiej
ul. Łukasiewicza 4
Di 10–15, Mi–Fr 10–17,
Sa/So 11–17 Uhr

Gleiwitz/Gliwice
Städtisches Museum/Muzeum w Gliwicach
ul. Pod Murami 2
Di–Mi und Fr–So 10–15,
Do 12–18 Uhr

Villa Caro/Willa Caro
ul. Dolnych Wałów 8a
Di–So 10–15 Uhr

Rathaus-Galerie/Galeria w Ratuszu
Rynek 1
Mo–Fr 11–17, Sa 11–13 Uhr

Glogau/Głogów
Museum für Archäologie und Geschichte/Muzeum Archeologiczne i Historyczne
Zamek; Mi–So 10–17 Uhr

Grünberg/Zielona Góra
Museum des Lebuser Landes/Muzeum Ziemi Lubuskiej
al. Niepodległości 15
Mi–Fr 11–17, Sa 10–15,
So 10–16 Uhr

Galerie BWA
al. Niepodległosści 19,
Mi–So 11–17, So 10–15 Uhr

Freilichtmuseum/Zielonogórski Park Etnograficzny
Ochla
Mi–Fr und So 10–15,
Sa 10–14 Uhr

Grüssau/Krzeszów
Kloster/Zespół Klasztorny
tägl. geöffnet; Führung nach Anmeldung im Konventgebäude *(Parafia)*

Habelschwerdt/Bystrzyca Kłodzka
Streichholzmuseum/ Muzeum Filumenistyczne
Mały Rynek
Di–So 10–17 Uhr

Haynau/Chojnów
Regionalmuseum/ Muzeum Regionalne
plac Zamkowy 3
Di–So 11–16 Uhr

Heinrichau/Henryków
Kloster von Heinrichau/ Klasztor Henryków
tägl. 10–18 Uhr

Hermsdorf/Sobieszów
Schloß Kynast/ Zamek Chojnik
Sobieszów
Di–So 10–18 Uhr

Museum des Nationalparks Riesengebirge/ Muzeum Przyrodnicze KPN
ul. Chałubińskiego 23
Di–So 10–16 Uhr

Hindenburg/Zabrze
Bergbaumuseum/Muzeum Górnictwa Węglowego
ul. 3 Maja 19

Hirschberg/Jelenia Góra
Kirche der Garnisonspfarrei zum Heiligen Kreuz/ Kościół Garnizonowy Parafia Św. Krzyża
Mo–Sa 9–13 und 15–17,
So 15–17 Uhr

Regionalmuseum/ Muzeum Okręgowe
ul. Matejki 28
Di–So 9–15.30 Uhr

Jauer/Jawor
Friedenskirche zum Heiligen Geist/Kościół Pokoju Św. Ducha
Mo–Sa 9–13 und 15–17,
So 15–17 Uhr

Regionalmuseum/ Muzeum Regionalne
ul. Klasztorna 6
Mi–So 10–16 Uhr

Kattowitz/Katowice
Schlesisches Museum/ Muzeum Śląskie
al. W. Korfantego 3
Di–Fr 10–17, Sa/So 11–16 Uhr

Erzbischöfliches Museum/ Muzeum Archidiecezjalne
ul. Wita Stwosza 16
Di und Do 14–18, Sa 14–17 Uhr

Museum der Stadtgeschichte/ Muzeum Historii Katowic
ul. Szafranka 9
Di und Do 10–15, Mi und Fr 10–17.30, Sa/So 11–14 Uhr

Klessengrund/Kletno
Bärengrotte/ Jaskinia Niedźwiedzia

tägl. außer Di und Do 9–16.30 Uhr (April–Nov.)

Königshütte/Chorzów
Städtisches Museum/ Muzeum w Chorzowie
ul. Powstańców 25
Di und Do–Fr 9–15, Mi 9–17, Sa 9–14, So 10–14 Uhr

Freilichtmuseum/ Skansen
ul. Parkowa 1
Di–Fr 10–17, Sa/So 12–19 Uhr

Kratzkau/Krasków
Jagdschlößchen/ Zameczek Myśliwski
mit Hotel und Park, tägl. geöffnet

Kreisau/Krzyżowa
Schloß/Zamek
mit Ausstellungsraum, tägl. geöffnet

Kreuzburg/Kluczbork
Imkerei-Museum/ Muzeum J. Dzierżona
ul. Zamkowa 10
Di–Sa 10–15.30, So 10–13.30 Uhr

Krummhübel/Karpacz
Wangkirche/ Kościółek Wang
ul. Śnieżki 8
Mo–Sa 9–17, So 12–17 Uhr

Regionalmuseum/ Muzeum Sportu i Turystyki
ul. Kopernika 2
Di–So 9–16 Uhr

Spielzeugmuseum/ Muzeum Zabawek
ul. Karkonoska 5
Di–Fr 9–16, Sa/So 10–17 Uhr

Privatmuseum Antykwariat
ul. Kopernika 1
✆ 0 75/7 61 84 19
tägl. 10–12, 16–19 Uhr

Lamsdorf/Łambinowice
Museum der Kriegsgefangenen/ Muzeum Jeńców Wojennych)
ul. Muzealna 4
Mo–Sa 9–16, So 10–17 Uhr

Lauban/Lubań
Regionalmuseum/ Muzeum Regionalne
Rynek-Ratusz
Di–Fr 9–15.30, Sa/So 10–16 Uhr

Leubus/Lubiąż
Zisterzienserkloster/ Klasztor Cystersów
tägl. 9–16 Uhr

Liegnitz/Legnica
Pfarrkirche St. Johannes des Täufers/Kościół Farny Św. Jana Chrzciciela
ul. Partyzantów s/n, Zugang zum Piasten-Mausoleum
tägl. 11–16 Uhr, Eintrittskarten im Kupfermuseum gegenüber

Kupfermuseum/ Muzeum Miedzi
ul. Partyzantów 1
Mi–So 11–17 Uhr

Schloß/Zamek
pl. Zamkowy
Di–Sa 11–17 Uhr

Lomnitz/Łomnica
Schloß/Zamek
ul. Karpnicka 3, Łomnica Dolna
tägl. geöffnet

Lubowitz/Łubowice
Gedenkraum für Joseph von

Eichendorff/
Izba Pamięci Josefa von Eichendorffa
ul. J. Eichendorffa 22
unregelmäßig geöffnet

Militsch/Milicz
Gnadenkirche/
Kościół Św. Andrzeja
Mo–Sa 9–13 und 15–17,
So 15–17 Uhr

Moschen/Moszna
Schloß/Zamek
Park und Café täglich geöffnet, wichtige Innenräume nur Sa/So 10–12 und 14.30–17 Uhr

Neiße/Nysa
Städtisches Museum/
Muzeum Miejskie
ul. Biskupa Jarosława/
ul. Grodzka
Di–So 10–15 Uhr

Oberglogau/Głogówek
Regionalmuseum/
Muzeum Regionalne
ul. Zamkowa 26
Di–So 10–15 Uhr

Oels/Oleśnica
Museum für Archäologie/
Muzeum Archeologiczne
Zamek
Di–So 10–15 Uhr

Oppeln/Opole
Museum des Oppelner Schlesiens/Muzeum Śląska Opolskiego
Mały Rynek 7
Di–Sa 9–15, So 12–17 Uhr

Diözesanmuseum/Muzeum Diecezjalne
ul. B. Kominka 1a
Di und Do 10–12, 14–17,
erster So im Monat 14–17 Uhr

Freilichtmuseum/
Muzeum Wsi Opolskiej
ul. Wrocławska 174
Di–So 10–17 Uhr; im Winter ist nur eine Parkbesichtigung möglich
Mo–Fr 9–14 Uhr.

Pleß/Pszczyna
Schloßmuseum/
Muzeum Zamkowe
Di 11–15, Mi 9–16, Do/Fr 9–15,
Sa/So 10–15 Uhr

Freilichtmuseum/Skansen
Park Dworcowy
April bis Oktober
Mi–So 11–15 Uhr

Ratibor/Racibórz
Museum/Muzeum
ul. Gimnazjalna 1
Di/Do 10–14, Mi/Fr 10–16,
Sa/So 10–13 Uhr

Rybnik
Regionalmuseum/
Muzeum Regionalne
Rynek 18
Di und Do–So 10–14,
Mi 10–18 Uhr

St. Annaberg/Góra Św. Anny
Wallfahrtskirche/
Kościół Św. Anny
tägl. 9–18 Uhr

Museum der Aufständischen/
Muzeum Czynu Powstańczego
Di–Fr 9–15,
Sa/So 9–12 Uhr

Schreiberhau/
Szklarska Poręba
Museum der Gebrüder Hauptmann/Muzeum w Szklarskiej Porębie
ul. 11 Listopada 23

Di–Fr 9–15.30,
Sa/So 9–16.30 Uhr

Mineralienmuseum/
Muzeum Mineralogiczne
ul. Kilińskiego 20
Di–Sa 10–18, So 10–16 Uhr

Haus von Wlastimil Hofmann/
Dom Wlastimila Hofmana
ul. Matejki 23
tägl. 10–16 Uhr

Museum der Erde/
Muzeum Ziemi
ul. Jeleniogórska 9
tägl. 10–18 Uhr

Schweidnitz/Świdnica
Friedenskirche zur Heiligen
Dreifaltigkeit/Kościół Pokoju
pod wez. Św. Trójcy
Mo–Sa 9–13 und 15–17,
So 15–17 Uhr

Museum des früheren
Kaufmannsstandes/
Muzeum Dawnego Kupiectwa
Di–So 10–16 Uhr

Sosnowitz/Sosnowiec
Städtisches Museum/
Muzeum w Sosnowcu
ul. Chemiczna 12
Di–So 10–15 Uhr

Tarnowitz/Tarnowskie Góry
Städtisches Museum/
Muzeum w Tarnowskich
Górach
Rynek 1
Di und Fr 10–15, Mi 10–17,
Do 10–16, Sa/So 10–14 Uhr

Museumsgrube/
Kopalnia Zabytkowa
ul. Szczęść Boże 52
tägl. 8–14 Uhr

Teschen/Cieszyn
Städtisches Museum/
Muzeum Miejskie
Pałac Larischów, ul. RegerA 6
Di–So 10–15 Uhr

Trebnitz/Trzebnica
Klosterkirche/
Kościół Klasztorny
tägl. 9–18 Uhr

Wahlstatt/Legnickie Pole
Museum der Liegnitzer
Schlacht/
Muzeum Bitwy Legnickiej
Mi–So 11–17 Uhr

Waldenburg/Wałbrzych
Bezirksmuseum/
Muzeum Okręgowe
ul. 1 Maja 9
Di–So 10–16 Uhr

Reiseinformationen von A bis Z

Auskünfte

Touristische Informationen erhält man in den örtlichen ›it‹-Stellen *(informacja turystyczna)* sowie in ausgewählten Reisebüros und Geschäftsstellen des *PTTK* (Gesellschaft für Touristik und Landeskunde).

Bad Altheide/Polanica Zdrój
ul. Zdrojowa 13
✆/Fax 0 74/68 24 44

Breslau/Wrocław
Rynek 14
✆ 0 71/44 31 11
Fax 0 71/44 29 62
Mo–Fr 9–17, Sa 9–14

Gleiwitz/Gliwice
ul. Zwycięstwa 21
✆ 0 32/2 39 13 19,
Fax 0 32/2 31 27 25

Grünberg/Zielona Góra
ul. Pod Filarami 1
✆ 0 68/3 20 27 00
Fax 0 68/3 25 59 42

Hirschberg/Jelenia Góra
ul. 1 Maja 42
✆/Fax 0 75/7 52 40 54

Krummhübel/Karpacz
ul. 3 Maja 25a
✆ 0 75/7 61 94 53
Fax 0 75/7 61 97 16

Schreiberhau/Szklarska Poręba
ul. Jedności Narodowej 3
✆ 0 75/7 17 24 49
Fax 0 75/7 17 24 94

Der deutschsprachige Service in Schreiberhau/Szklarska Poręba ist sehr effektiv.

Autofahren

Schlesien verfügt über ein dichtes Straßennetz, aber der Belag auf vielen Nebenstraßen läßt zu wünschen übrig. Man sollte auf Schlaglöcher, ausgefranste Bankette, holprige Übergänge bei Eisen- und Straßenbahnen, auf unbeleuchtete Fahrräder, Pferdefuhrwerke und landwirtschaftliche Nutzfahrzeuge achten. Die Verkehrsdichte entspricht mehr und mehr westlichen Verhältnissen, es wird relativ rauh und aggressiv gefahren. Vorsicht auch beim Anhalten in unübersichtlichem Gelände, Zeitungen haben in den vergangenen Jahren wiederholt über Raubüberfälle berichtet.

Abweichende Verkehrsbestimmungen
Als Tempolimits gelten innerorts 60 km/h, außerhalb von Ortschaften 90 km/h, auf Autobahnen für Pkw 110 km/h und für Motorräder 90 km/h; für Pkw mit Anhänger außerorts generell 70 km/h. Im Bereich von Kreuzungen ist das Überholen verboten, Straßenbahnen haben Vorfahrt.
Es ist untersagt innerhalb eines Bereiches von 100 m vor sowie nach einem Bahnübergang zu halten. Außerhalb geschlossener Ortschaften müssen Motorräder auch am Tag mit Abblendlicht fahren. Zwischen dem 1. November und 1. März müssen alle Fahrzeuge mit Abblendlicht fahren. Parken ist bei Dunkelheit

nur mit Standlicht gestattet. Die Promillegrenze beträgt 0,2 und sollte sehr genau eingehalten werden. Das Telefonieren beim Fahren ist verboten, ausgenommen Freisprechanlagen, bei deren Benutzung beide Hände am Steuer bleiben.

Kraftfahrzeugpapiere
Autofahrer benötigen neben nationalem Führerschein und Kfz-Schein eine grüne Versicherungskarte. Verleiht ein Fahrzeughalter sein Auto zur Einreise nach Polen an Dritte, ist eine amtlich beglaubigte Benutzungsvollmacht für den Wagen erforderlich. Vordrucke hierfür sind in den ADAC-Geschäftsstellen erhältlich und werden für Mitglieder dort auch beglaubigt. Es ist grundsätzlich verboten, das eigene Fahrzeug im Ausland von einer dort ansässigen Person benutzen zu lassen.

Diebstahl
Polen ist in den letzten Jahren berüchtigt für die Zunahme von Autodiebstählen geworden. Man sollte deshalb tagsüber möglichst an belebten Stellen parken und für die Nacht eine Garage oder einen bewachten Parkplatz suchen.
Sollte man einem Diebstahl zum Opfer fallen, ist der Schaden umgehend bei der nächsten Polizeistation zu melden, falls er die Schadenssumme von 300 DM übersteigt. Man sollte auf jeden Fall die Versicherung innerhalb einer Woche informieren. Zusätzlich ist bei Fahrzeugdiebstählen auch eine entsprechende Anzeige bei der deutschen Polizei zu erstatten.

Tanken
Die Entfernung zwischen zwei Tankstellen beträgt durchschnittlich 20–50 km. Während der Sommersaison sind die meisten Tankstellen von 6 bis 22 Uhr, an Sonn- und Feiertagen von 7 bis 17 Uhr geöffnet; in Großstädten und an Kreuzungen von Fernstraßen sowie an internationalen Routen sind sie teilweise durchgehend Tag und Nacht geöffnet.

Pannenhilfe
Bei Pannen kann man sich mit dem Polnischen Motorverband *PZM* unter ✆ 981 oder mit *POLTOS* unter ✆ 954 in Verbindung setzen. Die Zentren des Pannenhilfsdienstes sind meist von 7 bis 22 Uhr besetzt. Für Mitglieder ausländischer Automobil- und Touringclubs (ein gültiger Ausweis ist erforderlich) wird Pannenhilfe bis zu einer Stunde oder 25 km Abschleppen sowie die Rechtsberatung kostenlos gewährt.

Unfallhilfe
Bei Unfällen ist in jedem Fall die Polizei zu verständigen. Bei schweren Unfällen sind die polnischen Behörden berechtigt, bis zur Klärung der Unfallursache evtl. die Kfz-Papiere, den Reisepaß sowie den Pkw einzuziehen. Für die Schadensabwicklung mit der Versicherung werden die erforderlichen Daten des Unfallgegners, ein Protokoll der Polizei sowie ggf. auch die Anschrift des zuständigen Gerichts und das betreffende Aktenzeichen benötigt. Die hiesigen Automobilclubs halten ein ›Unfallmerkblatt‹ bereit.

Autovermietung
Pkw können in den meisten größeren Städten gemietet werden. Voraussetzung ist ein Mindestalter von 21 Jahren und der nationale Führerschein. Kreditkarten von Avis, Hertz und Europcar werden akzeptiert. Die Mietpreise entsprechen westlichem Niveau.

Botschaften und Konsulate

... in Deutschland

Botschaft der Republik Polen
Lindenallee 7
50968 Köln
✆ 02 21/93 73 00
Fax 02 21/34 30 89
Konsularabteilung
Leyboldstr. 74
50968 Köln
✆ 02 21/93 73 00
Fax 02 21/38 50 74

Außenstelle der Botschaft der Republik Polen
Konsularabteilung
Unter den Linden 72/74
10117 Berlin
✆ 0 30/2 20 24 51
Fax 0 30/2 29 03 63

Generalkonsulat der Republik Polen
Poetenweg 51
04155 Leipzig
✆ 03 41/5 85 27 63
Fax 03 41/5 85 21 30

Generalkonsulat der Republik Polen
Ismaninger Str. 62a
81675 München
✆ 0 89/4 18 60 80
Fax 0 89/47 13 18

Generalkonsulat der Republik Polen
Gründgensstr. 20
22309 Hamburg
✆ 0 40/6 32 50 29
Fax 0 40/6 32 50 30

... in Österreich

Botschaft der Republik Polen
Hietzinger Hauptstr. 42c
A-1130 Wien
✆ 02 22/8 77 74 44/45/46
Fax 02 22/8 77 74 44 222/238

... in der Schweiz

Botschaft der Republik Polen
Elfenstr. 20a
CH-3006 Bern
✆ 0 31/3 52 04 52/3
Fax 0 31/3 52 34 16

... in Polen

Deutsche Botschaft
ul. Dąbrowiecka 30
Warszawa
✆ 0 22/6 17 30 11
Fax 0 22/6 17 35 82

Deutsche Konsularabteilung
ul. Jazdów 12b
Warszawa
✆ 0 22/6 21 92 31
Fax 0 22/6 29 48 03

Deutsches Generalkonsulat
Breslau/Wrocław
ul. Podwale 76
✆ 0 71/3 42 52 52
Fax 0 71/3 42 41 22

Vizekonsulat der Bundesrepublik Deutschland

Die Botschaft der Republik Polen in Deutschland weist darauf hin, daß sich alle Angaben zu den Anschriften und Telefon- sowie Faxnummern in Deutschland, insbesondere in Berlin, ab 11. September 1999 ändern können; zur Zeit der Drucklegung dieses Reiseführers konnten aber noch keine verläßlichen Angaben gemacht werden. Es empfiehlt sich daher, die jeweiligen Nummern und Anschriften zu überprüfen.

ul. Strzelców Bytomskich 11
Opole
✆ 0 77/54 21 84
Fax 0 77/53 19 63

Österreichische Botschaft
ul. Gagarina 34
Warszawa
✆ 0 22/41 00 81
Fax 0 22/41 00 85

Österreichisches Konsulat
Breslau/Wrocław
ul. Oławska 2
✆ 0 71/44 10 55
Fax 0 71/44 31 38

Schweizer Botschaft
al. Ujazdowskie 27
Warszawa
✆ 0 22/6 28 04 81
Fax 0 22/6 21 05 48

Diebstahl

Beim Verlust des Reisepasses stellt die Konsularabteilung der Botschaft der Bundesrepublik Deutschland einen Reisepaß zur Rückkehr in die BRD aus. Vorgelegt werden müssen die Verlustanzeige, bestätigt durch die örtliche Polizeibehörde, sowie zwei Paßbilder. Was Fahrzeugpapiere betrifft, genügt die von der Polizei attestierte Verlustanzeige. Fahrzeugpapiere und Personalausweise können nur in der BRD neu ausgestellt werden. Grundsätzlich sollte jeder Reisende die Registriernummern der Personalpapiere auf einem gesonderten Blatt notieren bzw. entsprechende Fotokopien mitführen. Beim Verlust der persönlichen Dokumente wird so eine Identifizierung durch das Konsulat der Bundesrepublik Deutschland in Warschau vereinfacht.

Einkauf

In den letzten Jahren ist die Palette der Geschäfte vor allem in den größeren Städten um vieles bunter geworden. Das gilt gerade auch für das Kunsthandwerk und -gewerbe. Besonders ein Spaziergang durch die Innenstadt von Breslau wird viele Anregungen für den Kauf von Souvenirs vermitteln: Graphiken, Gemälde, Skulpturen, Stoffe, Dekorationsgegenstände, Bücher, Alben u.a. Prüfen Sie aber die Preise genau und stellen Sie Vergleiche an, denn die neuen Freiheiten haben in Polen auch in dieser Branche so manchen Geschäftsmann dazu verleitet, auf unsauberem Wege schnelles Geld zu verdienen.

Feiertage

1. Jan.: Neujahr
Ostern (So/Mo)
1. Mai: Tag der Arbeit
3. Mai: Tag der Verfassung
Fronleichnam
15. Aug.: Mariä Himmelfahrt
1. Nov.: Allerheiligen
11. Nov.: Unabhängigkeitstag
25./26. Dez.: Weihnachten

Feste und Festivals

Der schlesische Festkalender bietet vor allem für Musikfreunde hochkarätige Veranstaltungen rund um das Jahr. Daneben gibt es historische Volksfeste sowie Theatertreffen und Kunstfestivals. Der nachfolgende Überblick macht mit den wichtigsten Kulturereignissen in Schlesien vertraut.

Mai
Unter der Schirmherrschaft des in Brieg geborenen Kurt Masur findet in **Breslau, Brieg** und anderen niederschlesischen Orten das internationale *Musikfestival für Verständigung (Porozumienie)* statt. Dabei musizieren Künstler aus den Ländern der Euroregion Neiße, d.h. aus Polen, Deutschland und Tschechien. Jazzfreunde aus aller Welt treffen sich zum renommierten **Breslauer** Festival *Jazz an der Oder*, während in **Glatz** (Kłodzko) die internationalen *Abende der Orgel- und Kammermusik und in Jauer (Jawor)* das *Festival der Kammermusik* beginnen (beide bis September). In Erinnerung an die Goldgräbertradition wird am letzten Maiwochenende in **Goldberg** (Złotoryja) ein *Wettbewerb der Goldwäscher* organisiert. Am historischen Umzug beteiligen sich mehrere hundert Bürger in Trachten von Goldgräbern und Hofleuten.

Juni
In **Bad Kudowa** (Kudowa Zdrój) startet das *Moniuszko-Festival*, das klassische Werke des berühmten polnischen Komponisten vorstellt. Schlagermusik dominiert beim *Festival des polnischen Liedes* in **Oppeln** (Opole). Auf der Burg von **Bolkenhain** (Bolków) steigt ein volkstümliches *Ritterturnier*, in **Liegnitz** (Legnica) versammeln sich Karikaturisten zur internationalen Ausstellung *Satyrykon*.

Juli
Auch in **Lüben** (Lubin) gibt es ein *Festival des Straßentheaters*, meist findet es am Monatsanfang statt. In **Schreiberhau** (Szklarska Poręba) trifft man sich beim *Festival des Isergebirges* zu Konzerten, Ausstellungen, Theater und Folklore.

Juli/August
Das *Folklorefestival der Beskidenregion* findet in **Bielitz-Biala** (Bielsko Biała) statt. Alle drei Jahre (ab 2001) kommen Künstler zur *Graphiktriennale* nach **Breslau** (Wrocław).

August
Das *Internationale Straßentheater-Festival* belebt die Plätze von **Hirschberg** (Jelenia Góra), organisiert werden in dieser Zeit auch Konzerte und Ausstellungen. Großer Beliebtheit erfreut sich das *Chopin-Festival*, das alljährlich in **Bad Reinerz** (Duszniki Zdrój) stattfindet. Beim *Historischen Biwak in Eichholz* (Warmątowice) wird nahe **Liegnitz** (Legnica) die Schlacht an der Katzbach 1813 wiederbelebt: mit Armeeparade und Schaugefecht und natürlich in historischen Trachten.

September
Wratislavia Cantans, das renommierte Festival für klassische Musik, Oratorien und Kantaten, findet in historischen Räumen **Breslaus** (Wrocław) und **Briegs** (Brzeg) statt. Parallel dazu gibt es Tanz- und Kunstdarbietungen.

Auch **Hirschberg** (Jelenia Góra) präsentiert sich kulturell: Der *Hirschberger September* endet mit einem *Theaterfestival.*

Oktober
Die Polnisch-österreichische Gesellschaft organisiert in der zweiten Monatshälfte das *Festival der Wiener Musik* in **Breslau** (Wrocław).

November
Beim *Theaterfest der Kleinen Form* werden die besten Ein-Mann-Stücke des Jahres vorgestellt.

Dezember
Ein Geheimtip für Freunde moderner Klänge sind die *Musikbegegnungen von Tarnowitz* (Tarnowskie Góry). In einem Palais von **Tarnowitz** spielt das Silesian String Quartet, eines der profiliertesten Nachwuchsensembles Polens, traditionelle und zeitgenössische Kompositionen.

Geld und Geldwechsel

Zahlungsmittel in Polen ist der Złoty (1 Złoty = 100 Groszy). Im Umlauf sind Münzen im Wert von 1, 2, 5, 10, 20, 50 Groszy und 1, 2, 5 Złoty, dazu Banknoten von 10, 20, 50, 100 und 200 Złoty. Bargeld tauscht man in Banken (Mo–Fr 7.30 bis 17, Sa 7.30–14 Uhr) oder in Wechselstuben *(Kantor)*, die oft im Verein mit einem Geschäft betrieben werden. Die Kurse zwischen Wechselstuben und Banken differieren, deshalb lohnt ein Vergleich. In Polen nicht verbrauchte Złoty-Beträge müssen vor der Ausreise bei einer amtlichen Wechselkasse zurückgetauscht werden (Originalumtauschbelege sind vorzulegen).
Internationale Kreditkarten werden in den meisten Hotels, vielen Restaurants, Geschäften und Autovermietungen akzeptiert. Die entsprechenden Embleme (Visa, EC, MC) sind an Türen oder Schaufenstern angebracht.

Internet

Breslau (Wroclaw):
www.wcss.wroc.pl/wroclaw
Deutsches Historisches Institut Warschau:
www.dhi.waw.pl
Fluglinie LOT:
www.lot.gopoland.com
Kulturministerium:
www.institute of culture.pl/mkis.html
Nationalmuseum Warschau:
www.ddg.com.pl/nm
Periphery. Journal of Polish Affairs:
www-personal.engin.umich.edu
Polnischer Hotelführer:
www.hotelsinpoland.com
Polish Business Offers:
www.polishbusiness
Polish Market Review:
www. onet.pl/pmr
Polska Agencja Prasowa (Polnische Presseagentur):
www.pap.waw.pl
Polska Akademia Nauk (Polnische Akademie der Wissen-schaften):
www.pan.pl
Polska net:
www.polska.net
Unterhaus des Parlaments:
www.sejm.pl

Karten

Bei der örtlichen Touristeninformation, aber auch in allen größeren Stadtbuchhandlungen erhält man Stadtpläne und Autokarten für die jeweilige Region.

Notfall

✆ 997 Polizei
✆ 998 Feuerwehr
✆ 999 Ambulanz
✆ 981 Pannenhilfe PZM
✆ 954 Pannenhilfe POLTOS
✆ 919 Taxi

Öffnungszeiten

Es gibt in Polen keine gesetzlich festgelegten Ladenöffnungszeiten. Auch die hier angegebenen Richtwerte für Apotheken, Banken, Postämter und Restaurants können variieren. Museen bleiben in der Regel montags geschlossen.

Apotheken: Mo–Fr 9–19, Sa 9–14 Uhr
Banken: Mo–Fr 7.30–17, Sa 7.30–16 Uhr
Geschäfte: Mo–Fr 10–18, Sa 9–13 Uhr (Supermärkte Mo–Fr 8–19, Sa 8–14 Uhr)
Museen: Di–So 10–15 Uhr
Postämter: Mo–Fr 8–20 Uhr
Restaurants: 12–22 Uhr

Post

Ganztägig geöffnet ist die Hauptpost in den großen Städten wie *Breslau* (Wrocław) und *Kattowitz* (Katowice). Briefmarken erhält man meist auch in den Hotels, an Zeitungskiosken und Verkaufsständen für Ansichtskarten.

Telefonieren

Die Vorwahl für Polen ist die 0048, gefolgt von der Ortskennzahl ohne die erste 0. Um von Polen nach Deutschland zu telefonieren, wählt man für Deutschland die 0049, für Österreich die 0043 und für die Schweiz die 0041; bei der anschließenden Ortsnetzkennzahl ist wiederum die erste Null wegzulassen.
Bei der Post gibt es Magnetkarten mit 50 bzw. 100 Zeiteinheiten. Damit entfällt auch die jährlich neu festgesetzte Mindestgebühr für internationale Gespräche, die bei Anrufen von der Post zu entrichten ist. Geld beim Telefonieren innerhalb Polens spart man zwischen 18 und 22 Uhr, am billigsten ist es von 22 bis 8 Uhr sowie am Wochenende.

Trinkgeld

In Nobelrestaurants ist es üblich ein Trinkgeld von etwa 10% zu zahlen, in den einfacheren Lokalen rundet man geringfügig auf.

Urlaubsaktivitäten

Für das **Radfahren** sind vor allem die Nebenstraßen im Vorland der Sudeten geeignet, spezielle Radwege sind allerdings kaum vorhanden. In größeren Ferienorten, insbesondere im Riesengebirge, können Mountainbikes entliehen werden. Die aktuellen Adressen erfährt man bei der Touristeninformation.

Das Riesengebirge ist nicht nur ideal zum **Skifahren**, sondern auch zum **Wandern**. Beste Standorte sind *Krummhübel* (Karpacz) und *Schreiberhau* (Szklarska Poręba). Die Wanderwege sind hervorragend markiert und werden regelmäßig gewartet. Einkehren kann man in ganzjährig geöffneten Bergbauden, die teilweise noch aus der Pionierzeit des Tourismus Ende des 19. Jahrhunderts stammen.

Wer an organisierten Touren teilnehmen will, kann sich in *Krummhübel* (Karpacz) an ein gut funktionierendes privates Servicebüro wenden. Es vermittelt auf Anfrage Reise- und Bergführer, wartet zudem auf mit einem breiten Angebot an Ausflügen zu den wichtigen Sehenswürdigkeiten der Region.

Biuro Turystyczne Karpacz
ul. Konstytucji 3 Maja 52
Krummhübel (Karpacz)
✆ 0 75/7 61 95 47
Fax 0 75/7 61 85 53

Zum **Kuren** fahren immer mehr Gäste in die Bäder des Glatzer Berglandes. Seit langem sind die Heileigenschaften schlesischer Quellen bekannt, die Indikationen reichen von Krankheiten der Bewegungsorgane über Atemwegsstörungen bis zu Kreislauf- und Verdauungskrankheiten. Gegenwärtig werden viele therapeutische Einrichtungen erneuert, auch in den Ausbau der touristischen Infrastruktur wird investiert. Die wichtigsten Kurorte im Glatzer Bergland sind *Bad Kudowa* (Kudowa Zdrój), *Bad Altheide* (Polanica Zdrój), *Bad Landeck* (Lądek Zdrój). Bekannte Kurorte sind außerdem *Bad Warmbrunn* (Cieplice) im Riesengebirge und *Bad Flinsberg* (Świeradów Zdrój) im Isergebirge.

Zeitungen und TV

Fast alle Hotels empfangen über Satellitenantennen westeuropäische Sender. Deutschsprachige Zeitungen und Zeitschriften erreichen die größeren Städte mit höchstens eintägiger Verspätung. Eine hervorragende Auswahl bieten die Läden der Kette *EMPiK*, z. B. in Breslau (Wrocław), Kattowitz (Katowice) und Gleiwitz (Gliwice).

Abbildungsnachweis

Archiv für Kunst und Geschichte, Berlin S. 48, 51u., 55, 233
Aschenbeck & Holstein Verlag, Delmenhorst S. 93o.
bildarchiv preußischer kulturbesitz, Berlin S. 34, 53o., 54o., 54u., 58, 59, 61, 92, 150, 153
Bibliothek des Geographischen Instituts der Universität Breslau, mit freundlicher Genehmigung des Verlags Wydawnictwo Dolnośląskie, Breslau/Wrocław S. 7
Ralf Freyer, Freiburg S. 23, 26, 35, 68, 69, 80, 81, 88, 91o., 96, 119, 121, 124, 126, 130/131, 139, 155, 157, 172, 174, 180, 184, 185, 186, 195o., 195u., 196re., 197o., 199, 200, 201, 203, 205, 208, 210, 212li., 212re., 218re., 219re.
Izabella Gawin & Dieter Schulze, Bremen S. 1, 31, 72, 76, 107, 110, 114, 141, 156, 160o., 160u., 163, 165, 168o., 168u., 183, 207, 128li., 219li.
Gerhart-Hauptmann-Haus, Artothek, Düsseldorf S. 56, 57u., 60, 62
Roman von Götz, Regensburg S. 240
Heidelberg, Universitätsbibliothek S. 106
Stanislawa Jablonska, Warschau/Warszawa Klappe hinten, S. 11, 12, 66, 84, 87, 100/101, 105, 108, 116, 137, 149, 162, 156, 169, 176, 189, 191, 197u., 229, 230
Janos Kalmar, Wien Klappe vorn, S. 95, 187
Stanislaw Klimek, Breslau/Wrocław S. 93u.
Landesamt für Denkmalpflege Sachsen, Dresden S. 75
Werner Neumeister, München S. 21li., 28
Gerhard H. Oberzill, Kritzendorf S. 27, 82, 99, 109, 140, 146, 196li.
Rheinisches Bildarchiv, Köln S. 16, 21re., 51o.
Styria Medien AG, Graz S. 53u.
transit (Peter Hirth), Leipzig Titel, S. 91u., 222, 227
Warszawa/Warschau, Nationalmuseum S. 17, 46
© VG Bild-Kunst, Bonn 1999 S. 144

Karten und Pläne:
Berndtson & Berndtson Produktions GmbH, Fürstenfeldbruck; © DuMont Buchverlag

Grundrisse S. 106, 112, 114:
Artur Kwasniewski, mit freundlicher Genehmigung des Verlags Wydawnictwo Dolnośląskie, Breslau/Wrocław (Atlas Architektury Wrocławia)

Alle anderen Abbildungen stammen aus den Archiven der Autoren und des Verlags.

Danksagung
Mit viel Engagement standen uns Pawel Lewandowski, der Direktor des Polnischen Fremdenverkehrsamts in Berlin zur

Seite, aber auch Jacek Zygadło aus Oppeln und Zbigniew Pasieka aus Trebnitz. Dank gebührt auch besonders Maciej Łagiewski, dem Direktor des Historischen Museums Breslau, der freundlicherweise das Breslau-Kapitel seinem kritischen Blick unterzog, und Małgorzata Kraśna, der Direktorin des Nationalmuseums Breslau. Freundliche Unterstützung bei der Suche nach Abbildungen erhielten wir auch durch Herrn Reinhardt Schuster von der Artothek des Gerhart-Hauptmann-Hauses in Düsseldorf sowie Frau Beata Szabla vom Verlag Wydawnictwo Dolnośląskie in Breslau.

Autoren und Verlag

Zitatnachweis

S. 29 Friedrich der Große in: Turley, Karl (Hrsg.): Heimat im Herzen · Wir Schlesier, Salzburg 1949, S. 148

S. 30 Friedrich der Große in: Turley, S. 150

S. 43 Kuhn, Ekkehard: Schlesien · Brücke in Europa, Frankfurt/Main 1986, S. 276

S. 44 Heinrich Kroll, in: Ekkehard Kuhn: Schlesien · Brücke in Europa, Frankfurt/Main 1986, S. 270

S. 52 Andreas Gryphius, aus dem Gedicht ›Es ist alles eitel‹, in: Deutsche Barock-Lyrik, hrsg. von Herbert Cysarz, Stuttgart 1955, S. 90

S. 52 Angelus Silesius: Zufall und Wesen, in: Aus dem Cherubinischen Wandersmann und anderen geistlichen Dichtungen, Stuttgart 1950, S. 32

S. 54 Joseph von Eichendorff: Sämtliche Werke I/1 Gedichte, Erster Teil, hrsg. von Harry Fröhlich und Ursula Regener, Stuttgart·Berlin·Köln 1993, S. 34

S. 56 Gerhart Hauptmann, Brief an Ludwig von Hofmann (1913), in: Wolfgang Leppmann: Gerhart Hauptmann · Leben, Werk und Zeit, Bern 1986, S. 300

S. 59 Franz Jung: Das Erbe, in: Franz Jung, Werke Bd. 12., Edition Nautilus, Hamburg 1990

S. 60 Max Tau: Das Land, das ich verlassen mußte, Hamburg 1961; auch in Kindheitserinnerungen in Oberschlesien, Husum 1990, S. 63

S. 61 Arno Schmidt in: Jan Philipp Reemtsma (Hrsg.), Wu hi? Arno Schmidt in Görlitz, Lauban, Greiffenberg, Zürich 1986, S. 17ff.

S. 63 Peter Brook im Vorwort zu: Jerzy Grotowski · Das arme Theater des Jerzy Grotowski, Hannover 1969

S. 85 Joseph von Eichendorff in: Kosch, Wilhelm (Hrsg.), Tagebücher des frühen Joseph von Eichendorff., Regensburg 1908, S. 236

S. 92 Adolf Menzel, zit. nach Adolf Menzel, Ausstellungskatalog Berlin (DDR) 1980, S. 302

S. 97 Alfred Kerr, ›Liebes Breslau‹, Die Welt im Licht, Berlin 1920; in: Breslau in alten und neuen Reisebeschreibungen (H. Trierenberg, Hrsg.), Düsseldorf 1991, S. 168

S. 142 Freya von Moltke in: Vergangenheit erinnern, Zukunft gestalten · Ziele und Tätigkeit der Stiftung Kreisau für Europäische Verständigung, hrsg. von der Stiftung Kreisau für Europäische Verständigung, Kreisau 1997, S. 3

S. 145 Heinrich Heine: Werke, hrsg. von Stuart Atkins unter Mitwirkung von Oliver Boeck, Bd. II., München 1978, S. 917f.

S. 154 Karl Herlossohn in: Das malerische und romantische Deutschland in 10 Sektionen · Das Riesengebirge, München 1840–60

S. 158 Gerhart Hauptmann: Werke in zwei Bänden, Bd. 1., Salzburg/Stuttgart 1956, S. 885

S. 161 Gerhart Hauptmann, Buch der Leidenschaften, Berlin 1930

S. 192 Gustav Freytag: Kinderleben in Kreuzburg · Erinnerungen aus meinem Leben, Leipzig o. J.

S. 207 Karl Leopold Kraus in: Der Oberschlesier. 15. Jg., 10. Heft (Oktober 1933), S. 587ff.

S. 209 Franz Jung, Werke, Edition Nautilus, Hamburg 1990

S. 216 Max Tau: Das Land, das ich verlassen mußte, Hamburg 1961

S. 223 Joseph von Eichendorff in: Horst Bienek, Reise in die Kindheit · Wiedersehen mit Schlesien, Konturen 3/92, S. 57

Bitte schreiben Sie uns, wenn sich etwas geändert hat!
Alle in diesem Buch enthaltenen Angaben wurden von den Autoren nach bestem Wissen erstellt und von ihnen und dem Verlag mit größtmöglicher Sorgfalt überprüft. Gleichwohl sind – wie wir im Sinne des Produkthaftungsrechts betonen müssen – inhaltliche Fehler nicht vollständig auszuschließen. Daher erfolgen die Angaben ohne jegliche Verpflichtung oder Garantie des Verlags oder der Autoren. Beide Parteien übernehmen **keinerlei Verantwortung und Haftung** für etwaige inhaltliche Unstimmigkeiten. Wir bitten dafür um Verständnis und werden Korrekturhinweise gern aufgreifen.

DumMont Buchverlag
Postfach 10 10 45, 50450 Köln
E-Mail: reise@dumontverlag.de
Internet: http://www.dumont.de

Register

Personen

Orte

Umschlagvorderseite: Ottmachau/Otmuchów, Blick von der Mariensäule auf die Pfarrkirche
Umschlagklappe vorn: Breslau/Wrocław, Detailansicht der Aula Leopoldina
Abbildung Seite 1: Älteste Darstellung des Berggeistes Rübezahl auf der Helwigkarte von 1561, Kreismuseum Hirschberg/Jelenia Góra
Umschlagklappe hinten: Fürstenstein/Książ, Innenraum des Schlosses
Umschlagrückseite
oben: Oppeln/Opole, Blick auf den Mühlengraben
Mitte: Grundriß des Rathauses von Breslau/Wrocław
unten: Die hl. Hedwig veranlaßt ihren Gatten Heinrich I. zur Gründung und zum Bau des Zisterzienserklosters Trebnitz, aus dem Hedwig-Codex, Schlesien um 1353, oberer Teil von fol. 56r

Izabella Gawin, geboren 1964 in Gleiwitz, verbrachte ihre ersten acht Lebensjahre in Polen. Sie studierte Kunstgeschichte und Germanistik an den Universitäten Bonn und Bremen. Gemeinsam mit Dieter Schulze verfaßte sie Reisebücher über Krakau und die Hohe Tatra.
Dieter Schulze, geboren 1946, studierte Slavistik, Anglistik und Sozialwissenschaften. Seit vielen Jahren reist er regelmäßig nach Polen, in Arbeit ist ein Reiseführer über Südpolen mit Schwerpunkt Galizien.
Reinhold Vetter, geboren 1946, Ingenieur, Politologe und Journalist, war lange als Korrespondent in Warschau tätig. Bei DuMont erschien von ihm (zusammen mit I. Bentchev, D. Leszczynska und M. Marek) der Kunst-Reiseführer ›Polen‹.

Die Deutsche Bibliothek – CIP-Einheitsaufnahme

Izabella Gawin, Dieter Schulze, Reinhold Vetter:
Schlesien – Deutsche und polnische Kulturtraditionen in einer europäischen Grenzregion
Köln: DuMont, 1999
(DuMont-Kunst-Reiseführer)
ISBN 3-7701-4418-X

Satz und Redaktion: Christian Heße, Düsseldorf
Druck: Rasch, Bramsche
Buchbinderische Verarbeitung: Bramscher Buchbinder Betriebe
Grafisches Konzept: Ralf Groschwitz, Hamburg

Printed in Germany ISBN 3-7701-4418-X